"十五"国家重点图书出版规划项目

Kants Werke

Akademie Textausgabe

康德著作全集 第4卷

纯粹理性批判(第1版)
未来形而上学导论
道德形而上学的奠基
自然科学的形而上学初始根据

李秋零 主编

中国人民大学出版社

J Kant

目录

伊曼努尔·康德

1781年

纯粹理性批判(第1版)

1781 年

纯粹理性批判

（第 1 版）

伊曼努尔·康德硕士

哥尼斯贝格大学教授

李秋零 译

献词

献给

王家国务大臣

策德利茨男爵阁下

先生！ 〔5〕

尽自己的职分促进科学的发展，也就是为**阁下**您自己的旨 AIV
趣而工作；因为后者与科学密切相关，不仅是由于一个保护者
的崇高地位，而且还由于一个爱好者和明察秋毫的行家更亲密
得多的关系。因此，我也利用自己在某种程度上力所能及的手
段，表示我的感激之情；**阁下**慷慨的信赖赐我以荣耀，就好像 AV
我真能为此目的作出某种贡献似的。

喜欢过思辨的生活者，惟愿一位开明练达的法官的赞许是其用途虽然遥远而完全不为常人所识、但却甚大的那些努力的一种强有力的鼓励。

我如今把这部著作呈献给这样一位法官，呈献给他的慷慨
的关注，并将我著述使命的其余所有事务呈献给他的庇护。谨 AVI
致深深的敬意。

阁下恭顺的仆人伊曼努尔·康德

哥尼斯贝格

1781年3月29日

〔7〕
A Ⅶ
前言

人类理性在其知识的某一门类中有如下特殊的命运：它为种种问题所烦扰，却无法摆脱这些问题，因为它们是由理性自身的本性向它提出的，但它也无法回答它们，因为它们超越了人类理性的一切能力。

人类理性陷入这种窘境，却并非它自己之过。它是从其运用在经验的进程中不可避免、同时又通过经验得到证明的那些原理开始的。凭借这些原理，它（正如它的本性导致的那样）
A Ⅷ 越升越高，达到更遥远的条件。但由于它发现，以这种方式它的工作必然因这些问题永远无休无止而在任何时候都还是未完成的，所以它看到自己不得不求助于一些原理，这些原理超越一切可能的经验应用，尽管如此却显得如此无可怀疑，以至于就连普通的人类理性也对此表示赞同。但这样一来，它就跌入了黑暗与矛盾，它虽然从这黑暗和矛盾得知，必定在某个地方有某些隐秘的错误作为基础，但它却不能揭示这些错误，因为它所使用的原理既然超越了一切经验的界限，就不再承认经验的试金石。这些无休无止的争吵的战场，就叫做**形而上学**。

曾经有一段时间，形而上学被称为一切科学的**女王**，而且如果把意志当做事实，那么它由于自己对象的出色的重要性，自然配得上这一尊号。现在，时代的流行口吻导致对它表现出
〔8〕
A Ⅸ 一切轻视，这位老妇遭到驱赶和遗弃，像赫卡柏一样抱怨道：modo maxima rerum，tot generis natisque potens-nunc trahor exul，inops-Ovid. Metam［不久前我还是万物之首，因子嗣众多而君临天下，而今却被放逐，一无所有。——奥维德：《变

形记》]。

最初，形而上学的统治在**独断论者**的管辖下是**专制的**。然而，由于立法还带有古代野蛮的痕迹，所以它就由于内战而逐渐地蜕化成完全的**无政府状态**，而**怀疑论者**，即一种游牧民，憎恶地面的一切常设建筑，便时时来拆毁市民的联合。但幸好他们人数不多，所以他们不能阻止独断论者一再试图又重新建立这种联合，尽管这种重建并不是按照在他们中间意见一致的计划。在近代，虽然一度看起来好像通过（由著名的**洛克**提出的）人类知性的某种**自然学**已经结束了这一切争论，并完全确定了那些要求的合法性；但人们发现的却是，尽管那位所谓的女王的出生乃来自平常经验的贱民，因而她的非分要求必然理应受到怀疑，但由于这个**血统**事实上是虚假地为她捏造的，所以她还一再坚持她的要求，由此一切都又堕入陈旧的、腐朽的 AⅩ
独断论，并由此堕入人们曾想使科学摆脱的那种蔑视。如今，在一切道路（正如人们所相信的那样）都徒劳地尝试过之后，厌倦和完全的**冷淡**这个混乱和黑夜之母在科学中占了统治地位，但同时，在科学由于错用勤奋而变得模糊、混乱和不适用的时候，毕竟还有其临近改造和澄清的源泉，至少是有其序幕。

也就是说，想就这样的研究而言装作**无所谓**是徒劳的，这些研究的对象对于人类本性来说不可能是无所谓的。那些假装出来的**冷淡主义者**，无论他们如何想通过把学院语言变化为大众化的口吻来使自己无法辨认，只要他们在某个地方思维某物，他们就不可避免地回归到他们曾装作极为蔑视的那些形而上学主张上去。然而，这种在一切科学的繁荣当中发生、并恰好涉及这样一些知识——诸如此类的知识一旦能够被拥有，在
所有的知识中人们就最不会放弃它们——的这种无所谓，毕竟 AⅪ
是值得注意和深思的一种现象。它显然不是轻率的结果，而是 〔9〕

时代成熟的**判断力**[①]的结果，这个时代不能再被虚假的知识拖后腿了；它是对理性的一种敦请，要求它重新接过它的所有工作中最困难的工作，即自我认识的工作，并任命一个法庭，这
AⅫ 个法庭将在其合法要求方面保障理性，但与此相反，对于一切无根据的非法要求，则能够不是通过权势压人的命令，而是按照理性永恒的和不变的法则来处理之；而这个法庭就是**纯粹理性的批判**本身。

但是，我所理解的批判，并不是对某些书和体系的批判，而是就它**独立于一切经验**能够追求的一切知识而言对一般理性能力的批判，因而是对一般形而上学的可能性或者不可能性的裁决，对它的起源、范围和界限加以规定，但这一切都是出自原则。

现在，我已经走上这条惟一留下的道路，我自诩在这条道路上已经找到了消除迄今使理性在脱离经验的应用中与自身分裂的一切谬误的办法。我并没有借口人类理性的无能而回避理性的种种问题；相反，我根据原则将它们一一列举，并且在我揭示出理性对它自身的误解之点之后，对它们作出使理性完全

① 人们时而听到对我们时代的思维方式的肤浅和缜密科学的衰落的抱怨。但我却看不出那些根深蒂固的科学，例如数学和自然学说等等，有丝毫应受这种责备之处，相反，它们维护了缜密性的古老荣誉，而在自然学说中甚至有过之而无不及。现在，同一种精神也要在另一些知识门类中证明其有效用，只要首先留意纠正其原则。在缺乏这种纠正时，冷淡、怀疑、最后还有严格的批判，反倒是缜密的思维方式的**证明**。我们的时代是真正的批判时代，一切都必须经受这种批判。通常，**宗教**凭借其**神圣**，**立法**凭借其**威严**，想要逃脱批判。但在这种情况下，它们就激起了对自身的正当怀疑，并无法要求获得不加伪饰的敬重，理性只把这种敬重给予能够经得起它的自由的和公开的检验的东西。

满意的解决。虽然对那些问题的回答根本不像独断论的狂热求 〔10〕
知者所可能期望的那样；因为除了我不擅长的魔术之外，没有 A XIII
别的办法使它们满意。然而，这也不曾是我们理性的自然规定的意图，哲学的义务曾经是消除源自误解的幻觉，哪怕此际还有诸多备受赞扬和喜爱的妄想破灭。在这项研究中，我使详尽性成为我的重大关注对象，我斗胆说，没有任何一个形而上学问题在这里没有得到解决，或者没有至少为其解决提供了钥匙。事实上，就连纯粹理性也是一个如此完善的统一体，以至于只要它的原则对于通过它的本性给它提出的所有问题中的任何一个是不充分的，人们就至少会把它抛弃掉，因为在这种情况下，它也就不能以完全的可靠性来胜任其余问题中的任何一个了。

在我说这些话的时候，我相信可以在读者脸上看到对表面
上如此大言不惭和过分的要求的一种混有轻蔑的不满；尽管如 A XIV
此，比起伪称要在其最普通的规划中证明**灵魂**的简单本性、或者证明最初的**世界开端**的必然性的任何一个作者的要求来，上述要求都是无比温和的。因为这种作者自告奋勇地要把人类知识扩展到可能经验的一切界限之外，对此我谦卑地承认，这完全超出了我的能力；相反，我只能够与理性本身及其纯粹思维打交道，对其详尽的知识我不可以远离我自己去寻找，因为我在我自身中发现了它们，而且也已经有普通逻辑给我提供了这方面的例子，即它的一切简单的活动都可以完备且系统地列举出来；只是这里提出了一个问题，即如果我去掉经验的一切素材和支持，我凭借它可以希望有多少建树。

在达到**每一个**目的时注重**完备性**，与达到**一切**目的时注重**详尽性**相结合，这些并非一种任意的决心，而是知识本身的本性作为我们的批判研究的题材交付给我们的任务。

还有**确定性**和**明晰性**这两项，它们涉及这种研究的**形式**， A XV

〔11〕应当被视为人们可以正当地对敢于从事一项如此难以把握的工作的作者提出的本质性要求。

至于**确定性**，我曾经对我自己说出过如下判断：在这类考察中，无论如何都不允许有所**意见**，一切在其中看起来类似于一种假说的东西都是禁品，即便是以最低廉的价格也不得出售，而是一经发现就必须予以封存。因为每一种应当先天地确定的知识都自身预示着，它要被视为绝对必然的，而所有纯粹先天知识的规定则更有甚者，它应当是一切不容争辩的（哲学的）确定性的准绳，从而甚至是其范例。现在，我在这里是否已经做到我自告奋勇地要做的事情，这完全听凭读者去判断，因为作者应做的只是展示根据，而不是对这些根据在审判者那
A XVI 里的效用作出判断。但是，为了不至于有某种东西无辜地成为削弱这些根据的原因，倒也可以允许作者对那些有可能引起一些猜疑的地方，即便它们只是涉及附带的目的，也自己作出说明，以便及时地防止读者在这一点上哪怕只是极小的疑虑就会对其就主要目的而言的判断所造成的影响。

对于探究我们称之为知性的能力、同时规定其应用的规则和界限来说，我不知道还有什么研究比我在题为**纯粹知性概念的演绎**的先验分析论第二章中所作出的研究更为重要的了；这些研究也使我花费了最多的精力，我希望这些精力不会没有回报。但是，这一颇具深度的考察具有两个方面。一个方面与纯粹知性的对象相关，应当阐明和解释知性的先天概念的客观有效性；正因为此，它也在本质上属于我的目的。另一个方面则旨在于考察纯粹知性本身，探讨它的可能性和它本身所依据的
A XVII 种种认识能力，因而是在主观的关系中考察它；而即使这种讨论就我的主要目的而言极为重要，但它毕竟并不在本质上属于
〔12〕我的主要目的，因为主要的问题始终依然是：知性和理性脱离开一切经验能够认识什么、认识多少？而不是：**思维的能力**自

身是如何可能的？既然后者仿佛是为一个被给予的结果寻找原因，就此而言本身具有某种类似于一个假说的东西（尽管如我在别的地方将指出的那样，事实上并不是这回事），所以看起来这里的情况是：既然我允许自己有所**意见**，我也就不得不听凭读者另外有所**意见**。鉴于这一点，我必须预先提醒读者：即使我的主观演绎在读者那里并未产生我所期待的全部说服力，我在这里主要关注的客观演绎却毕竟会获得其全部的力度，必要时单是第 92～93 页所说的东西就足以能够做到这一点了。

最后，就**明晰性**而言，读者有权利首先要求**凭借概念**的**推
论的**（逻辑的）**明晰性**，但然后也有权利要求**凭借直观**的、亦
即凭借具体的实例和其他说明的**直觉的**（感性的）**明晰性**。对 A XVIII
于前一种要求来说，我已给予充分的关注。这涉及我的计划的
本质，但却也是我没有充分满足第二种尽管不那么严格、但毕
竟合情合理的要求的偶然原因。在我的工作的进展中，我几乎
一直犹豫不决，不知道应当如何对待这一点。我觉得，实例和
说明始终是必要的，因此它们也确实在最初的构思中恰如其分
地获得了其位置。但是，我马上就发现了我将要处理的课题之
庞大和对象之繁多；而既然我觉察到，这些东西单是用枯燥
的、纯然**经院派的**陈述就已经足以会使这本书膨胀了，所以我
认为，用那些仅仅在**大众化**方面有必要的实例和说明来使这本
书更加臃肿，实为不可取，尤其是这本书绝不可能适合大众化
的应用，而真正的科学行家又不那么必需这种简便，尽管这种
简便在任何时候都是受人欢迎的，但在这里却甚至可能引起某
种有悖目的的东西来。虽然修道院院长**特拉松**说道：如果人们 A XIX
不是按照页数、而是按照人们理解它所必需的时间来衡量一部
书的篇幅的话，关于某些书人们就可以说：**如果它不是如此简
短的话，它就会更为简短得多。**但另一方面，如果人们把自己 〔13〕
的意图指向思辨知识的一个详尽的、但尽管如此却在一个原则

中互有关联的整体的可理解性的话，人们就能够同样有正当权利说：**某些书如果不应当如此明晰的话，它就会更为明晰得多。**因为明晰性的辅助手段虽然**在各个部分中**有所助益，但却往往**在整体上**分散精力，因为它们不能足够快地使读者达到对整体的概观，并且凭借其所有鲜亮的色彩粘住了体系的关节或者骨架，使它们面目全非，但为了能够对体系的统一性和优异性作出判断，最关键的就是这骨架。

我觉得，如果作者有希望按照所提出的构想完整地并且持之以恒地完成一部庞大而且重要的著作的话，那么，将读者的努力与作者的努力结合起来，可能会对读者形成不小的诱惑。
A XX 如今，形而上学按照我们在这里将给予的概念，是所有科学中惟一一门可以许诺这样一种完成的科学，而且在短时间内只需花费少许力气、但却是联合起来的力气来完成它，以至于除了在**教学法的**风格上按照自己的意图来安排一切、并不因此就能对内容有丝毫增加之外，不再给后世留下任何东西。因为这无非是通过**纯粹理性**系统地整理出来的我们所有财产的**清单**罢了。在这里，我们不会忽略任何东西，因为理性完全从自身创造的东西，都不可能隐匿自己，而是只要人们揭示了它们的共同原则，它们本身就会被理性带到光天化日之下。这类知识出自真正的概念，任何出自经验的东西、或者哪怕只是应当导向确定的经验的**特殊**直观，都不能对它有什么影响，使它扩展和增加，其完全的统一性使得这种无条件的完备性不仅是可行的，而且是必然的。Tecum habita et noris, quam sit tibi curta supellex. Persius.［自己住吧，你将知道你的陈设是多么的简陋。——佩尔修］

A XXI 我希望在**自然的形而上学**这个标题自身下面提供出纯粹（思辨）理性的这样一个体系，它比起这里的批判来虽然篇幅尚不及一半，但却应当具有丰富得多的内容，这里的批判必须

首先阐明其可能性的来源和条件，并且必须清理和平整杂草丛
生的地基。在这里，我期待于我的读者的是一个**审判者**的耐心 〔14〕
和公正，而在那里期待的则是一个**助手**的顺从和支持；因为即
便体系的**所有原则**都在批判中得到完备的陈述，属于体系本身
的详尽性的毕竟还有：不可缺少任何**派生出来的**概念。人们不
能先天地估算这些概念，相反，它们必须逐步地寻找出来；同
样，既然在那里已经穷尽了概念的全部**综合**，所以在这里就额
外要求在**分析**方面也做到这一点，这一切是轻而易举的，与其
说是工作，倒不如说是消遣。

就印刷而言，我还必须作出少许说明。由于开印有点延
迟，所以我只能看到大约一半校样，其中我虽然发现了一些印 A XXII
刷错误，但它们并未把意思搞混，只有出现在第 379 页倒数第
4 行的一处错误，**怀疑的**应改为**特殊的**。从第 425 页到第 461
页，纯粹理性的二论背反是按照列表的方式排列的，即凡是属
于**正论**的都排在左边，凡是属于**反论**的都排在右边。我之所以
这样安排，乃是为了更便于将命题和反命题相互比较。

〔17〕
A1

导论

一、先验哲学的理念

毫无疑问，经验是我们的知性在加工感性感知的原始材料时所产生的第一个产品。正因为此，经验是最初的教导，而且在进展中新的传授如此不可穷尽，以至于一切未来世代的连续不断的生活都将永不缺乏在这块地基上能够搜集到的新知识。尽管如此，它却远远不是能够使我们的知性受限制的惟一领域。它虽然告诉我们什么存在，但却并不告诉我们它必然如此而不是别的样子。正因为此，它也不给予我们任何真正的普遍性，而如此渴求这类知识的理性则与其说通过它得到满足，倒
A2 不如说通过它受到刺激。如今，这样的同时具有内在必然性性质的普遍知识，必须独立于经验，自身就是明晰和确定的；因此，人们把它称为先天知识：因为与此相反，仅仅从经验借来的东西，如同人们表述的那样，只是被认识为后天的或者经验性的。

如今表现出来极为值得注意的是，甚至在我们的经验中间都掺杂着必然有其先天起源、也许仅仅效力于给我们的感官表象带来联系的知识。因为如果人们从我们的经验中去掉凡是属于感官的东西，则尽管如此还剩下某些源始的概念以及由这些
〔18〕 概念产生的判断，它们必须是完全先天地、不依赖于经验产生的，因为它们使人们关于显现给感官的对象能够说、至少是相信能够说多于纯然的经验教导的东西，而且使种种主张包含着真正的普遍性和严格的必然性，诸如此类的东西是纯然经验性

的知识所不能提供的。

但是，想说得远为更多的，是这样一点，即某些知识甚至
离开了一切可能经验的领域，并通过任何地方都不能为其提供 A3
经验中的相应对象的概念，而具有把我们的判断的范围扩展到
超出经验的一切界限的外观。

而恰恰是在这后一种超出感官世界的知识中，在经验根本
不能提供任何导线、也不能提供校正的地方，蕴涵着对理性的
研究；与知性在现象领域能够学到的一切相比，我们认为这
种研究在重要性上要优越得多，其最终目的也要崇高得多，
我们在这方面甚至冒着出错的危险宁可做一切，也不愿出自某
种顾虑的理由或者出自蔑视和漠视而放弃如此令人关注的
研究。

现在看来自然而然的是，一旦离开经验的基地，人们就不
要凭借自己拥有却不知从何而来的知识、基于不知其来源的原
理的信誉而马上建造大厦，却没有事先通过仔细的研究为大厦
的奠基作出保障；因此，人们早就要提出这样的问题：知性究
竟如何能够达到所有这些先天知识，它们会有怎样的范围、有
效性和价值。事实上，如果人们把这个词理解为应当以正当 A4
的、理性的方式发生的事情，那也就没有任何东西更自然了；
但如果人们把它理解为按照通常的尺度发生的，那就又没有什
么比这一研究必然长期被搁置更为自然、更可理解的了。因为
这种知识的一个部分，作为数学知识，早就具有了可靠性，并
由此使人也对其他部分产生一种乐观的期望，而不管它们可能
具有完全不同的本性。此外，如果超出经验的范围，则人们肯
定不会受到经验的反驳。扩展自己知识的诱惑是如此巨大，以
至于人们只会被自己遇到的明显的矛盾阻止住前进的步伐。但 〔19〕
是，如果人们小心谨慎地作出自己的虚构，使这种虚构并不因
此就很少是虚构，那么，这种矛盾还是能够避免的。至于我们

不依赖于经验在先天知识中能够走出多远，数学给我们提供了一个光辉的范例。数学虽然只是在对象和知识能够表现在直观中的程度上研究它们，但这一情况很容易被忽略，因为上述直观可以先天地被给予，从而与一个纯然的纯粹概念几乎没有区
A5 别。被理性力量的这样一种证明所鼓励，扩展的冲动看不到任何界限。轻盈的鸽子在自由飞翔时分开空气，感受到空气的阻力，也许会想象在没有空气的空间里可以更好地飞翔。同样，**柏拉图**因为感官世界给知性设置了如此形形色色的障碍而离开了感官世界，冒险在感官世界的彼岸鼓起理念的双翼飞入纯粹知性的真空。他没有发觉，他竭尽全力却毫无进展，因为他没有任何支撑物仿佛是作为基础，使他支撑起自己，并在上面用力，以便发动知性。但是，尽可能早地完成思辨的大厦，然后才来研究它的基础是否扎实，这是人类理性在思辨中的通常命运。但在这种情况下，各种各样的溢美之辞就被找出来，使我们因大厦的出色而感到安慰，或者拒绝这样一种迟到的、危险的检验。但是，在建造期间使我们摆脱任何担忧和疑虑并以表面上的缜密迎合我们的，就是这种东西。我们理性的工作的一大部分、也许是最大的部分，就在于**分析**我们关于对象已经拥有的概念。这一工作给我们提供了大量的知识，这些知识虽然
A6 无非是对在我们的概念中（尽管还是以模糊的方式）思维过的东西所作出的澄清和阐明，但至少就形式而言仍被认为如同新的洞识，尽管它们就质料或者内容而言并没有扩展、而是仅仅解析了我们所拥有的概念。如今，既然这种方法提供了具有一种可靠有用的进展的现实的先天知识，于是，理性就不知不觉
〔20〕 地在这种假象下骗取了完全异类的主张，其中理性为被给予的概念先天地添加了完全异己的概念，人们却不知道它是如何做到这一点的，而且不让这一问题哪怕是仅仅进入思想。因此，我想一开始就探讨这种双重的认识方式的区别。

论分析判断与综合判断的区别

在所有思维主词与谓词之关系的判断（我在这里只考虑肯
定判断，因为运用到否定判断上是轻而易举的）中，这种关系
以两种不同的方式是可能的。要么谓词B属于主词A，作为
（以隐蔽的方式）包含在概念A中的某种东西；要么B虽然与
概念A有关联，但却完全在它之外。在第一种场合里，我把
判断称为**分析的**，在第二种场合里我则把它称为**综合的**。因
此，（肯定的）分析判断是其中借助同一性来思维谓词与主词 A7
的联结的判断，而其中不借助同一性来思维这种联结的判断则
应当叫做综合判断。前一些判断也可以称为**解释**判断，后一些
则也可以称为**扩展**判断，因为前者通过谓词未给主词的概念增
添任何东西，而是只通过分析把它分解成它的在它里面已经
（虽然是模糊地）思维过的分概念；与此相反，后者则给主词
的概念增添一个在它里面根本未被思维过、且不能通过对它的
任何分析得出的谓词。例如，如果我说：一切物体皆有广延，
这就是一个分析判断。因为要把广延视为与我结合在物体这个
词上的概念相关联的，我可以不从这个概念出发，而是只分析
这个概念，也就是说，只意识到我随时在它里面所思维的杂
多，就可以在它里面遇到这个谓词；因此，这是一个分析判
断。与此相反，如果我说：一切物体皆有重量，则谓词是某种
完全不同于我仅仅在一般物体的概念中所思维着的东西。因
此，这样一个谓词的附加就提供了一个综合判断。

于是，由此显而易见的是：1. 通过分析判断，我们的知
识根本没有被扩展，而是我已经具有的概念得到阐明，使我可 A8
以理解；2. 在综合的判断中，要认识一个不包含在那个概念 〔21〕
中、但却属于它的谓词，我就必须在主词的概念之外拥有知性

所依据的某种别的东西（X）。

在经验性的判断或者经验的判断那里，对此根本没有任何困难。因为这个 X 是关于我通过一个概念 A 所思维的对象的完整经验，概念 A 只构成这个经验的一个部分。因为尽管我根本不把重量的谓词包括在一般物体的概念之中，但这个概念毕竟通过经验的一个部分表明了完整的经验，因而我就能够把同一经验的其他部分附加给该部分作为属于它的。我可以事先分析地通过广延、不可入性、性状等均在物体概念中已被思维的标志来认识这个概念。但此时我扩展了我的知识，并且通过我回顾我由以获得这个物体概念的经验，我发现重量在任何时候都是与上述标志相联结的。因此，经验就是处在概念 A 之外的那个 X，重量 B 的谓词与概念 A 的综合的可能性所依据的就是这个 X。

A9 但在先天综合判断那里，则完全没有这种辅助手段。如果我应当超越到概念 A 之外来把另一个概念 B 认识为与之结合的，我依据的是什么呢？而既然我在这里并没有在经验的领域里寻找它的那种有利条件，综合又是凭借什么成为可能的呢？请看这个命题：凡是发生的事情，都有其原因。在发生的某物的概念中，我虽然思维了一种存在，在它之前经过了一段时间等等，并且从中可以引出分析的判断。但是，原因的概念表现着某种与发生的事情不同的东西，而且根本不包含在后一种表象之中。我究竟是怎样做到，关于发生的事物说出某种与之完全不同的东西，并且把虽然不属于它的原因的概念却认识为属于它的呢？在这里，如果知性相信可以在 A 的概念之外发现一个与它异己、但尽管如此仍与它相联结的谓词 B 的话，知性所依据的 X 是什么呢？它不可能是经验，因为所援引的原
〔22〕 理不仅以比经验能够提供的更大的普遍性，而且以必然性的表述，从而是完全先天地、仅仅从概念出发把第二种表象加在前

面的表象之上的。如今，我们先天的思辨知识的全部最终目的都是依据这样一些综合的、即扩展的原理的；因为分析的原理 A10
虽然极为重要而且必需，但却只是为了达到概念的清晰，这种清晰对于一种可靠而且广泛的综合，亦即对于一种确实新的增添来说，是必不可少的。

因此，这里隐藏着某个秘密，①惟有这个秘密的揭示才能安全可靠地造成在纯粹知性知识的无边无际的领域里的进步；也就是说，以应有的普遍性揭示先天综合判断之可能性的根据，洞察使每一类这样的判断成为可能的条件，并且将这全部（自成一类的）知识在一个体系中按照其原初的起源、分类、范围和界限，不是通过一个草率的圆圈予以标明，而是完备地和为每一种应用充分地予以规定。关于综合判断自身所具有的特性，暂时就说这么多。

如今，从所有这一切得出一门可以用于**纯粹理性批判**的特
殊科学的理念。不过，每一种不混杂有任何异类的东西的知识 A11
都叫做**纯粹的**。但尤其是根本没有经验或者感觉混入其中的知识被称为绝对纯粹的，因而它也是完全先天地可能的。于是，理性就是提供先天知识**原则**的能力。所以，纯粹的理性是包含着绝对先天地认识某种对象的原则的理性。纯粹理性的一种**工具论**就会是能够获得并现实地完成所有的纯粹先天知识所遵循的那些原则的总和。这样一种工具论的详尽应用就会造就一个纯粹理性的体系。但由于这一体系要求颇多，且一般来说，我

① 如果古人中已有人想到这一点，哪怕只是想到提出问题，那么，单是这个问题就会强有力地抵制直到我们时代的所有纯粹理性体系，并省掉如此之多的毫无价值的尝试，这些尝试是在不知道人们真正要干什么的情况下盲目地作出来的。

〔23〕 们知识的这样一种扩展是否可能，以及在什么样的场合是可能的，尚不能肯定，所以我们可以把纯然判断纯粹理性及其来源和界限的科学视为纯粹理性体系的**预科**。这样一门科学就不能叫做纯粹理性的**学说**，而是必须叫做纯粹理性的**批判**，而它的用途就确实只是消极的，不是用于扩展我们的理性，而是用于澄清我们的理性，使它避免失误，这已是收获颇丰了。我把一
A12 切不研究对象、而是一般地研究我们关于对象的先天概念的知识称为**先验的**。这样一些概念的体系可以叫做**先验哲学**。但是，这种哲学对于开端来说又太多。因为既然这样一门科学必须完备地既包含分析的也包含综合的先天知识，所以就与我们的目的相关而言，它的范围过于庞大，因为我们只可以把分析推进到为在整个范围内洞察我们惟一所要探讨的先天综合的原理所必需的程度。这种研究真正说来不能称为学说，而只能称为先验的批判，因为它不以扩展知识自身为目的，而仅仅以纠正知识为目的，并应为一切先天知识是否具有价值提供试金石。这种研究就是我们现在所从事的事情。据此，如果可能的话，这样一种批判乃是为先天知识的一种工具论所做的准备，而如果这一点做不到，则至少是为先天知识的一部法规做准备，按照这部法规，也许有朝一日就能够既分析又综合地阐述纯粹理性哲学的完备体系，不管它是在于扩展纯粹理性的知识还是仅仅在于限制它的知识。因为这种体系是可能的，以及这样一种体系的范围不能非常庞大，以便可以希望全部完成它，这一点从以下事实即可以事先得到证明，即这里构成对象的不
A13 是不可穷尽的事物之本性，而是对事物本性作出判断的知性，而且知性又是仅仅就其先天知识而言的；这种对象的储备因我们不可以在外面寻找它而对于我们不可能保持为隐秘的，且根据一切猜测小得足以完备无遗地对它是否具有价值作出判断，并作出正确的评价。

二、先验哲学的划分 〔24〕

先验哲学在这里只是纯粹理性批判**以建筑术的方式**亦即从原则出发为之设计出整个蓝图的一个理念，要完全保证构成这一大厦的各个部分的完备性和可靠性。至于这一批判自己还不叫做先验哲学，仅仅因为要成为一个完备的体系，它就必须也包含着对全部人类先天知识的详尽分析。如今，尽管我们的批判当然提供了对构成上述纯粹知识的所有基本概念的一种完备列举，但它却合理地放弃了对这些概念自身的详尽分析，也放弃了对由此派生的概念的完备评论，这部分是因为这种分析由 A14 于不具有在综合中遇到的、本来整个批判为之存在的那种不可靠性而不合目的，部分是因为承担这样一种分析和推导的完备性的责任，与计划的同一性相抵触，就自己的目的而言，人们毕竟是可以解除这种责任的。无论是分析还是从下面要提供的先天概念作出推导，只要它们首先作为详尽的综合原则存在，并且就这一根本的目的而言不缺少什么东西，其完备性可以轻而易举地予以补齐。

据此，构成先验哲学的一切都属于纯粹理性批判，而纯粹理性批判是先验哲学的完备理念，但还不是这门科学自身，因为它在分析中只能前进到对先天综合知识作出完备的判断所必需的程度。

在划分这样一门科学的时候，最需要注意的是：根本不必有任何自身包含着某种经验性的东西的概念掺杂其中，或者说，先天知识是完全纯粹的。因此，虽然道德性的至上原理及其基本概念是先天知识，但它们却不属于先验哲学，因为在这 A15 里必须预设快乐和不快、欲望和偏好、任性等等都具有经验性起源的概念。因此，先验哲学是一种纯粹的、全然思辨的理性 〔25〕

的世俗智慧。因为一切实践的东西，就其包含着动机而言，都与情感相关，而情感属于经验性的知识来源。

如今，如果人们想从一个一般体系的普遍立场出发划分这门科学，那么，我们现在所陈述的这门科学就必须首先包含着纯粹理性的**要素论**，其次包含着纯粹理性的**方法论**。这两个主要部分的每一个都将有其进一步的划分，尽管如此，其理由在这里尚不能陈述。对于导论或者预先提醒来说，看来有必要指出的无非是：人类知识有两个主干，它们也许出自一个共同的、但不为我们所知的根源，这两个主干就是**感性**和**知性**，对象通过前者**被给予**我们，但通过后者**被思维**。现在，如果感性包含着构成对象被给予我们的条件的先天表象，那么，它就会
A16 属于先验哲学。先验的感性论将必然属于要素论的第一部分，因为人类知识的对象被给予的惟一条件先行于这些对象被思维的条件。

第一部
先验要素论

〔29〕

第一部分　先验感性论

A19

无论一种知识以什么方式以及通过什么手段与对象发生关系，它与对象直接发生关系所凭借的以及一切思维当做手段所追求的，就是**直观**。但直观只是在对象被给予我们时才发生；而这又只是通过对象以某种方式刺激心灵才是可能的。通过我们被对象刺激的方式获得表象的能力（感受性）叫做**感性**。因此，借助于感性，对象**被给予**我们，而且惟有感性才给我们提供**直观**；但直观通过知性**被思维**，从知性产生出**概念**。不过，一切思维，无论它是直截了当地（直接地），还是转弯抹角地（间接地），都必须最终与直观、从而在我们这里与感性发生关系，因为对象不能以别的方式被给予我们。

如果我们被一个对象所刺激，则对象对表象能力的作用就
A20 是**感觉**。通过感觉与对象发生关系的那些直观就叫做**经验性的**。一个经验性直观的未被规定的对象就叫做**显象**。

〔30〕 在显象中，我把与感觉相应的东西称为显象的**质料**，而把使得显象的杂多能够在某些关系中得到整理的东西称为显象的**形式**。由于感觉惟有在其中才能得到整理并被置于某种形式之中的东西，自身不可能又是感觉，所以，虽然一切显象的质料只是后天被给予我们的，但显象的形式却为了显象而必须全都已经先天地蕴涵在心灵中，因而可以与一切感觉分离开来予以考察。

我把一切在其中找不到任何属于感觉的东西的表象称为**纯粹的**（在先验的意义上）。据此，一般感性直观的纯粹形式将

在心灵中先天地找到，显象的一切杂多将以这种形式在某些关系中被直观。感性的这种纯形式自身也叫做**纯直观**。这样，如果我从一个物体的表象中把知性所思维的东西如实体、力、可分性等等都除去，此外把属于感觉的东西如不可入性、硬、颜 A21
色等等也除去，那么，从这个经验性的直观中还给我剩下了某种东西，即广延和形状。它们属于纯直观，即便没有感官或者感觉的一个现实的对象，纯直观也先天地作为一个纯然的感性形式存在于心灵中。

一门关于感性的一切先天原则的科学，我称为**先验感性论**。①因此，必须有这样一门科学，它构成先验要素论的第一部分，与包含着纯思维的原则、被称为先验逻辑的学说相 〔31〕
对照。

因此，在先验感性论中，我们首先通过把知性在此凭借自 A22
己的概念所思维的一切都除去，来把感性**孤立**起来，以便仅仅留下经验性的直观。其次，我们将从经验性的直观中把属于感觉的一切都分离开来，以便只留下纯直观和现象的纯然形式，这是惟一能够提供先天感性的方法。在进行这一研究时，将发

① 惟有德国人如今在用**感性论**这个词来表示别人叫做鉴赏力批判的东西。在此，作为基础的是杰出的分析家**鲍姆嘉登**所持有的一种不适当的希望，即把美的批判性判断置于理性原则之下，并把这种判断的规则提升为科学。然而，这种努力是徒劳的。因为上述规则或者标准就其来源而言仅仅是经验性的，因而绝不能充当我们的鉴赏判断必须遵循的先天规律；毋宁说，鉴赏判断构成了那些规则的正确性的真正试金石。因此可取的是，使这一称谓再次死亡，并把它保留给是真正的科学的学说，这样一来，人们也就会更为接近古人的语言和意义，在古人那里把知识划分为 αιδθητα χαι νοητα [可感觉的和可思想的] 是很著名的。

现两种作为先天知识原则的感性直观纯形式，即空间和时间，我们现在就将考虑它们。

第一章
论空间

借助于外感官（我们心灵的一种属性），我们把对象表象为外在于我们的，它们全都在空间之中。在空间中，它们的形状、大小和相互之间的关系得到规定，或者是可规定的。借助于内感官，心灵直观自己本身或者其内在状态；虽然内感官并不提供关于灵魂自身作为一个客体的任何直观，但毕竟有一种
A23 确定的形式，惟有在这形式下灵魂内部状态的直观才有可能，以至于一切属于内部规定的东西都在时间的关系中被表象出来。时间不能在外部被直观到，就像空间不能被直观为我们内部的某物一样。那么，空间和时间是什么呢？是现实的存在物吗？它们虽然只是事物的规定或者关系，但却是即便事物不被直观也仍然本来属于事物的规定或者关系吗？或者说，它们是仅仅依附于直观的形式、从而依附于我们心灵的主观性状、没有心灵的主观性状这些谓词就根本不能被赋予任何事物的规定或者关系吗？为了澄清这一点，我们首先要考察空间。

〔32〕 1. 空间不是一个从外部经验抽象得来的经验性概念。因为要使某些感觉与我之外的某物发生关系（也就是说，与在空间的不同于我所在的另一地点上的某物发生关系），此外要使我能够把它们表象为彼此外在、从而不仅各不相同、而且是在不同的地点的，这就必须已经有空间的表象作为基础了。据此，空间的表象不能通过经验从外部现象的关系借来，相反，

这种外部经验自身只有通过上述表象才是可能的。

2. 空间是作为一切外部直观的基础的一个必不可少的先 A24
天表象。人们虽然完全能够设想在空间中找不到任何对象，但
却绝不能形成一个没有空间存在的表象。因此，空间被视为显
象可能性的条件，而不是一个依赖于显象的规定，是一个以必
然的方式作为外部显象之基础的先天表象。

3. 在这种先天的必然性之上，建立起一切几何学原理的不容争辩的确定性及其先天构想的可能性。也就是说，如果空间的这种表象是一个后天获得的、从普遍的外部经验得来的概念，那么，数学规定的最初原理就会无非是知觉。因此，这些原理就会具有知觉的一切偶然性，“两点之间只有一条直线”就会同样不是必然的，而是经验任何时候都如此教导我们的。从经验借来的东西，也只有比较的普遍性，亦即通过归纳。因此，人们就会只能够说，就目前所注意到的而言，还没有发现具有多于三个纬度的空间。

4. 空间不是一个关于一般事物的关系的推理概念，或者
如人们所说是一个普遍概念，而是一个纯直观。因为首先，人 A25
们只能表象一个惟一的空间，而当人们谈论多个空间时，人们
只是把它们理解为同一个独一无二的空间的各个部分。这些部
分也不能仿佛是作为惟一的无所不包的空间的组成部分（有可
能用这些部分复合成它）先行于它，而是只有在**它**里面才能被 〔33〕
设想。它在本质上是惟一的，它里面的杂多、从而还有一般的
诸空间的普遍概念，都仅仅基于各种限制。由此得出，就它而
言，一种先天直观（它不是经验性的）是关于空间的所有概念
的基础。就连所有的几何学原理也是如此，例如在一个三角形
中两边之和大于第三边，就绝不是从关于线和三角形的普遍概
念中，而是从直观中，并且是先大地以无可争辩的确定性引申
出来的。

5. 空间被表象为一个无限的**被给予的**大小。关于空间的一个普遍的概念（它为一英尺和一德尺所共有）就大小而言不能规定任何东西。如果在直观的进展中不存在无界限性的话，那么，就没有任何关系的概念会产生直观的无限性的原则。

A26 **由上述概念得出的结论**

1. 空间根本不表象任何一些物自身的属性，或者在它们的相互关系之中表象它们，也就是说，并不是那些依附于对象自身、即便人们抽掉直观的所有主观条件也依然留存的属性的规定。因为无论是绝对的规定还是相对的规定，都不能先于它们所属的那些事物的存在、从而不能先天地被直观。

2. 空间无非是外感官的一切显象的形式，也就是说，是感性的主观条件，惟有在这一条件下外部直观对我们来说才是可能的。如今，由于主体的被对象刺激的感受性以必然的方式先行于这些客体的所有直观，因此可以理解，一切显象的形式如何能够在一切现实的知觉之前、从而先天地在心灵中被给予，以及它如何能够作为一切对象都必须在其中被规定的纯直观在一切经验之前就包含着对象诸般关系的原则。

据此，我们惟有从一个人的立场出发才能够谈论空间，谈论有广延的存在物等等。如果我们离开惟一使我们能够按照我们可能受对象所刺激的方式拥有外部直观的主观条件，那么，
A27 空间的表象就毫无意义。这个谓词只是就事物显现给我们、亦
〔34〕 即是感性的对象而言才被赋予事物。这种我们称之为感性的感受性的恒定形式，是对象在其中被直观为在我们之外的各种关系的一个必要条件，而如果人们抽掉这些对象，它就是一个拥有空间之名的纯直观。由于我们并不能够使感性的这些特殊条件成为事物的可能性的条件，而只能使之成为事物的显象的可

能性的条件，所以我们完全可以说，空间包括可能外在地向我们显现的一切事物，但不包括一切物自身，不管它们是否被直观到，或者也不管它们被什么样的主体所直观。因为关于其他能思维的存在物的直观，我们根本不能作出判断，说它们是否受限制着我们的直观并对我们来说普遍有效的上述条件所制约。如果我们把对一个判断的限制附加在主词的概念上，该判断在这种情况下就无条件地有效。“一切事物都在空间中并列存在”这个命题，惟有在这个限制下，即如果这些事物被当做我们的感性直观的对象来对待，是有效的。如果我在这里把该条件附加在概念上，并且说：一切事物作为外部显象都在空间中并列存在，那么，这个规则就普遍地有效，没有限制。据此，我们的阐明就一切外在地作为对象能够呈现给我们的东西 A28
而言说明了空间的**实在性**（即客观有效性），但同时就事物由理性依其本身来考虑、即不顾及我们感性的性状而言说明了空间的**观念性**。因此，我们（就一切可能的外部经验而言）主张空间的**经验性的实在性**，虽然同时也主张空间的**先验的观念性**，也就是说，一旦我们除去一切经验的可能性的条件，假定它是作为物自身的基础的某种东西，空间就什么也不是了。

但是，除了空间之外，也不存在其他任何主观的、与某种外物相关的、能够称之为先天客观的表象；因此，一切外部显象的这种主观条件不能与其他任何条件相比较。一种葡萄酒的美味并不属于葡萄酒的客观规定，因而不属于一个客体的客观规定，即便它被当做显象来考察，而是属于品尝葡萄酒的主体 〔35〕
的感官的特殊性状。颜色也不是它们依附于其直观的物体的性状，而仅仅是被光以某种方式所刺激的视觉感官的变状。与此相反，空间作为外部客体的条件，必然属于客体的显象或者直观。滋味与颜色根本不是对象惟有在其下才能对我们来说成为 A29
感官的客体的必要条件。它们只是作为特殊的组织偶尔附加的作用而与显象相结合的。因此，它们也不是先天表象，而是建立在感觉之上的，而美味甚至是建立在作为感觉之结果的情感（快乐与不快）之上的。也没有人能够先天地有一种颜色以及任何一种滋味的表象；但是，空间只涉及直观的纯粹形式，因而根本不包含任何感觉（不包含任何经验性的东西），如果要有形状以及关系的概念产生，空间的一切种类和规定就能够并且必须甚至先天地被表象。惟有通过空间，事物才有可能对于我们来说成为外部对象。

这一说明的意图只是在于防止使人想用远远不够的实例来说明所主张的空间的观念性，因为例如颜色、滋味等等都理应不被看做事物的性状，而仅仅应被看做我们主体的变化，这些变化甚至在不同的人那里也可能是不同的。因为在这种场合
A30 里，那原初只是显象的东西，例如一朵玫瑰，在经验性的意义上就被视为一个物自身，这个物自身却可能对每个人的眼睛来说在颜色上显得不同。与此相反，空间中显象的先验概念却是一个批判性的提醒：一般来说，在空间中被直观的任何东西都不是事物自身，空间也不是事物自身固有的形式，相反，对象自身根本不为我们所知，而我们称为外部对象的东西，无非是我们感性的纯然表象，其形式就是空间，而其真正的相关物亦即物自身，由此却根本没有被认识，也不能被认识，但在经验中也从来不被追问。

〔36〕

第二章

论时间

1. 时间不是以某种方式从经验抽象出的经验性概念。因

为如果时间的表象不先天地作为基础，则同时或者相继都甚至不会进入知觉。惟有以时间的表象为前提条件，人们才能表象：一些东西存在于同一个时间中（同时）或者存在于不同的时间中（相继）。

2. 时间是作为一切直观之基础的一个必不可少的表象。 A31
人们尽管完全可以从时间中除去显象，但就一般显象而言却不能取消时间自身。因此，时间是先天地被给予的。惟有在时间中，显象的一切现实性才是可能的。这些显象全都可以去掉，但时间自身（作为显象的可能性的普遍条件）却不能被取消。

3. 在这种先天必然性的基础之上，还建立起时间关系的不可争辩的原理或者一般时间公理的可能性。时间只有惟一的维度：不同的时间不是同时的，而是相继的（就像不同的空间不是相继的，而是同时的一样）。这些原理不可能从经验中得出，因为经验既不会提供严格的普遍性，也不会提供不可争辩的确定性。我们将只能说：通常的知觉告诉我们是这样的；但不能说：它必定是这样的。这些原理被视为在根本上使经验成为可能的规则，并且在经验之前，而不是通过经验教导我们。

4. 时间不是推理概念，或者如人们所说是普遍概念，而是感性直观的一种纯形式。不同的时间只是同一时间的各个部
分。但是，只能通过一个惟一的对象被给予的表象就是直观。 A32
即便“不同的时间不能是同时的”这个命题，也不能从一个普
遍的概念推导出来。该命题是综合的，不能仅仅从概念产生。 〔37〕
因此，它是直接地包含在时间的直观和表象之中的。

5. 时间的无限性无非意味着：时间一切确定的长短都惟有通过对一个惟一的作为基础的时间的限制才是可能的。因此，**时间**这一源始的表象必须不受限制地被给予。但由此，一个对象的各个部分自身和每一大小都惟有通过限制才能确定地被表象，所以，整个表象肯定不是通过概念被给予的（因为那

样的话部分的表象就在先），相反，必须有它们的直接直观作为基础。

从这些概念得出的结论

1. 时间不是某种独立存在的东西，或者不是作为客观的规定依附于事物、从而即使人们抽掉事物的直观的所有主观条件也依然留存的东西：因为在第一种场合，时间就会是某种没
A33 有现实的对象也依然现实地存在的东西。但就第二种场合而言，时间作为一个依附于事物本身的规定或者秩序也不能作为对象的条件先行于对象，先天地通过综合命题被认识和直观。与此相反，如果时间无非是一切直观能够在我们里面发生的主观条件，那么，这后一种情况就完全会发生。因为在这里，内直观的这种形式就能够先于对象、从而是先天地被直观。

2. 时间无非是内感官的形式，即直观我们自己和我们的内部状态的形式。因为时间不可能是外部显象的规定：它既不属于形状，也不属于位置等等；与此相反，它规定着各个表象在我们的内部状态中的关系。而正因为这种内直观不提供任何形状，所以我们也试图通过类比来弥补这一缺憾，通过一条无限延伸的线来表象时间序列，其中杂多构成了一个只具有一个维度的序列；而且我们从这条线的各种属性推论到时间的一切属性，只除了一点，即前者的各个部分是同时的，而后者的各个部分则始终是相继的。由此也得出，时间自身的表象是直
〔38〕 观，因为它的一切关系都可以借助一个外直观予以表达。

A34 3. 时间是所有一般显象的先天形式条件。作为一切外直观的纯形式的空间，作为先天条件仅仅局限于外部显象。与此相反，由于所有的表象，无论它们是否有外部事物作为对象，毕竟都就自身而言作为心灵的规定而属于内部状态；而这种内

部状态却隶属在内直观的形式条件亦即时间之下：所以，时间是所有一般显象的先天条件，进而是内部的（我们灵魂的）显象的直接条件，正因为此间接地也是外部显象的条件。如果我能够先天地说：一切外部显象都在空间中并按照空间的关系被规定，那么，我也可以从内感官的原则出发完全普遍地说：所有一般显象，即感官的所有对象，都处在时间中，并以必然的方式处在时间的各种关系中。

如果我们抽掉我们在内部直观我们自己并借助这种直观也把一切外直观包括进表象力的方式，从而按照对象就自身而言可能存在的样子来对待它们，那么，时间就什么也不是。时间仅仅就显象而言才具有客观有效性，因为这已经是我们当做**我们感官的对象**来对待的事物了；但如果我们抽掉我们的直观的 A35
感性，从而抽掉我们特有的那种表象方式，而谈论**一般的物**，那么，时间就不再是客观的了。因此，时间仅仅是我们的（人的）直观（它在任何时候都是感性的，也就是说，如果我们被对象刺激的话）的主观条件，在主体之外就其自身而言什么也不是。尽管如此，就所有的显象而言，因而也就所有能够在经验中呈现给我们的事物而言，它仍然以必然的方式是客观的。我们不能说：一切事物都在时间中，因为对于一般事物的概念来说事物直观的所有方式都被抽掉了，但这个概念却是时间隶属于对象的表象的真正条件。如果给概念附加上条件，并且说：一切作为显象（感性直观的对象）的事物都在时间中，那 〔39〕
么，这条原理就有其完美的客观正确性和先天的普遍性了。

据此，我们的主张说明了**时间的经验性的实在性**，即就每次能够被给予我们感官的所有对象而言的客观有效性。而既然我们的直观在任何时候都是感性的，所以，在经验中绝不可能有不隶属于时间条件的对象被给予我们。与此相反，我们反对时间对绝对实在性的一切要求，因为即使不考虑我们感性直观

A36 的形式，这种实在性也绝对地作为条件或者属性依附于事物。这样一些属于物自身的属性也永远不能通过感官被给予我们。因此，时间的**先验的观念性**就在于此，按照这种观念性，如果人们抽掉感性直观的主观条件，时间就根本什么也不是，既不能自存性地也不能依存性地归之于对象自身（与我们的直观没有关系的对象）。不过，这种观念性与空间的观念性一样，毕竟不能与感觉的蒙骗相比，因为人们此时就这些谓词所依存的显象而言，毕竟预先设定它具有客观的现实性；在这里，除了它仅仅是经验性的之外，即除了它把对象本身仅仅看做是显象之外，这种实在性就会完全丧失；对此，可参阅上面第一章的说明。

解说

对于这个承认时间的经验性的实在性、但却否认其绝对的和先验的实在性的理论，我从有见识的人士那里如此一致地听到一种反对意见，以至于我从中得出，这种反对意见必定自然而然地出现在任何不习惯于这些考察的读者那里。这种意见认

A37 为：变化都是现实的（即使人们想否认一切外部显象连同其变化，我们自己的表象的更替也证明了这一点）。如今，变化惟有在时间中才是可能的，所以时间就是某种现实的东西。对此作出答复毫无困难。我承认这全部论证。时间当然是某种现实的东西，也就是说，是内直观的现实的形式。因此，就内部经

〔40〕 验来说它具有主观的实在性，也就是说，我确实有关于时间和我在时间中的规定的表象。因此，它可以被视为现实的，不是作为客体，而是作为我自己是客体的表象方式。但是，如果我自己或者另一个存在物不用这个感性的条件就能够直观我，那么，正是我们现在表象为变化的这样一些规定，就会提供一种知识，其中时间的表象、因而还有变化的表象都根本不会出现。

因此，依然有经验性的实在性，作为我们一切经验的条件。按照以上所述，惟有绝对的实在性是不能承认时间所有的。时间无非是我们的内直观的形式。[①] 如果人们从时间中去掉我们感性的特殊条件，那么，时间概念也就消失了，而时间并不依附于对象本身，而是依附于直观对象的主体。 A38

但是，使得这种反对意见如此众口一词、而且出自那些尽管如此却不知道有什么明确的理由反对空间的观念性学说的人的原因，一如下述。他们并不期望能够无可争议地阐述空间的绝对实在性，因为他们遭到唯心论的反对；唯心论认为外部对象的现实性不能有任何严格的证明，与此相反，我们内感官的对象（我自己和我的状态）的现实性则是直接通过意识而清楚明白的。外部对象可能只是一种幻相，内感官的对象在他们看来却无可辩驳地是某种现实的东西。但是他们不曾想到，尽管人们不可反对这二者作为表象的现实性，但它们尽管如此却只属于显象，显象在任何时候都有两个方面，一方面是就客体自身来考察它（不管直观它的方式，但正因为此它的性状在任何时候都是成问题的），另一方面是注意这一对象的直观的形式，这种形式必须不是在对象自身中、而是在对象向之显现的主体中去寻求，但尽管如此仍然现实地和必然地属于这个对象的显象。

据此，时间和空间是可以从中先天地汲取各种综合知识的 〔41〕
两个知识来源，尤其是纯粹数学，在空间及其关系的知识方面 A39
提供了一个光辉的范例。也就是说，空间和时间合起来是所有

① 我虽然可以说：我的各种表象前后相继；但这仅仅意味着，我们在一个时间序列中意识到它们，也就是说，按照内感官的形式意识到它们。因此，时间不是某种自在的东西，也不是客观地依附于事物的规定。

感性直观的纯形式，并由此而使先天综合命题成为可能。但是，这两个先天的知识来源正由于此（即它们只是感性的条件）为自己规定了界限，也就是说，它们仅仅涉及作为显象来考察的对象，但并不表现物自身。惟有前者才是它们的有效性的领域，如果超出这个领域，就不再有它们的客观应用了。此外，空间和时间的这种实在性并不影响经验知识的可靠性：因为无论这些形式以必然的方式依附于物自身还是仅仅依附于我们对这些物的直观，我们都同样确信这种可靠性。与此相反，主张空间和时间的绝对实在性的人，无论他们认为这种实在性是自存性的还是仅仅依存性的，都必然要与经验自身的原则相抵触。因为如果他们决定采用前者（这通常是数学的自然研究者一派），那么，他们就必须假定两种永恒的、无限的、独立存在的不合情理之物，它们存在着（毕竟不是某种现实的东西），只是为了把一切现实的东西包含在自身之内。如果他们
A40 采用第二派的观点（一些形而上学的自然学者就持这种观点），把空间和时间视为从经验中抽象出来的、尽管在分离中被混乱地表象的、各种显象的关系（并列或者相继），那么，他们就必须否定先天的数学学说就现实的事物（例如空间中的事物）而言具有效力，至少是否定它具有无可争辩的确定性，因为这种确定性根本不是后天地发生的，而空间和时间的先天概念在他们看来只不过是想象力的创造物，其来源必须现实地到经验中寻找，想象用经验的抽象关系构造出某种虽然包含着这些关系的共相、但没有自然加给他们的约束就不能成立的东西。前一种人的收获，是他们为数学主张敞开了显象的领域。与此相反，当知性要超出这个领域的时候，他们就正是由于这些条件而大为困惑了。第二种人虽然在后面这点上有所收获，即当他
〔42〕 们想把对象不是作为显象，而是仅仅在与知性的关系中来判断的时候，空间和时间的表象不会阻碍他们；但他们既不能为数

学的先天知识的可能性提供根据（因为他们缺乏一种真正的、
客观有效的先天直观），也不能使经验命题与他们的主张达到 A41
必要的一致。在我们关于感性的这两种源始形式的真正性状的
理论中，这两种困难都被消除了。

最后，至于先验感性论除空间和时间这两种要素之外不可能包含更多的要素，这一点是清楚明白的，因为所有其他属于感性的概念，甚至把二者结合起来的运动的概念，都以某种经验性的东西为前提条件。运动以对某种运动的东西的知觉为前提条件。但在空间中，就其自身来看，没有任何运动的东西：因此，运动的东西必须是某种**仅仅由经验在空间中发现的东西**，从而是一个经验性的材料。同样，先验感性论不能把变化的概念列入其先天材料，因为时间本身并不变化，而是某种存在于时间中的东西在变化。所以，为此就要求有对某种存在及其各种规定的演替的知觉，因而就要求有经验。

对先验感性论的总说明

为了防止一切误解，首先必须尽可能清晰地解释，就一般
感性知识的基本性状而言，我们的看法是什么。 A42

因此，我们曾经想说：我们的一切直观无非是关于显象的
表象；我们所直观的事物并非就自身而言就是我们直观它们所
是的东西，它们的关系也不是就自身而言就具有它们向我们显
现的那种性状，而如果我们把我们的主体、哪怕是仅仅把感官
的一般主观性状去掉，客体在空间和时间中的一切性状、一切
关系、甚至空间和时间本身都将消失，它们作为显象不能就自
身而言、而是只能在我们心中实存。对象就自身而言、与我们 〔43〕
感性的这一切感受性相分离，可能具有一种什么样的状况，依

然是我们完全不知道的。我们所认识的无非是我们知觉它们的方式，这种方式是我们特有的，但尽管必然属于每一个人，却并不必然属于每一个存在物。我们只与这种方式打交道。空间和时间是这种方式的纯形式，一般感觉则是质料。我们只能先天地、即在一切现实的知觉之前认识这种纯形式，所以它叫做纯直观；但感觉却是我们的知识中使得它叫做后天知识亦即经验性直观的东西。前者绝对必然地依附于我们的感性，无论我
A43 们的感觉是哪一种方式；后者则可能极为不同。即使我们能够使我们的这种直观达到最高的清晰程度，我们也不会由此更为接近对象自身的性状。因为我们在任何情况下所可能完全认识的，毕竟只是我们的直观方式，即我们的感性，并且永远只是在原初就依附于主体的空间和时间的条件下认识它的；至于对象自身会是什么，毕竟永远也不会通过惟一被给予我们的、对象自身的显象的最清晰知识而为我们所知。

因此，说我们的整个感性无非是对事物的混乱的表象，这种表象只包含自在地属于事物的东西，但只不过是处于我们未借助意识分辨清楚的那些标志和分表象的堆积状态，这种说法是对感性概念和显象概念的一种歪曲，它使得感性和显象的整个学说都变得毫无用处、空洞无物。不清晰的表象与清晰的表象的区别仅仅是逻辑上的，并不涉及内容。毫无疑问，健全知性使用的**公正**概念，所包含的正是最精细的思辨能够从它发挥出来的东西，只不过在通常的和实际的应用中，人们并没有意识到这一思想中的这些各种各样的表象罢了。因此，人们不能
A44 说：这个平常的概念是感性的，仅仅包含着一种显象，因为公正根本不能显现，相反，它的概念蕴含在知性中，并表象行动的一种性状（道德性状），这性状自在地属于行动。与此相反，
〔44〕在直观中一个**物体**的表象根本不包含能够属于一个对象自身的东西，而只包含某物的显象和我们由此被刺激的方式，而我们

的认识能力的这种感受性就叫做感性，即使人们能够彻底看透前者（显象），也与对象自身的知识有天壤之别。

因此，莱布尼茨－沃尔夫哲学为关于我们知识的本性和起源的全部研究指示了一个完全不合适的观点，因为它把感性与理智的区别仅仅看做逻辑的，而这种区别明显是先验的，不仅仅涉及清晰或者不清晰的形式，而是涉及其起源和内容，以至于我们不仅仅是通过感性不清晰地认识、而是根本不认识物自身的性状，而且，一旦我们去掉我们主观的性状，被表象的客体连同感性直观赋予它的那些属性就在任何地方都找不到了，也不可能被找到，因为正是这个主观的性状规定着客体作为显象的形式。

我们通常在显象中间把本质上依附于显象的直观并一般来 A45
说对任何人类感官都有效的东西与只是以偶然的方式属于显象的直观的东西区别开来，因为后者并不是一般地在感性的关系上、而是仅仅在这个或者那个感官的特殊地位或者机制上有效。而在这里，人们把前一种知识称为一种表象对象自身的知识，而把后一种知识仅仅称为对象的显象。但这种区分仅仅是经验性的。如果停留在这一点上（如通常所发生的那样），不再把那种经验性的直观看做是纯然的显象（如应当发生的那样），以至于在其中找不到任何依附于某个事物自身的东西，那么，我们的先验区分就会丧失，在这种情况下，尽管我们到处（在感官世界中）、哪怕在对感官世界的对象做最深入的研究时，都只能与显象打交道，我们却相信能够认识物自身。这样，我们虽然把彩虹称为纯粹是一场晴天雨中的显象，而把这场雨称为事物自身，如果我们仅仅在物理学上把后一个概念理解为在普遍的经验中、在对感官的所有不同状态下都毕竟在直观中这样而不是别样地被规定的对象，那么，这样说也是正确 〔45〕
的。但是，如果我们一般地对待这种经验性的东西，并且不顾及这种东西与每一种人类感官的一致，而追问这种东西是否也

A46 表象了一个对象自身（不是雨滴，因为雨滴在这种情况下已经作为显象是经验性的客体了），那么，关于表象与对象的关系的问题就是先验的，不仅这些雨滴是纯然的显象，而且就连它们圆的形状、甚至它们在其中下落的空间，都不是什么就自身而言的东西，而仅仅是我们的感性直观的一些变形或者基础，而先验的客体依然不为我们所知。

我们的先验感性论的第二件重要事务是：它不仅仅是作为表面上的假说来博取一些好感，而是要像任何时候对一种应该充当工具论的理论所能够要求的那样确定无疑。为了完全说明这种确定性，我们想选取某个实例，依此这种工具论的有效性将能够变得显而易见。

据此，假定空间和时间就其自身而言是客观的，而且是物自身的可能性的条件，那么显而易见，首先：关于二者将会出现大量先天的无可争辩的综合命题，尤其是关于空间的，因此我们这里要优先把空间作为实例来研究。由于几何学的定理都
A47 是先天综合的，都是以无可争辩的确定性被认识到的，所以我要问：你们是从哪里获得诸如此类的定理的？要达到诸如此类绝对必然且普遍有效的真理，我们的知性依据的是什么？除了借助概念或者借助直观，别无他途；但这二者自身则要么是先天地、要么是后天地被给予我们的。后一种东西，即经验性的概念，此外还有它建立于其上的东西，即经验性的直观，所能够提供的综合命题没有别的，只有一种也仅仅是经验性的命题，即经验命题，因而永远不能包含必然性和绝对的普遍性，而诸如此类的东西却是所有几何学命题的特征。至于要达到诸如此类的知识，什么是首要的和惟一的手段，也就是说，是仅仅凭借概念还是凭借先天直观，则显而易见，仅仅从概念出发根本不能达到综合的知识，而只能达到分析的知识。且看这样
〔46〕 一条定理，即凭二条直线根本不能围起一个空间，从而不可能

有任何图形，并请尝试从“直线”和数字“二”的概念推导出这一定理；或者且看这样一条定理，即凭三条直线可能有一个图形，并请尝试仅仅从这些概念推导出这条定理。你们的一切努力都是白费力气，你们将发现自己不得不像几何学在任何时候都做的那样，求助于直观。因此，你们在直观中给自己提供 A48
了一个对象；但这是哪一种直观，是一种先天的纯直观，还是一种经验性的直观？如果是后者，则绝不可能从中产生一个普遍有效的命题，更不用说产生一个无可争辩的命题了；因为经验绝不能提供诸如此类的命题。因此，你们必须在直观中给自己提供一个先天对象，并在这对象上面建立起一个综合命题。但如果你们里面没有一种先天地进行直观的能力，如果这种主观的条件就形式而言并不同时是惟一使得这一（外）直观的客体本身成为可能的普遍的先天条件，如果对象（三角形）是与你们的主体没有关系的某物自身，你们怎么能够说，必然蕴涵在你们构思一个三角形的主观条件之中的东西，也肯定必然地属于三角形自身呢？因为你们毕竟不能给你们的概念（三条线）添加任何因此肯定必然地在对象那里发现的新东西（图形），因为这对象是在你们的知识之前、而不是通过你们的知识被给予的。因此，如果空间（时间亦复如是）不是你们的直观的一个纯然形式，包含着惟一能使一切事物对你们来说成为外部对象的先天条件，没有这些主观条件外部对象就自身而言什么也不是，那么，你们就根本不能先天地以综合的方式澄清关于外部客体的任何东西了。所以，这是毫无疑问地确定的，不是可能的或 A49
者大致如此的：空间和时间作为一切（外部的和内部的）经验的必要条件，只不过是我们一切直观的主观条件，因而在与这些条件的关系中一切对象都仅仅是显象，不是独立地以这种方式被给予的物，因此关于它们就其形式而言也可以先天地说出许多东西，但关于可能作为这些显象基础的物自身则绝不能说出一点东西。

〔47〕 A50

第二部分　先验逻辑论

导言　先验逻辑的理念

一、论一般的逻辑

我们的知识产生自心灵的两个基本来源，其中第一个是接受表象的能力（印象的感受性），第二个是通过这些表象认识一个对象的能力（概念的自发性）；通过前者，一个对象**被给予**我们，通过后者，该对象在与那个（仅仅作为心灵的规定的）表象的关系中**被思维**。因此，直观和概念构成了我们一切知识的要素，以至于无论是概念没有以某些方式与它们相应的直观、还是直观没有概念，都不能提供知识。这二者要么是纯粹的，要么是经验性的。如果其中包含有感觉（它以对象现实的在场为前提条件），它们就是**经验性的**；但如果表象未混杂任何感觉，它们就是**纯粹的**。人们可以把感觉称为感性知识的质料。因此，纯直观仅仅包含某物被直观的形式，而纯概念则
〔48〕 A51 只包含思维一个对象的一般形式。只有纯直观或者纯概念才是先天地可能的，经验性的直观或者概念则只是后天可能的。

如果我们愿意把我们心灵在以某种方式受到刺激时接受表象的这种**感受性**称为**感性**的话，那么与此相反，自己产生表象的能力，或者知识的**自发性**，就是**知性**。我们的本性导致**直观**永远只能是**感性的**，也就是说，只包含我们被对象刺激的方式。与此相反，对感性直观的对象进行**思维**的能力是**知性**。这

两种属性的任何一种都不应当比另一种更受优待。无感性就不会有对象被给予我们，无知性就不会有对象被思维。思想无内容则空，直观无概念则盲。因此，使其概念成为感性的（即把直观中的对象赋予概念）和使其直观成为知性的（即将它们置于概念之下），是同样必要的。这两种能力或者性能也不能互换其功能。知性不能直观任何东西，而感官则不能思维任何东西。只有从它们的相互结合中才能产生出知识。但人们毕竟不可因此就把二者的职分相互混淆，而是有重要的理由慎重地把 A52
每一个与另一个分离和区别开来。因此，我们把一般感性规则的科学亦即感性论与一般知性规则的科学亦即逻辑区别开来。

逻辑又可以以双重的观点来探讨，要么是作为普遍的知性应用的逻辑，要么是作为特殊的知性应用的逻辑。前者包含思维的绝对必然的规则，没有这些规则就根本没有知性的任何应用，因此它涉及这种应用，不顾这种应用可能针对的对象的不同。特殊的知性应用的逻辑则包含正确地思维某类对象的规则。人们可以把前者称为要素的逻辑，但把后者称为这门或者那门科学的工具论。工具论在学校里大多作为各门科学的预科排在前面，虽然按照人类理性的进程它是最迟的，只有在科学早已就绪、为完成和完善只需要最后一手的时候人类理性才达 〔49〕
到它。因为人们要说明一门关于对象的科学如何得以建立起来的那些规则，就必须已经在相当高的程度上了解这些对象。

如今，普遍的逻辑要么是纯粹的逻辑，要么是应用的逻辑。在前者中，我们抽掉我们的知性得以实施的所有经验性条 A53
件，例如感官的影响、想象的游戏、记忆的规律、习惯的力量、偏好等等，从而也抽掉了成见的来源，甚至完全抽掉了使得某些知识可能由我们产生、或者被强加给我们的一切原因，因为它们只是在运用知性的某些情况下才与知性相关，而要认识这些情况就需要经验。所以，一种**普遍的**、但又**纯粹的逻辑**

只与先天的原则打交道，它是**知性的法规**，亦是理性的法规，但只是就其运用的形式因素而言，内容则不管它是什么样的（是经验性的还是先验的）。但一种**普遍的逻辑**，当它针对心理学告诉我们的那些主观经验性条件下的知性应用规则的时候，就叫做**应用的**。所以，它拥有经验性的原则，尽管就它对对象不加区别地涉及知性应用而言，它是普遍的。因此之故，它既不是一般知性的法规，也不是各门特殊科学的工具论，而仅仅是通常知性的一种净化术。

因此，在普遍的逻辑中，应当构成纯粹理性学说的那个部
A54 分必须与构成应用的（尽管还一直是普遍的）逻辑的那个部分完全分离开来。本来就只有前者才是科学，虽然简略而且枯燥，并且像对一种知性要素论的符合学院规范的表述所要求的那样。因此，在这种逻辑中，逻辑学家必须在任何时候都牢记两条规则：

1. 作为普遍的逻辑，它抽掉了知性知识的一切内容及其对象的不同，仅仅与思维的形式打交道。

2. 作为纯粹的逻辑，它不具有经验性的原则，因而它不
〔50〕（像人们有时说服自己的那样）从心理学汲取任何东西，因而心理学对于知性的法规没有任何影响。它是一种经过证明的学说，在它里面一切都必须是完全先天地确定的。

至于我称为应用逻辑的东西（与这个词的通常意义相反，按照这种意义它应当包含纯粹逻辑为之提供规则的某些练习），它是知性及其 in concreto [在具体情况下] 的必然应用的规则的一种表象，所谓具体情况也就是主体的那些能够阻碍或者促进这种应用的偶然条件，它们全都是仅仅经验性地被给予的。它讨论注意、注意的障碍和后果、失误的起源、怀疑和顾虑以
A55 及确信的状态等等；普遍的和纯粹的逻辑与它的关系，就像是仅仅包含一般自由意志的必然道德法则的纯粹道德与真正的德

性学说的关系，后者就是在人们或多或少屈从的情感、偏好和情欲的阻碍之下衡量这些法则的，它永远不能产生一门真正的、经过证明的科学，因为它正如那种应用逻辑一样，需要经验性的和心理学的原则。

二、论先验逻辑

如我们已经指出的那样，普遍的逻辑抽掉了知识的一切内容，也就是说，抽掉了知识与客体的一切关系，仅仅在知识的相互关系中考察逻辑形式，即一般的思维形式。但如今，由于（如先验感性论所阐明的）既有纯粹的直观也有经验性的直观，所以也可以发现对象的纯思维和经验性思维之间的一种区别。在这一场合，就会有一种人们不抽掉知识的所有内容的逻辑；因为仅仅包含一个对象的纯思维的规则的那种逻辑，将会排斥一切具有经验性内容的知识。它还将涉及我们关于对象的知识 A56
的起源，只是这种起源不能被归于对象，而与此相反，普遍的逻辑根本不考虑知识的这种起源，而是仅仅按照知性在思维时在相对关系中使用表象所遵循的规律来考察表象，不管它们是原初先天地在我们里面的，还是仅仅经验性地被给予的，所 〔51〕
以，它仅仅探讨可以为表象找到的知性形式，不管这些表象通常来自于何方。

在这里，我要作一个说明，它影响到后面所有的考察，人们应当把它牢记在心，这就是：并非任何一种先天知识、而是惟有使我们认识到某些表象（直观或者概念）仅仅先天地被应用或者仅仅先天地可能以及何以如此的知识，才必须被称为先验的（即知识的先天可能性或者知识的先天应用）。因此，无论是空间还是空间的某个几何学的先天规定，都不是一种先验的表象，而惟有关于这些表象根本不具有经验性的起源的知识，和它们尽管如此依然能够先天地与经验的对象发生关系的可能性，才可以叫做先验的。此外，空间在一般对象上的应用也会是先验的：但是，如果它仅仅局限于感官的对象，它就叫
A57 做经验性的。因此，先验的和经验性的之间的区别仅仅属于对知识的批判，不涉及知识与其对象的关系。

因此，由于期望也许会有一些概念，它们能够先天地与对象发生关系，不是纯粹的或者感性的直观，而仅仅是纯思维的行动，因而是既无经验性起源也无感性论起源的概念，所以我们预先为自己形成了一门纯粹知性和理性知识之科学的理念，用来完全先天地思维对象。这样一门规定这样一些知识的起源、范围和客观有效性的科学，就会必须叫做**先验逻辑**，因为它仅仅与知性和理性的规律打交道，但只是就它们先天地与对象相关而言，不像普遍的逻辑不加区别地既与经验性的理性知识也与纯粹的理性知识相关。

〔52〕

三、论普遍的逻辑划分为分析论和辩证论

有一个古老而且著名的问题，人们曾以为用它可以把逻辑学家们逼入困境，并曾力图使他们达到这样的地步，即让他们
A58 要么涉足可怜的循环论证，要么就承认自己的无知，从而承认自己的整个艺术的无用；这个问题就是：**真理是什么**？对真理的名词解释，即真理是知识与其对象的一致，在这里是被赠与和预设的；但是人们要求知道，任何一种知识的真理性的普遍而且可靠的标准是什么。

知道人们应当以理性的方式追问什么，这已经是聪明与洞识的一个重要而且必要的证明。因为如果问题自身是荒唐的，并且要求作出不必要的回答，那么，除了使提出问题的人感到羞愧之外，它有时还有这样的害处，即诱使它的不谨慎的听众

作出荒唐的回答，并造成可笑的景象，即一个人（如古人所说）挤公羊的奶，另一个人把筛子放在下面去接。

如果真理在于一种知识与其对象的一致，那么，这个对象
就必须由此而与别的对象区别开来；因为一种知识如果与它所
关联的对象不一致，那么，即使它包含着某种可能适用于其他
对象的东西，它也是错误的。于是，真理的一个普遍标准就会
是对知识的对象不加区别而适用于一切知识的标准了。但显而
易见的是，既然人们就这一标准而言抽掉了知识的一切内容
（与其客体的关系），而真理又恰好涉及这种内容，所以，追问 A59
知识的这种内容的真理性的一个标志，就是完全不可能的和荒
唐的，因而也不可能给出真理的一个充分的、但同时又是普遍
的标志。既然我们上面已经把一种知识的内容称为它的质料，
所以人们就将不得不说：对知识的真理性就质料而言不能要求 〔53〕
任何普遍的标志，因为它就自身而言是自相矛盾的。

但至于仅就形式而言（除去一切内容）的知识，则同样显
而易见的是：一种陈述知性的普遍必然规则的逻辑，也必须在
这些规则中阐述真理的标准。与这些规则相矛盾的东西，就是
错误的，因为知性在这里与自己普遍的思维规则相矛盾，从而
也就与自己本身相矛盾。但这些标准仅仅涉及真理的形式，即
一般思维的形式，就此而言是完全正确的，但并不是充分的。
因为尽管一种知识可能完全符合逻辑形式，也就是说，不与自
己本身相矛盾，但它毕竟始终可能与对象相矛盾。因此，真理
的纯逻辑标准，即一种知识与知性和理性的普遍的、形式的规
律相一致，虽然是一切真理的 conditio sine qua non［必要条
件］，从而是消极的条件，但逻辑却不能走得更远，逻辑不能 A60
凭借任何试金石来揭示不涉及形式、而是涉及内容的错误。

如今，普遍的逻辑把知性和理性的全部形式工作分解成它的各种要素，并将它们描述成为对我们的知识作出逻辑评判的

原则。因此，逻辑的这一部分可以叫做分析论，并正因为此是真理的至少消极的试金石，因为人们在根据其内容研究一切知识，以便弄清楚它们就对象而言是否包含着积极的真理之前，首先必须根据其形式按照这些规则来检验和估价它们。但是，由于知识的纯然形式无论怎样与逻辑规律一致，也远远不足于因此就使知识具有质料性的（客观的）真理，所以没有人仅仅凭借逻辑就敢于对对象作出判断，并主张某种东西，而不是事先在逻辑之外对它们作出持之有据的调查，以便此后只是力图按照逻辑规则利用这种调查，并把它联结在一个有关联的整体中，但更好是只按照逻辑规律检验它。尽管如此，在对一种赋予我们一切知识以知性形式的如此明显的艺术的拥有中，虽然
A61 人们在这些知识的内容方面还可能非常空洞贫乏，却还是蕴含
〔54〕 着某种诱人的东西，使得那种仅仅是评判之**法规**的普遍逻辑仿佛是一种现实创造的**工具论**，至少被用来导致有关客观主张的假象，从而事实上由此被误用。如今，被当做工具论的普遍逻辑就叫做**辩证论**。

古人在对一门科学或者艺术使用这一称谓时，无论其意义如何不同，人们毕竟还是可以从它的现实应用中可靠地得出，它在古人那里无非就是**幻相的逻辑**。它是一种给自己的无知、乃至蓄意的假象涂上真理的色彩的诡辩艺术，即人们模仿一般逻辑所规定的缜密方法，并利用它的用词技巧来美化每一种空洞的行为。如今，人们可以作为一个可靠的、可用的警告来说明的是：普遍的逻辑，**作为工具论来看**，在任何时候都是一种幻相的逻辑，也就是说，是辩证的。因为既然它根本不告诉我们有关知识内容的任何东西，而是仅仅告诉我们与知性一致的形式条件，这些条件除此之外在对象方面是完全无所谓的，那么，把它当做一种工具（工具论）来使用，以便至少按照那种假定来传播和扩展自己的知识，这种无理要求的结果只能是废

话连篇，只要愿意就用一些幻相来维护一切，或者随意地攻击 A62
它们。

这样一种教导无论如何也是不符合哲学的尊严的。因此，人们宁可把辩证论这一称谓作为一种**辩证幻相的批判**归给逻辑，而在这里，我们也要知道它被理解为这样一种批判。

四、论先验逻辑划分为先验分析论和先验辩证论

在一种先验逻辑中，我们把知性孤立起来（就像我们在上面先验感性论中把感性孤立起来一样），从我们的知识中只突
出思维仅仅在知性中有其起源的部分。但是，这种纯粹知识的 〔55〕
应用作为其条件所依据的是：它可以应用其上的对象是在直观中被给予我们的。因为没有直观，我们的一切知识就都缺乏客体，在这种情况下它们就还是完全空洞的。因此，先验逻辑陈述纯粹知性知识的各种要素和在任何地方要能够思维对象就不可或缺的原则的部分，就是先验分析论，同时也是真理的逻辑。因为没有一种知识能够与这种逻辑相矛盾，却不同时丧失一切内容，也就是说，丧失与某一客体的一切关系，从而丧失
一切真理的。但是，由于单独地、甚至超出经验的界限利用这 A63
些纯粹的知性知识和原理是非常诱人和引人入胜的，而经验又是惟一能够向我们提供那些纯粹的知性概念能够运用于其上的材料（客体）的，所以知性就陷入了一种危险，凭借空洞的玄想对纯粹知性纯然形式的原则作一种质料的应用，并对毕竟不是被给予我们的、也许不能以任何方式被给予我们的对象不加区别地作出判断。因此，既然它原本应当只是一部对经验性应用作出评判的法规，所以，如果人们使它被视为一种普遍的和无限制的应用的工具论，并仅仅凭借纯粹知性就敢于对一般对象综合地作出判断、断定和裁决，它就被误用了。因此，在这

种情况下，纯粹知性的应用就会是辩证的了。所以，先验逻辑的第二部分必须是这种辩证幻相的一种批判，叫做先验辩证论，不是作为独断地激起诸如此类的幻相的一种艺术（各种各样的形而上学戏法的一种令人遗憾地非常流行的艺术），而是作为对知性和理性在其超自然的应用方面的批判，为的是揭露理性的无根据的僭妄的错误幻相，并将理性以为单凭先验的原
A64 理就可以做到发明和扩展的要求降低到仅仅评判和保护纯粹知性免受诡辩的假象之害的程度。

第一编 〔56〕

先验分析论

这一分析论是把我们全部的先天知识分解成为纯粹知性知识的各种要素。这里重要的是以下几点：1. 概念是纯粹的概念，不是经验性的概念。2. 这些概念不属于直观，不属于感性，而是属于思维和知性。3. 这些概念都是基本概念，与派生的或者由它们复合的概念明显有别。4. 概念表是完备的，完全显示出纯粹知性的整个领域。如今，一门科学的这种完备性不能根据仅仅通过试验达成的集合的近似值来可靠地认定；因此，它惟有凭借知性先天知识的**整体的理念**、并通过构成它的诸般概念由此得到规定的划分、因而惟有通过它们**在一个体系中的联系**才是可能的。纯粹知性不仅与所有经验性的东西有 A65
别，而且甚至与一切感性截然不同。因此，它是一个独立自存的、自身充足的、不能由可以从外部附加的附属物来增添的统一体。所以，它的知识的总和将构成一个可以在一个理念之下涵盖和规定的体系，这个体系的完备性和拼接同时能够为一切适配的知识成分的正确性和纯正性提供试金石。但是，先验逻辑的这整个部分要由两卷构成，其中一卷包含纯粹知性的**概念**，另一卷包含纯粹知性的**原理**。

第一卷
概念分析论

我所理解的概念分析论，不是概念的分析或者哲学研究中
〔57〕常见的做法，即按照内容分析呈现出来的概念并使之清晰，而是还很少尝试过的**知性能力本身的分析**，为的是通过我们仅
A66 仅在知性亦即先天概念的诞生地中探求这些概念并分析知性的一般纯粹应用，来研究先天概念的可能性；因为这是一种先验哲学的独特工作；其余的东西则是一般哲学中对概念的逻辑探讨。因此，我们将把纯粹概念一直追溯到它们在人类知性中的最初萌芽和禀赋，它们蕴涵在这些萌芽和禀赋中已经作好准备，直到终于借经验之机得到发展，并凭借同一种知性摆脱依附于它们的经验性条件，在其纯粹性中得到展现。

第一篇
论发现一切纯粹知性概念的导线

当人们发动一种知识能力的时候，按照各种各样的机缘，出现不同的概念，它们使这种能力为人所知，而且在较长时间或者以较强的敏锐性对它们进行考察之后，可以在一篇或多或少详尽的文章中使它们集合起来。至于这一研究在什么地方将臻于完善，按照这种仿佛是机械性的做法是永远不能确切地规
A67 定的。人们仅仅这样随机缘发现的概念，也并不呈现在任何秩序和系统的统一体中，而是最终仅仅按照类似性得以相配，并且按照其内容的多寡，从简单的概念开始到更为复杂的概念排

成序列，这些序列根本不是系统的，虽然是以某种方式按照方法达成的。

先验哲学有便利、但也有义务从一个原则出发探求其概念，因为这些概念必须是纯粹地、不混杂地从作为绝对统一体的知性产生，因而本身是按照一个概念或者理念而彼此联系的。但这样一种联系提供了一种规则，按照它，就可以先天地 〔58〕
为每一个纯粹的知性概念规定它的位置，并在总体上为所有的概念规定其完备性，否则的话，这一切就会取决于任意或者取决于偶然了。

第一章　论知性的一般逻辑应用

知性在上面只是得到消极的解释：用的是一种非感性的认识能力。现在，我们不依赖于感性就不能分享直观。因此，知 A68
性不是直观的能力。但是，在直观之外，除了凭借概念，没有别的认识方式。因此，每一种知性、至少人的知性的知识，是一种凭借概念的知识，它不是直观的，而是推论的。一切直观，作为感性的，所依据的是刺激，因而概念依据的是功能。但是，我把功能理解为在一个共同的表象之下整理不同的表象的行动的统一性。因此，概念以思维的自发性为基础，就像感性直观以印象的感受性为基础一样。于是，除了借助这些概念作出判断之外，知性对它们不可能有别的应用。既然除了仅仅作为直观之外，没有一个表象直接涉及对象，所以一个概念不直接地与一个对象发生关系，而是与关于该对象的某一别的表象（无论它是直观或者本身已经是概念）发生关系。因此，判断是一个对象的间接知识，从而是对象的一个表象的表象。在每一个判断中，都有一个适用于诸多表象的概念，而在这一诸多之下也包含着一个被给予的表象，它直接地与对象发生关

系。例如，在**“一切物体都是可分的”**这个判断中，可分物的
〔59〕概念与不同的其他概念相关；但在这些概念中，它在这里特别
A69 地与物体的概念相关，但物体的概念则与某些呈现给我们的显象相关。因此，这些对象通过可分性的概念间接地得到表象。据此，一切判断都是我们的表象中间的统一性的功能，因为不是一个直接的表象，而是一个把前者和更多的表象包含在自己之下的更高的表象，被用于对象的知识，由此诸多可能的知识被集合在一个知识之中。但我们可以把知性的所有行动归结为判断，以至于一般的**知性**可以被表象为一种**判断的能力**。因为如上所述，它是一种思维的能力。思维是凭借概念的知识。但概念作为可能判断的谓词，所关涉的是一个尚未确定的对象的某个表象。这样，物体的概念，例如金属，就意味着某种可以通过那个概念被认识的东西。因此，它之所以是概念，只是因为它在自己之下包含着其他使它能够与对象发生关系的表象。所以，它是一个可能判断的谓词，例如每一种金属都是物体。因此，如果人们能够完备地描述判断中的统一性的功能，就能够在总体上发现知性的各种功能了。但下一章将表明，这一点是极容易做到的。

A70

第二章　论知性在判断中的逻辑功能

如果我们抽掉一个一般判断的所有内容，只关注其中的纯然知性形式，那么我们将发现，思维在判断中的功能可以归于四个标题之下，其中每一个又包含着三个环节。它们可以确切地如下表所示。

由于这种划分在一些虽然不是本质性的方面显得偏离了逻
A71 辑学家们惯常的做法，所以针对令人担忧的误解作如下抗辩将不是毫无必要的。

1. 〔60〕

判断的量

全称的

特称的

单称的

2.

判断的质

肯定的

否定的

无限的

3.

判断的关系

定言的

假言的

选言的

4.

判断的模态

或然的

实然的

必然的

1. 逻辑学家们有理由说，人们在把判断用于理性推理时可以把单称判断当做全称判断来对待。因为正是由于单称判断根本没有外延，所以它们的谓词就不能仅仅与包含在主词的概念之下的一些东西相关，而被另一些东西排除在外。因此，这谓词毫无例外地适用于那个概念，就好像那个概念是一个拥有外延、谓词适用于其全部意义的普遍有效的概念似的。与此相反，如果我们把一个单称判断仅仅作为知识，按照量与一个普遍有效的判断进行比较，那么，这种知识与普遍有效的判断的关系就如同单一与无限的关系，因而就其自身而言与后者有本质性的区别。因此，如果我对一个单称判断（judicium singulare）不仅仅按照其内在的有效性，而是还作为一般知识按照它与其他知识相比所拥有的量来作出估价，那么，它当然与普遍有效的判断（judicia communia）有区别，并且理应在一般思维的一个完备的环节表中（尽管当然不是在仅仅局限于各种 〔61〕
判断相互之间的应用上的逻辑中）占有一个特殊的位置。

2. 同样，在先验逻辑中还必须把**无限判断**与**肯定判断**区

A72 别开来，尽管在普遍的逻辑中后者合理地被归入前者，并不构成划分的一个特殊分支。因为普遍的逻辑抽掉谓词的一切内容（即使这谓词是否定的），只关注这谓词是被附加于主词，还是与它相对立。但先验逻辑却还根据凭借一个纯然否定的谓词所作出的这种逻辑肯定的价值或者内容来考察判断，并且考察这种肯定就全部知识而言带来了什么样的收获。如果我就灵魂而言说它不是有死的，那么，我就通过一个否定的判断至少防止了一种错误。如今，通过“灵魂是不死的”这一命题，虽然由于我把灵魂置入了不死的存在者的无限制外延之中，而在逻辑形式上现实地作出了肯定。由于有死者在可能存在者的全部外延中包括一个部分，而不死者则包括另一个部分，所以通过我的命题所说的无非是，灵魂是在我把有死者全都排除的时候依然存留的无限多事物中的一个。但这样一来，一切可能事物的无限领域只是就有死者被与此隔离、灵魂被置于其外延的其余范围而言才受到了限制。然而，即使有这种剔除，这个范围依然始终是无限的，还可以再排除它的更多的部分，灵魂的概念
A73 并不因此就有丝毫的增加和得到肯定的规定。因此，这些就逻辑外延而言的无限判断在一般知识的内容方面实际上纯然是限制性的，而且就此而言，它们在判断中思维的一切环节的先验表中是不可忽略的，因为这里所履行的知性功能也许在知性的纯粹先天知识的领域里会是重要的。

3. 思维在判断中的所有关系是：a. 谓词与主词的关系；b. 根据与结果的关系；c. 被划分的知识与划分的全部分支相互之间的关系。在第一类判断中只考察两个概念，在第二类判断中考察两个判断，在第三类判断中就相互之间的关系而言考
〔62〕察多个判断。假言命题“如果有一种完善的正义，则冥顽之恶徒将受到惩罚”原本包含着两个命题的关系，即“有一种完善的正义”和“冥顽之恶徒将受到惩罚”。这两个命题自身是否

真实，在此还没有得到澄清。通过这一判断所思维的，只不过是结论罢了。最后，选言判断包含着两个或者更多的命题相互之间的关系，但并不是次序的关系，而是如果一个命题的领域排除另一个命题的领域则产生的逻辑对立的关系，但同时毕竟也是如果它们一起填充真正的知识的领域则产生的共联性的关系，从而是一种知识的领域的各个部分的关系，因为每一部分 A74
的领域对于被划分的知识的全部总和来说都是另一部分的领域的补充；例如，世界要么是由于一种盲目的偶然、要么是由于内在的必然、要么是由于一种外在的原因存在的。这些命题中的每一个都占据着一般来说关于一个世界存在的可能知识的领域的一个部分。所有这些命题合起来则占据着整个领域。把知识从这些领域中的一个除去，则意味着把它置入其余领域中的一个，与此相反，把它置入一个领域，则意味着把它从其余的领域除去。因此，在一个选言判断中，有某种知识的共同体，它就在于这些知识相互排斥，但由此却毕竟在**整体**上规定着真实的知识，因为它们总的来说构成了惟一的一种被给予的知识的全部内容。而这也是我为了下面的内容在此必须予以说明的东西。

4. 判断的模态是判断的一种极为特殊的功能，它自身具有的特别之处就在于，它对判断的内容毫无贡献（因为除了量、质和关系之外，再也没有什么构成一个判断的内容了），而是仅仅涉及系词一般来说与思维相关时的值。**或然**判断是人们在其中认为肯定或者否定都仅仅**可能**（随意的）的判断；**实然**判断是肯定或者否定被视为**现实**（真实）的判断；**必然**判断 A75
则是人们在其中把肯定或者否定视为**必然**的判断。[①]这样，如

① 如同思维在第一种场合是**知性**的功能，在第二种场合是**判断力**的功能，在第三种场合是**理性**的功能一样。这一说明留待后面再解释。

〔63〕果两个判断的关系构成假言判断（antec.［前件］和 consequ.［后件］），此外，如果选言判断就在于两个判断的相互作用（划分的各个分支），那么，这两个判断就全都只是或然的。在上面的例子中，“有一种完善的正义”这个命题并不是实然地说出的，而是仅仅被思维成一个随意的判断，对于它来说可能会有人这样认为；而惟有结论是实然的。因此，这样的判断也可能明显是错误的，但作为或然的来看，毕竟是真理知识的条件。这样，“**世界是由于一种盲目的偶然存在的**”这个判断在选言判断中只具有或然的意义，也就是说，某人可能在某个时刻接受这一命题，但它毕竟有助于发现真的命题（如同在人们可能选取的所有道路的数目中标出错误的道路一样）。因此，或然的命题是仅仅表达逻辑可能性（这种可能性不是客观的）的命题，也就是说，这种可能性是一种使这样的命题有效的自由选择，是纯然任意地把该命题接纳入知性。实然的命题说的是逻辑的现实性或者真实性，例如在一个假言的理性推理中前
A76 件在大前提中表现为或然的，在小前提中表现为实然的，并且表明该命题已经按照知性的规律与知性结合在一起了。必然的命题则把实然的命题思维为由知性的这些规律本身规定的，从而是先天地断言的，并以这样的方式表达逻辑的必然性。如今，由于在这里一切都逐步地并入知性，以至于人们首先或然地判断某物，继而也实然地认为它是真的，最后断言它与知性不可分割地结合在一起，也就是说是必然的和无可置疑的，所以，人们也可以把模态的这三种功能一般地称为思维的三个环节。

第三章　论纯粹的知性概念或者范畴

如同已经多次说过的那样，普遍的逻辑抽掉知识的所有内

容，并且指望从别的无论什么地方给予它表象，以便首先把这 〔64〕
些表象转化为概念；这是分析地进行的。与此相反，先验逻辑
面临的是一种先验感性论向它呈现的先天感性杂多，为的是给 A77
纯粹知性概念提供一种材料，没有这种材料这些概念就会没有任何内容，从而是完全空洞的。空间和时间包含着先天纯直观的杂多，但尽管如此却属于我们心灵的感受性的条件，心灵惟有在这些条件下才能够接受对象的表象，因而表象也必然在任何时候都刺激对象的概念。不过，我们的思维的自发性要求这种杂多首先以某种方式被审视、接受和结合，以便用它构成一种知识。这种行动我称为综合。

但是，我在最普遍的意义上把**综合**理解为把各种不同的表象相互加在一起并在一个认识中把握它们的杂多性的行动。如果杂多不是经验性地、而是先天地被给予的（就像空间和时间中的杂多那样），那么，这样一种综合就是**纯粹的**。在对我们的表象作出任何分析之前，这些表象必须事先已经被给予了，而且任何概念就**内容**而言都不能以分析的方式产生。但是，一种杂多（无论它是经验性地还是先天地被给予的）的综合首先产生一种知识，这种知识虽然最初还是粗糙的和混乱的，因而需要分析，但综合毕竟是真正把各种要素集合成知
识、并结合成一定的内容的东西；因此，如果我们想对我们知 A78
识的最初起源作出判断，综合是我们首先应当予以注意的东西。

我们在后面将会看到，一般的综合纯然是想象力亦即灵魂的一种盲目的、尽管不可或缺的功能的结果，没有这种功能，我们在任何地方都根本不会有知识，但我们却很少哪怕有一次意识到它。不过，把这种综合付诸**概念**，这是属于知性的一种功能，知性借助于这种功能才为我们产生真正意义上的知识。

一般地来看，纯粹的综合提供纯粹的知性概念。但是，我把这种综合理解为依据先天的综合统一性的一种根据的综合：
〔65〕 因此，我们的计数（尤其是在数目较大的时候更为明显）是一种**按照概念的综合**，因为它是按照一个共同的统一性根据（如十进制）发生的。因此，在这个概念之下，杂多的综合中的统一性就成为必然的。

各种不同的表象以分析的方式被置于一个概念**之下**（这是普遍的逻辑所探讨的工作）。但是，先验逻辑所教导的，不是把表象、而是把表象的**纯粹综合**付诸概念。为了达到一切对象的先天知识，必须被给予我们的，首先是纯直观的**杂多**；其次
A79 是这种杂多凭借想象力的**综合**，但这还没有提供知识。给这种纯粹的综合提供**统一性**、并仅仅存在于这种必然的综合统一的表象之中的概念，为一个呈现的对象的认识提供了第三种东西，而且所依据的是知性。

为**一个判断**中的各种不同表象提供统一性的同一种功能，也为**一个直观**中的各种不同表象的纯然综合提供统一性，这种功能一般地来表达，就叫做纯粹知性概念。因此，同一个知性、而且通过它在概念中凭借分析的统一而造成一个判断的逻辑形式的同一种行动，也凭借一般直观中杂多的综合统一把一种先验的内容带进它的表象，因此这些表象叫做纯粹的知性概念，它们先天地关涉客体，这是普遍的逻辑所不能提供的。

以这样的方式产生出先天地关涉一般直观的对象的纯粹知性概念，它们与前表中所有可能判断中的逻辑功能一样多，因为知性已被上述功能所穷尽，其能力也由此得到完全的测定。
A80 我们想依据亚里士多德把这些概念称为**范畴**，因为我们的意图原本与他的意图是一回事，尽管这意图在实施中与他的意图相去甚远。

范畴表 〔66〕

1.

量的范畴

单一性

复多性

全体性

2.

质的范畴

实在性

否定性

限定性

3.

关系的范畴

依存性与自存性

(substantia et accidens [实体与偶性])

因果性与隶属性

(原因与结果)

共联性

(行动者与承受者之间的交互作用)

4.

模态的范畴

可能性——不可能性

存在——不存在

必然性——偶然性

这就是知性先天地包含在自身的所有源始纯粹的综合概念的一览表，知性也只是由于这些概念才是一种纯粹的知性，因为知性惟有通过它们才能够就直观的杂多而言理解某种东西，也就是说，思维直观的一个客体。这种划分是系统地从一个共同的原则、亦即从**判断**的能力（这种能力与思维的能力相同） A81
产生的，不是漫游诗人般地从对纯粹概念的一种碰运气完成的搜寻产生的，这种搜寻的完备性人们永远不能确知，因为它只是通过归纳完成的，而不考虑人们以后一种方式永远也看不出，为什么恰恰是这些而不是另一些概念寓于纯粹的知性之中。搜寻这些基本概念，曾是亚里士多德的一项工作，这项工

作是值得一位敏锐的人士去做的。但是，由于亚里士多德没有任何原则，所以他像偶然遇到它们那样把它们捡拾起来，最初
〔67〕 找到了十个，他称之为**范畴**（陈述词）。后来，他认为自己还搜寻到了五个，他用后陈述词的名义把它们附加上去。不过，他的表始终还是有欠缺的。此外，也有一些纯粹感性的样式存在于其中（quando，ubi，situs［何时、何地、状态］，以及prius，simul［在先、同时］），还有一个经验性的样式（motus［运动］），它们都根本不属于知性的这一基本名册，或者还有派生的概念也一起被算进源始的概念之中了（actio，passio［行动、承受］），而基本概念中的一些则完全阙如。

因此，为了这些源始概念还必须说明，范畴作为纯粹知性真正的**基本概念**，也拥有其同样纯粹的**派生概念**，在一个完备
A82 的先验哲学体系中绝不可以忽略它们，但我在一个纯然批判的尝试中就可以满足于仅仅提到它们了。

且让我把这些纯粹的、但却是派生的知性概念称为纯粹知性的**可陈述词**（与陈述词相对）。如果人们拥有源始的和原始的概念，那么，就可以轻而易举地附加上派生的和从属的概念，并完全描画出纯粹知性的谱系。既然这里对我来说重要的不是体系的完备性，而仅仅是一个体系的各种原则，所以我就把这一补充留待另一项研究。但是，如果拿起本体论的教科书，并且例如使力、行动、承受的可陈述词隶属于因果性的范畴，使在场、阻抗的可陈述词隶属于共联性的范畴，使产生、消亡、变化的可陈述词隶属于模态的陈述词，等等，人们差不多就可以实现这一意图了。范畴与纯粹感性的样式相结合，或者也彼此之间相结合，提供出大量派生的先天概念，说明这些概念，并且可能的话乃至完备地记录下它们，是一项有用的、并不令人反感的工作，但在这里却没有必要。

这些范畴的定义，尽管我可以掌握它们，但在这项探讨

中，我却有意地避开了。我将在后面分析这些概念，直到与我 A83
将探讨的方法论相关而充足的程度。在一个纯粹理性的体系中，人们本来可以有理由要求我作出这些定义，但在这里，它们会使人忽视研究的要点，因为它们将激起怀疑和攻击，这些 〔68〕
怀疑和攻击人们完全可以交给另一项研究去处理，而无损于根本的目的。不过，从我在此略加说明的东西中毕竟可以清晰地看出，一部完备的词典连同所有为此必需的解说不仅是可能的，而且也是可以轻而易举地完成的。科目已经就绪，所需要的只是充实它们，而像目前的这样一种系统的位置论，是不会轻易地让每一个概念所专属的位置放错的，而且同时也使人很容易发现那些还空着的位置。

第二篇

论纯粹知性概念的演绎 A84

第一章

论一般先验演绎的原则

法学家在谈到权限和僭越时，在一桩诉讼中把有关权利的问题（quid iuris [有何权利]）与涉及事实的问题（quid facti [有何事实]）区分开来，而由于他们对二者都要求证明，他们就把应当阐明权限或者也阐明合法要求的前一种证明称为**演绎**。我们使用大量经验性的概念，并没有人提出异议，我们也不经演绎就认为自己有权利赋予它们一种意义和想当然的含义，因为我们任何时候手头都有证明它们的客观实在性的经验。不过，也有一些僭越的概念，例如幸福、命运，它们虽然凭借几乎普遍的宽容而流行，但毕竟有时需要回答 quid iuris [有何权利] 的问题；此时，人们在这种情况下就陷入不小的

A85 麻烦，因为人们无论是从经验出发还是从理性出发都举不出清晰的合法根据来澄清使用这些概念的权限。

〔69〕 但是，在构成人类知识十分混杂的交织物的各种各样的概念中间，有一些概念也注定要被纯粹先天地（完全不依赖于任何经验地）应用，而它们的这种权限在任何时候都需要一种演绎：因为对于这样一种应用的合法性来说从经验出发的证明并不充足，但是人们必须知道这些概念如何能够与它们毕竟不是从任何经验得来的客体发生关系。因此，我把对先天概念能够与对象发生关系的方式的解释称为它们的**先验演绎**，并把它与**经验性的**演绎区别开来，后者表明的是通过经验和对经验的反思获得一个概念的方式，因而不涉及拥有得以产生的合法性，而是涉及其事实。

我们现在已经拥有两种截然不同的概念，它们毕竟在双方都完全先天地与对象发生关系这一点上是相互一致的，这就是作为感性形式的空间和时间的概念和作为知性概念的范畴。要想尝试对它们作出一种经验性的演绎，将是一件完全徒劳的工作，因为它们的本性的特征恰恰在于，它们与自己的对象发生
A86 关系，并不为了表象这些对象而从经验中借取某种东西。因此，如果需要对它们作出一种演绎，则这演绎在任何时候都必须是先验的。

不过，对于这些概念，就像对于所有的知识一样，即使不能在经验中找出它们的可能性的原则，却毕竟能够找出它们产生的偶因；在这种情况下，只要感官的印象提供最初的诱因，人们就向这些印象开放整个认识能力，并完成经验；经验包含着两种极不同类的要素，即来自感官的知识**质料**和来自纯粹直观和思维的内在源泉的某种整理这质料的**形式**，纯粹直观和思维借感官印象的机缘才首先运行起来并产生概念。对我们的认识能力为了从个别的知觉上升到普遍的概念所做的最初努力进

行这样一种探究，毫无疑问有其巨大的好处，而且人们应当感谢著名的**洛克**，是他率先为此开辟了道路。然而，对纯粹先天概念的一种**演绎**却绝不能由此实现，它根本不处在这条道路 〔70〕 上，因为就这些概念今后应当完全独立于经验的应用而言，它们必须出示一个与出身自经验截然不同的出生证。这种尝试过 A87 的自然学的推导本来根本不能叫做演绎，因为它所涉及的乃是一个 quaestionem facti [事实的问题]，所以我想把它称为对一种纯粹知识的拥有所做的解释。因此显而易见，对这些概念只能有一种先验的演绎，而绝不能有一种经验性的演绎，后者对纯粹先天概念来说无非是一些无用的尝试，只是没有理解这种知识的全部独特本性的人才会干这种事情。

但现在，即使承认纯粹先天知识的可能演绎只有一种方式，即沿着先验道路的方式，由此也毕竟不能说明，这种方式是绝对必要的。我们在上面已经凭借一种先验演绎将空间和时间的概念一直追踪到其起源，并解释和规定了它们先天的客观有效性。尽管如此，几何学通过纯然的先天知识稳步前进，无须为了自己关于空间的基本概念的纯粹的、合法的出身而请求哲学提供委任状。不过，这个概念的应用在这门科学中也仅仅关涉到外部的感官世界，对于它来说空间就是它的直观的纯形式，因而在它里面一切几何学知识都由于建立在先天直观之上而具有直接的自明性，而对象则通过这种知识本身先天地（按 A88 照形式）在直观中被给予。与此相反，那不可回避的需要是随着**纯粹知性概念**开始的，即不仅要为它们本身，而且要为空间寻求一种先验的演绎，因为既然它们谈论对象所凭借的不是直观和感性的谓词，而是纯粹先天思维的谓词，它们也就无须任何感性条件而与对象发生关系，而且既然它们并不以经验为基础，它们也就不能在先天直观中展示任何它们先于一切经验而把自己的综合建立于其上的客体，因而不仅由于它们的应用的

客观有效性和限制而引起怀疑，而且还由于它们倾向于超出感
〔71〕 性直观的条件去应用空间概念而使**空间概念**变得模糊不清，所以前面对于空间概念进行一种先验演绎也是必要的。因此，读者在纯粹理性的领域里哪怕只跨出一步，之前都必须相信这样一种先验演绎不可回避的必要性，因为不然的话他就会盲目行事，而且在他四处误入歧途之后，毕竟又不得不再返回到他由以出发的无知。但是，他必须也事先清晰地看出不可避免的困难，以免抱怨事情本身深藏于其中的隐晦，或者为清除障碍而
A89 过早地烦恼，因为重要的是，要么完全放弃洞察纯粹理性的所有要求这个最受欢迎的领域，即超出一切可能经验的界限的领域，要么就使这一批判的研究臻于完善。

对于空间和时间概念，我们在上面就已经能够轻而易举地说明，这些概念如何作为先天知识却仍然不得不必然地与对象发生关系，并且不依赖于一切经验而使这些对象的一种综合知识成为可能。因为既然只有凭借感性的这样一些纯形式，一个对象才能够向我们显现，也就是说，才能够成为经验性直观的一个客体，所以空间和时间是先天地包含着作为显象的对象之可能性的条件的纯直观，而且在它们里面的综合具有客观有效性。

与此相反，知性的范畴根本不向我们表现出使对象在直观中被给予的那些条件，因而对象当然也就能够无须与知性的功能必然发生关系就向我们显现，所以知性并不先天地包含这些对象的条件。因此，这里就出现了一种我们在感性的领域里不曾遇到的困难，这就是**思维的主观条件**如何应当具有**客观有效**
A90 **性**，也就是说，提供对象的所有知识之可能性的条件。因为没有知性的功能，显象当然能够在直观中被给予。我以原因概念为例，它意味着综合的一种特殊方式，这里在A之上按照一种规则设定了截然不同的B。至于为什么显象包含着诸如此类

的某种东西（因为既然这个概念的客观有效性必须能够先天地 〔72〕
阐明，我们就不能援引经验来作为证明），这并不是先天地清
楚明白的；因此，至于这样一个概念是否完全空洞，而且在显
象中间到处都遇不到对象，则是先天地可疑的。因为感性直观
的对象必须符合先天地蕴涵在心灵中的形式条件，这一点是清
楚明白的，否则它们就不会对于我们成为对象；但是，它们除
此之外也必须符合知性为了思维的综合统一所需要的条件，对
这一点就不大容易看出结论了。因为当然很可能显象具有这样
的性状，即知性发现它们根本不符合其统一性的条件，一切都
这样处在混乱中，例如在显象的序列中不呈现出任何提供一种
综合的规则、从而与原因和结果的概念相适应的东西，以至于
这个概念因此而是完全空洞的、毫无价值的、没有意义的。显
象依然会把对象呈现给我们的直观，因为直观不以任何方式需 A91
要知性的功能。

如果人们想避开这种研究的麻烦，而说经验不断地呈现出
显象的这样一种合规则性的实例，这些实例提供了足够的理由
把原因概念与此分离开来，并由此同时证明这样一个概念的客
观有效性，那么，人们就没有发觉，以这种方式根本不可能产
生原因概念，相反，它必须要么完全先天地建立在知性中，要
么被当做一个纯然的幻影而完全放弃。因为这个概念绝对要求
某物 A 具有这样的性质，即**必然地并且按照一条绝对的规则**
从它里面得出另一个某物 B。显象完全可以提供各种场合，从
中有可能得出某物循例发生所遵从的规则，但却永远不可能得
出后果是**必然的**。因此，原因与结果的综合还固有一种尊严，
人们根本不能经验性地予以表达，也就是说，结果不仅是附加
在原因上的，而且是**通过**原因被设定，并从原因产生出来的。
规则的严格普遍性也根本不是经验性规则的属性，后者通过归
纳所能够得到的无非是比较的普遍性，即广泛的适用性。但现 A92 〔73〕

在，如果人们想把纯粹知性概念仅仅当做经验性的产物来对待，它们的应用就会完全改变。

向范畴的先验演绎的过渡

综合的表象能够与其对象同时发生、彼此以必然的方式发生关系、仿佛是彼此相遇，这只有在两种情况下才有可能：要么只有对象才使表象成为可能，要么只有表象才使对象成为可能。如果是前者，则这种关系就只是经验性的，而且表象绝不是先天地可能的。显象就它们里面属于感觉的东西而言，就是这种情况。但如果是后者，由于表象自身（因为这里所谈的根本不是表象凭借意志所产生的因果性）并不是**就存在而言**产生自己的对象的，所以在惟有通过表象才有可能把某物**作为一个对象来认识**的情况下，表象毕竟就对象而言是先天地进行规定的。但是，一个对象的知识惟有在两个条件下才是可能的：首
A93 先是**直观**，对象通过直观被给予，但只是作为显象；其次是**概念**，一个与该直观相应的对象通过概念被思维。但从以上所说可以明白，第一个条件，即对象惟有在其下才能被直观的条件，事实上先天地在心灵中是客体就形式而言的基础。因此，一切显象必然与感性的这种形式条件一致，因为它们只有通过这种条件才能够显现，也就是说，才能够被经验性地直观和给予。现在的问题是：是否就连概念也是作为条件先天地先行的，某物惟有在这些条件下，虽然不是被直观，但却是作为一般对象被思维？在这种情况下，对象的一切经验性知识就都以必然的方式符合这样的概念，因为不以它们为前提条件，就没有任何东西可能是**经验的客体**。但现在，一切经验在某物被给予所凭借的感官直观之外，还包含着关于一个在直观中被给予或者显现的对象的概念，据此，一般而言的对象的概念就作为

先天条件成为所有经验知识的基础。所以，范畴作为先天概念 〔74〕
的客观有效性的依据是：惟有通过它们，经验（就思维的形式而言）才是可能的。在这种情况下，范畴就以必然的方式并且先天地与经验的对象相关，因为一般而言只有凭借范畴，经验的某个对象才能够被思维。

因此，一切先天概念的先验演绎有一个全部研究都必须遵 A94
循的原则，这个原则就是：它们必须被当做经验的可能性（无论是在其中遇到的直观的可能性，还是思维的可能性）的先天条件来认识。提供经验之可能性的客观基础的概念，正因为如此而是必然的。但是，在其中遇到这些概念的那种对经验的阐发却不是它们的演绎（而是它们的举证），因为它们在这里毕竟只会是偶然的。没有与知识的所有对象均在其中出现的可能经验的这种源始关系，它们与某个客体的关系就会是完全不可理解的。

但是，有三种源始的来源（灵魂的三种性能或者能力），包含着一切经验之可能性的条件，本身不能从心灵的任何其他能力派生出来，这就是**感官**、**想象力**和**统觉**。据此而有：1. 先天杂多通过感官的**概观**；2. 这种杂多通过想象力的**综合**；最后 3. 这种综合通过源始统觉的**统一**。所有这些能力都除了经验性的应用之外还有一种先验的应用，后者仅仅关涉形式，并且是先天地可能的。**就**感官**而言**，我们在上面第一部分已经 A95
谈到过这种应用，现在我们要致力于根据其本性来理解其他两种能力。

第二章　论经验之可能性的先天根据

说一个概念尽管本身既不属于可能经验的概念，又不由一个可能经验的要素构成，却被完全先天地产生，并应当与一个 〔75〕

对象相关，这是完全自相矛盾的和不可能的。因为在这种情况下，它就会没有任何内容，因为没有任何直观与它相应，而对象能够被给予我们所凭借的直观则构成了可能经验的领域或者全部对象。一个不与这些可能经验相关的先天概念就会只是一个概念的逻辑形式，但不会是某种东西被思维所凭借的概念本身。

因此，如果有先天的纯粹概念，则这些概念固然不能包含任何经验性的东西，但尽管如此，它们却必须全然是一个可能经验的先天条件，它们的客观实在性只能以此为依据。

因此，如果要知道纯粹概念是如何可能的，人们就必须研
A96 究经验的可能性所取决的、即使人们抽掉显象的一切经验性的东西也依然是经验之基础的先天条件。一个普遍且充分地表述经验的这种形式的和客观的条件的概念，就可以叫做一个纯粹的知性概念。一旦我拥有纯粹的知性概念，我就也能够设想那些也许不可能、也许就自身而言可能但却不能在任何经验中被给予的对象，因为在那些概念的联结中可能有某种毕竟必然地属于一个可能经验的条件的东西被删略掉了（一个精神的概念），或者纯粹的知性概念被扩展到超出经验所能把握的地步（上帝的概念）。但是，一切先天知识的种种**要素**、甚至任意的和荒唐的虚构的种种**要素**，虽然不能从经验借来（因为若不然，它们就不会是先天知识）；但它们却必须在任何时候都包含着一个可能经验及其对象的先天纯粹条件，因为若不然，不仅通过它们会根本没有任何东西被思维，而且它们本身也会没有材料而甚至不能在思维中产生。

我们在范畴中发现了先天地包含着作出任何经验时的纯思维的这些概念；而且如果我们能够证明，惟有凭借范畴才能思
A97 维一个对象，那么，这就已经是范畴的一种充分的演绎和它们的客观有效性的辩解了。但是，由于在这样一种思想中活动的

不单是一种思维能力亦即知性，而且知性本身作为一种应当与客体相关的认识能力同样由于这种关系的可能性而需要予以说明，所以我们必须事先考虑构成经验之可能性的先天基础的种种主观来源，不是根据其经验性的性状，而是根据其先验的性状。 〔76〕

如果任何一个个别的表象都与其他表象完全无关，仿佛是孤立的，与后者分离的，那么，就永远不会产生像是被相互比较和相互联结的种种表象的一个整体的知识这样的东西了。因此，如果我由于感官在其直观中包含着杂多就赋予它一种概观，那么，在任何时候都有一种综合与这种概观相应，而**接受性**惟有与**自发性**相结合才能使知识成为可能。于是，自发性就是在一切知识中必然出现的三重综合的根据；这三重综合就是：作为直观中心灵变状的表象的**把握**、想象中表象的**再生**和概念中表象的**认知**。这三者通向甚至使知性并通过知性使所有经验作为知性的一种经验性的成果成为可能的三个主观的认识 A98
来源。

事先的提醒

范畴的演绎有如此之多的困难，迫使人如此深入到我们一般知识的可能性的最初根据，以至于为了避免一个完备理论的详尽性，而尽管如此在一项如此重要的研究中仍不疏漏任何东西，我认为通过如下 4 节使读者做好准备，而不是教导读者，而在后面的第三章中才系统地介绍关于知性的种种要素的讨论，是可取的。为此起见，读者不要因晦涩而不感兴趣。在一条还完全未被涉足的道路上，这种晦涩最初是不可避免的。但我希望，它在所说的第三章中将得到澄清而达到完全的洞识。

〔77〕

一、论直观中把握的综合

无论我们的表象自何处产生，无论它们是由外部事物的影响造成的还是由内部原因造成的，是先天地产生的还是经验性
A99 地作为显象产生的，它们作为心灵的变状，都毕竟属于内感官，而且作为这样的变状，我们的一切知识归根结底都毕竟服从于内感官的形式条件，亦即时间，它们全都在时间中被整理、被联结，并发生关系。这是人们在下文绝对必须作为基础的一个普遍的说明。

任何直观都包含着一种杂多，如果心灵不在印象的彼此相继中区分时间，这种杂多就不会被表象为杂多；因为任何表象，作为**被包含在一个瞬间的**，都永远无非是绝对的统一体。要从这种杂多中产生出直观的统一体（如同在空间的表象中那样），首先就必须通观杂多，然后合并之；我把这样的活动称为**把握的综合**，因为它是径直指向直观的，直观虽然呈现杂多，但若没有一种此际出现的综合，就永远不能使这种杂多成为这样的杂多并被包含**在一个表象**中。

这种把握的综合必须也是先天地、亦即就非经验性的表象而言实施的。因为如果没有这种把握的综合，我们就会既不能先天地有空间的表象，也不能先天地有时间的表象；因为空间
A100 和时间的表象只能通过感性在其源始的接受性中呈现的杂多之综合才能产生。因此，我们就有了一种纯粹的把握的综合。

二、论想象中再生的综合

这虽然是一条纯然经验性的规律，那些经常相继或者相伴的表象按照这条规律最终相互联合并有一种联结，根据这种联

结，即便没有对象在场，这些表象中的一个也按照一条恒定的 〔78〕
规则造成心灵向另一个表象的过渡。但这条规律却预设：显象
本身确实服从这样一条规则，而且在它们的表象的杂多中有一
种符合某些规则的相伴或者相继发生；因为若不然，我们的经
验性的想象力就会永远得不到某种与其能力相符的东西来处
理，因而就像是一种死的、我们自己也不认识的能力隐藏在心
灵内部。如果朱砂时而是红的，时而是黑的，时而是轻的，时
而是重的，一个人时而被变成这种动物形状，时而被变成那种
动物形状，在夏至日大地时而果实累累，时而冰雪覆盖，那 A101
么，我的经验性的想象力就绝不能获得机会在有红色的表象时
想到重的朱砂；或者某个语词时而被赋予这个事物，时而被赋
予那个事物，或者同一个事物时而被这样称谓，时而被那样称
谓，而在这里却没有显象从自身出发就已经服从的某种规则支
配着，那就不可能发生任何经验性的再生的综合。

因此，必定有某种东西，本身由于是显象的一种必然的综
合统一的先天根据而使显象的这种再生成为可能。如果想一想
显象不是物自身，而是我们最终归结为内感官的种种规定的表
象的纯然活动，人们马上就会想到这一点。如果我们此时能够
阐明，即使我们最纯粹的先天直观也不造成任何知识，除非它
们包含着杂多的这样一种使得普遍的再生的综合成为可能的结
合，那么，想象力的这种综合就也先于一切经验而以先天的原
则为根据，而且人们必须假定想象力的一种纯粹的先验综合，
它本身就是一切经验之可能性的基础（一切经验都必然以显象 A102
的可再生性为前提条件）。显而易见，如果我在思想中引出一
条线，或者要思维一个中午到另一个中午的时间，或者哪怕只
是要表现一个数字，我都必须首先必然地在思想中一个继一个
地领会这些杂多的表象。但是，如果我总是在思想中失去先行
的表象（线的前段、时间的先行部分或者相继被表象的各单 〔79〕

位），在我前进到后续的表象时不把先行的表象再生出来，那就永远不可能产生一个完整的表象，不可能产生上述所有思想的任何一个，甚至就连空间和时间的最纯粹、最初的基本表象也不可能产生。

因此，把握的综合是与再生的综合不可分割地结合在一起的。而既然前者构成一切一般知识（不仅是经验性的知识，而且还有纯粹的先天知识）的可能性的先验根据，所以想象力的再生综合就属于心灵的先验活动，而鉴于这些活动，我们要把这种能力也称为想象力的先验能力。

A103 **三、论概念中认知的综合**

如果不意识到我们现在所思维的东西与我们一个瞬间前所思维的东西是同一个东西，那么，在表象序列中的一切再生就都是徒劳的了。因为在现在的状态中就会有一个新的表象，它根本不属于应当逐渐地产生它所凭借的那个活动，而表象的杂多就会永远构不成一个整体，因为它缺乏惟有意识才能给它带来的那种统一性。如果我在计数时忘记现在浮现在我心目中的各个单位是由我逐渐地加在一起的，那么，我就不会认识数量通过从一个到另一个的这种渐进的附加的产生，从而也不认识数字；因为这个概念仅仅在于对综合的这种统一性的认识。

概念这个语词自身就已经能够引导我们达到这种说明了。因为正是这种**统一的**意识，把杂多、逐渐地直观到的东西、然后还把再生出来的东西结合成一个表象。这种意识可能往往只是微弱的，以至于我们只是在结果中、但并不在活动本身中亦
A104 即直接地把它与表象的产生联结起来；但尽管有这些区别，毕竟总是必然遇到一种意识，即使它缺乏凸现的明晰性，而没有
〔80〕 这种意识，概念连同关于对象的知识就是完全不可能的。

而在这里，有必要说明人们用表象的对象这一表述究竟指的是什么。我们在上面已经说过，显象本身无非是感性的表象，表象就自身而言必须以同样的方式不被视为（表象能力以外的）对象。当谈到一个与知识相应的、从而也与知识有别的对象时，人们究竟理解的是什么呢？很容易看出，这个对象必须被设想为一般的某种东西＝X，因为在我们的知识之外，我们毕竟没有任何东西是我们能够作为相应的而与这种知识相对立的。

但是我们发现，我们关于一切知识与其对象相关的思想带有某种具有必然性的东西，因为对象被视为这样一种东西，它防止我们的知识是碰运气的和任意的、而不是先天地以某种方式确定的：因为知识既然应当与一个对象相关，它们也就必须必然地在与这个对象的关系中相互一致，也就是说，具有构成 A105
一个对象的概念的那种统一性。

但显而易见，既然我们只与我们的表象的杂多打交道，而那个与我们的表象相应的 X（对象），由于它应当是某种与我们的所有表象有别的东西，对我们来说就什么也不是，所以，对象使之成为必然的那种统一性就不能是别的东西，只能是表象的杂多之综合中意识的形式统一性。在这种情况下，当我们在直观的杂多中造成了综合的统一性时，我们就说我们认识这对象。但是，如果直观不能按照某个规则通过使杂多的再生成为先天必然的、并使杂多在其中结合起来的那个概念成为可能的这样一种综合功能被产生出来，那么，这种统一性就是不可能的。这样，我们通过意识到三条直线按照这样一种直观在任何时候能够表现出来都遵循的一条规则的组合，来设想作为对象的一个三角形。这种**规则的统一性**规定着一切杂多，把它限制在使统觉的统一性成为可能的种种条件之上；而这种统一性的概念就是我通过一个三角形的上述谓词来思维的对象＝X 的 〔81〕

表象。

A106 一切知识都要求有一个概念，不管这个概念如何不完善或者如何隐晦；但是，这个概念就其形式而言在任何时候都是某种普遍的东西，是用做规则的东西。例如，物体的概念按照通过它所思维的杂多的统一性而用做我们关于外部显象的知识的规则。但是，它只能通过在被给予的显象中表现这些显象的杂多的必然再生、从而表现这些显象的意识中的综合统一性，才能是直观的一条规则。这样，物体的概念在关于我们之外的某种东西的知觉中就使得广延的表象连同不可入性、形状等等的表象成为必然的。

一切必然性在任何时候都以一种先验的条件为基础。因此，在我们一切直观的杂多的综合中，从而也在一般客体的概念的综合中，以及也在经验的一切对象的综合中，都必然发现意识的统一性的一个先验根据，没有这个根据，就不可能为我们的直观设想任何一个对象，因为这个对象不过就是其概念表示综合的这样一种必然性的某种东西。

这个源始的和先验的条件不是别的，就是**先验的统觉**。在
A107 内知觉时按照我们的状态的种种规定对自身的意识，是纯然经验性的，而且在任何时候都是可变的，在内部显象的这种流动中不可能存在任何固定的或者常驻的自我；这种意识通常被称为**内感官**，或者被称为**经验性的统觉**。应当**必然地**被表现为数目上同一的东西，不可能凭借经验性的材料被思维成为这样的东西。必须有一个先行于一切经验并使经验本身成为可能的条件，它应当使这样一种先验的预设成为有效的。

于是，如果没有先行于直观的一切材料的那种意识统一性，在我们里面就不可能产生任何知识，不可能产生知识彼此的联结和统一；关于对象的一切表现都惟有与那种意识统一性相关才是可能的。这种纯粹的、源始的、不变的意识，我要把

它称为**先验的统觉**。至于它理应获得这一名称，已经由以下事实得到说明：甚至最纯粹的客观统一性，亦即先天概念（空间和时间）的统一性，也惟有通过直观与它的关系才是可能的。因此，这种统觉在数目上的统一性先天地是一切概念的基础，正如空间和时间的杂多性是感性的直观的基础一样。 〔82〕

A108 但是，统觉的这同一种先验的统一性，从总是能够在一个经验里面相聚的一切可能的显象中，按照规律形成所有这些表象的一种联系。因为如果不是心灵能够在关于杂多的知识中意识到它把杂多综合地联结在一个知识之中所凭借的那种功能的同一性，意识的统一性就会是不可能的。因此，对自身的同一性的源始的和必然的意识，同时是对一切显象按照概念、亦即按照规则的综合的一种同样必然的统一性的意识，这些规则不仅使得显象成为必然可再生的，而且由此也为它们的直观规定了一个对象，亦即它们必然在其中相互联系的某物的概念；因为如果心灵眼前没有它使一切把握（它是经验性的）的综合都服从一种先验的统一性、并首先使得它们按照先天规则的联系成为可能的那种活动的同一性，它就绝不可能想到它自己在其表象的杂多性之中的同一性，而且是先天地想到这种同一性。

从现在起，我们也将能够更为正确地规定我们关于一个**一般对象**的概念。一切表象作为表象都有其对象，并且能够本身又是其他表象的对象。显象是能够被直接给予我们的惟一对象，而 A109
在显象中直接与对象相关的东西就叫做直观。但这些显象并不是物自身，而本身只是表象，表象又有其对象，因而其对象不再能够被我们直观，故而可以被称为非经验性的对象，亦即先验的对象＝X。

关于这个先验对象（它事实上在我们的一切知识中都永远是同一个东西－X）的纯粹概念，就是能够给我们的一切经验性的一般概念带来与一个对象的关系、亦即带来客观实在性的 〔83〕

东西。这个概念根本不能包含任何确定的直观，因而所涉及的无非是就知识的杂多处在与一个对象的关系中而言、在该杂多中必然遇到的那种统一性。但这种关系不是别的，就是意识的必然统一性，因而也是通过心灵把杂多结合在一个表象中的共同功能的那种杂多的综合的必然统一性。既然这种统一性必须被视为先天地必然的（因为若不然，知识就会没有对象），所以与一个先验对象的关系，亦即我们经验性知识的客观实在
A110 性，就是以下面这条先验规律为依据的，即一切显象，就对象应当通过它们被给予我们而言，都必须服从它们的综合统一性的先天规则；惟有遵照这些先天规则，它们在经验性直观中的关系才是可能的，也就是说，它们在经验中必须服从统觉的必然统一性的种种条件，就像在纯然直观中它们必须服从空间和时间的形式条件一样，任何知识都惟有通过那些条件才是可能的。

四、范畴作为先天知识的可能性的事先说明

只有一个经验，其中一切知觉都被表现为处在普遍的且合规律的联系中，就像只有一个空间和时间，显象的一切形式和存在或者不存在的一切关系都在其中发生一样。当人们谈论不同的经验时，这只不过是不同的知觉罢了，这是就它们都属于同一个普遍的经验而言的。也就是说，种种知觉普遍的和综合的统一性恰恰构成了经验的形式，它无非就是现象按照概念的综合统一性。

A111 综合按照经验性概念的统一性会是完全偶然的，而且如果
〔84〕 这些概念不基于统一性的一个先验根据，就可能有熙熙攘攘的显象充满我们的灵魂，却又永远不能从中产生经验。但在这种情况下，知识与对象的一切关系也就都消逝了，因为它们缺乏

按照普遍的和必然的规律的联结，从而它们虽然会是无思想的直观，但却永远不是知识，因而对我们来说不折不扣就是无。

一般可能经验的先天条件，同时就是经验的对象之可能性的条件。于是我断言：上述**范畴**不是别的，就是**一个可能经验中的思维的条件**，就像**空间和时间**包含着同一个经验的**直观的条件**一样。因此，范畴也是思维显象的一般客体的基本概念，因而具有先天的客观有效性；这就是我们真正说来所要知道的东西。

但是，这些范畴的可能性、甚至其必然性，都基于整个感性连同一切可能显象与源始统觉所具有的关系；在源始统觉
中，一切都必须必然地符合自我意识的普遍统一性的种种条 A112
件，也就是说，必须服从综合的普遍功能，亦即按照统觉惟有在其中才能先天地证明其普遍的和必然的同一性的那些概念的综合的普遍功能。这样，原因的概念无非就是一种**按照概念**的综合（在时间序列中继起的东西与其他显象的综合），没有这种拥有其先天规则并使显象服从自己的统一性，在知觉的杂多中就发现不了意识的一贯的、普遍的、从而必然的统一性。但在这种情况下，这些知觉就会不属于任何经验，从而没有客体，无非是表象的一种盲目的活动，也就是说还不如一场梦。

因此，要从经验派生出那些纯粹的知性概念并赋予它们一个纯然经验性的起源的一切企图，都是完全没有价值的和徒劳的。我一点也不想提起，例如原因的概念带有必然性的特征，这种必然性是任何经验都不能提供的，经验虽然告诉我们通常有某种别的东西继一个显象而起，但却并不告诉我们它必须必
然地继之而起，也不告诉我们能够把这作为一个条件，先天并 〔85〕
且完全普遍地推论到一个结果。但是，如果说事件序列中的一
切都如此服从规则，以至于永远不会发生某种东西，没有在任 A113

何时候它都继之而起的东西先行于它，那么，人们就必须普遍地假定那条经验性的**联想**规则，而我要问，这作为自然的一条规律，其依据何在呢？甚至这种联想是如何可能的呢？杂多的联想之可能性的根据就其蕴含在客体之中而言，叫做杂多的**亲和性**。因此我要问：你们如何使自己理解显象普遍的亲和性（显象**必须**通过这种亲和性来服从恒定的规律并彼此相属）呢？

按照我的原理，这种亲和性是很容易理解的。一切可能的显象都作为表象属于整个可能的自我意识。但是，数目的同一性却与这个作为先验表象的自我意识不可分割，并且是先天确定的，因为不凭借这个源始的统觉，就没有任何东西能够进入知识。既然就显象的一切杂多的综合应当成为经验性的知识而言，这种同一性必须必然地进入这种综合之中，所以，显象就服从其（把握的）综合必须普遍地符合的先天条件。但是，某种杂多（因而以同一种方式）**能够**被设定所遵循的一种普遍的条件的表象叫做**规则**，而如果该杂多**必须**被如此设定，它就叫做**规律**。因此，一切显象都处在一种按照必然规律的普遍联结
A114 之中，因而处在一种**先验的亲和性**之中，**经验性的亲和性**则纯然是由先验的亲和性产生的结果。

说自然应当遵循我们主观的统觉根据，甚至就其合规律性而言依赖于这种根据，就听起来相当不合情理和令人诧异。但如果考虑到这个自然就其自身而言无非是显象的总和，因而不是物自身，而纯然是心灵的表象的集合，那么，人们就不会对以下情况感到奇怪了：即只能在我们一切知识的根本能力中，亦即在先验统觉中，在那种统一性（只是由于这种统一性，自然才能够叫做一切可能经验的客体，亦即叫做自然）中发现自
〔86〕 然；而且我们也正因此缘故才能够先天地认识这种统一性，从而把它认识为必然的；如果这种统一性是不依赖于我们思维的

最初来源**就其自身而言**被给予的，那么，以上所说就必然永无可能了。因为这样一来，我就不知道我们应当从何处得来这样一种普遍的自然统一性的综合命题了，因为人们在这样的情况下就必须从自然的对象得到这些命题。但既然这只能经验性地发生，所以从中也就只能得出纯偶然的统一性，但这种统一性却远远达不到人们在说自然时所指的那种必然联系了。

第三章　论知性与一般对象的关系和先天地认识这些对象的可能性 A115

我们在前一章分别逐一地陈述的东西，现在我们要统一地在相互联系中予以介绍。这就是一般经验和经验对象的知识的可能性所依据的三种主观的知识来源：**感官**、**想象力**和**统觉**；它们的每一种都可以被视为经验性的，亦即处于对被给予的对象的应用中的，但它们也都是本身使这种经验性的应用成为可能的先天要素或者基础。**感官**经验性地在**知觉**中表现显象，**想象力**经验性地在**联想**（和再生）中表现显象，而**统觉**则经验性地在这些再生出来的表象与它们被给予所凭借的显象的同一性的**经验性意识**中、从而在**认知**中表现显象。

但是，全部知觉都先天地以纯粹直观（就其作为表象而言是内直观的形式，即时间）为基础，联想先天地以想象力的纯 A116
粹综合为基础，而经验性的意识则先天地以纯粹统觉亦即一切可能的表象中它自身的一贯同一性为基础。

现在，如果我们想要追溯表象的这种联结的内在根据，直 〔87〕
到这些表象都必然汇聚到的那个点上，惟有在这个点上它们才能获得成为一个可能经验的知识的统一性，那么，我们就必须从纯粹的统觉开始。一切直观，如果不被接纳入意识，无论它们是直接地还是间接地影响意识的，对我们来说都是无，与我们毫不相干，而且惟有通过意识，知识才是可能的。就能够在某时属于我们的知识的所有表象而言，我们先天地意识到我们自己一贯的同一性，它是一切表象的可能性的一个必要条件（因为这些表象毕竟惟有通过与其他一切东西共属于一个意识，从而至少必须能够在其中被联结起来，才在我里面表现某种东西）。这条原则是先天地确定的，可以叫做我们的表象（因而也在直观中）的一切杂多的**统一性的先验原则**。现在，杂多在
A117 一个主体中的统一性是综合的，因此，纯粹统觉提供了一切可能的直观中杂多的综合统一性的原则。①

〔88〕 A118 但是，这种综合的统一性以一种综合为前提条件，或者包含着一种综合：而且如果前者应当是先天必然的，那么，后者也必须是一个先天综合。因此，统觉的先验统一性与想象力的纯粹综合相关，这种纯粹综合是杂多在一个知识中的一切结合

① 人们要留意这个极为重要的命题。一切表象都与一个**可能的**经验性意识有一种必然的关系：因为如果它们不具备这一点，而且如果完全不可能意识到它们，那这就等于是说它们根本不实存。但是，一切经验性的意识都与一个先验的（先行于一切特殊的经验的）意识、亦即与作为源始统觉的对我自己的意识有一种必然的关系。因此，在我的知识中一切意识都属于一个（对我自己的）意识，这是绝对必要的。在这里，就有了杂多（意识）的一种综合统一，这种统一是先天地被认识的，并且提供了涉及纯思维的先天综合命题的根据，就像空间和时间为涉及纯然直观的形式的这样一些命题提供了根据一样。一切不同的**经验性意识**都必须结合在一个惟一的自我意识之中，这个综合命题是我们的一般思维的绝对第一的和综合的原理。但千万不要忽视，**“我”**这个纯然的表象在与所有其他表象（前者使后者的集合统一成为可能）的关系中乃是先验的意识。无论这个表象是清晰的（经验性的意识）还是模糊的，在这里都毫不相干，甚至就连这种意识的现实性也毫不相干；相反，一切知识的逻辑形式的可能性必然以与**作为一种能力**的这种统觉的关系为依据。

的可能性的一个先天条件。但是，惟有**想象力的生产的综合**才能够先天地发生；因为**再生的**综合以经验的条件为依据。因此，想象力的纯粹的（生产的）综合之必然统一性的原则先于统觉而是一切知识的可能性的根据，尤其是经验的可能性的根据。

现在，如果不问种种直观的区别，杂多在想象力中的综合仅仅关涉到杂多的先天结合，我们就把这种综合称为先验的，而如果这种综合的统一性在与统觉的源始统一性的关系中被表现为先天必然的，那么，这种统一性就叫做先验的。既然统觉的这种源始的统一性是一切知识的可能性的基础，所以想象力的综合的先验统一性就是一切可能知识的纯粹形式，因而可能经验的一切对象都必须通过它才能被先天地表现。

统觉的统一性与想象力的综合相关的就是知性，而这种统 A119
一性与**想象力**的**先验综合**相关就是**纯粹知性**。因此，在知性中就有种种纯粹的先天知识，它们就一切可能的显象而言包含着想象力的纯粹综合的必然统一性。但是，这也就是**范畴**，亦即纯粹的知性概念；因此，人的经验性的认识能力必然包含着一种知性，这种知性与感官的一切对象相关，尽管这种关系只能凭借直观和直观通过想象力的综合；因此，一切显象作为一个可能经验的材料都服从这种知性。现在，既然显象与可能经验的这种关系同样是必然的（因为没有这种关系，我们就根本不会通过显象而获得知识，显象也就根本与我们无关了），所以
可以得出，纯粹知性凭借范畴而是一切经验的一个形式的和综 〔89〕
合的原理，而显象则有一种**与知性的必然关系**。

现在，我们想通过自下而上亦即从经验性的东西开始，来弄清楚知性凭借范畴与显象的关系。最先被给予我们的东西就
是显象。显象如果与意识相结合，就叫做知觉（如果没有与一 A120
个至少可能的意识的关系，显象对我们来说就永远不能成为知

识的对象，因而对我们来说也就是无，而且由于它就自身而言不具有客观的实在性，只是实存于知识中，所以在任何地方都是无）。但是，由于任何显象都包含着一种杂多，因而不同的知觉在心灵自身中被分散开，被个别地遇到，所以它们的一种结合是必要的，它们在感官本身中是不可能具有这种结合的。因此，在我们里面就有这种杂多之综合的一种主动的能力，我们把这种能力称为想象力，而想象力直接对知觉实施的活动我称之为把握。[①] 也就是说，想象力应当使直观的杂多形成一个**图像**；因此，它必须事先把种种印象接纳入它的活动，即把握这些印象。

A121 但是很清楚，如果不是有一种主观的根据，把心灵过渡到另一个知觉由以出发的那个知觉召唤到后起的知觉，如此造成知觉的整个序列，亦即有想象力的一种再生的能力，这种能力也只是经验性的，那么，甚至对杂多的这种把握也还不能独自造成一个图像和种种印象的联系。

但是，由于如果表象像互相碰到一起那样没有区别地彼此再生，就又不会产生表象的任何确定的联系，而是只会产生它
〔90〕们无规则的堆积，因而根本不会产生任何知识，所以，表象的再生必须有一条规则，一个表象按照这条规则在想象力中与这个表象而不与另一个表象结合。按照规则再生的这个主观的和**经验性**的根据，人们称做表象的**联想**。

但是，如果联想的这种统一性不是也有一个客观的根据，

① 没有一个心理学家曾经想到，想象力是知觉本身的一个必要成分。之所以如此，部分是因为人们把这种能力限制在再生上，部分是因为人们相信，感官不仅给我们提供印象，而且还把这样的印象结合起来，完成对象的图像，为此在印象的易感性之外，毫无疑问还要求有更多的东西，即一种综合印象的功能。

以至于显象不可能被想象力以别的方式把握，而是只能在这种把握的一种可能的综合统一性的条件下来把握，那么，显象在人类知识的一种联系中相互适应，就会是某种完全偶然的事情了。因为即使我们有联想知觉的能力，但这些知觉是否可以联想，却依然就自身而言是完全不确定的和偶然的；而且如果它 A122
们不是可以联想的，那么，就会有一大堆知觉，并且还有一个完整的感性是可能的，其中可以发现我的心灵中的许多经验性的意识，但却是分离的，并不属于我自己的**一个**意识；然而，这是不可能的。因为只有通过我把一切知觉归于一个意识（源始的统觉），我才能在一切知觉时说我意识到了它们。因此，必须有一个客观的、亦即在想象力的一切经验性的规律之先能够被先天地看出的根据，一条贯穿一切显象的规律的可能性、甚至其必然性亦依据于它，也就是说，把一切显象无例外地视为感官的就自身而言可联想的、在再生中服从一种无例外的联结的普遍规则的材料。我把显象的一切联想的这个客观根据称为显象的**亲和性**。但是，我们惟有在统觉就应当属于我的一切知识而言的统一性的原理中发现这个客观根据。根据这条原理，一切显象都绝对必须如此进入意识或者被把握，使它们都与统觉的统一性协调一致；而没有显象的联结中的综合统一性，这就是不可能的，因而这种综合统一性也是客观必然的。

因此，一切（经验性的）意识在一个意识（源始的统觉） A123
中的客观统一性，就是甚至一切可能的知觉的必然条件，而一
切显象的亲和性（无论是近还是远）则是想象力中的一种先天 〔91〕
地建立在规则之上的综合的必然结果。

因此，想象力是一种先天综合的能力，为此缘故，我们赋予它生产的想象力的名称；就它在显象的一切杂多方面无非是以显象的综合中的必然统一性为自己的目的而言，这种必然的

统一性可以被称为想象力的先验功能。因此，甚至显象的亲和性、连同联想、通过联想最终还有按照规律的再生、因而经验本身都惟有凭借想象力的这种先验功能才成为可能，这虽然令人感到奇怪，但根据以上所说却毕竟是可以明白的，因为如果没有这种先验的功能，对象的任何概念都根本不会汇聚到一个经验中。

因为就毕竟有可能意识到我们的一切表象而言，常驻不变的我（纯粹的统觉）构成了它们的相关物。而且一切意识都属于一个无所不包的纯粹统觉，正如一切感性直观作为表象都属
A124 于一个纯粹的内直观亦即时间一样。正是这个统觉，必须加在纯粹的想象力之上，以便使后者的功能成为理智的。其实就自身而言，想象力的综合虽然是先天地实施的，但却在任何时候都是感性的，因为它只是像杂多**显现**在直观中那样来联结杂多，例如一个三角形的形状。但是，通过杂多与统觉的统一性的关系，属于知性的概念就能够实现，但却惟有在与感性直观的关系中凭借想象力来实现。

因此，我们有一种纯粹的想象力，它是人类灵魂的一种先天地作为一切知识之基础的基本能力。凭借它，我们把直观的杂多一方与纯粹统觉的必然统一性的条件另一方结合起来。两个终端，亦即感性和知性，必须借助想象力的这种先验功能而必然地相互联系，因为若不然，感性虽然会提供显现，但却不会提供一种经验性知识的对象，从而就不会提供经验。由对显
〔92〕 现的把握、（再生的）联想、最后还有认知构成的现实经验，
A125 在（对经验的纯然经验性要素的）最后和最高级的认知中，包含着使得经验的形式的统一性连同经验性知识的客观有效性（真理性）成为可能的一些概念。杂多的认知的这些根据，就其**仅仅关涉一个一般经验的形式**而言，就是那些**范畴**。因此，想象力的综合中的形式统一性就基于这些范畴，而且凭借这种

形式的统一性，这种综合（在认知、再生、联想和把握中）一直下降到显象的经验性应用都基于这些范畴，因为惟有凭借那些要素，显象才能属于知识，并且一般而言属于我们的意识，从而属于我们自己。

因此，显象中我们称为**自然**的那种秩序和合规则性，是我们自己带进来的，而且如果我们或者我们的心灵的本性不原初地把它们置入，我们也就不会在其中发现它们。因为这种自然统一性应当是显象的联结的一种必然的、亦即先天确定的统一性。但是，如果不是在我们心灵的源始知识来源中先天地包含着这样的统一性的主观根据，而且如果这些主观的条件不在它们是一般而言在经验中认识一个客体的可能性的根据的同时是客观有效的，那么，我们应当如何才能先天地使一种综合的统 A126
一走上轨道。

我们在上面以各种各样的方式说明了知性：通过知识的一种自发性（与感性的感受性相对立）、通过一种思维的能力、或者也是一种概念的能力、或者也是一种判断的能力；如果严格看来，这些说明的结果都是一样的。现在，我们可以把它的特征刻划为**规则的能力**。这种标志更为有益，且更为接近知性的本质。感性给予我们（直观的）形式，而知性则给予我们规则。知性在任何时候都致力于探究显象，为的是在显象那里发现某种规则。规则如果是客观的（因而必然附着于对象的知识），就叫做规律。虽然我们通过经验学到诸多规律，但这些规律却毕竟只不过是更高的规律的特殊规定罢了；在这些更高的规律中，最高的规律（其他一切规律都服从它们）乃是先天地起源自知性本身的，不是从经验借来的，而毋宁说必须给显 〔93〕
象带来合规律性，并恰恰由此而使经验成为可能。因此，知性不仅仅是通过显象的比较为自己制订规则的一种能力，它甚至是为自然而立法，也就是说，如果没有知性，在任何地方都不

会有自然，亦即显象的杂多按照规则的综合统一；因为显象作
A127 为显象不可能在我们外面发生，而是只能存在于我们的感性之中。但这个自然作为一个经验中的知识对象，连同它可能包含的一切，都惟有在统觉的统一性中才是可能的。但统觉的统一性是一个经验中的一切显象的必然合规律性的先验根据。统觉就表象的杂多而言的这同一种统一性（亦即从惟一一个统觉出发规定杂多）就是规则，并且就是知性的这些规则的能力。因此，一切显象都作为可能的经验先天地蕴含在知性中，并且从知性获得自己的形式的可能性，正如它们作为纯然的直观蕴含在感性中，并在形式上惟有通过感性才可能一样。

因此，说知性本身是自然规律的来源，因而是自然的形式统一性的来源，无论这听起来多么夸大，多么悖谬，这样一种主张却仍然是正确的，是符合对象亦即经验的。尽管经验性的规律作为这样的规律绝不能从纯粹知性推导出其起源，就像显象无穷无尽的杂多性不能从感性直观的纯粹形式来得到充分的把握一样，但一切经验性的规律都只不过是知性的纯粹规律的
A128 特殊规定罢了，惟有服从后者并按照后者的规范，前者才是可能的，而显象才表现出一种规律性的形式，就像一切显象尽管其经验性的形式有别，却依然在任何时候都必须符合感性的纯粹形式一样。

因此，纯粹知性在范畴中就是一切显象的综合统一性的规律，并由此而最先并且原初地使经验在其形式上成为可能。但是，在范畴的先验演绎中，除了说明知性与感性亦即凭借感性
〔94〕 而与经验的一切对象的这种关系，从而说明知性的先天纯粹概念的客观有效性，并由此确定它们的起源和真理性之外，我们也不想提供更多的东西。

对纯粹知性概念的这种演绎的正确性和惟一可能性的扼要介绍

如果我们的知识所要处理的对象是物自身，那么，我们关于这些对象就会根本不可能有任何先天概念。因为我们应当从哪里取得它们呢？如果我们是从客体取得它们的（无须在这里 A129
再次研究这客体如何能够为我们所知），那么，我们的概念就会是纯然经验性的，并且不是先天概念。如果我们从我们本身取得它们，那么，纯然在我们里面的东西就不能规定一个与我们的表象有别的对象的性状，也就是说，不是一个根据，来说明为什么存在着一个物，某种我们在思想中拥有的东西属于它，而且并非宁可说所有这些表象都是空洞的。与此相反，如果我们在任何地方都只能与显象打交道，那么，某些先天概念先行于对象的经验性知识，就不仅是可能的，而且也是必然的。因为既然我们的感性的一种纯然的变状根本不能在我们之外发现，所以作为显象，这些对象就构成了一个仅仅在我们里面的对象。现在，甚至这种表象，即所有这些显象、从而我们能够处理的所有对象，全都在我里面，也就是说是我的同一自我的规定，也把这些显象在同一个统觉中的无例外统一性表述为必然的。但在可能意识的这种统一性中，也存在着对象的一切知识的形式（通过这形式，杂多被思维成为属于**一个**客体的）。因此，感性表象（直观）的杂多属于一个意识的方式先行于对象的一切知识而作为这些知识的理智形式，而且只要对象被思维，它就构成一切对象的一种形式的先天知识（范畴）。 A130
这种知识凭借纯粹的想象力进行的综合，亦即一切表象与源始统觉相关的统一性，先行于一切经验性的知识。因此，纯粹的知性概念之所以是先天地可能的，甚至在与经验的关系中是必 〔95〕

然的，只是因为我们的知识仅仅与显象打交道，而显象的可能性就蕴涵在我们自己里面，显象（在一个对象的表象中）的联结和统一性仅仅在我们里面才被发现，因而必然先行于一切经验并在形式上首先使经验成为可能。在这种情况下，就连我们的范畴演绎也是从这个根据、这个一切根据中惟一可能的根据出发进行的。

第二卷
原理分析论

普遍的逻辑乃建立在完全精确地与高级认识能力的划分相一致的规划之上。这些能力就是：**知性**、**判断力**和**理性**。因此，普遍逻辑的学说在其分析论中探讨**概念**、**判断**和**推理**，恰
A131 好符合人们在一般知性的宽泛称谓下所理解的那些心灵能力的功能和顺序。

既然上述纯然的形式逻辑抽掉了知识的一切内容（不管它是纯粹的还是经验性的），并且只是一般地研究思维的形式（推论的知识），所以，它在自己的分析论部分中也能够一并包括一部理性的法规，理性的形式有其可靠的规范，无须考察在此所应用的知识的特殊本性，就可以先天地、仅仅通过把理性行动分解成它的各个环节来洞察这种规范。

先验逻辑既然被限制在一定的内容上，即被限制在仅仅纯粹先天知识的内容上，在这种划分上就不能效法普遍逻辑。因为显而易见：**理性的先验应用**根本不是客观有效的，因而不属于**真理**的逻辑，也就是说，不属于分析论，而是作为一种**幻相**
〔96〕 的逻辑以先验**辩证论**的名义要求经院学术体系的一个特殊

部分。

据此，知性和判断力在先验逻辑中有其客观有效的、因而真正的应用的法规，所以属于先验逻辑的分析部分。然而，理性在试图先天地关于对象澄清某种东西并扩展知识超出可能经验的界限时，却完全是**辩证的**，它的幻相主张绝对不服从一种 A132
法规，毕竟是分析论应当包含诸如此类的法规。

据此，**原理分析论**将只是**判断力**的一部法规，它教导判断力把包含着先天规则的条件的知性概念运用于显象。出自这一理由，在把真正的**知性原理**作为主题时，我使用一种**判断力的学说**这个称谓，来更确切地标明这项工作。

导论：论一般而言的先验判断力

如果一般而言的知性被解释为规则的能力，那么，判断力就是在把某物**归摄**在规则之下的能力，也就是说，是分辨某物是否从属于某个被给予的规则（casus datae legis［被给予的规则的事例］）的能力。普遍逻辑根本不包含判断力的规范，而且也不可能包含这些规范。因为既然**普遍逻辑抽掉了知识的一切内容**，所以给它剩下的惟一工作就是分析地阐释概念、判断、 A133
推理中的纯然知识形式，并由此建立起一切知性应用的形式规则。如果它想普遍地指出，人们应当如何把某物归摄在这些规则之下，如何分辨某物是否从属于这些规则，那么，只能再通过一条规则来进行。但这条规则正因为是一条规则，就再次要求判断力的指导；这就表明，虽然知性能够通过规则来被教导和被装备，但判断力却是一种特殊的才能，根本不能被教导，而是只能被练习。因此，判断力也是所谓天赋机智的特殊才能，其缺乏不是某个学校所能补偿的；因为尽管学校能够给一 〔97〕
个有局限性的知性充分地提供、仿佛是植入借自他人洞见的规

则，但正确地使用这些规则的能力却是属于学生自己的，而如果缺少这种天赋，则人们为此目的想给他规定的任何规则都不
A134 能避免误用。[①]因此，一个医生、一个法官或者一个政治家，脑袋中可能装有许多出色的病理学、法学或者政治学的规则，其水平使他本人能够在这方面成为一个缜密的教师，尽管如此在运用这些规则的时候却很容易违规，这要么是因为他缺乏自然的判断力（虽然不缺乏知性），他虽然能够抽象地看出普遍的东西，但却不能分辨一个事例是否具体地从属于这普遍的东西，要么也是因为他没有通过实例和现实的工作为作出这种判断得到足够的训练。这也是实例的惟一而且重大的效用：它们使判断力变得敏锐。至于知性洞识的正确性和精密性，实例通常毋宁说对它们有些损害，因为它们只是罕见地完全满足规则的条件（作为 casus in terminis［术语中的事例］），而且除此之外还经常削弱知性在普遍的东西中、不依赖于经验的特殊情况而就其充足性来洞识规则的努力，从而最终使人习惯于把规则更多地当做公式而不是当做原理来使用。所以，实例是判断力的学步车，缺乏判断力的自然才能的人绝不能缺少它们。

A135 但是，尽管**普遍**逻辑不能给判断力提供任何规范，但**先验**逻辑却完全是另一种情况，甚至看起来，先验逻辑把在纯粹知性的应用中通过一定的规则纠正和确保判断力当做自己的真正工作。为了在纯粹先天知识的领域里给知性带来扩展，从而作

① 判断力的缺乏本来是人们称为愚笨的东西，而且这样一种缺陷是根本不能补救的。一个迟钝或者有局限性的大脑，缺乏的无非是应有的知性程度和特有的知性概念，则完全可以通过学习来装备它，甚至达到博学的程度。但是，既然通常在这种情况下也会缺乏判断力（彼得的第二能力），所以遇到一些博学之士在应用其科学时经常暴露出那种永远无法改进的缺陷来，就不是什么不同寻常的事情了。

为学说，哲学看起来根本不是必要的，或者毋宁说很不适用，〔98〕
因为人们在做过这方面迄今为止的所有尝试之后，毕竟很少有所收获或者根本一无所获，相反，作为批判，为了防止判断力在运用我们所拥有的少数纯粹知性概念的时候失足（lapsus judicii［判断失误］），哲学则以其全部敏锐和考察艺术而受命行之（尽管此用途在这种情况下仅仅是消极的）。

但是，先验哲学自有其独特的东西：除了在纯粹知性概念中被给予的规则（或者毋宁说种种规则的普遍条件）之外，它同时还能够先天地指出这些规则能够运用于其上的事例。它在这一点上超出其他一切有教益的科学（除了数学）所拥有的优点，其原因正是在于：它所讨论的乃是应当先天地与其对象发
生关系的概念，所以这些概念的客观有效性不能后天地予以阐 A136
明，因为这样就会根本未提及这些概念的那种尊严；相反，先验哲学必须同时以普遍而又充分的标志阐明对象能够与那些概念一致地被给予所需要的条件，否则的话，它就会毫无内容，从而只是些逻辑形式，而不是纯粹的知性概念了。

这一**判断力的先验学说**将包含两篇：**第一篇**讨论纯粹知性概念能够被运用所必需的感性条件，也就是说，讨论纯粹知性的图型法；**第二篇**讨论在这些条件下先天地从纯粹知性概念得出、并先天地作为其余一切知识的基础的综合判断，也就是说，讨论纯粹知性的诸原理。

第一篇 A137

论纯粹知性概念的图型法

每当把一个对象归摄在一个概念之下时，对象的表象都必
须是与后者**同类的**，也就是说，概念必须包含着可以归摄在它 〔99〕
下面的对象中被表象的东西，因为“一个对象被包含在一个概

念**之下**”这种表述所说的正是这种意思。这样，一个**盘子**的经验性概念与一个**圆**的纯粹几何学概念就具有同类性，因为在前者中所思维的圆形可以在后者中直观到。

但现在，纯粹知性概念与经验性的（甚至完全感性的）直观相比是完全**异类的**，绝不能在任何直观中遇到。那么，把后者**归摄**在前者之下、从而把范畴**运用于**经验是如何可能的呢？因为毕竟没有人会说：这些范畴，例如因果性，也可以通过感
A138 官被直观，并且包含在显象中。这一如此自然而又显著的问题，如今真正说来就是使得一种判断力的先验学说成为必要的原因，也就是说，为的是指明**纯粹知性概念**如何能够被运用于一般而言的显象这种可能性。在所有其他科学中，对象被普遍地思维所凭借的概念与具体地像对象被给予的那样表象对象的概念并不如此有别和属于不同的种类，就没有必要就前者在后者上的运用而特别予以讨论了。

如今显而易见的是，必须有一个第三者，它一方面必须与范畴同类，另一方面必须与显象同类，并使前者运用于后者成为可能。这个中介性的表象必须是纯粹的（没有任何经验性的东西），并且毕竟一方面是**理智的**，另一方面是**感性的**。这样一个表象就是**先验的**图型。

知性概念包含着一般杂多的纯粹综合统一。时间作为内感官的杂多的形式条件，从而作为所有表象的联结的条件，包含着纯直观中的一种先天杂多。于是，一种先验的时间规定就它是**普遍的**并且依据一种先天规则而言，与**范畴**（构成时间规定的统一性的范畴）是同类的。但另一方面，就杂多的任何经验性
A139 直观都包含有**时间**而言，时间规定又与**显象**是同类的。因
〔100〕 此，范畴应用于显象凭借先验的时间规定就成为可能，先验的时间规定作为知性概念的图型促成后者被归摄在前者之下。

按照在范畴的演绎中所指明的那种东西，但愿没有人在对

下述问题作出决断上心存疑虑了，这一问题就是：这些纯粹知性概念是只有经验性的应用还是也有先验的应用，也就是说，它们是否仅仅作为一种可能经验的条件才先天地与显象发生关系，或者它们是否能够作为一般事物可能性的条件而扩展到对象自身（不限制在我们的感性上）。因为在此我们已经看到，如果不是一个对象要么被给予概念，要么至少被给予这些概念由以构成的要素，那么，概念就是完全不可能的，也不可能有某种意义，从而根本不可能关涉物自身（不考虑它们是否以及如何被给予我们）；此外，对象被给予我们的惟一方式是我们感性的变形；最后，纯粹先天概念除了知性在范畴中的功能之外还必须包含感性的（即内感官的）先天形式条件，这些先天 A140
形式条件必须包含范畴能够被运用于某个对象所必需的普遍条件。我们想把知性概念在其应用中被限制于其上的感性的这种形式的和纯粹的条件称为该知性概念的图型，把知性使用这些图型的做法称为纯粹知性的**图型法**。

图型自身在任何时候都是想象力的产物；但是，由于想象力的综合并不以单个的直观、而是仅仅以规定感性时的统一性为目的，所以图型毕竟要与图像区别开来。这样，如果我逐一标出 5 个点：· · · · ·，这就是数字 5 的图像。与此相反，如果我只是思维一个一般而言的数字，它可以是 5 也可以是 100，那么这一思维与其说是一个图像本身，倒不如说是按照某个概念在一个图像中表象一个量（例如 1 000）的方法的表象，我在后一事例中将很难综览这一图像，并把它与概念进行比较。这样，关于想象力为一个概念提供其图像的普遍做法 〔101〕
的表象，我称为该概念的图型。

事实上，我们的纯粹感性概念的基础不是对象的图像，而是图型。对于一个一般而言的三角形的概念，根本不会有一个 A141
三角形的图像与其相符。因为图像达不到概念那种使得该概念适用于直角的或者锐角的等等一切三角形的普遍性，而是始终仅仅局限于这个领域的一个部分。三角形的图型永远不能实存于别处，而是只能实存于思想中，它意味着想象力的综合就空间中的纯粹形状而言的一条规则。一个经验的对象或者该对象的图像就更谈不上在某个时候达到经验性的概念了，相反，经验性的概念在任何时候都是按照某个普遍的概念直接与作为规定我们直观的规则的想象力的图型发生关系。狗的概念意味着一条规则，我们的想象力可以根据这条规则普遍地描画一个四足动物的形象，不用局限于经验呈现给我的一个惟一的特殊形象，或者局限于我可以具体地描述的任何一个可能的图像。我们知性就显象及其纯然形式而言的这种图型法是人类灵魂深处的一种隐秘的技艺，我们很难在某个时候从自然中猜测出它的真正操作技巧，并将它毫无遮蔽地展现在我们眼前。我们只能够说：**图像**是生产的想象力的经验性能力的一个产物，感性概
A142 念（作为空间中的图形）的**图型**则是纯粹先天想象力的一个产物，仿佛是它的一个符号，种种图像是通过它并且根据它才成为可能的，但种种图像永远必须凭借它们所标示的图型才与概念相结合，就其自身而言并不与概念完全相应。与此相反，一个纯粹知性概念的图型是某种根本不能被带入任何图像之中的东西，它只是根据统一性的规则按照范畴所表达的一般概念所进行的纯粹综合，是想象力的先验产物，这个产物就所有应当根据统觉的统一性而在一个概念中联系起来的表象而言，按照一般而言内感官的形式（时间）的种种条件而与内感官的规定相关。

〔102〕 我们不再为枯燥无聊地分析一般纯粹知性概念的先验图型所要求的东西耽搁时间了，我们宁可按照范畴的秩序并与范畴相结合来阐述这些图型。

一切对于外感官来说的量（quantorum）的纯粹图像是空

间，而一般感官的一切对象的纯粹图像则是时间。但是，作为一个知性概念的量（quantitatis）的纯粹**图型**是**数**，数是对一个又一个（同类的东西）的连续相加进行概括的表象。因此，数无非是一般同类的直观的杂多之综合的统一，因为我是在直 A143
观的把握中产生出时间本身的。

实在性在纯粹知性概念中是与一般感觉相应的东西，因而是其概念自身表明某种（在时间中的）存在的东西；否定性则是其概念表明一种（在时间中的）不存在的东西。因此，二者的对立乃是发生在同一个时间是作为充实的时间还是作为空虚的时间的区分中。既然时间只不过是直观的形式，从而只不过是作为显象的对象的形式，所以这些对象中与感觉相应的东西就是一切作为物自身的对象的先验质料（实际性、实在性）。现在，每一感觉都有一种程度或者大小，它凭借这种程度或者大小就能够就一个对象的同一个表象而言或多或少地充实同一个时间，即内感官，直到这感觉在无（＝0＝否定）中停止。因此，从实在性到否定性有一种关系和联系，或者毋宁说有一种过渡，它把任何实在性都表现为一个量；而作为某物如果充实时间就具有的量的实在性，其图型正是这个量在时间中连续而又均匀的产生，因为人们是在时间中从具有某种程度的感觉一直下降到该感觉的消失，或者从否定逐渐地上升到它的这种大小。

实体的图型是实在物在时间中的持久性，也就是说，是作 A144
为一般经验性时间规定的一个基底的实在物的表象，因此，该实在物在其他一切都变易的时候保持不变（时间并不流逝，而是可变的东西的存在在时间中流逝。因此，时间本身是不变的和常驻的，显象中与它相应的是存在中不变的东西，即实体，而且只有根据实体，显象的相继和同时才能按照时间予以 〔103〕
规定）。

一般事物的原因和因果性的图型是实在物，只要任意地设定它，任何时候都有某种别的东西接踵而至。因此，该图型就在于杂多的演替，只要这演替服从某种规则。

共联性（交互作用）或者种种实体就其偶性而言的交互因果性的图型就是一个实体的规定和另一个实体的规定按照一条普遍规则的同时并存。

可能性的图型是各种不同表象的综合与一般时间的种种条件的一致（例如，因为对立的东西不能在一个事物中同时存在，而是只能相继存在），所以是一个事物在某一时间里的表象的规定。

A145 现实性的图型是在一定的时间中的存在。

必然性的图型是一个对象在一切时间中的存在。

于是人们从这一切可以看出，每一个范畴的图型，作为量的图型就包含和表现着在对一个对象的相继把握中时间本身的产生（综合），作为质的图型就包含和表现着感觉（知觉）与时间表象的综合或者时间的充实，作为关系的图型就包含和表现着种种知觉在一切时间中（即根据时间规定的一条规则）的相互关系，最后，作为模态及其各范畴的图型就包含和表现着作为一个对象是否以及如何属于时间的规定的相关物的时间本身。因此，图型无非就是按照规则的先天**时间规定**，这些规则按照范畴的顺序，关涉到就一切可能对象而言的**时间序列**、**时间内容**、**时间顺序**，最后还有**时间总和**。

由此可见，知性的图型法通过想象力的先验综合所产生的结果，无非是直观的一切杂多在内感官中的统一，并如此间接地是作为与内感官（一种感受性）相应的功能的统觉的统一。
A146 因此，纯粹知性概念的各图型就是给这些概念提供一种与客体
〔104〕 的关系、从而提供**意义**的真正的和惟一的条件，而因此之故，
各范畴归根结底就除了一种可能的经验性的应用之外没有别的

应用，因为它们仅仅被用于通过一种先天必然的统一（为了一切意识在一个源始的统觉中的必然结合）的诸般根据使显象服从综合的普遍规则，并由此使它们适宜于无一例外地结合在一个经验中。

但是，我们的一切知识都处于一切可能经验的整体中，而先行于一切经验性真理并使它们成为可能的先验真理就在于与这些可能经验的普遍关系。

但是，引人注意的毕竟还有：虽然感性的图型首先使范畴得以实现，但它们毕竟也还是限制范畴，也就是说，把它们限制在处于知性之外（即处于感性之中）的条件上。因此，图型真正说来只不过是现象或者一个对象与范畴一致的感性概念（**Numerus** est quantitas phaenomenon，**sensatio** realitas phaenomenon，**constans** et perdurabile rerum subsatantia phaenomenon-**aeternitas necessitas** phaenomenon etc.［**数**是作为量的现象，**感觉**是作为实在性的现象，事物中**常驻**和持久的东西是作为实体的现象，**永恒性**是作为**必然性**的现象，等等］）。现在，如果我们删去一个限制性条件，那么，我们看起来就把前 A147 面限制过的概念扩大了；于是，范畴就应当在其纯粹的意义上，无须一切感性条件，**如事物所是的那样**适用于一般的事物，而不是范畴的图型仅仅**如它们显现的那样**表象它们，因而范畴就有了一种不依赖于一切图型的、大大扩展了的意义。事实上，即便在脱离一切感性条件之后，纯粹知性概念也当然还留有一种意义，但仅仅是种种表象的纯然统一的逻辑意义，但对这些表象来说，并没有一个对象被给予，从而也没有一种能够提供关于客体的一个概念的意义被给予。例如实体，如果人们删去持久性的感性规定，则它就只不过是意味着一个能够被当做主词（不是关于某种别的东西的谓词）来思维的某物。我不能用这个表象做任何事情，因为它根本没有向我表明，应当

被视为这样一个最初的主词的事物有哪些规定。因此，没有图
〔105〕 型的范畴只不过是知性对概念的功能，但并不表象对象。这种意义之属于范畴乃是出自感性，感性通过同时限制知性而使知性得以实现。

A148 第二篇

纯粹知性的一切原理的体系

我们在前一篇中只是根据普遍的条件考虑了先验判断力，先验判断力只有在这些条件下才有权利把纯粹知性概念用于综合判断。现在我们的工作是：在系统的联结中阐明知性以这种批判的谨慎实际上先天地作出的判断，为此，我们的范畴表毫无疑问必然为我们提供自然的和可靠的引导。因为正是这些范畴，它们与可能经验的关系必然构成一切纯粹先天知性知识，而它们与一般感性的关系也将为此完备地并且在一个体系中展示知性应用的一切先验原理。

先天原理之所以使用这一名称，不仅仅是因为它们自身包含着其他判断的根据，而且还因为它们本身并不以更高的和更
A149 普遍的知识为根据。不过，这一属性却并不总是使它们免除证明。因为即使这种证明不能继续客观地进行，而毋宁说是它的客体的一切知识的基础，但这毕竟并不妨碍有可能、甚至也有必要从一般对象的知识之可能性的主观来源出发作出一种证明，因为若不然，命题就会仍然有极大的嫌疑，被疑为纯然是一种骗取来的主张。

其次，我们将仅仅局限于与范畴发生关系的那些原理。因此，先验感性论的各原则就不属于我们划出的这个研究领域，根据这些原则，空间和时间是作为显象的一切事物之可能性的条件，此外也是对这些原理的限制，即它们不能与物自身发生

关系。同样，数学的原理也不构成这个体系的一个部分，因为 〔106〕
它们只是从直观中、但却不是从纯粹知性概念中引出的；不过，由于它们尽管如此还是先天综合判断，所以它们的可能性在这里必将找到位置，虽然不是为了证明它们的正确性和无可置疑的确定性，它们根本不需要这种证明，而是仅仅为了说明和演绎这样一些自明的先天知识的可能性。

但是，我们将也必须谈到分析判断的原理，而且把它与我
们真正说来所探究的综合判断的原理进行对照，因为正是这种 A150
对峙将使综合判断的理论摆脱一切误解，把它以自己特有的本性展现出来。

第一章　论一切分析判断的至上原理

无论我们的知识有哪种内容，也无论这种知识如何与客体发生关系，我们一切一般而言的判断的普遍的、虽然只是消极的条件都毕竟是：它们不自相矛盾，否则，这些判断自身（即使不考虑客体）就什么也不是。但是，即便在我们的判断中没有矛盾，它也毕竟依然能够像对象并不造成的那样来联结概念，或者并没有一个不论是先天的还是后天的根据被给予我们来赋予这样一个判断以权利；于是，一个判断不论怎样没有任何内在矛盾，也毕竟可能或者是错误的，或者是没有根据的。

现在，"一个与某事物相矛盾的谓词不属于该事物"这个 A151
命题，就叫做矛盾律，它是一切真理的一个普遍的、尽管纯然否定的标准，但之所以仅仅属于逻辑，也是因为它所适用的知识纯然是一般的知识而不论其内容，并断言矛盾将完全毁掉和取消知识。

但是，人们毕竟也可以对矛盾律做一种积极的应用，也就 〔107〕

是说，不仅仅为了清除虚假和错误（如果这错误是基于矛盾的），而且也是为了认识真理。因为**如果判断是分析的**，则不论它是否定的还是肯定的，它的真理性在任何时候都必然可以按照矛盾律得到充分的认识。因为对立在任何时候都已经被作为概念存在于客体的知识中，并在其中被思维的东西所正确地否定，而概念本身却必定必然地被它所肯定，因为概念的对立面是会与客体相矛盾的。

因此，我们也必须承认**矛盾律**是**一切分析知识**普遍的和完全充足的**原则**；但是，它作为真理的一个充足标准的威望和可用性却也不能走得更远。因为，根本不能有任何知识与它相抵触却不自我毁灭，这固然使矛盾律成为我们知识的真理性的
A152 conditio sine qua non［必要条件］，但却没有使它成为其规定根据。既然我们本来只讨论我们知识的综合部分，所以我们虽然在任何时候都注意不与这条不可侵犯的原理相抵触地行动，但就这样一类知识的真理性而言却永远不能指望从它那里得到一些启发。

但是，这条著名的原理虽然被剥夺了一切内容，而且纯然是形式的，但它的公式却毕竟包含着由于不小心而以完全不必要的方式混进它里面的一种综合。这个公式就是：某物不可能**同时**是且不是。在这里，无可置疑的确定性（通过**不可能**这个词）是以多余的方式附加上的，毕竟这种确定性本身由命题出发就必然是不言而喻的了。除此之外，命题还受到时间的条件的浸染，仿佛是说：一个等于A的事物是等于B的某物，就不能在同一时间里是非B；但是，它完全可以前后相继地是二者（既是B又是非B）。例如，一个人是年轻的，就不能同时是年老的，但同一个人完全可以在一个时候是年轻的，在另一个时候是不年轻的，即是年老的。现在，矛盾律作为一个纯然逻辑的原理，必须把自己的说法根本不限制在时间关系上，因

此这样一个公式是与它的意图根本相悖的。误解纯然来自：人 A153
们把一个事物的谓词首先与他的概念分离开来，然后又把这个 〔108〕
概念的对立面与这个谓词结合，这个谓词绝不造成与主词的矛盾，而是仅仅造成与主词已经同自己联结起来的谓词的矛盾，而且只是在第一个谓词和第二个谓词同时被设定的情况下才是如此。如果我说：一个人是无学问的，就不是有学问的，那么就必须伴有**同时**这个条件；因为此人虽然在一个时候是无学问的，但却在另一个时候完全可以是有学问的。但如果我说：没有一个无学问的人是有学问的，那么这个命题就是分析的，因为这个标志（无学问）由此开始就参与构成主词的概念；而在这种情况下，否定命题就直接从矛盾律得出，而不用附加**同时**这个条件。这也就是我在上面改变了矛盾律的公式，以使一个分析命题的本性由此清晰表现出来的缘故。

第二章　论一切综合判断的至上原理 A154

对综合判断的可能性作出解释，是普遍逻辑与之毫无关系的课题，它甚至可以就连这个课题的名称也不知道。但是，这个课题在先验逻辑中却是一切工作中最重要的工作，在谈到先天综合判断的可能性、此外谈到它们的有效性的条件和范围时，它甚至是惟一的工作。因为在完成这一工作之后，先验逻辑就可以完全实现自己的目的，即规定纯粹知性的范围和界限了。

在分析判断中，我停留在被给予的概念上，为的是从它挖掘出某种东西。如果它应当是肯定的，那么，我就只把在这个概念中已经思维过的东西赋予这个概念；如果它应当是否定的，那么，我就只把这个概念的对立面从它排除掉。但在综合判断中，我却应当走出被给予的概念，以便把某种与在该概念

里面思维过的完全不同的东西同该概念置于关系中来考察，因
〔109〕 而这种关系就绝不是同一性关系，也绝不是矛盾关系，而此时
A155 从这一判断就其自身而言就既不能看出真理，也看不出谬误。

因此既然承认，人们必须从一个被给予的概念走出，以便综合地把它与另一个概念进行比较，那么，就需要有一个第三者，两个概念的综合只有在它里面才能够产生。但是，这个作为一切综合判断的媒介的第三者是什么呢？它只不过是一个我们的一切表象都被包含在其中的总和，也就是内感官及其先天形式，即时间。表象的综合依据的是想象力，而它们的（为判断所必需的）综合统一却依据统觉的统一。因此，必须在这里寻找综合判断的可能性，且由于所有这二者都包含着先天表象的来源，所以也必须在这里寻找纯粹综合判断的可能性；甚至出自这些理由，如果关于对象的某种仅仅基于表象之综合的知识要实现的话，它们也将是必要的。

如果一种知识应当具有客观的现实性，即与一个对象发生关系并在该对象中具有含义和意义，那么，该对象就必须能够以某种方式**被给予**。没有这一点，概念就是空的，人们由此虽然思维过了，但事实上却通过这种思维没有认识任何东西，而
A156 是仅仅在玩弄表象。给予一个对象，如果这不又仅仅是间接地被意指，而是直接地在直观中呈现，那么，它无非就是让该对象的表象与经验（无论是现实的经验还是可能的经验）发生关系。即便是空间和时间，无论这些概念多么纯粹得没有任何经验性的东西，无论它们多么确定，以至于它们完全先天地在心灵中被表象，如果它们不被指明在经验对象上的应用，它们就毕竟没有客观有效性，没有意义和含义；的确，它们的表象只是一个始终与再生的想象力相关的图型，这种想象力唤起经验的对象，没有这些对象，空间和时间就会没有任何含义；一切概念都没有区别地是这种情况。

因此，**经验的可能性**就是赋予我们一切先天知识以客观实
在性的东西。现在，经验依据的是显象的综合统一，也就是
说，依据的是一种按照一般而言关于显象对象的概念进行的综 〔110〕
合，没有这种综合它就连知识也不是，而会是一部知觉的狂想
曲，这些知觉不会服从一种依照无一例外地结合起来的（可能
的）意识的规则产生的联系，从而形成统觉先验的和必然的统
一。因此，经验以其先天形式的各原则为根据，也就是说，以
显象的综合中的统一性的各普遍规则为根据，这些规则的客观 A157
实在性作为必然的条件任何时候都可以在经验中、甚至在经验
的可能性中指出来。但在这种关系之外，先天综合命题是完全
不可能的，因为它们没有第三者，也就是说，没有它们的概念
的综合统一能够在其上呈现出客观实在性的对象。

因此，尽管我们在综合判断中关于一般而言的空间、或者关于生产的想象力在它里面所描绘的形状先天地认识到的东西如此之多，以至于我们实际上为此根本不需要任何经验，但如果空间不是被视为构成外部经验材料的种种显象的条件的话，这种知识就毕竟什么也不是，而仅仅是对一种幻影的处理；因此，那些纯粹的综合判断，虽然只是间接地，但却是与可能的经验、或者毋宁说与这些经验的可能性本身发生关系，并仅仅在它们上面建立起它们的知识的客观有效性。

因此，既然经验作为经验性的综合，就其可能性而言，是
惟一给其他一切综合提供实在性的知识种类，所以，后者作为
先天知识，也惟有通过除一般经验的综合统一所必需的东西之 A158
外不包含任何其他东西，才具有真理性（即与客体一致）。

所以，一切综合判断的至上原则就是：每一个对象都服从可能经验中直观杂多的综合统一的必要条件。

以这样的方式，如果我们使先天直观的形式条件、想象力的综合及其在一种先验统觉中的必然统一与可能的一般经验知

识发生关系，并且说：一般**经验的可能性**的种种条件同时就是
〔111〕 **经验对象的可能性**的种种条件，因而在一个先天综合判断中具有客观有效性，那么，先天综合判断就是可能的。

第三章　纯粹知性一切综合原理的系统介绍

一般说来，原理在某个地方成立，这只能归于纯粹知性；纯粹知性不仅就发生的事情而言是规则的能力，而且本身就是
A159 种种原理的来源，根据这一来源，一切（惟有作为对象才能呈现给我们的）东西都必然地服从规则，因为如果没有这些规则，就永远不可能有一个与显象相应的对象的知识属于显象。即便是自然规律，在被视为经验性的知性应用的原理时，也带有必然性的表述，从而至少带有一种出自先天地并且先于一切经验有效的诸般根据的规定的猜测。但是，一切自然规律都毫无区别地服从于知性的更高原理，因为它们只不过是把这些原理运用于特殊的实例罢了。因此，惟有这些原理才提供包含着一个一般而言的规则的条件、仿佛是包含着它的指数的概念，而经验则提供服从于该规则的实例。

因此，人们把纯然经验性的原理视为纯粹知性的原理，或者反过来把后者视为前者，这真正说来可能并不是什么危险；因为后者的出众之处就在于根据概念的必然性，任何经验性的命题，无论它多么普遍地有效，都被轻而易举地发现缺乏这种必然性，所以这种必然性就可以轻而易举地预防上述混淆。但
A160 是，有一些纯粹的先天原理，尽管如此，我毕竟还是不想把它们特别地归于纯粹知性，之所以如此，乃因为它们并不是从纯粹概念、而是从纯粹直观（尽管是凭借知性）得出的；而知性却是概念的能力。数学就有诸如此类的原理，但它们在经验上的应用、从而它们的客观有效性、甚至这样一些先天综合知识

的可能性（它们的演绎），毕竟是始终依据纯粹知性的。

因此，我将不把数学的原理列入我的原理之中，但要把数学的可能性和客观有效性先天地依据的、从而应当被视为这些原理的原则的那些原理列入其中。它们不是**从概念**出发到直观，而是**从直观**出发到概念。 〔112〕

在把纯粹知性概念运用于可能经验的时候，它们的综合的应用要么是**数学性的**，要么是**力学性的**：因为这种综合有时仅仅关涉到**直观**，有时则关涉到一个一般而言的显象的**存在**。但是，直观的种种先天条件就可能的经验而言绝对是必然的，而一个可能的经验性直观的客体，其存在的种种条件就自身而言却仅仅是偶然的，所以，数学性应用的原理是无条件地必然的，也就是说，是无可置疑的，而力学性应用的原理尽管也带有一种先天必然性的特征，但却只处在一种经验中的经验性思维的条件之下，因而只是有条件地和间接地带有这种特征，所以不包含数学性应用的原理所特有的那种直接的自明性（虽然也并不损害它们普遍地与经验相关的确定性）。不过，这一点 A161
我们将在这个原理体系结束时更好地予以评判。

范畴表给我们提供了原理表的完全自然的指示，因为后者毕竟无非是前者的客观应用的规则。据此，纯粹知性的所有原理是：

1.
直观的公理

2.
知觉的预先推定

3.
经验的类比

4.
一般经验性思维的公设

我谨慎地选择了这些称谓，以免让人忽视在这些原理的自明性和执行方面的区别。但马上就要表明的是：无论按照量和 〔113〕

质（如果人们仅仅注意后者的形式的话）的范畴涉及的是自明
A162 性还是显象的先天规定，二者的原理都与其余两条原理明显有别，因为虽然双方都能够具有完全的确定性，但前两条原理所能具有的是一种直觉的确定性，而后两条原理所能具有的则纯然是一种推论的确定性。因此，我将把前两者称为**数学性的**原理，把后两者称为**力学性的**原理。但是，人们将察觉到：我在这里并不是在一个事例中留意数学的原理，同样不是在另一个事例中留意普遍（物理学的）力学的原理，而是仅仅留意与内感官相关的纯粹知性的原理（对其中被给予的表象不加区分），这样就使那些原理全都获得了自己的可能性。因此，我对它们的称谓不是由于它们的内容，而是考虑到它们的应用。现在，我要按照它们在表中表现出来的顺序来探讨它们。

一、论直观的公理

纯粹知性的原理：一切显象按照其直观都是广延的量

我把各个部分的表象在其中使整体的表象成为可能（因而必然先行于整体的表象）的那种量称为一种广延的量。一条
A163 线，无论它怎样短，如果不在思想中划出它，也就是说，不从一个点产生出所有的部分，并由此记录下这一直观，我就不能表象它。任何时间，哪怕是极为短促，也都同样是这种情况。在其中我只是思维从一个瞬间到另一个瞬间的相继进展，由此通过所有的时间部分及其增添最终产生出一个确定的时间量。既然对一切显象来说纯然的直观要么是空间，要么是时间，所以任一显象作为直观都是一个广延的量，因为它惟有通过在把握中（从部分到部分）的相继综合才能被认识。据此，一切显
〔114〕 象都已经被直观为集合体（被先行给予的各个部分的集合），但并不是任何种类的量都是这种情况，而是只有被我们**从广延**

上表象和把握为量的那种量才是这种情况。

广延的数学（几何学）及其公理就基于生产的想象力在生成形象方面的这种相继综合，这些公理表达了先天感性直观的种种条件，惟有在这些条件下才能形成外部显象的一个纯粹概念的图型：例如，两点之间只可能有一条直线；两条直线不能围起一个空间等等。这些都是真正说来仅仅涉及到量（quanta）本身的公理。

但是，就量（quantitas）而言，也就是说，就对“某物多大”这一问题的回答而言，在它这方面虽然这些命题中有许多 A164
是综合的和直接确定的（不可证明的），尽管如此却在真正的意义上不存在公理。因为等量加上等量或者减去等量得出的仍是等量，这些都是分析命题，此时我直接意识到的是一个量的产生与另一个量的产生的同一性；但公理却应当是先天综合命题。与此相反，数量关系的自明命题固然是综合的，但却不像几何学的命题那样是普遍的，且正因为如此不是公理，而只能被称为算式。7＋5＝12，这并不是分析命题。因为我在 7 的表象中、在 5 的表象中以及在二者的组合中，都没有思维 12 这个数字（这里不谈我在**二者的相加**中应当思维这个数字；因为就分析命题而言，问题只在于我是否确实在主词的表象中思维谓词）。但是，尽管这一命题是综合的，它却毕竟只是一个单称的命题。就这里只注意同类东西（各个单位）的综合而言，虽然这些数字的**应用**在此后是普遍的，但综合在这里却只能以惟一的一种方式发生。当我说：有三条线，其中两条相加大于第三条，用它们可以表示一个三角形，此时我在这里所具有的
只是生成的想象力的功能，它能把这些线延长或者缩短，此外 A165
能够使它们按照任意的角度相交。与此相反，7 这个数字只以惟一的一种方式是可能的，通过它与 5 的综合所产生的 12 这
个数字也一样。因此，人们必须不把诸如此类的命题称为公理 〔115〕

（因为若不然，就会有无限多的公理），而是称为算式。

显象的数学的这一先验原理给予我们的先天知识以很大的扩展。因为只有它才使纯粹数学能够以其全部的精确性运用于经验的对象，没有这一原理，这种运用就不会如此自明，甚至还引起过某些矛盾。显象不是物自身。经验性直观惟有通过（空间和时间的）纯直观才是可能的；因此，几何学关于纯直观所说的东西，不可辩驳地对经验性直观有效，而诸如感官的对象可以不符合空间中作图的规则（例如，线和角无限可分的规则）之类的遁词必须予以抛弃。因为这样一来，人们就否定了空间的客观有效性，与此同时也就否定了一切数学的客观有效性，再也不知道数学为何以及在多大程度上可以运用于显象。作为一切直观的根本形式的空间和时间，其综合是同时使
A166 显象的把握、因而使任何外部经验、进而也使这种经验的对象的一切知识得以可能的东西，而数学在纯粹应用中关于前者所证明的东西，也必然适用于后者。对此的所有责难都是一种受到错误教导的理性的无理取闹，这种理性想使感官的对象脱离我们的感性的形式条件，尽管这些对象只不过是显象，却把它们表象为被给予知性的对象自身；在这种情况下，对于它们当然不能先天地、因而也不能通过关于空间的纯粹概念综合地认识任何东西，而规定这些概念的科学，即几何学，本身也就会是不可能的了。

二、知觉的预先推定

预先推定一切知觉为知觉的**原理**如下：在一切显象中，感觉和对象中与感觉相应的实在的东西（realitas phaenomenon [作为现象的实在性]）都有**强度的量**，即一种程度

我能够用来先天地认识和规定属于经验性认识的东西的一

切知识，人们都可以称之为一种预先推定；毫无疑问，这就是 〔116〕
伊壁鸠鲁使用其术语 προληφιζ［预想］的意义。但是，既然在 A167
显象那里有某种东西永远不被先天地认识，因而也构成了经验性的东西与先天知识的真正区别，这也就是感觉（作为知觉的质料），故而可以得出，感觉真正说来就是那根本不能被预先推定的东西。与此相反，无论是就形状来说还是就量来说，我们都可以把空间和时间中的纯粹规定称为预先推定，因为它们先天地表象着任何能够后天地在经验中被给予的东西。但是，假定存在着某种东西，可以在任何作为一般感觉的感觉（无须能够有一种特殊的感觉被给予）那里被先天地认识到，那么，这种东西就在一种特殊的意义上理应被称为预先推定，因为在恰恰关涉到人们只能从经验取得的经验质料的东西中抢在经验之前，这看起来令人觉得奇怪，但在此处实际情况就是这样。

仅仅凭借感觉作出的把握，只占用一个瞬间（也就是说，如果我不考虑感觉的演替的话）。作为显象中的某物，其把握不是从各个部分前进到整个表象的那种逐渐的综合，所以感觉没有广延的量：某一瞬间感觉阙如，则该瞬间就被表象为空
的，因而等于零。在经验性直观中与感觉相应的东西，就是实 A168
在性（realitas phaenomenon［作为现象的实在性］），而与感觉的阙如相应的东西，则是等于零的否定性。但如今，任何感觉都能够减弱，以至于它能够消减，并这样逐渐地消失。因此，在显象中的实在性和否定性之间，有许多可能的中间感觉的一种连续的联系，这些中间感觉彼此之间的差异总是小于被给予的感觉和零或者完全的否定性之间的差异。这就是说：显象中实在的东西任何时候都有一个量，但由于仅仅凭借感觉作出的把握是在一个瞬间发生的，不是通过许多感觉的逐渐综合发生的，因而不是从各个部分前进到整体，所以在把握中遇不到这个量；因此，这实在的东西虽然有一个量，但却不是广延

的量。

现在，我把只被把握为单一性、其中复多性只能通过向等
〔117〕 于零的否定性的逼近来予以表象的那种量称为**强度的量**。因此，显象中的任何实在性都有强度的量，也就是说，有一个程度。当人们把这种实在性视为原因（无论是感觉的原因还是显象中其他实在性的原因，例如一种变化的原因）的时候，就称这种作为原因的实在性的程度为一种要素，例如重力的要素，而且之所以如此，乃是因为程度只是表示这样一种量，这种量
A169 的把握不是逐渐的，而是瞬间的。但我在这里只是顺便提到这一点，因为我现在还不想讨论因果性。

据此，任何感觉、从而还有显象中的任何实在性，无论它多么小，都有一种程度，也就是说，有一个还总是能减弱的强度的量，在实在性和否定性之间有可能的实在性和可能更小的知觉的一种连续的联系。每一种颜色，例如红色，都有一种程度，无论这程度怎样小，都永远不是最小的；热、重力的要素等等，到处都是这种情况。

就量而言没有任何部分是可能最小的部分（没有一个部分是单纯的），这种属性就叫做量的连续性。空间和时间是 quanta continua［连续的量］，因为不将它们的部分包围在界限（点和瞬间）之间，它们的任何部分都不能被给予，因而该部分只能这样被给予，即它本身又是一个空间或者时间。因此，空间只能由众多空间构成，时间只能由众多时间构成。点和瞬间只是界限，也就是说，纯然是限制它们的位置；但位置在任何时候都以它们应当限制或者规定的那种直观为前提条
A170 件，纯然以位置为还在空间或者时间之前就能够被给予的成分，用它们既不能组合成空间也不能组合成时间。人们也可以把诸如此类的量称为**流动的**量，因为（生成的想象力的）综合就其产生而言是一个时间中的进程，人们通常特别地借助流动

（流逝）来表示时间的连续性。

据此，一切一般而言的显象都是连续的量，无论是根据其直观作为广延的量，还是根据纯然的知觉（感觉以及因此还有实在性）作为强度的量。如果显象的杂多的综合被中断，那么，这就是许多显象的一个集合体（而且不是真正说来作为量的显象），这个集合体不是通过某种方式的生成性综合的纯然 〔118〕
延续产生的，而是通过一种时断时续的综合的重复产生的。当我称 13 塔勒为一种货币量时，就我把它理解为一马克纯银的含量而言，我这样称谓它是正确的；但是，一马克纯银当然是一个连续的量，其中没有一个部分是最小的部分，相反，每一个部分都能够构成一个货币块，它总是包含着构成更小部分的质料。但是，如果我把那个称谓理解为 13 个塔勒，即这么多的硬币（它们的银含量则可以是任意的），那么，我用塔勒的量来称谓它就是不合适的，相反，我必须称它为一个集合体， A171
也就是说，称它为某个数目的货币块。但由于对一切数字来说都必须以单位为基础，所以显象作为单位就是一个量，而作为一个量在任何时候都是一个连续体。

现在，如果所有的显象，无论是被视为广延的还是被视为强度的，都是连续的量，那么，“一切变化（一个事物从一种状态到另一种状态的变化）也都是连续的”这个命题，假如不是一般而言的变化的因果性完全处在一种先验哲学的界限之外，并以经验性的原则为前提条件的话，在这里就会很容易得到证明，并且具有数学的自明性。因为一个原因可能改变事物的状态、也就是说规定事物成为某一个被给予的状态的反面，对此知性根本没有先天地给予我们任何启示，这不仅是因为知性对此的可能性根本无所洞察（对于诸多先天知识，我们同样缺乏洞察），而且是因为可变性仅仅涉及显象的某些惟有经验才能告诉我们的规定，而它们的原因是要在不变的东西中发现

的。但是，既然这里除了一切可能经验的纯粹基本概念、其中必须绝对没有任何经验性的东西之外，我们面前没有任何可以
A172 使用的东西，所以我们不可能抢在基于某些基本经验的普遍科学之前而不破坏体系的统一性。

尽管如此，我们并不缺少我们的这一原理所具有的重大影响的种种证明根据，即预先推定知觉，甚至就它阻止从知觉的阙如可能得出的所有错误的推理而言来补偿这种阙如。

〔119〕 如果知觉中的所有实在性都有一个程度，在这个程度和否定性之间有一个程度递减的无限梯状序列，而且尽管如此每一个感官都必然具有感觉的感受性的一个确定程度，那么，就没有任何知觉，从而也没有任何经验能够无论是直接地还是间接地（不管人们在推论中如何转弯抹角）证明显象中一切实在东西的完全缺乏，也就是说，从经验永远不能得出空的空间和空的时间的证明。因为首先，感性直观中实在东西的完全缺乏，本身不能被知觉到；其次，它不能从惟一的显象、从显象的实在性的程度差异推论出来，或者也绝不可以为了说明显象的实在性而假定它。因为即便某一确定的空间或者时间的整个直观完全是实在的，也就是说，它们没有任何部分是空的，也由于任何实在性都有自己的程度，这程度即使显象广延的量不发生
A173 变化也能够通过无限多的阶段减弱到无（空的东西），所以必然存在着无限多的不同程度来充填空间或者时间，虽然直观的广延的量是相同的，而强度的量在不同的显象中却可以是或大或小的。

我们要举出这方面的一个例子。几乎所有的自然科学家，在他们（部分地通过重力的要素或者重量，部分地通过对其他运动着的物质的阻抗的要素）察觉到不同种类的物质在体积相同的情况下量的巨大差别时，异口同声地得出结论说：这个体积（显象的广延的量）必然在所有的物质中是空的，虽然程度

不同。但是，对于这些绝大部分属于数学和力学的自然研究者，谁会在某个时候想到，由于他们假定空间中的**实在东西**（我在这里不把它称为不可入性或者重量，因为这些都是经验性的概念）**到处都是一模一样的**，只是在广延的量上、即在数量上彼此有别，他们是把自己的上述推理仅仅建立在他们声称要竭力避免的一种形而上学的前提条件之上呢？这一前提条件，他们在经验中找不到任何根据，因而仅仅是形而上学的，对此我要提出一个先验的证明来与之对立，这个证明虽然不应 A174
当说明空间之充实方面的差别，但却完全取缔了认为只能通过 〔120〕
可以假定的虚空来说明上述差别的那个前提条件的必要性，并且具有一种功绩，即至少使知性获得了自由，在自然的解说为此使得某种假说成为必要的时候也以别的方式来思维这种不同。因为我们那时就会看到，尽管同样的空间可以用不同的物质来完全充实，以至于在这种空间中的任何一个里面都没有一个点不能发现物质的在场，但毕竟任何实在的东西都鉴于同样的性质而具有其（阻抗的或者重量的）程度，这种程度在广延的量或者数量转入空虚或者消失之前，会在不减弱广延的量或者数量的情况下无限地越来越小。所以，充实一个空间的膨胀物，例如热，以同样的方式还有（显象中的）任何别的实在性，都能一点也不会使空间的最小一部分成为空的而无限地减弱其程度，并且尽管如此仍然以这些较小的程度充实空间，就像另一显象以较大的程度充实空间一样。我在这里的意图绝不是要断言物质按照其比重所具有的差异确实就是这样，而只是要从纯粹知性的一个原理出发阐明，我们的知觉的本性使得这 A175
样一种解释方式成为可能的，而且人们错误地假定显象的实在东西在程度上是同样的，而只是在集合及其广延的量上不同，甚至更为没有根据地通过知性的一个先天原理来断言这一点。

尽管如此，知觉的这种预先推定对于一个习惯于先验思考并由此而变得缜密的自然研究者来说总是有某种异乎寻常的东西，并且将引起一些疑虑，即知性居然能够预先推定诸如关于显象中一切实在东西的程度、从而关于感觉在人们从中抽掉经验性性质时的内在区别的可能性这样一个综合命题；因此，知性在这里如何能够先天综合地关于显象有所言说，甚至在真正说来仅仅是经验性的、亦即关涉感觉的东西中预先推定显象，这还是一个很值得解决的问题。

感觉的**性质**在任何时候都仅仅是经验性的，而且根本不能
〔121〕 先天地被表象（例如颜色、味道等等）。但是，与等于零的否定性相对立而与一般而言的感觉相应的实在东西，仅仅表现出某种其概念自身包含着 种存在的东西，且仅仅意味着 个
A176 般而言的经验性意识中的综合。也就是说，在内感官中经验性意识能够从零上升到任何更高的程度，以至于正是直观的这种广延的量（例如发光的表面）引起如此大小的感觉，如同许多别的东西（较少发光的东西）聚合而成的集合体。因此，人们可以完全抽掉显象广延的量，并且在某一瞬间的纯然感觉里表现从零到一个被给予的经验性意识的齐一上升的综合。所以，一切感觉本身虽然都只能后天地被给予，但它们具有一种程度这种属性却可以先天地被认识。值得注意的是，我们关于一般而言的量只能先天地认识惟一的一种**性质**，即连续性，但对于一切性质（显象的实在东西）来说能够先天地认识的也无非是其强度的**性质**，即它们有一个程度；其余的一切都有待于经验。

三、经验的类比

经验的类比的普遍**原理**是：一切显象在其存在上都先天地
A177 服从规定它们在一个时间中的相互关系的规则

时间的三种模式是**持久**、**相继**和**并存**。因此，就有显象的

一切时间关系的三条规则先行于一切经验并使得经验成为可能，显象的任何存在就一切时间的统一性而言都能够根据它们而得到规定。

所有这三种类比的普遍原理，就**每一时间里**一切可能的经验性意识（知觉）而言，依据的是统觉的必然**统一**，既然这种统一是先天地作为基础的，所以该普遍原理依据的就是一切显象根据其在时间中的关系的综合统一。因为源始的统觉与内感官（一切表象的总和）相关，而且是先天地与其形式相关，也 〔122〕
就是说，与时间中杂多的经验性意识的关系相关。在源始的统觉中，所有这些杂多都应当按照其时间关系被统一起来；因为这是先天统觉的先验统一性所要求的，凡是应当属于我的（即我的统一的）知识、从而能够对我来说成为一个对象的东西，都从属于这种统一性。因此，一切知觉的时间关系中的这种**被先天地规定的综合统一性**，就是这样一条规律：一切经验性的时间规定都必须服从普遍的时间规定的种种规则；我们现在要 A178
讨论的经验的类比就必须是诸如此类的规则。

这些原理自有其特殊之处，即它们并不考虑显象及其经验性直观的综合，而是仅仅考虑**存在**和就显象的这种存在而言考虑它们的相互**关系**。现在，显象中的某物被把握的方式能够如此先天地被规定，以至于该显象的综合的规则同时能够在任何呈现出来的经验性事例中提供这种先天直观，也就是说，能够由此出发完成这种先天直观。但是，显象的存在却不能先天地被认识；而且即使我们沿着这条道路能够达到推论出某种存在的地步，我们也毕竟不能确定地认识这种存在，也就是说，不能预先推定它的经验性直观与其他直观的区别之处。

上述两条原理我称之为数学性的原理，乃是考虑到它们使人有权利把数学运用于显象，它们仅仅就显象的可能性而言与显象相关，并说明无论就显象的直观还是就知觉的实在东西而

言，显象如何能够按照一种数学性综合的规则被产生出来；因
A179 此无论在前者那里还是在后者那里，都可以使用数字的量和显
象作为量的规定。例如，我将能够用 200 000 倍的月亮发光组
合出阳光感觉的程度，并且先天确定地给出亦即建构它。因
此，我们可以把前两条原理称为建构性的原理。

应当先天地使显象的存在从属于规则的那些原理就必然完
〔123〕全是另外一回事了。因为既然存在不能被建构，所以它们就只
能与存在的关系相关，只能提供**范导性**的原则。因此在这里既
不能指望有公理也不能指望有预先推定；而是当一种知觉在与
其他（尽管是不确定的）知觉的时间关系中被给予我们时，不
能先天地说：其他知觉是**什么样的**知觉以及是**多大的**知觉，而
是说它们就存在而言如何在时间的这种模式中与前者必然联结
的。在哲学中，类比意味着某种与数学中所表现的非常不同的
东西。在数学中，它们是表示两种量的关系相等的算式，而且
在任何时候都是**建构性的**，以至于如果给予比例的三个项，就
A180 也能够由此给出亦即建构出第四项。但在哲学中，类比并不是
两种**量的**关系的相等，而是两种**质的**关系的相等，在它里面我
从三个被给予的项出发所能认识和先天地给出的只是与一个第
四项的**关系**，而不是**这个**第四**项**本身，但我有一个在经验中寻
找这个第四项的规则，而且有一个在经验中发现它的标志。因
此，经验的类比将只不过是经验的统一性（不像作为一般而言
的经验性直观的知觉本身那样）从知觉中产生所应当遵循的一
个规则，而且作为原理不是**建构性地**、而是**范导性地**适用于对
象（显象）。但是，同样的东西也将适用于一起关涉到纯然直
观（显象的形式）、知觉（显象的质料）和经验（这些知觉的
关系）的综合的那些一般经验性思维的公设，也就是说，它们
只不过是些范导性的原理，有别于建构性的数学性原理，虽然不
是在确定性上，二者都先天地固有确定性，但毕竟在自明性的方

式上，也就是说在后者的直觉性因素上（从而也在证明上）有别。

但是，就所有的综合原理而言曾提请注意并在这里必须特别说明的东西，是这样一点：这些类比不是作为先验的知性应用、而是仅仅作为经验性的知性应用才有其普遍的意义和有效性，从而也只有作为这样的原理才能够被证明，因而显象也必 A181
须不是被归摄在地地道道的范畴之下，而是仅仅被归摄在范畴的图型之下。因为如果这些原理应当与之相关的对象是物自身，那么，关于它们就完全不可能先天综合地认识某种东西。〔124〕
现在，它们无非是显象，一切先天原理归根结底毕竟必须始终以显象的完备知识为归宿，这种知识只不过是可能的经验；因此，那些原理只能以显象的综合中之经验性知识的统一性的条件为目的；但是，综合只有在纯粹知性的图型中才被思维，关于它作为一般而言的综合的统一性，范畴所包含的是不为任何感性条件所限制的功能。因此，我们通过这些原理将有权利仅仅按照与概念逻辑的和普遍的统一性的类比来组合显象，因而在原理本身中虽然使用范畴，但在实行时（运用于显象时）却把范畴的图型作为范畴应用的钥匙来取代其应用，或者毋宁说使之作为限制的条件以这种应用的公式的名义与范畴并立。

A. 第一类比　持久性的原理 A182

一切显象都包含着持久的东西（**实体**）作为对象本身，并且包含着变迁的东西作为对象的纯然规定，亦即对象实存的一种方式。

这个第一类比的证明

一切显象都在时间中。时间能够以两种方式规定显象的存在中的关系，或者就它们**相继存在**而言，或者就它们**同时存在**

而言。鉴于前者，时间被视为**时间序列**，而就后者而言，时间被视为时间范围。

我们对显象杂多的**把握**在任何时候都是渐进的，因而是始终变易的。因此，如果在经验中没有**在任何时候都存在**的某
〔125〕 物，即某种**常驻的**和**持久的**东西作为基础，其一切变易和同时存在都只不过是这种持久的东西实存的诸多方式（时间的模式），我们仅仅通过把握就绝不能确定这种作为经验对象的杂多是同时存在的还是相继存在的。因此，只有在持久的东西中，种种时间关系才是可能的（因为同时和演替是时间中的惟
A183 一关系），也就是说，持久的东西乃是时间本身的经验性表现的**基底**，一切时间规定惟有借着它才是可能的。持久性作为显象的一切存在、一切变易、一切伴随的恒常相关物，一般地表现出时间。因为变易并不涉及时间本身，而只涉及时间中的显象（就像同时存在并不是时间的一种模式一样，在时间中根本不是各个部分同时存在，而是所有的部分相继存在）。如果要把一种前后相继归于时间本身，那就必须还设想这种相继在其中成为可能的另一个时间。惟有通过持久的东西，在时间序列的不同部分中的**存在**才相继获得人们称之为**存续**的量。因为仅仅在相继中，存在总是生生灭灭，绝不具有丝毫的量。因此，没有这种持久的东西，就没有时间关系。现在，时间自身是不能被知觉的；因此，显象的这种持久的东西是一切时间规定的基底，从而也是知觉的一切综合统一之可能性的条件，也就是说，是经验的可能性的条件；借着这种持久的东西，时间中的一切存在和一切变易，都只能被视为常驻不变的东西之实存的一种模式。因此，在一切显象中，持久的东西都是对象本身，也就是说，是实体（phaenomenon［现象］），而一切变易或者
A184 能够变易的东西，都仅仅属于这一实体或者各实体实存的方式，从而属于它们的规定。

我发现，在所有的时代里，不仅哲学家，甚至普通的知性
也都预设这种持久性为显象的一切变易的基底，而且将在任何
时候都假定它为无可置疑的，只不过当哲学家说：无论世界上
发生什么变化，**实体**都保持长存，只有**偶性**发生变易时，他表
达得更为明确一些罢了。但是，关于这一如此综合的命题，我
却在任何地方都没有发现哪怕是一种证明的尝试；甚至，它也
只是非常罕见地像它理应的那样居于纯粹的和完全先天地存在
的自然规律的首位。事实上，“实体是持久的”这个命题是同
义反复。因为惟有这种持久性是我们把实体范畴运用于显象的 〔126〕
根据，而人们本来必须证明，在一切显象中有某种持久的东
西，在它那里可变的东西无非是它的存在的规定而已。但是，
由于这样一种证明绝不能独断地亦即从概念出发来进行，因为
它涉及一个先天综合命题，而且人们从来没有想到，诸如此类
的命题惟有与可能的经验相关才是有效的，从而也惟有通过经 A185
验的可能性的演绎才能得到证明，所以，如果它虽然在所有的
经验那里都被当做基础（因为人们就经验性的知识而言感觉到
对它的需要），但却从未得到证明，也就没有什么奇怪了。

一位哲学家被问及烟有多重。他回答说：从燃烧的木材的重量除去残留的灰烬的重量，你就有了烟的重量。因此，他预设为不可置疑的是：甚至在火中物质（实体）也不消逝，只有它的形式才经受了一种变化。同样，“没有任何东西从无中产生”这个命题，只不过是从持久性的原理，或者毋宁说从显象中真正主体持续存在的原理得出的另一个结果命题。因为如果显象中我们要称为实体的东西应当是一切时间规定的真正基底，那么，一切存在，无论是过去时间中的还是未来时间中的，都必然惟有借着它才能得到规定。因此，我们之所以能够赋予一个显象以实体的名称，只是因为我们以它在一切时间中的存在为前提条件，这种存在通过持久性一词并未得到充分的

表述，因为这个词更多地指向未来的时间。然而，持久存在的内在必然性毕竟是与曾经一直存在的必然性不可分割地结合在
A186 一起的，因此这个表述也可以保留。Gigni de nihilo nihil，in nihilum nil posse reverti［没有任何东西能够从无中产生，没有任何东西能够复归为无］，这是古人不可分割地结合在一起的两个命题，人们现在有时出于误解把它们分开，因为人们设想它们是关涉物自身的，而前一个命题是会与世界（甚至就其实体而言）对一个至上原因的依赖性相悖的；这种忧虑是不必要的，因为这里只谈论经验领域中的显象，如果我们想让新的事物（就实体而言）产生，经验的统一性就会绝无可能。因为在这种情况下，惟一能够表现时间的统一性的东西，即一切变
〔127〕 易拥有其无一例外的统一性所凭借的基底的同一性，就会失去。然而，这种持久性毕竟仅仅是我们表象（显象中的）事物的存在的方式。

一个实体的种种规定无非是实体的种种特别实存方式，它们叫做**偶性**。它们在任何时候都是实在的，因为它们涉及实体的存在（否定性只是表示实体中某物不存在的规定）。当人们把一种特殊的存在赋予实体中这种实在的东西（例如作为物质的一种偶性的运动）时，人们就把这种存在称为依存性，区别于实体的存在，后者人们称之为自存性。但是由此产生出诸多
A187 误解，如果人们仅仅通过积极地规定实体存在的方式来描述偶性，就会说得更为精确和正确。然而，由于我们知性的逻辑应用的种种条件，把实体的存在中能够发生变易的东西仿佛是分离开来同时实体保持不变，并且在与真正持久的东西的关系中考察它，毕竟是不可避免的；所以，实体的范畴处于关系的标题之下，更多的是作为关系的条件，而不是说它自己就包含着一种关系。

基于这种持久性的，还有对**变化**概念的纠正。生与灭并不

是生灭者的变化。变化是一种实存方式，继同一对象的另一实存方式产生。因此，一切变化的东西都是**常驻的**，只有它的**状态发生变易**。因此，既然这种变易只涉及能够终止或者开始的规定，所以我们就可以用一种表面上有点悖谬的表述说：只有持久的东西（实体）被改变，可变的东西并不承受变化，而是承受一种变易，因为一些规定终止了，而另一些规定开始了。

因此，惟有在实体那里才能知觉到变化，而绝对的生或者 A188
灭不仅仅是持久者的一种规定，根本不能是一种可能的知觉，因为正是这种持久的东西使得从一种状态到另一种状态、从不存在到存在的过渡的表象成为可能，因此它们只有作为常驻的东西变易着的规定才能经验性地被认识。如果你们假定某种东 〔128〕
西绝对地开始存在，则你们就必须有一个它还不存在的时刻。但你们如果不想让这个时刻依附于已经存在的东西，又让它依附于什么呢？因为一个先行的空洞的时间不是知觉的对象；但如果你们把生成与以前已经存在并且一直存续到成为生成的东西的事物结合起来，那么，这生成的东西就只不过是作为持久的东西的前者的一种规定而已。对消灭来说也是一样，因为消灭以某一显象不再存在的一个时间的表象为前提条件。

（显象中的）实体是一切时间规定的基底。一些实体的生和另一些实体的灭甚至会取缔时间的经验性统一的惟一条件，而显象在这种情况下也就会与两种时间相关，存在在其中并行流动，这是荒唐无稽的。因为**只有一个**时间，在其中一切不同 A189
的时间都必须不是同时地、而是相继地得以设定。

据此，持久性是一个必要的条件，显象惟有在这个条件下才能在一个可能的经验中作为事物或者对象得到规定。但是，至于什么是这种必要的持久性以及显象的实体性的经验性标准，下文将给我们机会作出必要的说明。

B. 第二类比 生产的原理

凡是发生（开始存在）的东西，都以它按照一条规则继之而起的某种东西为前提条件。

证明

对显象的杂多的把握在任何时候都是渐进的。各部分的表象相继而起。至于它们是否也在对象中相继，则是反思的第二点，它并不包含在第一点之中。现在，人们虽然能够把一切东
〔129〕西、乃至每一个表象，只要人们意识到它，都称为客体；但是，这个词在显象那里，并不就显象（作为表象）是客体而
A190 言，而是仅仅就显象表现一个客体而言，应当意味着什么，则需要更深入地研究。就它们仅仅作为表象同时是意识的对象来说，它们与把握、亦即与接受入想象力的综合没有任何区别，因此人们必须说：显象的杂多在心灵中任何时候都是渐进地产生的。假如显象就是物自身，那么，就会没有人能够从关于它们的杂多的表象之演替出发来估量，这种杂多在客体中是怎样联结的。因为我们毕竟只是在与我们的表象打交道；至于物自身（不考虑它们用来刺激我们的表象）会是什么样子的，则完全处于我们的知识范围之外。即使显象不是物自身，但尽管如此毕竟仍是惟一能够被给予我们来认识的东西，我也还是应当指出，显象本身中的杂多具有怎样一种时间中的联结，使得杂多的表象在把握中是渐进的。例如，在立于我面前的一座房子的显象中，杂多的把握是渐进的。现在问题是：这房子本身的杂多是否也在自身中是渐进的呢？当然没有人会承认这一点。但现在，一旦我把自己关于一个对象的概念一直提升到先验的意义上，房子就根本不是物自身，而仅仅是一个显象，亦即表

象，它的先验对象是未知的；这样的话，我如何理解“杂多在 A191
显象本身（这显象毕竟不是任何东西自身）中会如何联结”这
个问题呢？在这里，处于渐进的把握中的东西被看做是表象，
而被给予我的显象，虽然无非是这些表象的总和，但却被看做
是这些表象的对象，我从把握的种种表象得出的概念应当与这
对象相一致。人们马上就可以看出，由于知识与客体的一致就
是真理，所以这里只能探询经验性真理的形式条件，而现象在
与把握的种种表象的相对关系中，惟有当显象从属于一条把它
与任何别的把握区别开来、使杂多的一种联结成为必然的规则
的时候，才能被表现为种种表象的与表象不同的客体。显象中 〔130〕
包含着把握的这种必然规则的条件的那种东西，也就是客体。

现在，让我们继续我们的课题。某事物发生，也就是说，
某事物或者先前不曾存在的一种状态生成，如果不是一个自身
不包含这一状态的显象先行的话，这种情况就不能被经验性地 A192
知觉到；因为一种继一个空洞的时间发生的现实，从而一个此前没有任何事物的状态先行的产生，和空的时间一样是无法把握的。因此，对一个事件的任何把握都是继另一个知觉发生的知觉。但是，由于这在把握的一切综合中都是如同我上面关于一座房子的显象所指出的那种情况，所以这种显象由此还没有与别的显象区分开来。不过我也注意到：如果我就一个包含着发生的显象来说把知觉的一个先行状态称为 A，而把继起的状态称为 B，则 B 在把握中只能跟随 A，而知觉 A 却不能跟随 B，而是只能先行于 B。例如，我看见一艘船顺流而下。我对它在河下游的位置的知觉跟随着对它在河上游的知觉，而不可能在把握这一显象时首先知觉到下游的船，然后才知觉到上游的船。因此在这里，把握中种种知觉相继中的秩序是确定的，而把握就受这种秩序的制约。在前面关于一座房子的例子中，我的知觉在把握中可以从房顶开始，在地基结束，但也可以从

下面开始，在上面结束，此外也可以从右或者从左来把握经验
A193 性直观的杂多。因此，在这些直观的序列中，没有任何确定的秩序，在我为了经验性地联结杂多而必须以把握开始的时候，使这成为必然的。但是，在对发生的事情进行知觉时，任何时候都能发现这一规则，它使相继的种种知觉（在这一显象的把握中）的秩序成为**必然的**。

因此，在我们的实例中，我将必须从显象的**客观相继**中推导出把握的**主观相继**，因为若不然，那种主观相继就是完全不确定的，就没有把一个显象与另一个显象区别开来。仅仅主观
〔131〕的相继丝毫不证明客体中杂多的联结，因为它完全是任意的。所以，客观的相继将存在于显象杂多的秩序之中，按照这一秩序，对一（发生的）事物的把握**根据一个规则**跟随对另一（先行的）事物的把握。只有这样，我才能有权利关于显象本身、而不是仅仅关于我的把握说：在显象中可以发现一种相继，这就等于说：我不能以别的方式，而只能恰好在这种相继中进行把握。

因此，根据这样一条规则，在一般而言先行于一个事件的东西中，必然蕴涵着该事件任何时候并且必然地继起所遵循的
A194 一条规则的条件；但反过来，我却不能从该事件返回，（通过把握来）规定先行的东西。因为没有显象从继起的时刻返回到先前的时刻，但毕竟**与某个先前的时刻**相关；与此相反，从一个被给予的时间到确定的继起时间的进展却是必然的。因此，由于这毕竟是某种继起的东西，所以我必须使它与先行的一般而言另一个某物发生关系，它根据一条规则，也就是说必然地跟随这另一个某物，以至于该事件作为受条件制约者关于某个条件提供了可靠的指示，而这个条件则规定着该事件。

人们可以假定，在一个事件之前，没有任何该事件根据一条规则必然跟随的东西先行，这样，知觉的任何相继就会仅仅

在把握中，也就是说，就会仅仅是主观的，但这样一来就根本没有客观地确定，何者真正说来是种种知觉先行的东西，何者是后继的东西。以这样的方式，我们就会只有一种表象的游戏，它根本不与任何客体发生关系，也就是说，凭借我们的知觉将根本不会有一个显象根据时间关系与任何别的显象区别开来，因为把握中的演替在任何地方都是一回事，从而在显象中就没有任何规定显象的东西，来使得某种相继成为必然的。因此，我将不说在现象中两个状态前后相继，而是仅仅说一个把 A195
握跟随另一个把握，这仅仅是某种**主观的**东西，并不规定客体，因而根本不被视为某个对象的知识（甚至不被视为显象中的某个对象的知识）。

因此，如果我们经验到某物的发生，那么，我们此际在任何时候都以它按照一条规则所跟随的某种东西先行发生为前提 〔132〕
条件。因为没有这种东西，我就不能关于客体说它是继起的，因为纯然在我的把握中的继起如果不是通过一条规则在与一个先行事物的关系中被规定，就没有赋予客体中的相继以权利。因此，我使我的主观的（把握的）综合成为客观的，这总是在考虑到一条规则时发生的，按照这条规则，种种显象就其相继而言，也就是说像它们发生的那样，是由先前的状态规定的，而且惟有在这一前提条件下，关于某种发生的事物的经验才是可能的。

虽然，看来这好像与人们关于我们的知性应用的进程所做过的一切说明相矛盾，按照这些说明，我们只是由于知觉到和比较过的诸多事件对先行显象的一致跟随，才被引导去发现某些事件在任何时候都跟随某些显象所遵循的规则，并由此才被促使得出原因的概念。基于此，这个概念就仅仅是经验性的， A196
它所提供的规则，即一切发生的东西都有一个原因，就会和经验本身一样是偶然的；在这种情况下，它的普遍性和必然性就会只是虚构出来的，就不会有真正的普遍有效性，因为它们不是先天的，而只是建立在归纳之上的。但这里的情况与其他先天纯粹表象（例如空间和时间）的情况是一样的，我们之所以能够把它们作为清晰的概念从经验中抽取出来，乃是因为是我们把它们置入经验的，从而经验乃是通过它们才得以实现的。当然，一条规定种种事件序列的规则，作为原因的概念，这个表象在逻辑上的清晰性只有在我们把它运用于经验之后才是可能的；但是，把这规则作为时间中种种显象的综合统一的条件来考虑，毕竟是经验本身的根据，因而先天地先行于经验。

因此，关键就在于用实例来指明：除非有一条规则作为基础，它迫使我们遵循种种知觉的这种秩序而不是别的秩序，以
〔133〕 A197 至于这种迫使真正说来就是使客体中的一种演替的表象成为可能的东西，否则，即便是在经验中，我们也绝不能把相继（一个事件的相继，在这个事件中，某种此前不存在的东西现在发生）归于客体，并把它与我们的把握的主观相继区分开来。

我们在自己里面有我们也能够意识到的表象。但这种意识无论涉及范围多么广大，多么精确或者准确，却毕竟依然只不过是些表象，也就是说，是我们心灵在这种或者那种时间关系中的内在规定。现在，我们是如何做到为它们设定一个客体，或者超出它们作为心态的主观实在性，还赋予它们一种连我也不知道是什么样的客观实在性呢？客观的意义不能存在于同另一个表象（关于人们就对象而言想列举的东西的表象）的关系之中，因为若不然，就再次提出了那个问题：后一表象又是如何超出自身，并在它作为心灵状态的规定固有的主观意义之上还获得了客观的意义呢？如果我们研究一番，**与一个对象的关系**究竟给予我们的种种表象一种什么样的新性状，以及这些表象由此获得的尊严是什么，我们就会发现，这种关系所造成的无非是以某种方式使种种表象的联结成为必然的，并使它们从

属于一条规则；反过来说，只是由于我们的种种表象的时间关系中的某种秩序是必然的，这些表象才被赋予客观的意义。

在显象的综合中，种种表象的杂多在任何时候都前后相 A198
继。凭借这一点还根本未表象出任何客体，因为凭借一切把握所共有的这一相继，并没有把任何东西与其他东西区别开来。但是，一旦我知觉到或者预先假定，在这种相继中有一种与先行状态的关系，表象从该状态出发按照一条规则继起，某种东西就表现为事件或者此时发生的事情，也就是说，我就认识到一个对象，我必须在时间中把该对象置于某个确定的位置上，该位置在先行状态之后，不能以别的方式归于该对象。因此，如果我知觉到某物的发生，那么，在这个表象中首先就包含着某物的先行，因为正是在与后者的关系中显象才获得了自己的时间关系，即在一个先行的、它不曾在其中存在的时间之后才实存。但是，它之所以获得自己在这一关系中确定的时间位置，只是由于在先行的状态中预设了它在任何时候、即根据一
条规则跟随的某种东西；由此就可以得出：首先，我不能颠倒 〔134〕
这个序列，把发生的东西置于它所跟随的东西之前；其次，如果设定了先行的状态，那么，这个确定的事件就不可避免地必然继起。由此就发生了如下情况：在我们的种种表象中间生成
一种秩序，其中当前的东西（只要它已经生成）提供关于某个 A199
先行状态的指示，把它当做这个被给予的事件的一个相关物，这个相关物虽然尚未确定，但却与这个作为其后果的事件有规定性的关系，并在时间序列中把该后果与自己必然地结合起来。

现在，如果我们的感性有一条必然的规律，从而所有的知觉有**一个形式的条件**，即在先的时间必然规定继起的时间（因为我惟有通过先行的时间才能到达继起的时间），那么，时间序列的**经验性表象**就也有一条不可缺少的规律，即过去时间的

种种显象规定着继起显象的任何存在，而这些继起显象作为事件，惟有在过去时间的显象在时间中为它们规定了其存在，即根据一条规则确定了其存在的情况下，才会发生。因为**我们只有在显象上才能经验性地认识种种时间关联中的这种连续性**。

一切经验及其可能性都需要知性，而知性为此所做的首要事情，并不是使对象的表象变得清晰，而是一般而言使一个对象的表象成为可能。这种情况之所以发生，乃是由于知性把时间秩序加在显象及其存在上，因为它赋予每一个作为后果的显
A200 象以一个时间中就先行显象而言先天地确定了的位置，没有这个位置，该显象就不会与先天地为自己的一切部分规定其位置的时间本身相一致。现在，对位置的这种规定不能从种种显象与绝对时间的关系中借来（因为绝对时间不是知觉的对象），而是反过来：种种显象必须在时间本身中相互规定自己的位置，并使自己的位置在时间秩序中成为必然的，也就是说，在此继起或者发生的东西必须根据一条普遍的规则跟随已包含在此前状态中的东西；由此就形成一个种种显象的序列，它凭借知性在可能知觉的序列中所产生并使之成为必然的秩序和持续
〔135〕 关联，与在一切知觉都必须在其中拥有其位置的内直观形式（时间）里面先天地发现的秩序和持续关联一样。

因此，所谓某物发生，乃是一个属于可能经验的知觉，如果我把显象按照其在时间中的位置看做是确定的，从而看做是按照一条规则在种种知觉的关联中任何时候都能够发现的一个客体，这个可能的经验就成为现实的。但是，这条按照时间的继起规定某物的规则就是：在先行的东西中可以发现事件在任何时候（也就是说，以必然的方式）都继起的条件。因此，充
A201 足理由律就是可能经验的根据，也就是种种显象就其在时间的序列继起中的关系而言的客观知识的根据。

但是，充足理由律的证明根据仅仅基于以下的要素。一切

经验性的知识都需要通过想象力对杂多进行的综合，这种综合在任何时候都是渐进的，也就是说，种种表象在它里面在任何时候都是相互继起的。但是，继起在想象力中就秩序而言（何者必须先行，何者必须继起）还根本未被确定，相互继起的种种表象的序列同样既可以被视为后退的也可以被视为前进的。但是，如果这种综合是（对一个被给予的显象的杂多的）把握的综合，那么，秩序在客体中就是确定的，或者更确切地说，在这里面就有规定着一个客体的渐进综合的一种秩序，按照这一秩序，就必须有某物必然地先行，而如果该物被设定，另一物则必然地继起。因此，如果我的知觉应当包含着一个事件亦即某物现实地发生的知识，那么，它就必须是一个经验性的判断，在这个判断里面人们设想，继起是确定的，也就是说，它按照时间以另一个显象为前提条件，它必然地或者按照一条规则跟随这个显象。反之，如果我设定了先行之物，而事件却并不必然地跟随它，那么，我就会不得不把它仅仅视为我的想象力的主观游戏，而如果我毕竟在其中表象了某种客观的东西， A202
我就会不得不把它称为一个纯然的梦。因此，种种显象（作为可能的知觉）的关系——按照这种关系，后继之物（发生的事情）就其存在而言在时间中必然地并且按照一条规则被某种先行之物所规定——，从而还有原因与结果的关系，就是我们的 〔136〕
经验性判断就知觉的序列而言的客观有效性的条件，因而也是这些知觉的经验性真理的条件，从而也就是经验的条件。因此，种种显象的继起中的因果关系原理也适用于经验的一切对象（在演替的诸般条件下），因为它本身就是这样一种经验的可能性的根据。

但是，这里还表现出一种必须予以消除的疑虑。种种显象中间因果结合的定律在我们的公式中是限制在显象的序列继起之上的，此时就其应用而言毕竟有这样的情况，即它也适用于种种显象的相伴，而原因和结果可以是同时的。例如房间中的温暖，在室外并没有发现。我寻觅原因，发现一个生着火的炉子。现在，这个火炉作为原因是与其结果亦即房间的温暖同时的；因此，这里就时间而言在原因与结果之间并没有序列继
A203 起，相反，原因和结果是同时的，而规律却毕竟有效。自然中的绝大部分作用因与其结果是同时的，而结果的时间继起，只不过是由于原因不能在一瞬间就完成其全部结果而导致的。但是在其全部结果产生的瞬间，它却总是与其原因的因果性同时的，因为如果原因在此前一瞬间不再存在，那么，这结果就根本不会产生。在这里，人们必须充分地注意到，受关注的是时间的**秩序**，而不是时间的**进程**，即使没有任何时间流逝，关系也依然存在。原因的因果性和其直接的结果之间的时间可以是**微不足道的**（它们因此而是同时的），但前者与后者的关系毕竟还总是可以根据时间来规定的。一个球被放在充填起来的枕头上，并在上面压出一个小坑，如果我把这个球视为原因，那么，它就与结果是同时的。然而，我毕竟还是通过二者的力学结合的时间关系而把它们区分开来。因为如果我把球放到枕头上，继枕头先前的平坦形状就产生出小坑；但如果枕头（我不知道因何）有一个小坑，则并不继起一个铅球。

据此，时间的继起当然就是结果就先行原因的因果性而言
〔137〕 的惟一经验性标准。杯子乃是水上升到其水平面之上的原因，
A204 虽然这两个显象是同时的。因为一旦我用杯子把水从一个较大的容器中舀出，就发生了某种事情，即水在较大容器中所拥有的水平位置变成它在杯子中所占有的一个凹形水平位置。

这种因果作用导向了行动的概念，而行动则导向了力的概念，并由此导向了实体的概念。既然我不想把我仅仅关涉到先天综合知识的来源的批判性意图混同于仅仅关涉概念的阐明（不是其扩展）的分析，所以我把对这些概念的烦琐讨论留给

未来的形而上学体系；尽管人们在迄今所知的这类教科书中已经遇到大量这样一种分析。然而，一个实体如果显得不是通过显象的持久性，而是更好地和更容易地通过行动显露自己的话，其经验性标准我是不能置之不问的。

凡是有行动、从而有活动和力的地方，也就有实体，而显象的那个富有成效的起源的所在，则必须仅仅在实体中寻找。这样说是完全正确的；但是，如果人们应当解释把实体理解成什么，并且想在这里避免错误的循环论证，那么，这就不容易 A205
回答了。人们怎么要从行动马上推论到行动者的**持久性**——这毕竟是实体（现象）的一个根本的和特有的标志——呢？尽管这个问题按照通常的方式（仅仅分析地处理其概念）是完全不会得到解决的，不过，按照我们先前所说的，它的解决倒是没有这样的困难。行动已经意味着因果性的主体与结果的关系。现在，由于所有的结果都存在于发生的事情之中，从而存在于按照演替来标示时间的可变事物之中，所以可变事物的终极主体就是作为一切变易者的基底的**持久的东西**，即实体。因为按照因果性的原理，行动永远是现象的一切变易的首要根据，因而不能蕴涵在一个本身变易着的主体之中，因为若不然，就会需要别的行动和另一个规定这种变易的主体。借此，行动作为一个充足的经验性标准，就证明了实体性，无须我不得不通过 〔138〕
比较种种知觉才来寻找该主体的持久性，这也是以后一种方式借助概念的量和严格的普遍有效性所要求的详尽性不能做到的。因为一切产生和消失的因果性的第一主体本身不能（在显象的领域里）产生和消失，这是一个可靠的结论，它导致存在 A206
中的经验性的必然性和持久性，从而导致一个作为显象的实体的概念。

如果某物发生，那么，无须考虑在此产生的东西，单是产生就自身而言也已经是一个研究的对象了。从一种状态的不存在到该状态，即使假定该状态不包含显象中的任何性质，单是其过渡就已经必须予以研究了。就像在 A 节中已经指明的那样，这种产生所涉及的并不是实体（因为实体并不产生），而是实体的状态。因此，它仅仅是变化，而不是从无中起源。如果这种起源被视为一个外来原因的结果，那它就叫做创造，创造作为显象中间的事件是不能被允许的，因为单是它的可能性就已经会取缔经验的同一性；虽然如果我把一切事物不是看做现象，而是看做物自身，看做纯然知性的对象，则它们即便是实体，也可以被看做是就存在而言依赖于外来原因的；但是在这种情况下，它就会引起截然不同的语词意义，而不会适用于作为经验的可能对象的显象了。

现在，一般来说某物如何能够被改变，如何可能在一个瞬
A207 间的一种状态之后跟随另一瞬间的一种相反的状态；对此我们先天地不具有丝毫概念。为此要求有对于只能经验性地被给予的现实的力的知识，例如对于推动力的知识，或者换句话说也一样，对于表现这样的力的某些渐进显象（作为运动）的知识。但是，任何一种变化的形式，即变化惟有在其下才能作为另一种状态的产生而发生的条件（至于变化的内容，即被改变的状态，则可以是任意的），从而种种状态的演替本身（发生
〔139〕 的事情），毕竟是可以按照因果性的规律和时间的诸般条件先天地予以衡量的。①

如果一个实体从一个状态 a 过渡到另一个状态 b，那么，第二个状态的瞬间就有别于第一个状态的瞬间，并且跟随其

① 应当注意，我所说的不是某些一般的关系的变化，而是状态的变化。因此，如果一个物体匀速运动，那么，它根本就不改变它的（运动）状态；但如果它的运动有增减，它的状态就会变化。

后。就连作为（显象中的）实在性的第二个状态，也有别于它不曾在其中的第一个状态，如同 b 有别于零；也就是说，即使状态 b 仅仅在量上有别于状态 a，这种变化也是 b—a 的产生， A208
它在前一状态中并不存在，就它而言前一状态＝0。

因此问题就在于：一个事物如何从一个状态＝a 过渡到另一状态＝b。在两个瞬间之间总是有一个时间，而在两个瞬间的两个状态之间总是有某种区别，这种区别有一个量（因为显象的所有部分都永远又是量）。因此，任何从一个状态到另一个状态的过渡都是在两个瞬间之间所包含的一个时间中发生的，其中第一个瞬间规定着事物由之走出的状态，第二个瞬间规定着事物达到的状态。所以，两个状态是一个变化的时间界限，因而是两个状态之间的中间状态的时间界限，并且作为这样的界限共属于整个变化。现在，任何变化都有一个原因，这原因在变化发生的整个时间中证明其因果性。因此，这原因不是突然地（一下子或者在一个瞬间），而是在一个时间中造成其变化的，以至于就像时间从初始瞬间 a 一直增长到它在 b 中的完成一样，就连实在性的量（b—a）也是通过在最初瞬间和最终瞬间之间包含的所有更小的程度产生的。因此，一切变化都只是通过因果性的一个连续的行动才可能的，这行动就其是齐一的而言，就叫做环节。变化并不是由这些环节构成的，而 A209
是通过它们作为它们的结果产生的。

这就是一切变化的连续律，它的根据就是：无论是时间还是时间中的显象，都不是由一些是最小部分的部分构成的，而事物的状态在其变化时却毕竟通过所有这些作为要素的部分过 〔140〕
渡到了第二个状态。显象中实在之物的区别如同时间的量中的区别一样，**没有一个是最小的**；所以实在性的新状态是从它尚不存在的前一状态开始，通过其所有无限多的程度而增长，这些程度相互之间的区别全都比 0 与 a 之间的区别更小。

这条定理在自然研究中会有什么样的用处，在此与我们无涉。但是，这样一条看来如此扩展我们的自然知识的定理如何完全先天地可能，虽然表面现象证明它是真实的和正确的，因而人们可以相信用不着提出它如何可能的问题，却仍然非常需要我们予以检验。因为存在着如此形形色色的毫无根据的非分要求，主张通过纯粹理性来扩展我们的知识，以至于必须被当做普遍的原理的是：正因为此而完全存疑，而且如果没有能够
A210 提供一种缜密的演绎的种种证明材料，即便是对于最清晰的独断证明也不相信和接受任何诸如此类的东西。

经验性知识的一切增进，亦即知觉的任何进步，都只不过是内感官的规定的一种扩展，也就是说，是时间中的一种进展，对象则可以随便是显象或者是纯直观。这种时间中的进展规定着一切，且就自身而言不再被任何东西所规定；也就是说，它的各个部分只是在时间中并通过时间的综合被给予，但它们并不在时间的综合之先被给予。因此之故，知觉里面向时间中继起的某物的每一过渡，都是通过这一知觉的产生而对时间的规定，并由于时间永远是、且在其所有部分中都是一个量，所以一个知觉作为一个量，其产生就是通过所有的程度——这些程度中没有一个是最小的程度——从零开始直到其确定的程度。由此就表明了按照变化的形式先天地认识一条变化规律的可能性。我们只是在预先推定我们自己的把握，其形式的条件既然在一切被给予的显象本身之前就寓于我们，当然就必定能够先天地被认识。

据此，如同时间包含着实存之物向继起之物的一种连续进展之可能性的先天感性条件一样，知性凭借统觉的统一性包含
〔141〕
A211 着通过原因和结果的序列对显象在这一时间中的一切位置进行一种连续规定的可能性的先天条件，原因不可避免地引起结果的存在，并由此而使时间关系的经验性知识（普遍地）、从而

客观地对任何时间有效。

C. 第三类比　共联性的原理

> 一切实体，就其在空间中能被知觉为同时的而言，都处在无一例外的共联性（亦即相互之间的交互作用）之中。

证明

事物如果在同一时间里实存，它们就是同时的。但是，如果在对这种杂多的把握的综合中，秩序是无关紧要的，也就是说，如果可以从 A 经 B、C、D 到 E，或者反过来从 E 到 A，那么，人们从何处得知它们在同一时间里存在呢？因为如果它是继起的（按照从 A 开始在 E 结束的秩序），那么，在知觉中使把握从 E 开始并回溯到 A 就是不可能的，因为 A 属于过去的时间，从而不再能是把握的对象。

现在如果你们假定：在作为现象的种种实体的一种杂多性 A212
中，每一个实体都是完全孤立的，也就是说，没有一个实体作用于另一个实体，并且从后者交互接受影响，那么我就说：种种实体的**同时存在**不会是一个可能的知觉的对象，一个实体的存在不可能通过任何经验性综合的路径导向另一实体的存在。因为如果你们设想，它们被一个完全虚空的空间所隔离，那么，在时间中从一个实体向另一个实体进展的知觉，虽然能够凭借一个继起的知觉规定后一个实体的存在，但却不能分辨，该显象是客观地继前一个显象而起，还是毋宁说与它同时。

因此，除了纯然的存在之外，还必须有某种东西，通过它，A 规定 B 在时间中的位置，并且反过来 B 又规定 A 在时间中的位置，因为只有在这一条件下，上述实体才能被经验性 〔142〕

地表现为**同时实存的**。现在，惟有是另一个东西的原因或者其规定的原因的东西，才规定另一个东西在时间中的位置。因此，每一个实体（既然它仅仅就其种种规定而言才能够是继起）都必须在自身中包含着另一实体中的某些规定的因果性，同时包含着另一实体的因果性的结果，也就是说，如果要在某
A213 个可能的经验中认识同时存在，它们就必须（直接地或者间接地）处在力学的共联性之中。但现在，就经验的对象而言，如果没有某种东西，关于这些对象的经验本身就会是不可能的，那么，凡是这样的东西就是必要的。因此，对于显象中的一切实体来说，如果它们是同时的，那么，彼此之间处在交互作用无一例外的共联性中，就是必要的。

共联性一词在我们的语言中是含混的，既可以意味着communio［共处］，也可以意味着commercium［联系］。我们这里是在后一种意义上使用该词的，把它当做一种力学的共联性，没有它，就连地域上的共联性（communio spatii［空间的共处］）也绝不能被经验性地认识到。对于我们的经验来说，很容易发现，惟有在空间的一切位置上的连续影响，才能把我们的感官从一个对象引导到另一个对象，在我们的眼睛和天体之间起作用的光，在我们和这些天体之间造成一种间接的共联性，并由此证明了后者的同时存在，我们不能经验性地改变任何处所（知觉这种变化），除非到处都有物质使我们对我们位置的知觉成为可能，而物质则惟有凭借其交互影响才能说明其同时存在，并且由此一直到最遥远的对象说明它们的共存（虽
A214 然仅仅是间接的）。没有共联性，（空间中显象的）任何知觉就会被与别的知觉隔断，经验性表象的链条亦即经验就会在遇到一个新的客体时完全从头开始，先前的表象与此不能有丝毫联系，或者不能处在时间关系之中。我根本不想由此来反驳空洞的空间：因为空洞的空间可能总是存在于知觉根本达不到、因

而没有同时存在的经验性知识发生的地方；但在这种情况下，它对于我们一切可能的经验来说都根本不是客体。

以下的东西可能有助于我的解释。在我们的心灵中，一切 〔143〕
显象作为包含在一个可能的经验之中的，都必须处在统觉的共联性（communio）之中；而且，如果种种对象作为同时实存的，应当被表现为联结起来的，那么，它们就必须交互规定它们在一个时间中的位置，并由此构成一个整体。如果这种主观的共联性应当基于一个客观的根据，或者与作为实体的显象发生关系，那么，一个显象的知觉就必须作为根据使另一个显象的知觉成为可能，反之亦然，以便任何时候都蕴含在作为把握的知觉中的演替不被归于客体，相反，这些客体能够被表现为同时存在的。但是，这就是一种交互的影响，也就是说，是种
种实体的一种实在的共联性（commercium），没有这种共联 A215
性，同时存在的经验性关系就不能在经验中发生。通过这种联系，种种彼此外在但又毕竟相联结的显象就构成一个复合物（compositum reale［实在的复合物］），诸如此类的复合物以多种多样的方式成为可能。因此，其他一切关系由以产生的三种力学关系就是依存性、继起性和复合性。

※　　※　　※

因此，这就是经验的三种类比。它们无非是按照时间的三种模式对显象在时间中的存在作出规定的原理，时间的三种模式就是与作为一个量的时间本身的关系（存在的量，即续存）、在作为一个序列的时间中的关系（前后相继），最后还有在作为一切存在的一个总和的时间中的关系（同时）。时间规定的这种统一性完全是力学的，也就是说，时间不被视为经验在其中直接规定任何存在的位置的东西；这种规定是不可能的，因为绝对的时间不是显象能够被集合在一起所凭借的知觉的对象；相反，惟有通过知性的规则，显象的存在才能获得根据时

间关系的综合统一性，知性的规则规定着每一个现象在时间中的位置，从而是先天地、并且对一切时间和任何时间都有效地规定其位置。

A216 我们把（经验性意义上的）自然理解为种种显象就其存在
〔144〕 而言按照必然的规则、亦即按照规律的联系。因此，有某些规律，而且是先天的，它们才使一个自然成为可能；经验性的规律惟有凭借经验并且依据甚至经验最初成为可能也遵循的那些源始的规律才能形成和被发现。因此，我们的类比真正说来是在某些典范下表现一切显象的联系中的自然统一，这些典范所表达的无非是时间（如果时间包含一切存在于自身的话）与仅仅在按照规则进行的综合中才可能形成的统觉的统一的关系。因此，总的来说它们所说明的是：一切显象都处于一个自然中，并且必须处于一个自然中，因为没有这种先天的统一，就不可能有经验的统一，从而也就不可能有在经验中对对象的规定。

但是，关于我们就这些先验的自然规律而言所使用的证明方式，以及这些规律的独特性，需要作出一种说明，它同时作为证明既是理智的命题又是先天综合的命题的任何其他尝试的规定，必然是非常重要的。如果我们想要独断地、即从概念出发证明这些类比，也就是说，一切实存的东西都只是在持久的东西中才遇到，每一个事件都以它按照一条规则继之而起的先
A217 前状态中的某种东西为前提条件，最后，在同时存在的杂多中种种彼此相关的状态按照一条规则是同时的（处于共联性之中），那么，一切努力都会完全是白费。因为人们无论怎样分析这些事物，都根本不能仅仅通过它们的概念从一个对象及其存在进展到另一个对象的存在或者其实存方式。我们还剩下了什么呢？还剩下作为一种知识的经验的可能性；一切对象，如果它们的表象应当对我们来说具有客观的实在性，最终就必须

能够在经验中被给予我们。这个第三者的根本形式在于一切显象的统觉的综合统一，在它里面，我们发现了显象中的一切存在之无一例外的和必然的时间规定的先天条件，没有这些条件，甚至经验性的时间规定也会是不可能的；我们还发现了先天综合统一的种种规则，凭借它们，我们就能够预先推定经验。由于缺乏这种方法，由于妄想独断地证明知性的经验应用 〔145〕
作为自己的原则所推荐的那些综合命题，才发生了如此经常却又总是徒劳地尝试证明充足理由律这样的事情。至于其他两个 A218
类比，尽管人们总是默默地使用它们，① 却没有人想到它们，因为各范畴的那个导线尚付阙如，惟有它才能够揭露并使人注意知性在概念和原理中的漏洞。

四、一般经验性思维的公设

1. 凡是与经验的形式条件（按照直观和概念）一致的，就是**可能的**。

2. 凡是与经验的质料条件（感觉）相关联的，就是**现实的**。

3. 凡是其与现实的东西的关联被按照经验的普遍条件规

① 一切显象应当在其中结合起来的世界整体，其统一性显而易见纯然是一切同时存在的实体的共联性这一被默认的原理的一个结论；因为如果这些实体都是孤立的，它们就不会作为各个部分构成一个整体，而如果它们的结合（杂多的交互作用）并不已经由于同时存在而是必然的，人们就不能从作为一种纯然观念的关系的后者推论到作为一种实在的关系的前者。我们在那个地方就曾经指出过：共联性真正说来就是共存的经验性知识之可能性的根据，因此人们真正说来只是从后者回溯到作为其条件的前者的。

定的，就是**必然的**（必然实存的）。

A219

阐明

模态的各范畴自身具有特殊的东西：它们作为客体的规定丝毫不扩大它们作为谓词所附属的概念，而是仅仅表示与知识能力的关系。即使一个事物的概念已经是完全完备的，我毕竟还是能够就这个对象而追问：它是仅仅可能的抑或还是现实的？或者，如果它是后者，那么，它是否也是必然的？由此并没有在客体本身中再思维任何规定，而是仅仅问道：该客体
〔146〕（连同其一切规定）与知性及其经验性应用、与经验性的判断力以及与理性（就其应用于经验而言）的关系是怎样的？

正是因此缘故，就连模态的各原理也无非是对可能性、现实性和必然性的概念就其经验性应用而言作出的阐明，由此同时又是把一切范畴限制在纯然经验性的应用上，不承认和允许先验的应用。因为如果这些范畴不是应当具有一种纯然逻辑的意义，并且分析地表达**思维**的形式，而是应当涉及**事物**及其可能性、现实性或者必然性，那么，它们就必然关涉到知识的对象惟有在其中才能被给予的可能经验及其综合统一性。

A220 因此，事物的**可能性**的公设，要求事物的概念与一般经验的形式条件一致。但是这个形式，即一般经验的客观形式，包含着客体的知识所需要的一切综合。一个包含着综合的概念，如果该综合不属于经验，即或者作为从经验借来的，在这种情况下该概念就叫做一个**经验性的概念**，或者作为一般经验（经验的形式）当做先天条件所依据的综合，在这种情况下就有一个**纯概念**，它尽管如此仍属于经验，因为它的客体惟有在经验中才能遇到，则该概念就应当被视为空洞的，不与任何对象发生关系。因为如果不是从构成客体的经验性知识之形式的综合得出凭借一个先天综合概念所思维的对象之可能性的性质，人

们又想从哪里得出它呢？至于在这样一个概念中必须不包含任
何矛盾，这虽然是一个必要的逻辑条件，但对于概念的客观实
在性来说，即对于这样一个凭借概念被思维的对象的可能性来
说，却是远远不够的。例如，在一个由两条直线围成的图形的
概念中，并没有任何矛盾，因为两条直线及其对接的概念并不
包含对一个图形的否定；相反，该图形的不可能性不是基于概 A221
念自身，而是基于该图形在空间中的构造，也就是说，基于空
间和空间的种种规定的条件；但这些条件又有它们自己的客观
实在性，也就是说，它们关涉到可能的事物，因为它们先天地 〔147〕
在自身中包含着一般经验的形式。

现在，我们想说明可能性这一公设的广泛效用和影响。如
果我表象一个事物，它是持久的，以至于在此变易的一切都仅
仅属于它的状态，那么，我就永远不可能仅仅从这样一个概念
出发认识到一个这样的事物是可能的。或者我表象某种东西，
它是如此性状，以至于如果它被设定，任何时候并且不可避免
地都有某种别的东西继之而起，那就当然可以这样想而没有矛
盾；但是，诸如此类的属性（作为因果性）是否可以在任一可
能的事物那里遇到，却是不能由此而作出判断的。最后，我可
以表象不同的事物（实体），它们具有如此性状，以至于一个
事物的状态在另一个事物的状态中造成了一种后果，反之亦
然；但是，诸如此类的关系是否能够属于任何事物，却是根本
不能从这些包含着一种纯然任意的综合的概念中得出的。因
此，惟有根据这一点，即这些概念先天地表现着任何经验中种
种知觉的关系，人们才认识它们的客观实在性，即它们的先验 A222
真理性，而且固然独立于经验，但却毕竟不独立于与一般经验
的形式和惟有在其中对象才能被经验性地认识的综合统一的一
切关系。

但是，如果想用知觉呈现给我们的材料形成关于实体、力

和交互作用的全新概念，却不从经验本身借取它们的联结的实例，那么，人们就会陷入纯然的幻想，其可能性自身根本没有任何征兆，因为就它们来说，人们既不是以经验为指导，也不是从经验借取这些概念。诸如此类杜撰的概念获得其可能性的性质，不能像范畴那样先天地作为一切经验所依赖的条件，而是仅仅后天地作为通过经验本身被给予的概念，而且它们的可能性要么必须后天地且经验性地为人所知，要么根本不能为人所知。一个持久地在空间中在场但又不充实空间的实体（像一些人想引进的物质和思维体之间的中间物那样），或者我们心
〔148〕 灵的一种预先直观（不仅仅是推论）未来事物的特殊基本力，或者最后还有与其他人（无论他们距离多么遥远）处于思想的
A223 共联之中的能力，这些都是其可能性毫无根据的概念，因为它们的可能性不能以经验及其已知的规律为根据，而离开经验它就是一种任意的思想联结，这种联结虽然不包含矛盾，却毕竟不能要求客观的实在性，从而不能要求像人们在此处要思维的这样一种对象的可能性。至于实在性，如果不求助于经验，显而易见是不能具体地思维它的，因为它只能关涉作为经验之质料的感觉，而不能涉及人们必要时能够在杜撰中玩弄的关系的形式。

但是，凡是只能从经验中的现实性得出其可能性的东西，我且放过不谈，在此只考虑通过先天概念而来的事物的可能性，关于这些概念我继续主张：它们永远不能仅仅从这样的概念出发就本身来说而成立，而是在任何时候都惟有作为一般经验的形式的和客观的条件才成立。

虽然看起来，好像一个三角形的可能性仅仅从它的概念自身出发就能够认识到（它无疑是独立于经验的）；因为事实上，我们完全能够先天地给它一个对象，也就是说，构造出该对象。但是，由于这只是一个对象的形式，所以它毕竟始终还依

然只是一个想象的产物，其对象的可能性依然是可疑的，为此 A224
还要求有某种更多的东西，即在经验的一切对象所依据的纯粹条件下思维这样一个图形。空间是外部经验的先天形式条件，正好我们在想象力中构造一个三角形所凭借的那种构成性的综合，与我们在一个显象的把握中为形成其经验概念而实施的综合完全是一回事，惟有这些才是把这样一个事物的可能性的表象与这个概念结合起来的东西。例如，连续的量的可能性，乃至一般而言的量的可能性，由于其概念全都是综合的，所以绝不是从这些概念本身出发、而是从这些概念作为一般经验中对象的一切规定的形式条件出发才清楚明白的；如果不是在惟一 〔149〕
使对象被给予我们的经验中寻找与这些概念相应的对象，我们应当到哪里去寻找呢？尽管我们能够不先行诉诸经验而仅仅与在一般经验中某物被规定为对象所遵照的形式条件相关、从而完全先天地认识和描述事物的可能性，但却毕竟惟有与经验相关并且在经验的限度之内才能这样做。

认识事物**现实性**的公设，要求有知觉，从而要求有人们意 A225
识到的感觉；虽然不是直接关于其存在应当被认识到的对象本身的，但却毕竟是关于对象按照说明一般经验中一切实在的结合之经验类比与某一个现实的知觉的关系的。

在一个事物的**纯然概念**中，根本不能发现其存在的特征。因为即使它的概念如此之完备，以至于为思维一个事物及其一切内在规定而不缺少丝毫东西，存在也与所有这一切都完全不相干，而只与如下问题相干，即这样一个事物是否被给予我们，以至于对它的知觉必要时能够先行于概念。因为概念先行于知觉，这只是意味着它的可能性；而为形成概念提供材料的知觉才是现实性的惟一特征。但是，只要事物按照知觉的经验性结合的原理（类比）与一些知觉相关联，人们也可以在该事物的知觉之前、从而**以比较的方式**先天地认识它的存在。因为

在这种情况下，毕竟事物的存在与我们的知觉在一个可能的经
A226 验中相关联，而且我们可以按照那些类比的导线在可能知觉的序列中从我们现实的知觉达到事物。例如，我们从被吸引的铁屑的知觉出发认识到一种贯穿一切物体的磁性物质的存在，即使按照我们器官的性状我们不可能有对于这种材料的直接知觉。因为根据感性的规律和我们的知觉在一个经验中的联系，如果我们的感官更精细的话，我们也完全会遇到对这种物质的
〔150〕 直接经验性直观的，而我们感官的粗笨与一般可能经验的形式则根本无涉。因此，知觉及其附属物按照经验性的规律达到什么地步，我们关于事物存在的知识也就达到什么地步。如果我们不从经验出发，或者如果我们不按照显象的经验性联系的规律前进，则我们想猜测或者研究某一事物的存在，就是在行华而不实之事。

最后，至于第三个公设，关涉到存在中质料的必然性，而不关涉概念纯然形式的和逻辑的结合。既然感官对象的实存不能完全先天地被认识，但毕竟能够以比较的方式先天地、与另
A227 一个已经被给予的存在相关地被认识，而人们尽管如此在这种情况下也只能达到那在某个地方必然包含在被给予的知觉为其一个部分的经验之联系中的实存，所以，实存的必然性永远不能从概念出发、而是任何时候都只能从与被知觉的东西的结合出发，按照经验的普遍规律来认识。在这里，除了按照因果性规律从被给予的原因产生的结果的存在之外，没有任何存在能够在其他被给予的显象的条件下被认识为必然的。因此，我们惟一能够认识其必然性的，不是物（实体）的存在，而是其状态的存在，而且这种认识是按照经验性的因果性规律，从在知觉中被给予的其他状态出发的。由此可见，必然性的标准仅仅蕴含在可能经验的规律中，即凡是发生的东西，都是由它在显象中的原因先天地规定的。因此，我们仅仅认识自然中其原因

已经被给予我们的那些**结果**的必然性；而必然性在存在方面的
这种标志超不出可能经验的领域，甚至在这个领域内，它也不
适用于作为实体的物的实存，因为实体绝不能被视为经验性的
结果或者某种发生和产生的东西。所以，必然性仅仅涉及种种 A228
显象按照因果性的力学规律的关系，以及以此为根据的从某个
被给予的存在（一个原因）先天地推论到另一个存在（结果）
的可能性。凡是发生的东西，都假定为必然的；这是一条原
理，它使世界上的变化从属于一条规律，也就是说，从属于必 〔151〕
然存在的规则，没有这条规则，就连自然也根本不能成立。因
此，"没有任何东西通过一种盲目的偶然发生（in mundo non
datur casus [世界上不存在偶然]）"，这个命题是一条先天的
自然规律；同样还有："自然中没有任何必然性是盲目的，相
反，必然性是为条件制约的、从而可理解的必然性（non da-
tur fatum [不存在命定]）"。二者都是使变化的游戏服从（作
为显象的）**事物的本性**或者——换句话说也是一回事——服从
于知性的统一性的规律，惟有在知性中，它们才能够属于作为
现象的综合统一的经验。这两条原理都属于力学的原理。前者
真正说来是因果性原理的一个结论（从属于经验的类比）。后
者属于模态的原理，模态还把必然性的概念加给因果规定，但
必然性是从属于一条知性规则的。连续性的原则在显象（变
化）的序列中禁止一切飞跃（in mundo non datur saltus [世
界上不存在飞跃]），但也在空间中一切经验性直观的总和方面 A229
禁止两个显象之间的一切漏洞和裂隙（non datur hiatus [不存
在裂隙]）；这样，人们就可以把该命题表达为：在经验中不能
加入任何证明一种 vacuum [真空] 或者哪怕是仅仅允许它作
为经验性综合的一个部分的东西。因为就人们在可能经验的领
域（世界）之外可以设想的真空来说，这种东西并不属于仅仅
对涉及为经验性知识而利用被给予的显象的种种问题作出裁决

的纯然知性的审判权，它是还超出可能经验的领域之外、并要对围绕且限制该领域的东西作出判断的理想理性的一个课题，因而必须在先验辩证论中予以考虑。这四个命题（in mundo non datur hiatus，non datur saltus，non datur casus，non datur fatum [世界上不存在裂隙，不存在飞跃，不存在偶然，不存在命定]），像先验起源的一切原理那样，我们可以轻而易举地按照它们的秩序与范畴秩序相符合地把它们表示出来，给每一个标出其位置，不过已经熟练了的读者可以自己做这件事，或者轻而易举地发现这方面的导线。但是，它们的一致仅仅达到这样的程度，即在经验性综合中不允许任何可能损害或者妨碍知性和一切显象的连续性联系亦即知性的各概念的统一性的
〔152〕 东西。因为惟有在知性中，一切知觉都必须在其中各就其位的
A230 经验的统一性才成为可能。

可能性的领域是否大于包含一切现实的东西的领域，而后者是否又大于必然的东西的集合，这都是些很好的问题，而且具有综合的解答，但它们也都仅仅归于理性的审判权；因为它们等于是说：一切作为显象的事物是否全都属于惟一的一个经验的总和和关联，任何被给予的知觉都是这个经验的一个部分，因而该部分就不能与其他显象相联结；或者，我的知觉是否能够（在其普遍的联系中）属于不止一个可能的经验。知性先天地给一般经验仅仅提供了根据感性和统觉惟一使一般经验成为可能的主观形式条件的规则。其他（除空间和时间之外的）直观形式，此外还有其他（除凭借概念的思维和知识的推理形式之外的）知性形式，尽管都会是可能的，我们却毕竟不能以任何方式予以设想和使之可以理解；但即便我们能够做到这一点，它们也还是会不属于作为对象惟一能够在其中被给予
A231 我们的知识的经验。除了一般而言属于我们整个可能经验的，是否还有其他知觉、从而是否还有完全不同的物质领域能够存

在，这是知性所不能裁定的，知性只与被给予的东西的综合打交道。此外，我们的一些惯用的推理，我们用它们来探明一个庞大的可能性王国，其中一切现实的东西（经验的一切对象）只不过是一个微小的部分，这些推理的贫乏是昭然若揭的。一切现实的东西都是可能的；按照换位的逻辑规则，从它自然而然地得出的只是特称的命题，有些可能的东西是现实的；这看起来等于是意味着：许多不现实的东西是可能的。虽然表面上看起来，好像人们完全能够把可能东西的数目扩大到现实东西的数目之上，因为为了构成后者，就必须给前者再附加点什么。然而，我不承认给可能东西的这种附加。因为还应当附加在可能东西之上的东西，就会是不可能的。只能给我的知性附加上某种超出与经验的形式条件一致的东西，即与某个知觉的结合；但是，按照经验性规律与知觉结合的东西，即使不是直 〔153〕
接知觉到的，也是现实的。然而，说在与知觉中被给予我的东西的无一例外的联系中，还有另一个显象序列是可能的，从而不止有惟一的一个包括一切的经验是可能的，这从被给予的东 A232
西中是不能推论出来的；而没有某种东西被给予，就更不能推论出来，因为没有材料就不能思维任何东西。惟有在本身仅仅可能的条件下才可能的东西，就不是**在一切方面**都可能。但在这方面，当人们想知道事物的可能性是否超出经验所能够达到的范围时，就要提出疑问了。

我提到这些问题，无非是为了在按照通常意见属于知性概念的东西中不留下任何漏洞。但事实上，绝对的可能性（在一切方面都有效的可能性）并不是纯然的知性概念，而且不能以任何方式做经验性的使用，相反，这种使用仅仅属于超出一切可能经验性的知性应用的理性。因此，我们在这里必须满足于一种纯然批判性的说明，此外还要让事情暂不明朗，留待以后进一步的处理。

由于我想结束这第四条，并由此同时结束纯粹知性一切原理的体系，所以我还必须说明我把各模态的原则恰恰称为公设的理由。我在这里并不在一些近代哲学作家赋予这个术语的意
A233 义上使用该术语；这些作家们违背了数学家们的原意，而该术语毕竟真正来说是属于数学家们的；这个原意就是：所谓公设，应当等于是说，无须申明理由或者证明而把一个命题说成是直接确定的；因为就综合命题而言，无论它们怎样自明，如果我们应当承认，人们无须演绎就可以根据它们自己的说法的声望而对它们表示无条件的赞同，那么，知性的一切批判就丧失殆尽了；而且既然不乏极为狂妄的主张，平常的信念（但这并不是信誉保证）也并不拒斥它们，所以我们的知性就对任何妄想开放，不能对那些尽管没有道理、但却以同样自信的口吻要求被承认为真正的公理的说法拒绝表示赞同。因此，如果给
〔154〕 一个事物的概念综合地加上一种先天的规定，那么，关于这样一个命题，即便不附上一个证明，至少也必须不可欠缺地附上它的主张的合法性的演绎。

但是，模态的各原理并不是客观综合的，因为可能性、现实性和必然性的谓词丝毫也不通过给对象的表象增添某种东西
A234 而扩大它们所谈及的概念。但是，既然它们尽管如此毕竟始终是综合的，所以它们只是主观地如此，也就是说，它们把一个事物（实在的东西）的概念由以产生并身处其中的认识能力附加给该概念，在其他方面对概念不说出任何东西；以至于如果概念仅仅在知性中与经验的形式条件相结合，它的对象就叫做可能的；如果它与知觉（作为感官质料的感觉）相关联并且通过这种知觉借助于知性被规定，客体就是现实的；如果它是通过种种知觉依据概念的联系被规定的，对象就叫做必然的。因此，模态的各原理关于一个概念所说的，无非是该概念被产生所凭借的知识能力的行动。现在，数学中一个公设就叫做实践

的命题，它所包含的无非是我们最初给予我们自己一个对象并产生出它的概念所凭借的那种综合，例如用一条被给予的线从一个被给予的点出发在一个平面上画一个圆；诸如此类的命题之所以不可证明，乃是因为它所要求的程序恰恰就是我们最初产生这样一个图形的概念所凭借的东西。据此，我们就能够以同样的权利把模态的各原理作为公设，因为它们并不扩大自己关于一般事物的概念①，而是仅仅展示概念一般而言与知识能 A235
力相联结的方式。

〔155〕

第三篇

所有一般对象区分为现象和本体的根据

现在，我们不仅周游了纯粹知性的国土，仔细地勘查过它的每一部分，而且还丈量过它，给它上面的每一个事物都规定了其位置。但是，这片国土是一个岛屿，被自然本身包围在不可改变的疆界中。它是真理的国土（一个诱人的称号），周围是一片浩瀚无垠而又波涛汹涌的海洋，亦即幻相的驻地，其中一些雾堤和即将融化掉的冰山幻出新的陆地，而且通过不断地以空幻的希望诱骗着四处追逐发现的航海家，而使他卷入他永 A236
远不能放弃却也永远不能达成的冒险。但是，在我们斗胆驶入这片海洋，以便极尽辽远地搜索它，并确知是否有某种希望之

① **通过**一个事物的**现实性**，我当然设定了比可能性更多的东西，但并不是**在事物中**；因为该事物在现实性中所包含的东西绝不能多于在它完全的可能性中所包含的东西。相反，既然可能性仅仅是在与知性（知性的经验性应用）的关系中对事物的一种设定，所以现实性同时就是事物与知觉的联结。

前，最好事先再看一眼我们正要离开的这片国土的地图，而且要问：首先，我们是否也许不能满足于它自身所包含的东西，或者如果在别的地方到处都没有可以定居的土地，我们就不得不被迫满足于此；其次，我们自己究竟能够以什么名义占有这片国土，并且抵挡一切敌对的要求来保证自己的安全。尽管我们在分析论的进程中已经充分地回答过这些问题，但对它们的解答作出一个总体性的评估，毕竟可以通过把这些解答的要素结合在一点上而加强信念。

也就是说，我们已经看到：凡是知性从自己本身得来的东
〔156〕 西，知性无须从经验借来，尽管如此却不把它们用于任何别的目的，而是仅仅作经验的应用。纯粹知性的各原理，无论是先天建构性的（如数学性的原理），还是仅仅范导性的（如力学
A237 性的原理），所包含的仿佛无非是可能经验的纯粹图型；因为经验只是从知性与统觉相关源始地和自发地赋予想象力的综合的那种综合统一中才获得自己的统一性，而现象作为可能知识的材料则必须已经先天地与那种综合统一相关和一致。但现在，即使这些知性规则不仅仅是先天真实的，而且甚至是一切真理的源泉，也就是说，是我们的知识与客体相一致的源泉，因为它们在自身中包含着作为客体能够在其中被给予我们的一切知识之总和的经验之可能性的根据，对我们来说，仅仅让真实的东西表现出来也毕竟还是不够的，而是要让人们渴望知道的东西表现出来。因此，如果我们通过这种批判的研究无非学到了我们在知性的纯然经验性应用中即便没有如此精密的探讨自己也曾做到的事情，那么，人们从它里面得到的好处看来就不值得花费精力和作出准备了。现在，人们虽然能够作出回答的是：对于扩展我们的知识来说，没有任何冒失比在从事研究之前，在对这种用处——哪怕这种用处就摆在眼前——还没有丝毫概念之前，就总是想预先知道这种用处的那种冒失更加有

害。然而，毕竟有一种好处，即便是对这样的先验探讨最感困难和厌倦的学生也能理解和关切的，这就是：专注于自己的经验性应用的知性，对它自己的知识的源泉不做反省，虽然也能很好地进行，但有一点却根本做不到，那就是自己给自己规定其应用的界限，并知道什么处在它的全部领域之内，什么处在它的全部领域之外；因为这恰好是我们已经开始着手的深刻的研究所要求的。但是，如果知性不能分辨某些问题是否处于它的视野之内，那么，它就永远不能确保自己的要求和自己的财富，而当它不断地逾越自己领域的疆界（正如不可避免的那样）并沉溺于妄想和假象的时候，就只好等着接受各种各样令人羞辱的斥责了。 A238 〔157〕

因此，知性对于它的一切先天原理，甚至对于它的一切概念，都只能做经验性的应用，但永远不能做一种先验的应用，这是一个一旦能够被确切地认识到就能看出重要后果的命题。任何一条原理中某个概念的先验应用都是这样的应用：它与一**般而言和就自身而言**的物相关，而如果它仅仅与**显象**亦即一个可能**经验**的对象相关，那就是经验性的应用。但是，在任何地方都只能有经验性的应用，这从以下说明可以看出。任何一个概念所需要的，首先是一般概念（思维）的逻辑形式，然后其次还有给予它一个它与之相关的对象的可能性。没有这个对象它就没有意义，就是完全空无内容的，哪怕它总是还包含着用可能的材料形成一个概念的逻辑功能。现在，对象只能在直观中被给予一个概念，而且即使一个纯直观还在对象之前就是先天可能的，它本身也毕竟只能通过经验性直观才能获得其对象，从而获得客观有效性，它只是经验性直观的形式罢了。因此，一切概念，从而还有一切原理，无论它们如何是先天可能的，都仍然与经验性直观、从而与可能经验的材料相关。没有这种相关，它们就根本没有任何客观有效性，而是一种纯然的 A239

游戏，是想象力或者知性各自用自己的表象所做的游戏。仅以数学的概念为例，而且首先谈数学的纯直观。空间有三个维度，两点之间只能有一条直线，等等。尽管所有这些原理以及这门科学所探讨的对象的表象完全是先天地在心灵中产生的，
A240 但如果我们不能总是在显象（经验性的对象）上展示它们的含义的话，它们毕竟就根本不意味着任何东西。因此，人们也要求使一个孤立的概念**成为可感知的**，也就是说，在直观中展示与它相应的客体，因为不这样做，概念（如人们所说）就会仍然没有**意义**，也就是说，没有含义。数学通过绘制形象来满足这种要求，形象是对感官的一种当下的（虽然是先天地完成
〔158〕 的）显象。正是在这门科学中，量的概念在数中寻求其支持和意义，但数又凭借展示在眼前的手指、算盘珠或者小棒和点来寻求其支持和意义。概念连同由这样的概念而来的综合原理或者算式一直是先天地产生的；但它们的应用以及与所说的对象的关系却归根结底毕竟只能在它们（就形式而言）包含着其可能性的经验中寻求。

但是，一切范畴以及由它们构成的原理，情形亦复如是，这一点也可以从以下所说来得知：不立刻使我们下降到感性的
A241 条件，从而下降到范畴必须当做自己的惟一对象而限制在其上的显象的形式，我们就甚至不能对任何一个范畴作出定义，因为如果人们去掉这一条件，一切含义亦即与客体的一切关系就都取消了，人们就不能借助任何实例使自己理解，在诸如此类的概念中究竟本来指的是什么东西。上面在阐述一般的范畴表时，我们曾让自己不必为每一个范畴下定义，因为我们仅仅关涉范畴的综合应用的意图并不使这种定义成为必要的，而且人们也不必为能够免除的不必要的事务承受责任。这并不是什么遁词，而是一条并非微不足道的明智规则，即如果人们有概念的某一个或者另一个标志就足够了，无须为此完备地列举构成

整个概念的所有标志，那么，就不要冒险去下定义，尝试或者伪称在规定概念方面的完备性或者精确性。但现在可以看出，这种谨慎的根据要更为深刻，也就是说，即便是我们想，我们也不能给它们下定义①，而是如果删去感性的种种标明范畴是 A242
一种可能的经验性应用的概念的条件，而且把范畴视为一般事 〔159〕
物的概念（因而是先验应用的概念），对于它们来说，就再也不能做别的任何事情了，只能把判断中的逻辑功能视为事物本身的可能性的条件，却丝毫不能指出它们在什么地方有其应用和其客体，从而不能指出它们在纯粹知性中无须感性而能够有某种意义和客观的有效性。一般而言的量的概念没有人能够作出解释，除非解释为：量是一物的规定，凭借这种规定，就可以思维该物中被设定了多少倍的一。然而，这个多少倍是建立在渐进的重复之上的，从而是建立在时间和时间中（同类物）的综合之上的。对于实在性，只有在想到一个要么以此充实、要么空虚的时间（作为一切存在的总和）的情况下，人们才能与否定性相对立对它作出解释。如果我把持久性（它是一种在一切时间中的存在）去掉，那么，对于实体的概念来说，除了关于主体的逻辑表象之外，我就不剩下任何东西了，这个表象乃是我以为通过表象只能作为主体（不是主体的一个谓词）存 A243
在的某物而使之实在化的。但是，不仅我根本不知道这种逻辑上的优势能够归属某一个事物所需要的条件，而且也根本不能

① 我在这里说的是实在定义，它不是纯然以别的更可理解的语词来解释一个事物的名称，而是在自身中包含着一个清晰的**标志**，凭借它就能够在任何时候都可靠地认识对象（definitum［被定义者］），而且使被说明的概念在应用上可用。因此，实在的说明就会是不仅澄清一个概念、而且同时澄清该概念的**客观实在性**的说明。按照概念在直观中展示对象的数学说明就是后一种说明。

由此出发进一步做任何事情，不能得出丝毫的结论，因为由此根本没有规定这个概念的应用的任何客体，因而人们根本不知道，这个概念在任何地方是否意味着某种东西。关于原因的概念，我（如果我去掉某物按照一条规则在其中继另一某物而起的时间）在纯粹的范畴中所发现的，无非是有某种东西，由它能够推论出另一种东西的存在而已；由此不仅根本不能把原因和结果彼此区分开来，而且由于这种能够推论马上就需要我一无所知的种种条件，概念就会对于自己如何适用于某一个客体而根本没有任何规定。“一切偶然的东西皆有一个原因”被认为是一条原理，它虽然显得相当威风凛凛，就好像它在自身就具有自己的尊严似的。但我要问：你们是如何理解偶然的？你们回答说：偶然的东西的不存在是可能的；这样，我就很想知道，如果你们不在显象的序列中想象一种演替，在演替中想象
〔160〕 继不存在而起的存在（或者反过来），从而想象一种变易，你
A244 们想凭什么来认识不存在的这种可能性；因为说一物的不存在并不自相矛盾，这是对一种逻辑条件的无力的援引，这种逻辑条件虽然为概念所必需，但对实在的可能性来说却是远远不够的；无论我如何能够在思想中取消任何一个实存着的实体而不会自相矛盾，但由此却根本不能推论出该实体就其存在而言的客观的偶然性，亦即它的不存在自身的可能性。至于共联性的概念，则很容易估计到：既然无论是实体的还是因果性的纯粹范畴，都不允许对客体作出规定的解释，那么，交互的因果性在与种种实体的相互关系（commercium）中同样没有能力作这种解释。如果人们想仅仅从纯粹知性得出可能性、存在和必然性的定义，则除了同义反复之外，还没有人能够作出别的解释。因为把**概念**的逻辑可能性（因为它并不自相矛盾）偷换成**物**的先验可能性（因为有一个对象与概念相应），这种把戏只能蒙骗外行并使之满足。

说应当有某个概念，它必须具有一种意义，但却不能对它作出任何说明，这本身就有某种令人奇怪、甚至悖谬的东西。但在这里，范畴却具有这种特殊的性质，即惟有凭借普遍的**感性条件**，范畴才能够具有一种确定的意义和与某个对象的关 A245
系，但这些条件被从纯粹范畴中删去了，在这种情况下它们所能够包含的就无非是使杂多从属于一个概念的逻辑功能。但是，仅仅从这种功能亦即概念的形式出发，根本不能认识任何东西，不能够区分什么客体是从属于这个概念的，因为被抽掉的正是对象一般而言能够从属于它们所需要的感性条件。因此，除了纯粹的知性概念之外，范畴还需要它应用于一般感性的一些规定（图型），而没有这些规定，范畴就不是认识一个对象并把它与其他对象区别开来所凭借的概念，而只不过是思维可能直观的一个对象并按照知性的某种功能（在还需要的条件下）赋予它一种意义、亦即对它**下定义**的一些方式罢了；因此，它们自己不能被下定义。一般判断的逻辑功能，即单一性 〔161〕
和复多性、肯定和否定、主体和谓词，如果不犯循环论证的错误的话，都不能被下定义，因为定义毕竟本身就是判断，因而必须已经包含着这种功能。但是，纯粹范畴无非就是一般事物的表象，这是就事物的直观的杂多必须通过这些逻辑功能的这一个或者另一个来思维而言的：量是惟有通过一个具有量的判断（iudicium commune［普遍的判断］）才能思维的规定，实 A246
在性是惟有通过一个肯定判断才能思维的规定，实体是在与直观的关系中必须是其他一切规定的最终主体的那种东西。就某些事物而言，人们需要这种功能而不需要另一种功能，但这究竟是哪一些事物，在这里却依然是完全不确定的；因此，如果没有范畴包含着其综合的感性直观的条件，范畴就根本不具有与某一确定的客体的关系，因此不能给任何客体下定义，从而就自身而言不具有客观概念的有效性。

由此无矛盾地得出的是：纯粹知性概念**永远**不能有**先验的**应用，而是**在任何时候**都只能有**经验性的**应用，纯粹知性的原理只有在与一种可能经验的关系中才能与感官的对象相关，但绝不能与一般而言的物（不考虑我们能够直观它们的方式）相关。

据此，先验分析论就有了这一重要的结论：知性先天地可以做到的，永远无非是预先推定一般可能经验的形式，而既然不是显象的东西就不可能是经验的对象，所以知性永远不能逾越感性的界限，只有在感性的界限内部对象才被给予我们。知
A247 性的原理只是一些对显象作出说明的原则，自以为能够在一个系统的学说中关于一般而言的物提供先天综合知识（例如因果性原理）的本体论，其自负的称号必须让位于仅仅一种纯粹知性的分析论的谦逊称号。

思维就是使被给予的直观与一个对象发生关系的行动。如
〔162〕果这种直观的方式根本不是被给予的，那么，对象就仅仅是先验的，知性概念就仅仅有先验的应用，也就是说，仅仅具有一种一般杂多的思维的统一性。这样，一个纯粹的范畴，其中被抽掉惟一对我们可能的那种感性直观的所有条件，就没有任何客体被它所规定，而只有一个一般客体的思维按照不同的样式被表达。现在，一个概念的应用还需要有一个对象被归摄在该概念之下所凭借的判断力的功能，从而需要有使某物能够在直观中被给予的至少形式的条件。如果缺少判断力的这种条件（图型），则一切归摄就都落空；因为没有被给予任何能够被归摄在概念之下的东西。因此，范畴的纯然先验的应用事实上根
A248 本不是应用，而且没有任何被规定的对象，哪怕仅仅是按照形式可规定的对象。由此得出，纯粹范畴即便是对于先天综合原理也不是充分的，纯粹知性的原理只有经验性的应用，但永远没有先验的应用，而超出可能经验的范围，任何地方都不可能

有先天综合原理。

因此，可能这样来表达是可取的：没有感性的形式条件的纯粹范畴仅仅具有先验的意义，但却不具有先验的应用，因为在范畴（在判断中）缺少任何一种应用的一切条件，也就是说缺少把任何一个所谓的对象归摄在这些概念之下的形式条件的时候，这种应用自身是不可能的。因此，既然它们（仅仅作为纯粹的范畴）不应当有经验性的应用，而且不能有先验的应用，所以当人们把它们与一切感性分离开来时，它们就根本没有任何应用了，也就是说，它们根本不能应用于任何所谓的对象；毋宁说，它们只不过是就一般对象而言的知性应用和思维的纯形式，但却不能仅仅由这形式来思维或者规定任何客体。

种种显象，就它们作为对象按照范畴的统一性被思维而言，就叫做**现象**。但是，如果我假定的事物纯然是知性的对 A249
象，尽管如此作为这样的对象能够被给予一种直观，虽然不是被给予感性直观（因而是 coram intuitu intellectuali [面对理智直观]），那么，这样的事物就叫做**本体**（intelligibilia [理 〔163〕
知的事物]）。

现在，人们应当想到，显象这个通过先验感性论加以限制的概念，已经自行提供了**本体**的客观实在性，并且使人们有权利把对象划分为**现象**和**本体**，因而也把世界划分为一个感性世界和一个知性世界（mundus sensibilis et intelligibilis [可感世界和理知世界]），而且使得区别在这里不仅涉及同一个事物的不清晰的或者清晰的知识的逻辑形式，而且涉及它们原初如何能够被给予我们的知识的不同，而按照这种不同，它们就其自身而言在类上就是彼此有别的。因为如果感官把某物纯然如其**显现**那样表现给我们，那么，这个某物就毕竟必须就其自身而言也是一个物，并且是一种非感性直观的对象，亦即是知性的对象；也就是说，必须有一种在其中没有发现感性的知识是可能的，而且惟有这种知识才具有绝对客观的实在性，亦即通过它，对象如其所**是**那样被表现，而与此相反，在我们的知性的经验性应用中，事物只是如其**显现**那样被认识。这样一来，在
A250 范畴的经验性应用（这种应用被限制在感性条件之上）之外，就会还有一种纯粹的、而且毕竟客观有效的应用，而我们就不能主张我们迄今为止所预先规定的东西，即我们纯粹的知性知识在任何地方都不外是阐明显象的原则罢了，这些原则即便是先天地也仅仅关涉经验的形式可能性；因为在这里，在我们面前就会展现出一个完全不同的领域，仿佛是一个世界在精神中被思维（也许根本就是被直观），这个世界能够不少于、甚至更为高贵地为我们的纯粹知性所探究。

事实上，我们的所有表象都通过知性被与某一个客体相关联，而且既然显象无非是表象，所以知性就把它们与一个作为感性直观的对象的某物相关联；但这个某物就此而言只是先验的客体。但这意味着一个等于 X 的某物，关于它我们根本不知道任何东西，也（按照我们的知性如今的设置）根本不能知道任何东西，相反，它只能作为统觉的统一性的相关物用于感性直观中的杂多的统一性，知性凭借这种统一性把杂多结合在
〔164〕 一个对象的概念中。这个先验客体根本不能被与感性材料分
A251 开，因为分开的话，就不剩下思维这个客体所凭借的任何东西了。因此，它不是知识的对象自身，而仅仅是在一个一般对象的概念之下的显象的表象，这个概念可以通过显象的杂多来规定。

正是因为这个缘故，即便是范畴也不表现任何特殊的、仅仅被给予知性的客体，而是只被用于通过在感性中被给予的东西来规定先验客体（关于一般而言的某物的概念），并由此而在对象的概念下经验性地认识显象。

但就人们尚不满足于感性的基底，而是还给**现象**加上惟有纯粹知性才能思维的**本体**的原因而言，这个原因的依据就仅仅在这里。感性及其领域，亦即显象的领域，本身被知性限制在这一点上，即它并不关涉物自身，而是仅仅关涉物凭借我们的主观性状显现给我们的方式。这是整个先验感性论的结果，而且从一种一般显象的概念出发也可以自然而然地得出，必然有某种就其自身而言不是现象的东西与显象相应，因为显象不可能是独自地和在我们的表象方式之外存在的东西，因而在不应 A252
当出现一种循环论证的地方，显象这个语词已经表示着与某物的一种关系，这个某物的直接表象虽然是感性的，但就其自身而言，即便没有我们的感性的这种性状（我们的直观的形式所基于的性状），也必须是某物，亦即是一个不依赖于感性的对象。

由此就产生出一个**本体**的概念，但这个概念绝不是积极的，并不意味着关于某个物的确定的知识，而是仅仅意味着关于一般而言的某物的思维，在这种思维中，我抽掉了一切感性直观的形式。但为了使一个本体意味着一个真正的、与一切现象有别的对象，我使我的思想**摆脱**感性直观的一切条件是不够的，我除此之外还必须有根据来**假定**不同于这种感性直观的另一种直观，在它之下这样一种对象能够被给予；因为若不然，我的思想即使没有矛盾，却也是空洞的。我们虽然在上面未能 〔165〕
证明感性直观是惟一可能的直观，而只证明它**对于我们来说**是惟一可能的直观，但我们也不能证明还有另一种直观是可能的；而且尽管我们的思维能够抽掉任何感性，但它在这种情况下是否不是一个概念的纯然形式，以及鉴于这种分离是否在某 A253
个地方还剩下一个客体，却依然是个问题。

我使一般显象与之相关的客体是先验对象，亦即是关于一般而言的某物的完全未确定的思想。这个先验的对象不能叫做

本体；因为对于它来说我并不知道它就其自身而言是什么，而且除了它是一般感性直观的对象、因而对于一切显象来说都是同一个东西之外，对于它我没有任何概念。我不能通过任何范畴去思维它；因为这种范畴适用于经验性的直观，为的是将它置于一般对象的概念之下。范畴的一种纯粹的应用虽然是可能的，亦即无矛盾的，但却没有任何客观的有效性，因为它不关涉任何应当由此获得客体的统一性的直观；因为范畴毕竟是思维的一种纯然功能，没有任何对象通过它被给予我们，而是只有能够在直观中被给予的东西被思维。

如果我从一种经验性的知识中去除一切（借助于范畴的）思维，那么，就根本不会有任何对象的知识存留下来；因为通过纯然的直观，根本没有任何东西被思维，而感性的这种激动在我里面，这根本不构成诸如此类的表象与某个客体的任何关系。但与此相反，如果我抛开一切直观，则毕竟还剩下思维的
A254 形式，也就是说，剩下给可能直观的杂多规定一个对象的方式。因此，范畴扩展到比感性直观更远的地方，因为它们思维一般的客体，并不还关注这些客体能够被给予的特殊（感性）方式。但是，范畴并不由此就规定一个更大的对象范围，因为人们不能假定这样的对象能够被给予，而不预先假定某种不同于感性的直观方式为可能的，但我们又绝对没有权利做这种预先假定。

一个概念并不包含任何矛盾，甚至还作为被给予的概念的
〔166〕限制而与别的知识相关联，但其客观实在性却不能以任何方式被认识，我把它称之为或然的。一个**本体**的概念，亦即一个根本不应当作为感官的对象、而是应当作为物自身（仅仅通过纯粹知性）被思维的事物的概念，这是根本不自相矛盾的；因为关于感性人们毕竟不能断言，它就是惟一可能的直观方式。此外，为了不使感性直观一直扩展到物自身之上，从而为了限制

感性知识的客观有效性，这个概念又是必要的（因为感性直观 A255
所达不到的其他对象之所以叫做本体，恰恰是为了借此表明，那些知识不能把自己的领域扩展到知性所思维的一切之上）。但最终，这样一些本体的可能性毕竟是根本看不出来的，显象领域之外的范围（对我们来说）是空的，也就是说，我们有一种**以或然的方式**扩展到比现象领域更远的地方的知性，但却没有直观，甚至就连能够使对象在感性领域之外被给予我们，并使知性超出感性之外而被实然地应用的一种可能的直观的概念也没有。因此，本体的概念纯然是一个**界限概念**，为的是限制感性的僭妄，所以只有消极的应用。尽管如此，它却不是任意地杜撰出来的，而是与感性的限制相关联的，但毕竟不能在感性的领域之外设定某种积极的东西。

因此，虽然概念确实允许划分为感性概念和理智概念，但把对象划分为现象和本体，把世界划分为感性世界和知性世界，却是根本不能允许的；因为人们不能为理智概念规定任何对象，从而也不能把它们冒充为客观有效的。如果离开感官，
人们想如何说明，我们的范畴（它们将会是为本体惟一留下来 A256
的概念）还到处意味着某种东西呢？因为要使它们与某一个对象发生关系，就还必须被给予比纯然思维的统一性更多的某种东西，亦即除此之外还要有一种它们能够应用于其上的直观。即便如此，一个本体的概念，仅仅或然地来看，依然不仅仅是允许的，而且作为一个对感性作出限制的概念也是不可避免的。但在这种情况下，这就不是对我们的知性来说的一种特殊
的**理知对象**了，相反，它所隶属的知性本身就已经是一个问 〔167〕
题，也就是说，它不是通过范畴推论式地、而是在一种非感性的直观中直觉式地认识自己的对象，对这种知性来说，我们不能形成其可能性的丝毫表象。我们的知性以这种方式获得了一种消极的扩展，也就是说，它不被感性所限制，而是毋宁说通

过把物自身（不作为显象来看）称为本体而限制感性。但是，它也立刻为自己设定了界限，不能通过范畴认识本体，从而只能以一个未知的某物的名义来思维它们。

然而，我在近人的作品中发现了对 mundi sensibilis ［可感世界］和 mundi intelligibilis ［理知世界］这两个术语的一种
A257 完全不同的应用，它完全背离了古人的意思，而且这里当然没有任何困难，但所遇到的也无非是空洞地玩弄辞藻。按照这种用法，一些人喜欢把显象的总和就其被直观而言称为感官世界，而就其联系按照普遍的知性规律被思维而言称为知性世界。仅仅讲授对星空的观察的理论天文学将说明前者，与此相反，默思的（例如根据**哥白尼的**宇宙体系或者根据**牛顿**的引力规律解释的）天文学则说明后者，即一个理知的世界。但是，这样一种词义的曲解只不过是诡辩的遁词，为的是通过将它们的意义降低到适于己用来回避麻烦的问题。就现象而言，知性和理性都可以使用；但问题是，如果对象不是显象（是本体），这二者是否还有一些应用，而当对象自身被思维为仅仅理知的，也就是说，被思维为仅仅被给予知性，而根本不被给予感官时，人们就是在这种意义上承认对象的。因此问题就是：在知性的那种经验性应用之外是否还可能（甚至在**牛顿的**宇宙结构表象中）有一种关涉作为对象的本体的先验应用，对此问题我们已经作出过否定的回答。

A258 因此，如果我们说：感官向我们表现对象**如其显现**，知性却向我们表现对象**如其所是**，后者则不可在先验的意义上、而只能在经验性的意义上来对待，也就是说，像它们在显象无一
〔168〕例外的联系中必须被表现为经验的对象，而不是按照它们在与可能经验的关系之外、从而在与一般感官的关系之外、因而作为纯粹知性的对象所可能是的那样来对待。因为后者对我们来说将永远是未知的，甚至这样一种先验的（非常的）知识在任

何地方是否可能，至少是作为隶属于我们通常的范畴的知识是否可能，也依然是未知的。**知性**和**感性**在我们这里**只有结合起来**才能规定对象。如果我们把它们分开，那么我们就有直观而无概念，或者有概念而无直观，但在这两种情况下我们所具有的表象，我们都不能使之与任何确定的对象发生关系。

如果有人还对根据所有这些讨论放弃范畴的纯然先验的应用心怀疑虑，那么，他可以在某个综合的主张中对这些范畴作一番尝试。因为一个分析的主张并不使知性走得更远，而既然知性只是讨论在概念中已经被思维的东西，所以它并不决定这概念是自身与对象有关系，还是仅仅意味着一般思维的统一性 A259
(这统一性完全去掉了一个对象能够被给予的方式)；对它来说，知道在它的概念中包含着什么就够了；概念本身可能关涉什么，对它来说是无所谓的。此后，他也可以尝试一番某个综合的、被以为是先验的原理，例如：凡是存在的东西，都是作为实体或者一个依附实体的规定而实存的；一切偶然的东西都是作为另一事物亦即其原因的结果而实存的，等等。现在我要问：既然概念不是应当与可能的经验相关而有效，而是应当对物自身（本体）有效，那么，知性想从哪里得到这些综合命题呢？综合命题总是需要一个第三者，以便在其中把根本没有逻辑的（分析的）亲缘关系的种种概念相互结合起来，但在这里，第三者又在何处呢？不考虑经验性的知性应用，并由此完全放弃纯粹的和摆脱感官的判断，知性就将永远不能证明自己的命题，更有甚者，它就连以这样一种纯粹的主张为自己辩护都不能。所以，纯粹的、纯然理知的对象的概念完全没有其应用的一切原理，因为人们想不出它们应当被给予的任何方式，而毕竟为它们留下一个位置的或然思想也只不过像一个空的空 〔169〕
间，有助于限制经验性的原理，却毕竟没有在自身中包含和显 A260
明经验性原理范围之外的某种别的知识客体。

附录

论反思概念因经验性的知性应用与先验的知性应用的混淆而产生的歧义

反思（reflexio）并不与对象本身相关，以便径直从它们获得概念，相反，它是心灵的一种状态，我们在这种状态中首先要发现使我们能够达到概念的诸般主观条件。反思是被给予的表象与我们不同的知识来源的关系的意识，惟有通过这种意识，各种知识来源的相互关系才能够得到正确的规定。在对我们的表象进行一切进一步的探讨之前，首要的问题就是：它们是在哪一种知识能力中联结起来的？它们被联结或者被比较，所面对的是知性还是感官？某些判断是从习惯出发被接受的，或者是由于偏好联结而成的；但是，由于没有反思先行或者至
A261 少批判地继之而起，所以它们被视为起源于知性。并不是所有的判断都需要一种**探究**，也就是说，需要注意真理性的根据；因为如果它们是直接确定的，例如两点之间只能有一条直线，那么，对于它们来说，除了它们自己所表达的之外，不可能显示更为切近的真理性征兆了。但是，一切判断、甚至一切比较，都需要一种**反思**，也就是说，需要对被给予的概念所隶属的知识能力作出辨别。我用来使一般表象的比较与在其中进行这种比较的知识能力相对照、且用来辨别这些表象是作为属于纯粹知性的还是属于感性直观的而相互进行比较的行动，我称
〔170〕为**先验的反思**。但是，种种概念在一种心灵状态中能够相互归属的关系，就是**同一性**与**差异性**、**一致**与**抵触**、**内部**与**外部**、最后还有**可规定者**与**规定**（质料与形式）的关系。对这种关系

的正确规定依据的是：种种概念是在哪一种知识能力中**主观上**相互归属的，是在感性中还是在知性中？因为知识能力的差异造成了人们思维这些关系的方式上的重大差异。

在所有客观的判断之前，我们对概念进行比较，以便为了**全称**判断而得到（诸多表象在一个概念之下的）**同一性**，或者为了产生**特称**判断而得到它们的**差异性**，得到**一致**而能够从中产生**肯定**判断，得到**抵触**而能够从中产生**否定**判断，等等。从这一理由出发，我们看来应当把以上所述的概念称为比较概念(conceptus comparationis)。但是，由于如果关键不在于概念的逻辑形式，而在于其内容，也就是说，在于事物本身是同一的还是差异的，一致的还是抵触的等等，事物与我们的知识能力就可能有两种关系，亦即与感性的关系和与知性的关系，但它们相互归属的方式则取决于它们所属的位置，所以，惟有先验反思、亦即被给予的表象与这种或者那种知识能力的关系，才能规定这些表象相互之间的关系；而事物是同一的还是差异的，是一致的还是抵触的等等，并不能立刻从概念本身通过纯然的比较（comparatio）来澄清，而是惟有首先通过辨别它们所属的知识能力，借助于一种先验反思（reflexio）才能澄清。因此，人们虽然可以说：**逻辑反思**是一种纯然的比较，因为在它这里，完全抽掉了被给予的表象所属的知识能力，所以它们就此而言按照它们在心灵中的位置应当被当做同类的来对待；但是，**先验反思**（它关涉到对象本身）包含着表象彼此之间客观的比较之可能性的根据，从而与逻辑反思截然不同，因为它们所隶属的知识能力并不是同一种知识能力。这种先验反思乃是一种义务，凡是想先天地对事物作出某种判断的人，都不能回避这种义务。现在，我们就要来履行这种义务，对于规定知性的真正任务来说，由此将得到不少的启发。

A262 A263 〔171〕

1. **同一性**与**差异性**。如果一个对象多次被展示给我们，但每次都是以同样的内在规定（qualitas et quantitas［质与量］），那么，当它被视为纯粹知性的对象的时候，它就总是同一个对象，不是多个事物，而仅仅是**一个**事物（numerica identitas［数字上的同一性］）；但是，如果它是显象，那么，关键就不在于概念的比较了，而是无论就概念来说一切如何同一，毕竟这显象在同一时间里位置的差异仍然是（感官的）对象本身**数字上的差异**的一个充分根据。例如，就两滴水而言，人们可以抽掉一切内在的差异（质的差异和量的差异），要把
A264 它们视为数字上有差异的，只要它们在不同的位置上同时被直观就够了。**莱布尼茨**把显象当做物自身，从而当做 intelligibilia［理知物］，也将是说，当做纯粹知性的对象（尽管他由于它们的表象模糊不清而赋予它们现象的名称），而在这里，他的**不可辨别者**的命题（principium identitatis indiscernibilium［不可辨别者的同一律］）当然是无法反驳的；但是，既然它们是感性的对象，而且知性就它们来说不具有纯粹的应用，而是只有经验性的应用，所以，多与数字上的差异就已经通过作为外部显象的条件的空间本身得到了说明。因为空间的一个部分，虽然可能与另一个部分完全相似和相等，但毕竟是外在于它的，并且恰恰因此而是一个与它不同的部分，后者加在它上面，就构成一个更大的空间；因此，这一点也必定适用于同时在空间的不同位置上的一切，哪怕它们除此之外可能是相似和相等的。

2. **一致与抵触**。如果实在性仅仅为纯粹知性所表现（realitas noumenon［作为本体的实在性］），那么，在种种实在性之间就不能设想任何抵触，也就是说，不能设想这样一种关系，
A265 即当它们被联结在一个主体中时，彼此抵消其结果，亦即 3－3=0。与此相反，显象中实在的东西（realitas phaenomenon［作为显象的实在性］）相互之间当然可能处在抵触之中，如果联结在同一个主体中，一方就完全或者部分地抵消**另一方的结果**，

例如在同一条直线上的两个运动力，如果它们在相反的方向上 〔172〕
或者牵引或者压迫一个点的话；或者还有平衡痛苦的娱乐。

3. **内部与外部**。就一个纯粹知性的对象而言，只有（就其存在来说）同任何与它不同的东西都没有任何关系的东西，才是内在的。与此相反，空间中一个 substantia phaenomenon [作为现象的实体] 的内在规定无非是一些关系，而且它们本身也完全是纯粹关系的总和。我们认识空间中的实体，也只是通过在空间中起作用的力，或者驱使其他实体到它那里（吸引），或者阻止进入它（拒斥和不可入性）；我们并不认识构成在空间中显现并被我们称为物质的实体之概念的其他属性。与此相反，作为纯粹知性的客体，任何实体都必须具有内在的规
定和关涉内部实在性的力。然而，除了我的内感官向我呈现的 A266
那些之外，也就是说，除了要么本身是一个**思维**，要么与思维类似的东西之外，我还能设想什么内在的偶性呢？因此，**莱布尼茨**由于把实体设想为本体，所以就把所有的实体都变成了具有表象能力的简单主体，甚至在他于思想中把一切能够表示外部关系的东西、进而也把**复合**都从物质的组成部分中除去之后，把物质的组成部分也变成了这样的简单主体，一言以蔽之，变成了**单子**。

4. **质料**与**形式**。这是两个为其他一切反思奠定基础的概念，就此而言它们与知性的任何应用都不可分割地结合在一起。前者表示一般可被规定者，后者则表示前者的规定（二者都是在先验的意义上说的，因为人们抽掉了被给予的东西的一切区别及其被规定的方式）。从前，逻辑学家们把普遍的东西称为质料，而把特殊的区别称为形式。在任何判断中，人们都可以把被给予的概念称为逻辑质料（即判断的质料），把它们（凭借系词）的关系称为判断的形式。在任何存在物中，其成分（essentialia [实质性的东西]）就是质料，其成分被结合在

一个事物中的方式就是本质性的形式。就一般事物而言，未加限制的实在性也被视为一切可能性的质料，其限制（否定性）
〔173〕 则被视为一事物与他事物按照先验概念区别开来所借助的那种
A267 形式。也就是说，知性首先要求某物被给予（至少在概念中），以便能够以某种方式规定它。因此，在纯粹知性的概念中，质料先行于形式，而**莱布尼茨**也就因此缘故首先假定有物（单子），并且在里面假定物的一种表象能力，以便事后在此之上建立物的外部关系和它们的各种状态（即各种表象）的共联性。因此，空间和时间，前者惟有通过种种实体的关系，后者则通过种种实体各种规定相互之间的结合，才作为根据和后果是可能的。事实上，如果纯粹知性能够直接与对象相关，而且空间和时间是物自身的规定的话，事情也必然会是这个样子。但是，如果它们只不过是感性直观，我们在其中所规定的对象都仅仅是显象，那么，直观的形式（作为感性的一种主观性状）就先行于一切质料（感觉），从而空间和时间就先行于一切显象，先行于经验的一切材料，毋宁说首先使经验成为可能。理智论哲学家不能忍受形式应当先行于事物本身并规定事
A268 物的可能性，当他假定我们直观事物如其所是（尽管是以含混的表象）时，这是一个完全正确的批评。但是，既然感性直观是一个完全特殊的主观条件，先天地是一切知觉的基础，并且原初就是其形式，所以，形式就是独自被给予的，质料作为基础（如人们根据纯然的概念必然作出的判断那样）是大错特错的，毋宁说，质料的可能性倒要以一种形式的直观（时间和空间）已经被给予为前提条件。

关于反思概念之歧义的附注

请允许我把我们或者在感性中或者在纯粹知性中赋予概念

的地位称为**先验位置**。以这样的方式，对每一个概念根据其应用的不同所具有的这种地位的判断和按照给所有的概念规定这 〔174〕
种位置的规则所作出的分配，就是**先验的位置论**；这是一种通过在任何时候都辨别概念本来属于何种知识能力来缜密地防范纯粹知性的僭越使用和由此产生的幻相的学说。人们可以把每一个概念、许多知识归属其下的每一个标题称为一个**逻辑的位置**。**亚里士多德逻辑的位置论**就是以此为根据的，学校教师和 A269
演说家都能够使用它，以便在思维的某些标题下，检查什么最适合于当前的材料，此外以一种缜密的外貌进行论证或者滔滔不绝地神侃。

与此相反，先验的位置论所包含的，无非是一切比较和辨别的四个标题，它们之所以有别于范畴，乃是由于通过它们，不是对象按照构成其概念的东西（量、实在性）展现出来，而是先行于物的概念的表象之比较在其一切杂多性中展现出来。但这种比较首先需要有一种反思，也就是说，需要有被比较事物的表象所属的位置的一种规定，看是知性思维这些表象，还是感性在显象中给予这些表象。

概念能够在逻辑上被比较，无须顾虑它们的客体属于哪里，是作为本体置于知性之前，还是作为现象置于感性之前。但是，如果我们想以这些概念进展到对象，那么，首先就必须有先验的反思，看它们是哪一种知识能力的对象，是纯粹知性的对象还是感性的对象。没有这种反思，我对这些概念的应用就很不可靠，而且将产生出一些批判的理性并不承认的被以为 A270
是的综合原理，它们所依据的仅仅是一种先验的歧义，亦即纯粹知性客体与显象的一种混淆。

由于缺乏这样一种先验的位置论，从而为反思概念的歧义所迷惑，著名的**莱布尼茨**建立起一个**理智的世界体系**，或者毋宁说相信只要把一切对象与知性及其思维的抽象形式概念进行

〔175〕比较，就能认识事物的内在性状。我们的反思概念表给我们带来了意想不到的好处，把他的学说体系在一切部分中的特征、同时把这种独特的思维方式无非是建立在误解之上的主要根据，都展现在眼前。他仅仅通过概念来对一切事物进行相互比较，并且除了知性把自己的纯粹概念彼此区分开来所凭借的差异性之外，自然而然没有发现任何别的差异性。至于感性直观的那些自身就带有独特差异的条件，他并不看做是源始的；因为感性对他来说只不过是一种模糊的表象方式，不是表象的一种特殊来源；显象对他来说是**物自身**的表象，尽管按照逻辑形
A271 式与凭借知性的知识有别，因为表象由于通常缺乏分析而导致附带的表象与概念的某种混淆，而知性则知道怎样把它们与概念隔离开来。一言以蔽之：**莱布尼茨**把显象**理智化**，就像**洛克**按照自己的**理智论**（如果允许我使用这些术语的话）的体系把知性概念一起**感性化**，也就是说，把知性概念说成无非是经验性的概念或者抽象的反思概念一样。这两位伟大人物不是在知性和感性中寻找表象的两种截然不同、惟有在**结合**中才能对事物作出客观有效的判断的来源，而是每一个人都仅仅抓住二者中的一个，在他们看来这一个直接地与物自身相关，而另一个的所作所为则只不过是使前者的表象混乱或者有序罢了。

据此，**莱布尼茨**仅仅在知性中对作为一般物的感官对象进行相互比较。**第一**，就它们应当被知性判断为同一的或者差异的而言。因此，既然他眼前只有它们的概念，而没有它们在直观中——对象惟有在直观中才能被给予——的地位，并且完全置这些概念的先验位置（无论客体应列入显象，还是应列入物自身）于不顾，所以结果就只能是，他把自己仅仅适用于一般
A272 物的概念的不可辨别者原理也延用到感官的对象（mundus phaenomenon［作为现象的世界］），而且相信由此给自然知识
〔176〕造成了不小的扩展。的确，当我就其一切内部规定来认识作为

一个物自身的一滴水时，如果诸如此类的一滴水的整个概念与另一滴水是同一的，那么，我就不能让这滴水被视为与另一滴水有差异。但是，如果它是空间中的现象，那么，它就不仅在知性中（在概念下）有其位置，而且在感性的外部直观中（在空间中）也有其位置；而在这里，就事物的内部规定而言，物理的位置是完全无所谓的，一个位置 b 能够接受一个与位置 a 上的另一个事物完全相似和相等的事物，就像该事物与另一事物非常有内部差异时那样。位置的差异不仅无须进一步的条件就独自使作为现象的对象的多和区别成为可能，而且还使之成为必然。因此，那个表面的规律不是自然的规律。它只不过是通过纯然的概念对事物进行比较的一个分析的规则。

第二，诸般实在性（作为纯然的肯定）在逻辑上绝不相互抵触，这条原理是概念关系的一个完全真实的命题，但无论是 A273
就自然而言，还是在任何地方就某一个物自身（对这个物自身我们根本没有任何概念）而言，都没有丝毫意义。因为凡是在 A－B＝0 的地方，也就是说，凡是在一个实在性与另一个实在性在一个主体中相结合而一个抵消另一个的结果的地方，都有实在的抵触；这是自然中的一切障碍和反作用不断地呈现在眼前的东西，尽管如此，这些障碍和反作用既然以力为依据，就必须被称为 realitates phaenomena［作为现象的实在性］。一般力学甚至通过立足于方向的相反而能够在一条规则中先天地说明这种抵触的经验性条件，这是实在性的先验概念根本一无所知的条件。尽管**莱布尼茨**先生并没有以一条新原理的排场来宣布这一命题，但他毕竟曾利用它来作出新的断言，而他的后继者们则明确地把它纳入到自己的**莱布尼茨—沃尔夫**体系中去。根据这一原理，例如，一切罪恶都无非是受造物的限制的后果，也就是说，是否定性，因为否定性是惟一与实在性相抵触的东西（在一般事物的纯然概念中也确实如此，但在作为显

象的事物中就不是这样了）。同样，他的信徒们认为，把一切
〔177〕 实在性结合在一个存在物中而不会有某种令人担忧的抵触，这
A274 不仅是可能的，而且也是自然而然的，因为他们只知道矛盾的抵触（通过这种抵触，一个事物的概念本身被取消），却不知道相互损害的抵触；在这里，一个实在根据抵消另一个实在根据的结果，对此我们惟有在感性中才发现向我们展示这样一种抵触的条件。

第三，莱布尼茨的单子论，除了这位哲学家仅仅在与知性的关系中表现内部和外部的区别之外，没有别的任何根据。一般而言的实体必须具有某种**内在的**东西，因此这种东西没有任何外部的关系，从而也没有复合。所以，简单的东西就是物自身的内在东西的基础。但是，实体状态的内部东西不能在于位置、形状、接触或者运动（这些规定都是外部关系），因此，除了我们内在地规定我们的感官所凭借的状态之外，也就是说，除了**表象的状态**之外，我们不能把其他任何内部状态赋予实体。这样，单子也就被了结了，它们据说构成整个宇宙的基本材料，但它们的行动力却仅仅在于它们本来仅仅在自身中起作用所凭借的表象。

但正因为此，他的**实体**相互之间可能的**共联性**的原则就必
A275 须是一种**前定的和谐**，并且不能是一种物理的影响。原因在于，由于一切都只是内在的，也就是说，只涉及其表象，所以一个实体的表象的状态就根本不能与其他实体的状态有任何有效的联结，而是必须有第三个全都影响所有实体的原因来使它们的状态彼此相应，虽然不是由于偶然的、在任何个别的场合都特别合适的援助（systema assistentiae［援助体系］），而是由于一个对一切实体都有效的原因之理念的统一性，这些实体必然在这种统一性中按照普遍的规律全都获得其存在和持久性、从而也获得相互之间的彼此相应。

第四，他在自己关于**时间**和**空间**的著名**体系**中，把感性的这些形式理智化了；这一体系也只不过是起源自对先验反思的同一种错觉。如果我想用纯然的知性来表现事物的外部关系，那么，这只能借助它们的交互作用的概念来进行，而如果我应 〔178〕
当把同一个事物的一个状态与另一个状态联结起来，那么，这就只能在根据和后果的秩序中来进行。因此，**莱布尼茨**就把空间设想为种种实体的共联性中的某种秩序，把时间设想为种种实体的各种状态力学性的继起。但是，二者看起来自身所具有 A276
的独特的和不依赖于事物的东西，他归之于这些概念的**混乱**，这种混乱使得是力学关系的纯然形式的东西被视为一种独立的、自存的、先于事物本身的直观。因此，空间和时间就是物（实体及其状态）自身联结的理知形式。但事物是理知的实体（substantiae noumena［作为本体的实体］）。尽管如此，他仍要使这些概念对显象有效，因为他不承认感性有其自己的直观方式，而是在知性中寻找对象的一切表象，乃至经验性表象，留给感官的无非是弄乱和歪曲知性的表象这些可鄙的工作。

但是，即便我们能够通过纯粹知性关于**物自身**综合地说些什么（尽管如此这却是不可能的），这也毕竟根本不能与显象相关，显象并不表现物自身。因此，在这后一种场合里，我将不得不在先验反思中，任何时候都仅仅在感性的条件下比较我的概念，而这样，空间和时间就不是物自身的规定，而是显象的规定：物自身可能是什么，我不知道，也不需要知道，因为 A277
毕竟除了在显象中之外，一个事物永远不能以别的方式呈现给我。

我也这样来处理其余的反思概念。物质是 substantia phaenomenon［作为现象的实体］。内在地属于物质的东西，我在物质占据的空间的所有部分中、在物质所发挥的一切作用中去寻找，而这些作用当然只能永远是外部感官的显象。因此，我

所拥有的虽然不是任何绝对内在的东西，而是相对内在的东西，其本身又是由外部关系所构成。但是，物质在纯粹的知性
〔179〕看来绝对内在的东西，只不过也是一种怪想；因为物质在任何地方都不是纯粹知性的对象；而能够是我们称为物质的这种现象之根据的先验客体，则是一种纯然的某物，即使有人能对我们说出来，我们也根本不知道它是什么。因为除了在直观中带有一种与我们的语词相应的东西的那种东西之外，我们不能理解任何东西。如果抱怨说，**我们根本不洞识事物内在的东西**，其意思无非是说：我们通过纯粹知性不理解对我们显现的事物自身能够是什么；那么，这些抱怨就是完全不正当和不合理的；因为它们希望的是，人们不用感官就能够认识、从而直观
A278 事物，所以我们就应当有一种不仅在程度上、而且在直观和方式上与人类知识能力全然不同的知识能力，从而应当不是人，而是我们自己也不能说出是否可能、更不能说出什么性状的存在物。显象的观察和分析使人深入到自然的内部，人们无法知道这随着时间将推进到什么地步。但是，尽管这一切，即使整个自然都对我们昭然若揭，我们也毕竟永远不能回答那些超出自然的先验问题，而且以不同于我们的内感官的直观的另一种直观来观察我们自己的心灵，这还从来未被给予我们。而我们的感性之起源的秘密，就在我们的心灵里。我们的感性与客体的关系，以及这种统一性的先验根据是什么，都毫无疑问隐藏得太深，以至于我们这些甚至对于我们自己也只有通过内感官来认识、从而是当做显象来认识的人，不能使用我们的探究的一种如此不适用的工具，来发现总是又不同于我们毕竟乐意探究其非感性原因的显象的某种东西。

使得从纯然的反思行动出发对各种结论所作的这种批判变得有用的乃是：它清晰地阐明了关于人们仅仅在知性中相互比
A279 较的对象所作的一切结论都毫无意义，同时证实了我们主要提

醒的东西：尽管显象不作为物自身包括在纯粹知性的客体中，但它们毕竟是我们的知识具有客观的实在性的惟一对象，也就是说，在这里有直观来符合概念。

当我们仅仅在逻辑上作出反思时，我们是在知性中仅仅把 〔180〕
我们的概念相互进行比较，看两个概念是否包含相同的东西，二者是否矛盾，某种东西是内在地包含在概念中，还是附加给概念的，二者中哪一个应被视为被给予的，哪一个只应被视为思维被给予概念的方式。但是，如果我把这些概念应用于一般的对象（在先验的意义上），而不进一步规定该对象是感性直观的对象还是理智直观的对象，那么就马上表现出限制（不从这一概念出发），这些限制将扭转一切经验性的应用，并恰恰由此而证明，一个对象作为一般的物，其表象不仅仅是**不充分的**，而且没有对它的感性规定并独立于经验性的条件，它就是自身相互**抵触**的，因而人们要么必须抽掉一切对象（在逻辑中），要么如果人们承认一个对象，就必须在感性直观的条件下思维它，从而理知的东西将要求我们所不具有的一种完全特殊的直观，并且如果没有这种直观**对我们来说**就什么也不是，
但与此相反，显象也不可能是对象自身。因为当我仅仅思维一 A280
般的物时，外部关系的差异当然不能构成事物本身的差异，而是毋宁说以后者为前提条件，而当一物的概念与他物的概念根本没有内在的区别时，我就在不同的关系中设定同一个事物。此外，通过把一个纯然的肯定（实在性）附加给另一个肯定，当然增加了积极的东西，而没有从它抽去或者取消任何东西；因此，一般事物中实在的东西并不相互抵触，等等。

※ ※ ※

如我们已经指明的那样，反思的概念由于某种误解而对知性的应用有这样一种影响，以至于它们竟能够诱使所有哲学家中最具洞察力者的一位得出自以为的理智知识体系，这种体系

在没有感官参与的情况下就去规定自己的对象。正是因此缘故，对这些概念的歧义在导致错误原理方面的迷惑人的原因作
〔181〕出阐明，就具有重大的效用，从而可靠地规定和确保知性的界限。

人们虽然必须说：普遍地属于一个概念或者与它矛盾的东
A281 西，也属于包含在该概念之下的所有特殊的东西（dictum de Omni et Nullo［断定任一物和无一物］）；但是，把这条逻辑原理改变为：不包含在一个普遍的概念之中的东西，也不包含在处于这个概念之下的特殊概念之中，那就是荒唐的事情了；因为这些概念之所以是特殊概念，乃是由于它们在自身中所包含的多于在普遍概念中所思维的东西。然而，**莱布尼茨**的整个理智体系毕竟确实是建立在后面这条原理之上的；因此，它与这条原理以及从这条原理产生的一切知性应用中的含混性一损俱损。

不可辨别者的命题本来根据以下前提条件：如果在一般事物的概念中没有发现某种区别，那么在事物本身中也不会遇到这种区别；因此，一切并非已经在其概念中（根据质或者量）彼此有别的事物，都是完全同一的（numero eadem［在数字上同一的］）。但是，由于就某个事物的纯然概念而言，一种直观的诸多必然条件已经并抽掉了，所以通过一种奇特的草率，被抽掉的东西就被视为到处都不能遇到，并且除了在其概念中包含的东西之外，不承认事物有任何东西。

A282 一立方尺的空间的概念，无论我在何处以及如何经常地思维它，自身都是完全同一的。然而，两个立方尺在空间中则纯然由于其位置而有别（numero diversa［在数字上有别的］）；这些位置乃是直观的条件，在其中这一概念的客体被给予，但它们却不属于概念，而是属于整个感性。同样，在一个事物的概念中，如果没有任何否定的东西与一种肯定的东西结合在一

起，就根本没有任何抵触，而纯然肯定的概念在联结中也根本不会造成任何抵消。但是，在其中有实在性（例如运动）被给予的感性直观中，就有在一般运动的概念中被抽掉的条件（相反的方向），这些条件使得一种抵触成为可能，这种抵触当然不是逻辑的，也就是说，是从纯然积极的东西出发使一个零＝0 成为可能；而且人们不能说：一切实在性之所以彼此一致，乃是因为在它们的概念中间没有发现任何抵触。[①]按照纯然的 〔182〕
概念，内在的东西是所有关系或者外部规定的基底。因此，如 A283
果我抽掉直观的一切条件，并仅仅限于一般物的概念，我就能抽掉一切外部关系，而且尽管如此仍必然存留某种东西的概念，这种东西根本不意味着关系，而是意味着纯然内在的规定。在这里，看起来可以得出：在任何事物（实体）中都有某种绝对内在并先行于一切外在规定的东西，因为它首先使外部规定成为可能；从而这一基底就是某种自身不再包含任何外部关系的东西，所以是**单纯的**（因为有形体的事物毕竟始终只不过是关系，至少是彼此外在的各部分的关系）；而由于除了通过我们的内感官作出的规定之外，我们不知道任何绝对内在的规定，所以这一基底不仅是单纯的，而且也（根据与我们的内感官的类比）是通过**表象**被规定的，也就是说，一切事物本来都是**单子**，或者是具有表象的单纯存在物。如果除了一般事物

① 如果在这里想利用常见的遁词，即至少 realitates noumena［作为本体的实在性］并不能彼此起相反的作用，那么，人们就必须举出诸如此类的纯粹且无感性的实在性的一个实例，以便理解预设这样的实在性究竟是表现某种东西还是什么也不表现。但是，实例只能从经验中取得，经验永远只能呈现 phaenomena［现象］，而这样一来，这一命题的意思就无非是：仅仅包含肯定的概念不包含任何否定的东西；这是一个我们从未怀疑过的命题。

A284 的概念之外，没有更多的东西属于外部直观的对象惟在其下才能被给予我们，而纯粹概念抽掉了的那些条件，上述一切也就会具有其正确性。因为在这里表现出，空间中的一种持久的显象（不可入的广延）可能所包含的纯粹是关系，根本不是绝对内在的东西，尽管如此却是一切外部关系的第一基底。仅仅凭借概念，没有内在的东西，我当然就不能思维任何外在的东西，之所以如此，恰恰是因为关系概念毕竟绝对以被给予的事物为前提条件，而且没有后者就是不可能的。但是，既然在直观中包含着根本不蕴涵在一般事物的纯然概念中的某种东西，而且这种东西展示出纯然通过概念根本不会被认识的基底，也

〔183〕就是说，展示出一个空间，这个空间连同它所包含的一切都由纯粹形式的或者亦由实在的关系构成，所以我不能够说：由于没有一种绝对内在的东西就不能**通过纯然的概念**表现任何事物，所以即便是在包含于这些概念之下的事物本身中，以及在**它们的直观**中，都没有任何不以某种绝对内在的东西为基础的外在东西。因为如果我们抽掉直观的所有条件，那么，在纯然的概念中给我们留存的东西，当然就无非是一般内在的东西及其相互关系，外在的东西惟有通过它们才是可能的。但是，这

A285 种仅仅基于抽象的必然性，就在直观中以这样一些表示纯然的关系、却不以某种内在的东西为基础的规定被给予的事物而言，是不成立的，之所以如此，乃是因为这些事物并不是物自身，而仅仅是显象。无论我们就物质而言知道什么，都纯粹是关系（我们称为物质的内在规定的东西，仅仅是相对地内在的）；但在它们里面，有一些独立的和持久的关系，通过它们给予我们一种确定的对象。至于如果我抽掉这些关系，就根本不能进一步思维任何东西，这并不排除一个作为显象的物的概念，也不排除一个抽象的对象的概念，但却排除一个按照纯然的概念可规定的对象的所有可能性，也就是说，排除一个本体

的所有可能性。当然，一个事物应当完全由关系构成，这听起来令人生疑，但这样一个事物也是纯然的显象，根本不能通过纯粹的范畴被思维；它甚至在于一般的某物与感官的纯然关系之中。同样，如果从纯然的概念开始，则除了一个事物是另一个事物中的种种规定的原因之外，人们绝不能以其他方式思维抽象事物的关系；因为这就是我们关于关系的知性概念。然而，既然我们在这种情况下抽掉了一切直观，所以杂多能够彼此规定自己的位置的整个方式，亦即感性的形式（空间）就消 A286
失了，但空间毕竟先行于一切经验性的因果性。

如果我们把纯然理知的对象理解为无须任何感性的图型、通过纯粹的范畴就被思维的那些事物，那么，诸如此类的对象就是不可能的。因为我们一切知性概念的客观应用的条件，只不过是我们的感性直观的方式，通过这种方式对象被给予我 〔184〕
们，而如果我们抽掉这种方式，这些概念就与任何客体都没有关系了。即使人们想假定一种不同于我们的这种感性直观的直观方式，我们的思维功能就这种直观而言也毕竟没有丝毫意义。如果我们把上述对象仅仅理解为一种非感性直观的对象，我们的范畴虽然确实不适用于它们，因而我们对它们根本不可能在某个时候拥有知识（既没有直观也没有概念），但这种纯然消极意义上的本体却毕竟是必须予以承认的：因为它们无非是意味着，我们的直观方式并不关涉所有的事物，而是仅仅关涉我们的感官的对象，所以它的客观有效性是受到限制的，由此就为某种别的直观、从而也为作为其客体的事物留下了余地。但在这种情况下，一个本体的概念就是或然的，也就是说，是一个我们既不能说它可能也不能说它不可能的事物的表 A287
象，因为除了我们的感性直观之外，我们根本不知道什么直观方式，而除了范畴之外，也根本不知道什么概念方式，但二者中没有一种适用于感性之外的对象。因此，我们还不能积极地把我们思维对象的领域扩展到我们的感性的条件之外，并且认定在显象之外还有纯思维的对象亦即本体，因为这样的对象没有可陈述的积极意义。就范畴而言，人们必须承认单凭它们还不足以形成物自身的知识，没有感性的材料它们就会是知性统一性的纯然主观的形式，但却没有对象。思维虽然就自身而言并非感官的产物，就此而言也不受感官的限制，但并不因此就马上无须感性的帮助而具有自己的纯粹的应用，因为在这种情况下它并没有客体。人们也不能把**本体**称为这样一种**客体**；因为本体指的是一种完全不同于我们的直观的直观和一种完全不同于我们的知性的知性的对象的或然概念，因而这种概念本身就是问题。因此，本体的概念并不是一个客体的概念，而是不可避免地与我们感性的限制相关联的课题，即是否可能存在有
A288 与我们感性的那种直观完全脱离的对象；这是一个只能不确定
〔185〕 地回答的问题，也就是说：由于感性直观不能不加区分地关涉一切事物，所以就为更多的不同对象留下了余地，因而不能绝对地否定这些对象，但由于缺少一个确定的概念（因为没有范畴适用于此），也不能断定它们是我们知性的对象。

据此，知性为感性设置界限，但并不因此就扩展它自己的领域，而当它警告感性不要僭妄关涉物自身，而是仅仅关涉显象时，它是在思维对象自身，但只是把它当做先验的客体，这个先验的客体是显象的原因（因而本身不是显象），而且既不能被设想为量，也不能被设想为实在性，也不能被设想为实体等等（因为这些概念总是要求感性的形式，它们在其中规定一个对象）；因此，是否可以在我们里面或者在我们外面发现这个先验的客体，它是否会与感性同时被取消，或者如果我们除去感性，它是否还会存留，这是完全未知的。如果我们想把这种客体称为本体，乃是因为它的表象不是感性的，那么，我们可以随意行事。但是，既然我们不能把我们的知性概念的某一些运用

在这上面，所以这种表象对我们来说毕竟仍然是空的，而且除了标出我们的感性知识的界限、留下一个我们既不能凭借可能的经 A289
验也不能凭借纯粹的知性填充的空间之外，没有任何用处。

因此，这种纯粹知性的批判不容许在能够作为显象呈现给它的对象之外，再创造一个新的对象领域，并且岔入到理知的世界，甚至连岔入到它们的概念也不容许。以极明显的方式诱人至此、虽然不能予以辩解但实可原谅的错误在于：违背知性的规定而使知性的应用成为先验的，而对象亦即可能的直观则必须符合概念，但却不是概念必须符合可能的直观（而概念的客观有效性却是仅仅依据可能的直观的）。但这种错误的原因又是：统觉以及随同统觉的思维，先行于表象一切可能的确定秩序。因此，我们思维一般的某物，并一方面以感性的方式规定它，但另一方面又毕竟把普遍的、抽象地表现出来的对象与直观它的这种方式区分开来；于是，给我们剩下来的就是仅仅 〔186〕
通过思维来规定它的方式了，这种方式虽然是没有内容的纯然逻辑形式，但尽管如此却在我们看来是客体自身实存（本体）、不顾及被限制在我们的感官之上的直观的一种方式。

※　　※　　※ A290

在结束先验分析论之前，我们还必须补充几句话，它们自身虽然不见得特别重要，但对于体系的完整来说却是必需的。人们习惯于由以开始一种先验哲学的最高概念，通常是可能的对象与不可能的对象的划分。但是，既然一切划分都以一个被划分的概念为前提条件，所以就必须指定一个更高的概念，而这个概念就是一个一般对象的概念（或然地认定，未决定它是某物还是无）。由于范畴是与一般对象相关的惟一概念，所以区分一个对象是某物还是无，要按照范畴的次序和指导进行。

1. 与“一切”、“诸多”和“一个”这些概念对立的，是取消一切的概念，亦即**无一**，这样，一个根本没有可指定的直观与之相应的概念，其对象就等于无，也就是说，是一个没有对象的概念，例如本体，它们不能被列入可能性之中，尽管也不因此就必须被说成是不可能（ens rationis［理性的存在者］），或
A291 者如某些新的基本力，人们思维它们，尽管并不矛盾，但也是脱离出自经验的实例被思维的，因而不必列入可能性之中。

2. 实在性是**某物**，否定性是**无**，也就是说，是一个关于对象之缺乏的概念，如阴影、冷（nihil privativum［阙如的无］）。

3. 没有实体的直观的纯然形式自身不是对象，而是对象（作为显象）的纯然形式的条件，例如纯粹空间和纯粹时间，它们虽然作为直观的形式是某物，但本身却不是被直观的对象（ens imaginarium［想象的存在者］）。

〔187〕 4. 一个自相矛盾的概念，其对象是无，因为该概念是无，是不可能的东西，例如两条边的直线图形（nihil negativum［否定性的无］）。

因此，**无**的概念的这种划分表必须安排如下（因为某物的与之平行的划分乃由它得出）：

A292

无

作为

1.

没有对象的空概念

ens rationis［理性的存在者］

2.	3.
一个概念的空对象	**没有对象的空直观**
nihil privativum	ens imaginarium
［阙如的无］	［想象的存在者］

4.

没有概念的空对象

nihil negativum［否定性的无］

可以看到，思想物（第 1）与非物（第 4）被区别开来，乃是由于前者不可被列入可能性之中，因为它只不过是虚构（尽管不是自相矛盾的虚构）罢了，而后者则是与可能性对立的，因为该概念甚至取消自身。但二者都是空概念。与此相反，nihil privativum［阙如的无］（第 2）和 ens imaginarium［想象的存在者］（第 3）都是概念的空材料。如果光不被给予感官，人们就不能表现黑暗，而如果没有广延的存在物被知觉到，人们就不能表现空间。无论是否定性，还是直观的纯然形式，没有一种实在的东西就都不是客体。

A293
〔188〕

第二编

先验辩证论

导言

一、论先验幻相

我们在上面曾经把一般辩证法称为**幻相的逻辑**。这并不意味着，它就是一种**概率**的学说；因为概率是真理，但却是通过不充分的根据被认识的，因而其知识虽然有缺陷，但毕竟并不因此就是骗人的，从而不必与逻辑的分析部分分割开来。**显象**与**幻相**更不可以被视为是一回事。因为真理或者幻相并不在被直观的对象中，而是在关于被思维的对象的判断中。因此，人们虽然可以正确地说，感官不犯错误，但这并不是因为它们在任何时候都正确地作出判断，而是因为它们根本不作判断。所以，无论是真理还是谬误，从而还有诱使人得出谬误的幻相，都惟有在判断中，也就是说，惟有在对象与我们的知性的关系
A294 中才能发现。在一种无一例外地与知性规律吻合的知识中，是没有谬误的。在感官的一个表象中（由于它根本不包含任何判断）也没有任何谬误。但是，没有任何自然力能够自动地偏离它自己的规律。因此，不仅知性独自（没有另一个原因的影响）不会犯错误，感官独自也不会犯错误；知性不会犯错误，乃是因为只要它按照自己的规律行事，结果（判断）就必然与

这些规律一致；但是，与知性的规律一致的是一切真理的形式的东西。在感官中根本没有判断，既没有正确的判断，也没有错误的判断。由于我们除了这两种知识来源之外别无其他知识来源，因此可以得出：谬误只是由于感性对知性的不被察觉的影响而造成的，由此使判断的主观根据与客观根据发生了混 〔189〕
合，并使后者背离了自己的规定；① 例如一个被推动的物体，虽然独自地总是会在同一方向上保持着直线，但如果另一个力按照另一个方向同时对它施加影响，直线就会转化为曲线运动。因此，为了把知性所特有的行动与混合的力区分开来，有 A295
必要把错误的判断视为两个力之间的对角线的力，这两个力按照两个仿佛是围起一个角的不同方向来规定判断，并且把复合的结果分解为知性和感性的单纯结果；这在纯粹先天判断中必须通过先验反思来进行，由此（就像已经指明了的那样）每一个表象都在与它相适合的知识能力中被指定其位置，从而后者对前者的影响也就被区分开来了。

我们在这里的工作不是探讨经验性的幻相（例如视觉的幻相），这种幻相是在通常正确的知性规则的经验性应用中出现的，通过它，判断力被想象的影响所诱惑；相反，我们仅仅探讨**先验的幻相**，这种幻相影响着其应用根本不关注经验的原理，而如果这些原理应用于经验，我们毕竟至少还会有其正确性的试金石；相反，先验幻相甚至违背批判的一切警告，引导我们完全超出范畴的经验性应用，并用**纯粹知性**的一种扩展的错觉来拖累我们。我们要把其应用完全限定在可能经验的限度

① 感性被从属于知性，作为知性应用其功能的客体，就是实在的知识的来源。但是，同一个感性，如果它影响知性的行动本身，并规定知性作出判断，就是谬误的根据。

A296 之内的原理称为**内在的**原理，而把宣称超越这些界限的原理称为**超验的**原理。但是，我并不把这些超验的原理理解为范畴的**先验的**应用或者误用，后者只不过是未恰当地受到批判约束的判断力的一个错误罢了，这种判断力没有充分注意到纯粹知性〔190〕惟一被允许发挥作用的地基的界限；相反，我把它们理解为一些现实的原理，它们指望我们拆除所有那些界标，并自以为拥有一个在任何地方都不承认任何边界的地基。因此，**先验的**和**超验的**并不是一回事。我们上面所陈述的纯粹知性的原理只应当有经验性的应用，而不应当有先验的应用，亦即超出经验界限的应用。但是，一个取消这些界限、甚至让人逾越这些界限的原理，就叫做**超验的**。如果我们的批判能够做到揭露这些僭越的原理的幻相的话，那么，那些纯然经验性应用的原理就与后一些原理相反，可以被称为纯粹知性的**内在的**原理。

逻辑的幻相（错误推理的幻相）在于对理性形式的纯然模仿，它只是产生自对逻辑规则的缺乏重视。因此，一旦加强了A297 对当前实例的重视，这种幻相就将完全消失。先验的幻相则相反，即使我们已经揭露了它，并通过先验的批判清晰地看出了它的无价值（例如“世界在时间上必定有一个开端”这一命题中的幻相），它也仍然不终止。其原因就在于：在我们的理性（它被主观地视为一种人的知识能力）中蕴涵着其应用的一些基本规则和准则，它们完全具有客观原理的外表，由于它们而导致，为了知性而对我们的概念进行某种联结的主观必然性被视为物自身的规定的客观必然性。这是一种根本不能避免的**幻觉**，如同我们不能避免海面在中央对我们显得比在岸边更高，因为我们是凭借比岸边更高的光线来看海中央的；或者更有甚者，甚至天文学家也不能避免月亮在升起时对他显得更大，尽管他并不为这一幻相所蒙骗。

因此，先验辩证论将满足于揭露超验判断的幻相，并防止它骗人；但是，要它也（像逻辑幻相那样）甚至消失，不再是一种幻相，却是先验辩证论永远也做不到的。因为我们所涉及 A298 的是一种**自然的**和不可避免的**幻觉**，它本身基于主观的原理，〔191〕并把主观的原理偷换成客观的原理，而逻辑的辩证论在解决错误推理时却只是涉及在遵循这些原理方面的错误，或者涉及在模仿这些原理方面的人为的幻相。因此，纯粹理性有一种自然的和不可避免的辩证法，它不是一个外行由于缺乏知识本身而陷入的辩证法，或者某个诡辩家为了迷惑有理性的人们而人为地编造出来的辩证法，而是不可阻挡地附着于人类理性的辩证法，甚至在我们揭露了它的假象之后，它也仍然不停地迷惑人类理性，不断地将人类理性推入任何时候都需要予以消除的一时糊涂。

二、论作为先验幻相之所在的纯粹理性

A. 论一般理性

我们的一切知识都始自感官，由此达到知性，并终止于理性；在理性之上，我们没有更高的东西来加工直观的材料并将其置于思维的至上统一之下了。现在，当我要对这一至上知识 A299 能力作出说明时，我感到有些为难。对于理性来说，和对于知性来说一样，当理性抽掉知识的一切内容时，就有一种纯然形式的、也就是说逻辑的应用，但它也有一种实在的应用，因为它本身包含着某些既不是借自感官也不是借自知性的概念和原理的起源。前一种能力当然早已由逻辑学家们通过间接推理的能力（有别于直接推理，亦即 consequentiis immediatis）予以解释；但第二种自己产生概念的能力由此还没有得到了解。既然在这里出现了理性为逻辑能力和先验能力的划分，那就必须去寻找关于这种知识来源的一个更高的概念，它把上述两个概

〔192〕念都包括在自身之下，我们在这里按照与知性概念的类比可以期望，逻辑概念同时将提供先验概念的钥匙，前者的功能表同时将提供理性概念的谱系。

在我们的先验逻辑的第一部分里，我们曾通过规则的能力来解释知性；在这里，我们想把理性称为**原则的能力**，以此把理性与知性区别开来。

A300 原则的表述是含混的，通常仅仅意味着一种能够作为原则来运用的知识，即使它就自身而言以及按照它自己的起源来说并不是原则。每一个普遍的命题，哪怕它是从经验（通过归纳）得出的，也可以在理性推理中充当大前提；但它并不因此而本身就是原则。数学公理（例如两点之间只能有一条直线）甚至是普遍的先天知识，因此相对于能够归摄在它们下面的实例来说有理由被称为原则。但我毕竟不能由此就说，我是从原则出发认识一般直线和直线自身的这种属性的，相反只是在纯直观中认识它的。

因此，我将把从原则出发的知识称为这样一种知识，在这种知识中我通过概念在普遍中认识特殊。这样，每一个理性推理都是从一个原则出发推导出一种知识的形式。因为大前提在任何时候都提供一个概念，该概念使得一切被归摄在它的条件之下的东西都按照一个原则从它出发而得到认识。现在，既然任何普遍的知识都能够在一个理性推理中充当大前提，而知性则为诸如此类的知识提供普遍的先天命题，所以这些命题也可以就其可能的应用而言被称为原则。

A301 但是，如果我们按照其起源来考察纯粹知性自身的这些原理，那么，它们就根本不是从概念出发的知识了。因为如果我们不（在数学中）加上纯直观或者一种可能经验的种种条件，它们就会甚至不是先天可能的。一切发生的东西都有一个原因，这根本不能从一般发生之事的概念出发推论出来；毋宁

说，该原理表明，人们最初如何关于发生之事获得一个确定的经验概念。 〔193〕

因此，知性根本不能提供从概念出发的综合知识，而这些知识本来是我绝对地称为原则的知识；然而，一切普遍的命题一般而言都可以叫做相对的原则。

有一个古老的愿望，谁也不知道什么时候它也许会得以实现，那就是：人们总有一天可以不去寻找民法无穷无尽的繁文缛节，而去寻找它们的原则；因为惟有在这里面，才有人们所说的简化立法的秘密。但是在这里，法律也只是把我们的自由限制在它们得以无一例外地与自身一致的那些条件之上；因此，它们关涉到某种完全是我们的作品、而且我们通过那些概念自己能够是它的原因的东西。但是，如同对象自身一样，事
物的本性如何应当从属于原则并纯然按照概念来规定，这即便 A302
不是什么不可能的事情，至少就其要求而言毕竟也是很不合情理的事情。不过，无论这里的情况是什么样的（因为我们还要对此进行研究），至少由此可以看出：从原则出发的知识（就其自身而言）完全不同于纯然的知性知识，后者虽然也能以一种原则的形式先行于其他知识，但就其自身而言（如果它是综合的）却并不基于纯然的思维，自身中更不包含依照概念的普遍东西。

知性可以是诸般显象凭借规则而有统一性的能力，而理性则是各知性规则在原则之下而有统一性的能力。因此，理性从不首先关涉经验或者关涉某个对象，而是关涉知性，为的是通过概念赋予杂多的知性知识以先天的统一性，这种统一性可以叫做理性的统一性，它具有与知性所能够提供的那种统一性完全不同的方式。

这就是在完全缺乏实例（这些实例只有到后面才应当提供）的情况下所能够解释的理性能力的普遍概念。

〔194〕
A303
B. 论理性的逻辑应用

人们在直接认识到的东西和只是推论出来的东西之间作出区别。在由三条直线所界定的图形中有三个角，这是直接认识到的；但这三个角的和等于两个直角，这却只是推论出来的。由于我们总是需要推论，并且由此而终于完全习惯了它，所以我们最终就不再注意这种区别，并且经常像在所谓感官的欺骗那里一样，把我们毕竟只是推论出来的某种东西视为直接知觉到的。对于每一个推理来说，都有**一个**作为基础的命题，且有另**一个**命题，亦即从前一个命题得出的结论，最后还有推理顺序（一贯性），按照这种顺序，结论的真实性必然地与作为基础的命题的真实性联结在一起。如果推论出来的判断已经蕴涵在作为基础的命题中，以至于无须第三个表象作中介就能够直接从它里面推导出来，该推理就叫做直接的（consequentia immediata［直接推理］）；我更愿意把它称为知性推理。但是，如果除了作为基础的知识之外，为作出结论还需要有另一个判断，该推理就叫做理性推理。在“**一切人都是会死的**”这个命题中，已经蕴含着“有些人是会死的”、或者“有些会死的东西是人”、或者“没有任何不会死的东西是人”这几个命题，
A304
因而这几个命题都是从前者得出的直接结论。与此相反，“一切有学问者都是会死的”这个命题却并不蕴涵在作为基础的判断中（因为有学问者的概念根本不在它里面出现），该命题惟有借助一个中间判断才能从后者推论出来。

在每一个理性推理中，我首先通过**知性**想到一个规则（major［大前提］）。其次，我凭借**判断力**把一个知识**归摄**在规则的条件之下（minor［小前提］）。最后，我通过规则的谓词、从而先天地通过**理性**来**规定**我的知识（conclusio［结论］）。因此，作为规则的大前提在一个知识和其条件之间所表现出的关系就构成了理性推理的不同方式。因此，它们如同一切按照在

知性中表达知识关系的方式区分开来的一般判断一样，恰好有三种，那就是：**定言的**，或**假言的**，或**选言的**理性推理。〔195〕

如果像大多数情况下所发生的那样，作为一个判断的结论被当做任务提出，为的是看它是否是从已经被给予的、也就是一个完全不同的对象被思维所凭借的判断中得出的，那么，我就是在知性中寻找这个结论命题的肯定，看它是否在该命题中按照一条普遍的规则出现在某些条件之下。如果我找到了这样 A305
一个条件，而结论命题的客体能够被归摄在被给予的条件之下，那么，该命题就是从**也对知识的其他对象有效的**规则中得出来的。由此可以看出：理性在推论中力图把大量杂多的知性知识归结为最少量的原则（普遍的条件），并以此来实现它们的至上统一。

C. 论理性的纯粹应用

人们能把理性孤立起来吗？它在这种情况下还是仅仅从它产生出来、而且它与对象发生关系所凭借的那些概念和判断的特有来源吗？或者，它只不过是一种向被给予的知识提供某种形式的从属能力，这种形式叫做逻辑的，惟有通过它，知性知识才相互从属，并且较低的规则从属于另一些较高的规则（后者的条件在其范围内包含着前者的条件），只要通过对它们进行比较就能做到这一点吗？这就是我们现在只是临时性地讨论的那个问题。事实上，规则的杂多性和原则的统一性是理性的一个要求，为的是使知性与自身建立起无一例外的关联，如同知性把直观的杂多置于概念之下，并由此把直观联结起来一样。但是，这样一条原理并没有给客体规定任何规律，并且没 A306
有包含把客体作为一般客体来认识和规定的可能性的根据；而只不过是料理我们知性的储备的一个主观的规律，即通过比较知性的概念而把它们的普遍应用归结为它们尽可能小的数目，

〔196〕人们也并不因此就有权利要求对象本身有这样一种助长我们知性的方便和扩张的一致性，同时赋予那条准则以客观有效性。一言以蔽之，问题就是：理性自身，也就是纯粹理性，是否先天地包含着综合的原理和规则，以及这些原则可能存在于什么地方？

理性在理性推理中的形式的和逻辑的程序已经给我们提供了充分的指导，即在凭借纯粹理性的综合知识中，理性的先验原则将基于什么样的根据。

首先，理性推理并不关涉直观，以便将直观置于规则之下（像知性以其范畴所做的那样），而是关涉判断和概念。因此，即使纯粹理性关涉对象，它也毕竟与对象及其直观没有直接的关系，而是仅仅与知性及其判断有直接关系，后者首先面对感
A307 官及其直观，以便规定它们的这种对象。因此，理性的统一不是一种可能经验的统一，而是与后者有本质的不同，后者是知性的统一。一切发生的事情都有一个原因，这根本不是一个凭借理性认识和规定的原理。这一原理使得经验的统一成为可能，没有从理性那里借用任何东西，理性没有与可能经验的这种关系，仅仅从概念出发就不可能提供任何这样的综合统一。

其次，理性在其逻辑应用中寻找的是其判断（结论命题）的普遍条件，而理性推理本身无非是一个凭借将其条件归摄在普遍的规则（大前提）之下而作出的判断。现在，既然这条规则又要接受理性的同一个试验，而由此就必须（凭借一个上溯推理）寻找条件的条件，所以人们可以看到，理性的特有原理一般而言（在逻辑应用中）就是：为知性有条件的知识找到知性的统一得以完成所凭借的无条件者。

但是，这条逻辑准则要成为**纯粹理性**的一个原则，却不能以别的方式，而只能通过人们假定：如果有条件者被给予，则
A308 相互从属的种种条件的整个序列也被给予（也就是说，包含在

对象及其联结中），这个序列因此而本身是无条件的。

然而，纯粹理性的这样一条原理显然是**综合的**；因为有条件者以分析的方式虽然与某一条件相关，但却不与无条件者相关。从这一原理中，必然还产生出不同的综合命题，纯粹知性对这些命题一无所知，因为它只与一种可能经验的对象打交道，后者的知识和综合在任何时候都是有条件的。但是，无条件者如果确实存在，就可以按照使它有别于有条件者的一切规定而予以特别的考虑，并由此而给诸多的先天综合命题提供材料。 〔197〕

但是，从纯粹理性的这一至上原则产生的各原理，就所有的显象来说都将是**超验的**，也就是说，对这一原则将永远不能有与它适合的经验性应用。因此，它与知性的一切原理都完全不同（知性原理的应用都是**内在的**，因为它们仅仅以经验的可能性为自己的主题）。现在，条件的序列（在显象的综合中，或者也在一般事物的思维的综合中）将一直延伸至无条件者， A309
这条原理是否有它客观的正确性？由此将对知性的经验性应用产生什么样的结论？或者，是否毋宁说在任何地方都不存在诸如此类客观有效的理性命题，而是只有一种逻辑的规范，即在向越来越高的条件的上升中逼近它们的完备性，由此将理性对我们来说可能的最高统一带入我们的知识？或者我要说，是否理性的这一需求由于一种误解而曾被视为纯粹理性的一个先验原理，该原理过于草率地要求对象本身中的种种条件的序列具有这样一种无限制的完备性？但即便是在这种情况下，又有什么样的误解和蒙蔽会潜入到这些从理性取得大前提（它与其说是公设，不如说是公则）、并从经验上升到经验条件的理性推理中呢？这将是我们在先验辩证论中的工作，我们现在要把将这种辩证论从其深深地隐藏于人类理性之中的根源阐发出来。我们将把它分为两个部分，**第一**部分应当探讨纯粹理性的**超验**

概念，**第二**部分探讨纯粹理性的超验的且**辩证的理性推理**。

〔198〕
A310 第一卷

论纯粹理性的概念

无论出自纯粹理性的概念的可能性是什么样的一种情况，这些概念都毕竟不是反思得来的、而是推论得来的概念。知性概念也先天地、在经验之先且为了经验而被思维；但是，就种种显象应当必然地属于一个可能的经验性意识而言，知性概念所包含的无非是对种种显象的反思的统一性。惟有通过知性概念，一个对象的知识和规定才是可能的。因此，知性概念最先提供推论的材料，而且没有对象的任何先天概念先行于它们，使它们能够从中推论出来。与此相反，它们的客观实在性毕竟仅仅基于：由于它们构成了一切经验的理智形式，它们的应用在任何时候都必然能够在经验中得到展示。

但是，理性概念的称谓已经暂时展示出：它不愿意被限制在经验内部，因为它所涉及的知识，任何经验性的知识都只不
A311 过是其一个部分罢了（也许可能经验或者其经验性综合的整体亦复如是），虽然迄今从来没有现实的经验完全达到它，但却毕竟在任何时候都属于它。理性概念被用做**把握**，而知性概念则被用做**理解**（对感知的理解）。如果理性概念包含着无条件者，它们就涉及到某种一切经验都从属、本身却从不是一个经验的对象的某物，理性在其推论中从经验出发引导到它，而且理性根据它来衡量和测度自己的经验性应用的程度，但它永远不构成经验性综合的一个环节。如果诸如此类的概念尽管如此仍具有客观的有效性，那么，它们就可以叫做 conceptus ratio-

cinati（正确地推论出的概念）；否则的话，它们至少就是通过推论的幻相骗取来的，可以被称为 conceptus ratiocinantes（进行推论的概念）。但是，由于这一点只有在论纯粹理性的辩证推理那一部分中才能予以澄清，所以我们此处还不能考虑 〔199〕 它，而是将暂时地像我们把知性概念称为范畴那样，赋予纯粹理性的概念一个新的名称，把它们称为先验的理念，但现在就要阐明这种称谓并证明其理由。

第一章　论一般的理念 A312

尽管我们的语言极为丰富，毕竟还经常有思想家为找不到精确地适合其概念的术语而感到窘困，并且由于缺乏这一术语，他既不能为他人所正确理解，甚至也不能为自己所正确理解。锻造新词，乃是对语言中的立法的一种鲜有成功的苛求，而在人们着手采用这种无可奈何的手段之前，最好还是在一种不再使用而又博学的语言中查看一番，看那里是否有这个概念及其合适的术语；即便该术语的旧用法由于其始创者的不审慎而变得有点摇摆不定，把该术语所特有的含义固定下来（尽管人们当时所想到的是否完全是同一种含义，这依然是有疑问的），也毕竟胜于因使人不理解而败坏自己的工作。

因此之故，如果对某一个概念来说，只有惟一的一个词在已经采用的含义上与该概念完全适合，而该概念与其他概念的 A313 区分又极为重要，那么，最好还是不要滥用该词，或者把它当做别的词的同义词来交替使用，而是要审慎地保持它特有的含义；因为若不然，就很容易发生这样的事情，即在该术语没有特别地唤起注意，而是淹没在一大堆含义相去甚远的其他术语里面之后，惟有该术语才能够保持的思想也就丧失了。

柏拉图使用**理念**这一术语，使人清楚地看出，他把它理解

〔200〕为某种不仅绝非借自感官、而且远远超越**亚里士多德**所探讨的知性概念的东西，因为在经验中永远找不到某种与它相应的东西。在他那里，理念是事物本身的原型，不仅仅像范畴那样是可能经验的钥匙。在他看来，理念源自最高的理性，由此出发而为人类理性所分有，但人类理性如今不再处于其源始状态中，而是必须费力地通过回忆（这回忆叫做哲学）去唤回旧有的、如今已非常模糊的理念。我在这里不想卷入文字的研究，
A314 以便澄清这位杰出的哲学家联结在其术语之上的意义。我只是提请注意，无论是在日常谈话中还是在著作中，通过比较一位作者关于自己的对象所表达的思想，甚至比他理解自己还更好地理解他，这根本不是什么非同寻常的事情，因为他并没有充分地规定自己的概念，从而有时所言所思有悖于他自己的意图。

柏拉图非常清楚地说明，我们的知识能力所感到的需求，远远高于为了把显象读做经验而仅仅把显象按照综合的统一拼写出来，我们的理性自然而然地跃升为远远超过经验所提供的某个对象每次都能够与其一致的知识，但尽管如此这些知识仍有其实在性，绝不是纯然的幻想。

柏拉图首先是在一切实践的东西中①，也就是说，在一切
A315 依据自由的东西中，发现他的理念的，而自由又隶属于知识，

① 他固然也把自己的概念扩张到思辨的知识上，只要这些知识是纯粹地并且完全先天地被给予的；他甚至把自己的概念扩张到数学之上，尽管数学不是在别的地方、而是仅仅在**可能的**经验中拥有自己的对象。在这里，如同在对这些理念的神秘演绎和他仿佛使这些理念实体化所使用的夸张中一样，我不能追随他，尽管他在这一领域中所使用的高级语言完全能够得到一种更为委婉的、符合事物本性的解释。

知识是理性的一个特有产物。谁想从经验得出德性的概念，谁想使充其量只能充当不完善的说明之实例的东西成为知识源泉的一个典范（如同实际上许多人做过的那样），他就会使德性成为一种依时间和环境变迁的、不能用为任何规则的、模棱两可的怪物。〔201〕与此相反，每一个人都注意到，当某人对他来说被表现为德性的典范时，他毕竟始终惟有在他自己的头脑中才有他将这一所谓的典范与之进行比较并据以衡量这一典范的真正原本。但是，这原本就是德性的理念，就这一理念而言，经验的一切可能对象都仅仅充当实例（在一定程度上理性的概念所要求的东西具有可行性的证明），而不充当原型。至于永远没有一个人的行动符合德性的纯粹理念所包含的东西，也根本不证明这一思想中有什么空想的东西。因为所有关于道德上有价值或者无价值的判断，仍然惟有凭借这一理念才是可能的；因此，它必然是向道德完善的任何接近的基础，尽管人类本性中就其程度而言无法确定的种种障碍可能使我们远离这种完善。

柏拉图式的国家，作为只能在闲散思想家的大脑中才有其 A316
位置的梦寐以求的完善性之误以为引人注目的实例，已经成为成语，而**布鲁克尔**认为可笑的是，这位哲学家居然断言，一位君主如果不分有理念，就绝不能统治有方。然而，更多地顺从这一思想，并（在这位杰出的人物未给我们提供帮助的地方）通过新的努力来阐发它，要胜于用不可行这种贫乏且有害的借口把它当做无用的而置之一旁。一部按照使得**每一个人的自由能够与其他人的自由共存**的法律而具有**最大的人类自由**（不是具有最大的幸福，因为最大的幸福将已经自行接踵而至）的宪法，毕竟至少是一个必要的理念，人们不仅在一部国家宪法的最初制订中，而且就所有的法律而言都必须以这一理念为基础，而此时人们必须一开始就抽掉当下的障碍，这些障碍也许不仅仅是不可避免地产生自人类的本性，而且毋宁说是产生自

立法时对真正的理念的忽视。因为再也没有比鄙俗地诉诸据说相悖的经验更有害、与一位哲学家更不配称的东西了；如果在
A317 适当的时候已经按照理念作出了那些部署，而且不是有粗鄙的
〔202〕概念取代理念，恰恰由于它们是从经验中得来的而使一切好的意图破灭，上述经验毕竟是根本不会存在的。立法和治理越是与这一理念一致地建立起来，刑罚当然就会越是稀少，而此时，（像柏拉图所断言的那样）如果立法和治理有一完善的安排就会根本不需要诸如此类的刑罚，这是完全合情合理的。即使后者永远不可能实现，但理念毕竟是完全正确的，这就将这种**最大值**提升为原型，以便根据它使人们的法律状况越来越接近最大可能的完善。因为人类必须在那里停下来的最高程度是什么，因而理念与其实施之间必然留存的鸿沟有多大，这是没有人能够和应当规定的，之所以如此，恰恰因为它是能够超越任何给定界限的自由。

但是，不仅在人类理性展示其真正的因果性的地方，在理念成为（行动及其对象的）作用因的地方，也就是说，在道德事务中，而且就自然本身而言，柏拉图都正确地看到了它们从理念起源的清晰证明。一株植物，一个动物，世界大厦合规则
A318 的秩序（大概因此也可以说整个自然秩序），都清晰地表明，它们只有按照理念才是可能的；虽然没有任何一个造物在其存在的个别条件下与它的种类的最完善者的理念相一致（就像人不能与他甚至自己在其灵魂中作为其行动的原型所持有的人性理念相一致一样），但那些理念却仍然在最高的意义上是个别的、不可变的、完全地被规定的，是事物的源始原因，只有事物在宇宙中相结合的整体才完全符合那个理念。如果人们把术语的夸张之处分离开来，那么，从对宇宙秩序自然因素的复写式观察上升到其按照目的亦即按照理念进行的建筑术上的联结，哲学家的精神升华是一种值得敬重和仿效的努力；但就道

德、立法和宗教的原则来说，由于理念在其中虽然永远不能得
到完全的表达、但却惟有理念才使（善的）经验本身成为可
能，上述精神升华就是一种完全特有的功绩；人们之所以不承
认这种功绩，乃是因为人们恰恰是按照经验性规则来判定它
的，而经验性规则作为原则的有效性恰恰是应当被理念取消
的。因为就自然而言，经验为我们提供规则，是真理的源泉； 〔203〕
但就道德法则而言，经验（令人遗憾地！）乃是幻相之母，从
已做之事引申出关于我**应做**之事的法则，或者想由此对它们作 A319
出限制，是极应予以摈弃的。

事实上，恰如其分地进行所有这些考察，构成了哲学的特
有尊严，但我们现在却要从事一项不那么辉煌的、但毕竟也不
是没有价值的工作，即为那座宏伟的道德大厦平整和加固地
基，在这一地基中，可以发现一种徒劳地、但却信心十足地挖
掘宝藏的理性的各种各样的暗道，它们使得那座建筑变得不安
全了。因此，纯粹理性的先验应用、它的各原则和理念，就是
我们现在必须清楚认识的东西，为的是能够恰如其分地规定和
估量纯粹理性的影响和它的价值。然而，在我搁置这篇暂时性
的导论之前，我要请求把哲学挂在心上（这比人们通常遇到的
更甚）的人们，如果他们认为自己已经被这一点以及下文所说
服，就要按照**理念**这一术语的源始含义来守护它，以免它陷入
通常乱七八糟地表示各种各样的表象方式的其他术语之中，并
且损害科学。我们毕竟并不缺乏恰如其分地适合于每一种表象
方式的称谓，没有必要侵入另一门科学的领地。这些称谓的梯 A320
级序列如下：种是一般而言的**表象**（repraesentatio）。在它之
下是有意识的表象（perceptio［感知］）。仅仅与主体相关作为
主体状态之变态的**感知**是**感觉**（sensatio），一种客观的感知就
是**知识**（cognitio）。知识要么是**直观**，要么是**概念**（intuitus
vel conceptus）。前者直接地与对象相关，是个别的，后者间

接地凭借多个事物能够共有的一个特征与对象相关。概念要么是一个**经验性**概念，要么是一个**纯粹**概念，纯粹概念如果仅仅起源于知性（并不起源于感性的纯粹映象），就叫做 notio [思想]。出自思想而超越经验的可能性的概念就是**理念**或者**理性**
〔204〕 **概念**。熟悉了这种区分的人，听到把红颜色称为理念，必然觉得无法忍受。就连把红颜色称为思想（知性概念），也是不可以的。

A321

第二章　论先验理念

先验分析论给我们提供了一个实例，即我们知识的纯然逻辑形式如何能够包含着先天纯粹概念的起源，这些概念先于一切经验而表现对象，或者毋宁说展示使对象的一种经验性知识成为可能的那种惟一综合的统一。判断的形式（转化为直观之综合的概念）产生指导知性在经验中的一切应用的各范畴。同样，我们可以期望，如果人们把理性推理的形式按照范畴应用于直观的综合统一，这种形式就也将包含着一些特殊的先天概念的起源，这些概念我们可以称为纯粹的理性概念或者**先验理念**，它们将按照原则规定知性在全部经验的整体中的应用。

理性在其推理中的功能在于知识依据概念而有的普遍性，而理性推理本身是一个先天地在其条件的全部范围内被规定的
A322 判断。我也可以仅仅凭借知性从经验中得出“卡尤斯是会死的”这一命题。但是，我所寻求的是一个包含着该判断的谓词（一般而言的肯定）被给予所服从的条件的概念（也就是说，在这里就是人的概念），而在我将它归摄在这一条件的全部范围（一切人都是会死的）下面之后，我就据此规定了我的对象的知识（卡尤斯是会死的）。

据此，我们事先在大前提中就其全部范围而言在某个条件下思维一个谓词，然后在一个理性推理的结论中把该谓词限制在某个对象上。该范围完成了的量与这样一个条件相关，就叫 〔205〕
做**普遍性**（Universalitas）。在直观的综合中与普遍性相应的是条件的**全体性**（Universitas）或者**总体性**。因此，先验的理性概念不是别的，是关于一个被给予的有条件者的**种种条件之总体性**的概念。现在，既然惟有**无条件者**才使得种种条件的总体性成为可能，而反过来种种条件的总体性在任何时候本身都是无条件的，所以一个纯粹的理性概念一般而言可以通过无条件者的概念来说明，只要后者包含着有条件者的综合的一个根据。

现在，知性凭借范畴表现出来的关系有多少种类，也就会 A323
有多少个纯粹的理性概念。所以应当寻求的是：**第一**，一个主体中**定言**综合的无条件者；**第二**，一个**序列**的各个环节的**假言**综合的无条件者；**第三**，一个**体系**中的各个部分的**选言**综合的无条件者。

也就是说，正好有这么多种类的理性推理，其中的每一个都通过上溯推理推进到无条件者：一种推进到本身不再是谓词的主体，另一种推进到不再以别的东西为前提条件的前提条件，第三种推进到划分的各环节的一个集合体，对这些环节来说，为完成一个概念的划分不再需要任何别的东西了。因此，关于种种条件之综合中的总体性的纯粹理性概念，至少作为要将知性的统一尽可能地延续到无条件者的任务是必要的，而且是根据人类理性的本性的；即使除此之外这些理性概念缺乏一种与它们适合的具体应用，从而除了将知性纳入使其应用在极度扩展中同时与自身完全一致的方向之外，别无其他用途。

但是，当我们在这里把种种条件的总体性和无条件者作为 A324

一切理性概念的共同称号来谈论时，我们又遇到了一个术语，我们不能缺少这一术语，但尽管如此却不能按照一种由于长期的误用而附着于它的含混性来可靠地应用它。**绝对**这个词就是在其源始的含义上适用于一个概念、明显地在同一语言中没有
〔206〕一个别的词精确符合该概念的少数词之一，因此，它的丧失，或者换句话说也一样，它的不稳定的使用，也必然导致概念本身的丧失，而且是这样一个概念的丧失，该概念由于使理性极为关注，缺少该概念不可能不严重损害一切先验哲学。**绝对**这个词经常只是被用来表示，某物就自身而言、从而**内在地**对一个事物有效。在这种意义上，**绝对可能的**意味着就自身（内部的东西）而言可能的东西，这实际上是我们关于一个对象所能够说的**最起码的东西**。与此相反，它有时也被用来表示，某物在一切关系上（不受限制地）都有效（例如，绝对的统治），而**绝对可能的**在这种意义上就会意味着就所有的方面而言**在一
A325 切关系上都可能**的东西，这又是我关于一个事物的可能性所能够说的**最多的东西**。现在，这两种含义虽然有时会遇到一起，例如内在地不可能的东西也在一切关系上不可能，从而绝对不可能。但在大多数场合，这两种含义相去极远，我不能以任何方式推论说：某物由于就自身而言是可能的，就也在一切关系上是可能的，从而是绝对可能的。的确，关于绝对的必然性，我将在下面指出，它绝不是在一切场合都依赖于内在的必然性，因而不必把它视为与后者是同等含义的。其对立面内在地不可能的、当然也就所有的方面而言不可能的东西，其本身因而就是绝对必然的；但是，我不能反过来推论说：绝对必然的东西，其对立面就是**内在地**不可能的，也就是说，事物**绝对的**必然性就是一种**内在的**必然性；因为这种内在的必然性在某些场合是一种极为空洞的表述，我们不能把最起码的概念与它联结起来，与此相反，关于一事物在一切关系（与一切可能的东

西的关系）上的必然性的概念就带有一些十分特殊的规定。现在，既然一个在思辨的世俗智慧中具有重大效用的概念的丧失对于哲学家来说绝不可能是无所谓的，所以我希望，对这一概念所依赖的术语加以规定和精心的维护，对于哲学家来说也将不是无所谓的。

在这种情况下，我将在这种扩展了的含义上使用**绝对**这个 A326
词，并且把它与纯然相对地、或者就特殊的考虑而言有效的东
西对立起来；因为后者是被限制在一些条件上的，而前者却是 〔207〕
无限制地有效的。

现在，先验的理性概念在任何时候都仅仅关涉种种条件之综合中的绝对的总体性，并且永不终止，除非在绝对无条件者、亦即在一切关系上都无条件的东西那里。因为纯粹理性把一切都委托给了知性，知性首先与直观的对象、或者毋宁说与它们在想象力中的综合发生关系。理性只给自己保留了知性概念之应用中的绝对总体性，并试图把在范畴中所思维的综合统一延展至绝对无条件者。因此，人们可以把这种统一性称为**理性的统一性**，就像把范畴所表达的那种统一性称为**知性的统一性**一样。据此，理性就只与知性的应用相关了，并且不是就知性包含着可能经验的根据而言（原因在于，种种条件的绝对总体性不是一个可以在经验中使用的概念，因为没有任何经验是无条件的），而是为了给知性规定朝向某种统一性的方向，知性对这种统一性毫无概念，而这种统一性则旨在于把就每一个
对象而言的一切知性行动总括成为一个**绝对的整体**。因此，纯 A327
粹理性概念的客观应用在任何时候都是**超验的**，而纯粹知性概念的客观应用则就其本性而言在任何时候都必须是**内在的**，因为它仅仅局限于可能的经验。

我把理念理解为一个必然的理性概念，在感官中不能给予它任何相应的对象。因此，我们现在所考虑的理性概念是**先验**

的理念。它们都是纯粹理性的概念；因为它们把一切经验知识都看做由种种条件的绝对总体性所规定的。它们不是任意虚构出来的，而是通过理性本身的本性给出的，因而是以必然的方式与整个知性的应用相关的。最后，它们是超验的，并且超越了一切经验的界限，因而在该界限内永远不可能出现一个与先验理念相符合的对象。如果人们举出一个理念，那么，就客体（即作为纯粹知性的一个对象）而言则说得**很多**，但就主体而言（也就是说，就其在经验性条件之下的现实性而言）则说得**很少**，这恰恰是因为它作为一个极大值的概念，永远不能具体
〔208〕 A328 地相应给出。现在，由于后者在理性的纯然思辨的应用中本来就是全部目的，而向一个在实施中毕竟永远无法达到的概念的逼近，与该概念被完全错过是一样的，所以，对于一个诸如此类的概念，就可以说：它**只是**一个理念。这样，人们就可以说：一切显象的绝对整体**只是一个理念**，因为既然我们永远不能勾勒出诸如此类的东西的形象，所以它依然是一个没有任何答案的**问题**。与此相反，由于在知性的实践应用中仅仅涉及依照规则的实施，所以实践理性的理念在任何时候都可以现实地——尽管只是部分地——被具体给予，它甚至是理性的任何实践应用不可或缺的条件。理性的实施在任何时候都是受限制的、有缺陷的，但却是处于不可规定的界限之下，因而在任何时候都处于一种绝对完备性的概念的映象之下。据此，实践理念在任何时候都是极富成果的，而且就现实行动而言是不可避免地必要的。在它里面，纯粹理性甚至拥有将它的概念所包含的东西现实地产生出来的因果性；因此，对于这种智慧，我们不能仿佛是蔑视地说：**它只是一个理念**；而正因为它是具有一切可能目的的必然统一性的理念，所以它必须作为源始的、至少是限制性的条件对一切实践的东西充当规则。

A329 现在，即使我们对于先验的理性概念不得不说：**它们只不**

过是些理念罢了，我们也毕竟绝不能把它们视为多余的和毫无意义的。因为尽管由此不能规定任何客体，但它们毕竟在根本上并且不为人觉察地能够对于知性来说充当其扩展的和一致的应用的法规，由此知性虽然没有比它按照概念可能认识的更多地认识一个对象，但毕竟在这种认识中得到了更好的和更进一步的指导。更不用说，它们也许能够使从自然概念到实践概念的一种过渡成为可能，并使道德理念本身以这样的方式获得支持和与理性的思辨知识的联系。关于这一切，人们必须等待下文作出说明。

但是，按照我们的目的，我们在这里把实践的理念搁置一旁，因而只是在思辨的应用中考察理性，而且在这种应用中也更窄一些，也就是说，仅仅在先验的应用中考察理性。这里，我们必须选择我们上面在范畴的演绎那里所采取的同一条道 〔209〕
路，也就是说，考虑理性知识的逻辑形式，看一看理性是否由此也成为概念的一个源泉，即把客体自身视为就理性的这个或者那个功能而言被先天综合地规定的。

理性作为知识的某种逻辑形式的能力来看，就是推论的能 A330
力，也就是间接地（通过把一个可能判断的条件归摄在一个被给予的判断的条件之下）作出判断的能力。被给予的判断就是普遍的规则（大前提，Major）。另外一个可能判断的条件被归摄在规则的条件之下，就是小前提（Minor）。**在被归摄的事例中**陈述对该规则的肯定的现实判断就是结论（Conclusio）。也就是说，规则普遍地在某种条件下说出某种东西。于是，在一个出现的事例中就存在着规则的条件。因此，在那个条件下普遍有效的东西，就也在出现的事例（该事例自身具有这一条件）中被视为有效的。很容易看出，理性通过构成一个条件序列的那些知性行动而达到一种知识。如果我达到“一切物体都是可变的”这个命题，只是通过我从“一切复合物都是**可变**

的”这一较远的知识（其中包含着其条件的物体概念尚未出现）开始，由此进展到隶属于前者条件之下的较近的知识，即“物体都是复合的”，并由此才进展到第三个如今把远距离的知识（可变的）与当前的知识联结起来的知识，即“所以物体都
A331 是可变的”，那么，我是通过一个条件（前提）序列达到一个知识（结论）的。如今，每一个其实例（定言判断或者假言判断的实例）已经被给予的序列都可以继续下去；因此，正是同一个理性行动导致了 ratiocinatio polysyllogistica［复合推理］，这是一个推理的序列，它可以要么向条件方面（per prosyllogismos［通过上溯推理］），要么向有条件者方面（per episyllogismos［通过延伸推理］）继续到不被限定的远方。

但是，人们马上就察觉到，上溯推理亦即在一个被给予的知识的根据或者条件方面推论出来的知识，其链条或者序列，
〔210〕换句话说，理性推理的**上升序列**，与理性能力的关系必然不同于**下降序列**，亦即理性在有条件者方面通过延伸推理的进程。因为既然在前一场合知识（结论）只是作为有条件的而被给予的，所以人们要凭借理性达到这种知识，只能是至少在这样一个前提条件下，即该序列在条件方面的所有环节都已经被给予（前提序列中的总体性），因为只有在这一前提条件下，当前的判断才是先天地可能的；与此相反，在有条件者或者结论方
A332 面，所设想的只是一个**形成着的**序列，而不是一个已经**完全**预先设定的或者**被给予的**序列，因而只是一个潜在的进程。所以，如果一个知识被视为有条件的，那么，理性就不得不把上升方向上的条件序列视为完成了的或者按照其总体性已经被给予的。但是，如果同一个知识同时被视为其他相互之间构成下降方向上的一个结论序列的那些知识的条件，那么，理性就可以完全不在乎这一进程 a parte posteriori［向后］延伸多远，以及这一序列的总体性是否在任何地方都是可能的；因为它为

了自己面临的结论并不需要一种诸如此类的序列，这个结论已经通过它的根据 a parte priori［向前］得到了充分的规定和保证。无论在条件方面前提的序列有没有一个**第一项**来作为至上的条件，因而 a parte priori［向前］是没有界限的，它毕竟必须包含着种种条件的总体，哪怕我们永远也不能做到把握这一总体；而且，如果被视为是由整个序列产生出来的结论的有条件者应当被看做真的，则整个序列就必须是无条件地真的。这是理性的一个要求，理性宣称它的知识是先天地确定的和必然的：这要么是就其自身而言，在这种情况下就不需要任何根据；要么就是被派生出来的，作为一个根据序列的环节，这序列本身无条件地是真的。

第三章　先验理念的体系 〔211〕 A333

我们在这里不研究逻辑的辩证法，它抽掉了知识的一切内容，仅仅揭示理性推理的形式中的虚假幻相，而是研究一种先验的辩证法，它应当完全先天地包含着某些出自纯粹理性的知识和推论出来的概念的起源，这些知识和概念的对象根本不能经验性地被给予，因而完全处在纯粹知性的能力之外。从我们的知识在种种推理和判断中的先验应用与逻辑应用必然具有的自然关系中，我们得出：只有三种辩证的推理，它们与理性能够从原理达到知识所凭借的三种推理方式有关，而且在这所有的辩证推理中，理性的任务都是从知性在任何时候都受其制约的有条件综合上升到知性永远不能达到的无条件综合。

如今，我们的种种表象所能够具有的一切关系的普遍东西是：1. 与主体的关系；2. 与客体的关系，而且这客体要么首先是显象，要么是一般的思维对象。如果人们把进一步的划分 A334
与上面的划分结合起来，则我们对之能够形成一个概念或者理念的种种表象的关系共有三种：1. 与主体的关系；2. 与现象中客体的杂多的关系；3. 与一切一般事物的关系。

于是，一切一般纯粹概念都与种种表象的综合统一有关，而纯粹理性的概念（先验理念）则与一切一般条件的无条件综合统一有关。因此，一切先验理念就可以列入**三类**，其中**第一**类包含着**思维主体**的绝对统一，**第二**类包含着**现象的条件序列**
〔212〕 的绝对**统一**，**第三**类包含着**一切一般思维对象的条件**的绝对**统一**。

思维主体是**心理学**的对象，一切显象的总和（世界）是**宇宙论**的对象，而包含着一切能被思维者的可能性的至上条件的那个物（一切存在者的存在者）则是**神学**的对象。因此，纯粹理性为一种先验的灵魂说（psychologia rationalis [理性心理学]）、为一种先验的宇宙学（cosmologia rationalis [理性宇宙
A335 论]）、最后也为一种先验的上帝知识（theologia transcendentalis [先验神学]）提供理念。甚至这些学问的任何一门的纯然设计也根本不是由知性出发形成的，即便知性与理性的最高逻辑应用亦即一切想得到的推理相结合，以便从知性的一个对象（显象）前进到所有其他对象、直至经验性综合最遥远的环节也不行，相反，它仅仅是纯粹理性的一个纯粹的和真正的产物或者问题。

纯粹理性概念的什么样的模态处于一切先验理念的这三个项目之下，将在下一部分给予完备的阐述。它们是按照范畴的导线前进的。因为纯粹理性径直地相关的，绝不是对象，而是对象的知性概念。同样，也只有在完全的论述中才能弄清楚，理性如何只有通过它为了定言理性推理所使用的同一种功能的综合应用才必然地达到**思维主体**的绝对统一的概念，假言理性推理中的逻辑程序如何必然导致种种被给予的条件的**一个序列**中的绝对无条件者的理念，最后，选言理性推理的纯然形式如

何必然导致关于一个一切**存在者的存在者**的最高理性概念：一 A336
个乍一看显得极为荒谬的思想。

关于这些先验理念，本来没有任何客观的演绎像我们关于范畴所提供的那样是可能的。因为事实上，它们没有任何同某个能够与它们相符合地被给予的客体的关系，之所以如此，正因为它们仅仅是理念。但是，我们可以设法主观地把它们从我们 〔213〕
理性的本性推导出来；这种推导在目前这一篇中也已经做过了。

人们很容易看出，纯粹理性引以为目的的，无非就是**条件方面**（无论是依存性的条件、隶属性的条件、还是并存性的条件）的综合的绝对总体性，它与**有条件者方面**的绝对完备性则毫不相干。因为要预先设定条件的整个序列并由此将它先天地交给知性，理性只需要前者。但是，一旦有了一个完备地（而且无条件地）被给予的条件，在序列的继续方面就不再需要一个理性概念了；因为知性自己就在执行从条件下降到有条件者的每一个步骤。以这样的方式，先验理念仅仅有助于在条件序列中直至无条件者、亦即直至原则的**上升**。但是，就向有条件
者的**下降**而言，虽然也有一种我们的理性对知性规律的广泛逻 A337
辑应用，但却没有先验的应用；而且如果我们关于（进展的）这样一种综合的绝对总体性——例如关于世界一切**未来的**变化的整个序列——形成一个理念，这就是一个思想物（ens rationis［理性的存在者］），它只是任意地设想出来的，而不是由理性必然地预先设定的。因为对于有条件者的可能性来说，虽然其条件的总体性被预先设定，但其后果的总体性却不被预先设定。因此，这样一个概念不是先验理念，而我们在这里毕竟仅仅讨论先验理念。

最后，人们还将察觉：在先验理念本身中间显现出某种关联和统一性，纯粹理性凭借它们使自己的知识形成一个体系。从其自身（灵魂）的知识推进到世界的知识，并凭借世界的知

识推进到元始存在者，这是一个如此自然的进展，以至于它与理性从前提到结论的逻辑进程也显得类似。至于这里是否确实有一种如同逻辑程序和先验程序之间的那种渊源关系暗中作为基础，也是人们必须在这一研究的过程中才能期待作出回答的
A338〔214〕问题之一。我们已经暂时达到了我们自己的目的，因为我们已经能够把其他情况下通常在哲学家们的理论中与其他概念混在一起、这些哲学家们未尝将之与知性概念恰如其分地区别开来的理性的先验概念从这种含混的状态中拔脱出来，说明其起源，从而同时说明其根本不能再增添的确定数目，在一个系统的关联中将它们表现出来，由此就为纯粹理性划出和限定一个特殊的领域。

第二卷

论纯粹理性的辩证推理

尽管一个纯然先验的理念是完全必然地在理性中按照其源始的规律产生的，但人们仍然能够说，它的对象是某种人们没有任何概念的东西。因为事实上，即便是对于一个应当符合理性要求的对象，也不可能有一个知性概念，也就是说，有一个
A339 能够在可能经验中显示并直观化的概念。如果人们说：我们对于同一个理念相应的客体虽然能够有一个或然的概念，但却不能有任何知识，那就毕竟表达得更为得体，较少误解的危险。

如今，至少纯粹理性概念先验的（主观的）实在性，乃是基于我们通过一种必然的理性推理达到这样的理念。因此，有一些理性推理不包含经验性的前提，我们凭借它们从我们认识

的某种东西推论到我们毕竟没有任何概念的某种别的东西，而且我们还由于一种不可避免的幻相而赋予这种东西以客观的实在性。因此，诸如此类的推理就其结论而言，与其把它们称为理性推理，倒不如把它们称为**玄想的**推理：尽管它们由于其起因能够当得起理性推理的名称，因为它们毕竟不是虚构的或者偶然产生的，而是起源自理性的本性的。它们不是人们的诡辩，而是纯粹理性本身的诡辩，所有的人中甚至最智慧的人也〔215〕摆脱不了这些诡辩，虽然也许能在诸多努力之后预防错误，但却永远不能完全摆脱不断地烦扰他和愚弄他的幻相。

因此，这些辩证的理性推理就只有三种，恰如其结论所导致的理念那么多。在**第一种**理性推理中，我从不包含任何杂多 A340 东西的主体的先验概念出发，推论到我以这种方式对它根本没有任何概念的这个主体本身的绝对统一。我将把这种辩证推理称为先验的**谬误推理**。**第二种**玄想推理旨在于一般被给予的显象的条件序列之绝对总体性的先验概念；而且我从我关于这个序列在一方面的无条件综合统一任何时候都有一个自相矛盾的概念出发，推论到我尽管如此也没有任何概念的相反的统一的正确性。我将把理性在这些辩证推理中的状态称为纯粹理性的**二论背反**。最后，我按照**第三种**玄想推理从思维能够被给予我的一般对象的条件的总体性出发，推论到一般事物的可能性之一切条件的绝对综合统一，也就是说，从我根据其纯然的先验概念并不认识的事物出发，推论到我通过一个先验概念更不认识的一切存在者的存在者，而对于它的无条件的必然性，我不能形成任何概念。我将把这种辩证的理性推理称为纯粹理性的**理想**。

A341 第一篇

论纯粹理性的谬误推理

逻辑的谬误推理在于一个理性推理在形式上的错误，除此之外在其内容上却可以随便是什么。但是，一个先验的谬误推理却有一种先验的根据来作出形式上错误的推论。以这
〔216〕样的方式，一种诸如此类的错误推论就在人类理性的本性中有其根据，并带有虽然并非不可消解、但却无法避免的幻觉。

现在，我们到达一个概念，上文并没有在先验概念的一览表中列出该概念，尽管如此却必须列入其中，毕竟并不因此就对那个表有丝毫改变，说明它是有缺陷的。这就是“**我思**”的概念，或者宁可说是判断。但是，人们很容易看出，它是一切一般概念的载体，因而也是先验概念的载体，从而任何时候都在这些概念中间一起被把握，所以同样是先验的，但却不能有任何特殊的称号，因为它仅仅用于指出一切思维都是属于意识
A342 的。然而，无论它如何纯粹而不含经验性的东西（感官的印象），它毕竟还是用于从我们的表象能力的本性出发把两种不同的对象区分开来。“**我**”作为思维者是内感官的一个对象，叫做灵魂。是外感官的一个对象的“我”则叫做肉体。据此，作为一个能思维的存在者的“我”这一术语就已经意味着心理学的对象；如果我对于灵魂并不要求知道得比独立于一切经验（它们更确切地具体规定我）而从在一切思维中都出现的“我”这一概念能够推论出来的东西更进一步的话，这种心理学就可以叫做理性的灵魂说。

于是，**理性的**灵魂说确实是这样一种冒险；因为只要我的思维的一点经验性的东西、我的内部状态的任何一个特殊的知

觉还混杂进这门科学的知识根据之中，这门科学就不再是理性的、而是**经验性的**灵魂说。因此，我们已经面临着一门所谓的科学，它建立于其上的惟一命题就是：**我思**；我们在这里可以完全适当地按照一种先验哲学的本性对这门科学的根据或者无根据加以研究。至于我毕竟对这一表达我自己本身的知觉的命题有一种内部经验，从而在此之上建立的理性的灵魂说永远不 A343
是纯粹的，而是部分地根据一个经验性的原则的，人们不要对此有所不满。因为这种内部知觉无非是纯然的统觉：**我思**；它甚至使一切先验概念成为可能，在这些先验概念中所说的是： 〔217〕
我思维实体、原因等等。因为一般内部经验及其可能性、或者一般知觉及其与其他知觉的关系，如果不是经验性地给出了它们的某种特殊区别和规定，就不能被视为经验性的知识，而是必须被视为对一般经验性的东西的知识，并且属于对任何一个经验的可能性的研究，而这种研究却是先验的。参与自我意识的普遍表象的知觉，其最低限度的客体（例如仅仅是快乐或者不快）都会使理性的心理学转化为一种经验性的心理学。

因此，**我思**是理性心理学的惟一解说词，它应当从中展开自己的全部智慧。人们很容易看出，这一思想如果应当与一个对象（我本身）发生关系，就只能包含着该对象的一些先验谓词：因为最低限度的经验性谓词都会败坏这门科学对于一切经验的理性纯粹性和独立性。

但是，我们在这里将只能跟随范畴的导线；只是由于这里 A344
首先给出了一个物，亦即作为思维存在物的我，所以我们虽然将不改变相互之间如在范畴表中所表现的上述秩序，但毕竟在这里要从实体范畴开始，由此表现一个物自身，并这样来回溯范畴的序列。据此，理性的灵魂说所可能包含的所有其他东西都必须从它的位置论推导出来，该位置论如下：

1.

灵魂是**实体**

2.

灵魂在其质上是单纯的

3.

灵魂就其所在的不同时间而言是数目上同一的，亦即**单一性**（非复多性）

〔218〕 4.

灵魂处于同空间中**可能的**对象的关系中①

A345 从这些要素中，仅仅通过组合，而丝毫不用认识别的原则，就产生出纯粹的灵魂说的所有概念。这种实体纯然作为内感官的对象，提供了**非物质性**的概念，作为单纯的实体提供了**不死性**的概念，其作为理智实体的同一性提供了**人格性**的概念，所有这三项一起提供了**精神性**；与空间中的对象的关系提供了与物体的**交感**；因而它也就把思维的实体表现为物质中生命的原则，亦即把后者表现为灵魂（anima），而且表现为**动物性**的根据，动物性被精神性所限制，表现为**不死性**。

与此相关的有先验的灵魂说的四个谬误推理，先验的灵魂说被错误地视为纯粹理性的一门关于我们能思维的存在者之本性的科学。但我们能够作为这门科学基础的，却无非是单纯
A346 的、自身在内容上完全空洞的表象：**我**；关于这个表象，人们

① 不那么容易从这些术语中就其先验抽象性而言猜测出它们的心理学意义以及灵魂的最后这个属性为什么属于**实存性**范畴的读者，将在下文发现它们得到了充分的解释和理由说明。此外，我还要为我不仅在本章中、而且在全书中违背纯正文风的鉴赏插入拉丁术语来取代同等意义的德文术语而请求原谅：我宁可在语言的优雅上有所损失，也不愿因丝毫的晦涩而给教学的用途增加困难。

就连说它是一个概念也不能，它只不过是一个伴随着一切概念的意识。通过这个能思维的我或者他或者它（物）所表象出来的不是别的，无非是思想的一个先验主体＝X，它惟有通过是它的谓词的那些思想才被认识，而分离开来，我们就永远不能对它有丝毫概念；因此，我们在一个不断的循环中围绕着它打转，因为我们要想对它作出某种判断，在任何时候都必须已经使用了它的表象；这是一种与它不可分离的不便，因为意识自 〔219〕
身并不是对一个特殊的客体作出区分的表象，而是应当被称为知识的一般表象的形式；因为只有对于知识，我才能说我由此思维着某物。

但是，一开始必然显得古怪的是，我一般而言在其下进行思维的、因而是我的主体的一种性状的条件，同时应当对一切能思维的对象都有效，而我们居然能够妄称在一个显得是经验性的命题之上建立起一个无可争辩的和普遍的判断，也就是说，凡是进行思维的东西，就都具有自我意识的陈述就我而言所说的那种性状。但这里的原因在于：我们必然要先天地赋予事物以构成我们惟有在其下才思维事物的那些条件的一切属 A347
性。于是，对于一个能思维的存在物，我不是通过任何外部经验、而是只有通过自我意识才能有最起码的表象。因此，诸如此类的对象无非是我的这个意识向只有因此才被表象为能思维的存在物的其他事物的过渡。但是，“我思”这个命题在这里只是被当做或然的，不是就它包含着关于一个存在的知觉而言（笛卡尔的 cogito，ergo sum［我思故我在］），而是根据它的纯然可能性，要看一看有哪些属性能够从这个如此简单的命题出发推论到它的主体（不论诸如此类的主体是否实存）。

假若作为我们关于一般能思维的存在物的纯粹理性知识之基础的不只是 cogito［我思］，假若我们还要求助于对我们思想活动的观察和由此得出的能思维的自我的自然规律，那么，就会产生一种经验性的心理学，它将是一种内感官的**自然学**，也许能够用来说明内感官的显象，但却永远不能用来揭示根本不属于可能经验的那些属性（例如单纯的东西的属性），也不能用来就一般能思维的存在者而言**无可争辩地**告知某种涉及其本性的东西；因此，它不会是**理性的**心理学。

A348 既然“**我思**”这个命题（作为或然的来看）包含着任何一个一般知性判断的形式，并且作为其载体伴随着一切范畴，那

〔220〕 么就很清楚，从它作出的推论就只能包含着知性的一种先验的应用，这种应用排除了经验的一切混杂，对于它的进展，按照我们上面所指出的，我们不可能预先形成任何极有利的概念。因此，我们想以一种批判的眼光通过纯粹的灵魂说的一切陈述词来追踪这一命题。

第一谬误推理：实体性

其表象是我们的判断的**绝对主体**，因而不能被用做另一个事物的规定的东西，就是**实体**。

我，作为一个能思维的存在者，是我的一切可能的判断的**绝对主体**，而且关于我自己的这个表象不能被用做任何一个别的事物的谓词。

所以，我作为能思维的存在者（灵魂），就是**实体**。

对纯粹心理学的第一个谬误推理的批判

在先验逻辑的分析部分里，我们已经指明：如果不给纯粹范畴（以及其中还有实体）加上它们作为综合统一性的功能能

A349 够运用于其杂多之上的一种直观，它们就其自身而言根本没有客观的意义。没有这种杂多，它们就仅仅是一种判断的功能而

没有内容。关于任何一个一般的事物，就我把它与事物纯然的谓词和规定区别开来而言，我都能够说它是实体。如今，在我们的一切思维中，我都是思想仅仅作为规定所依存的主体，而且这个我不能被用做另一个事物的规定。因此，每一个人都必须必然地把自己视为实体，而把思维仅仅视为他的存在的偶性和他的状态的规定。

但是，我应当怎样利用这个实体概念呢？我从中绝不能推论出，我作为一个能思维的存在者对于我自己来说**持久存在**，既不以自然的方式**产生**，也不以自然的方式**消逝**；而且，我的能思维的主体的实体性的概念对我来说毕竟只能用在这方面，没有这种应用，我就完全可以没有这个概念。

人们还远远不能从纯然的、纯粹的实体范畴推论出这些属 〔221〕
性，毋宁说，如果我们想把关于一个**实体**的经验性概念用于一个被给予的对象，我们就必须以该对象出自经验的持久性为基础。但现在，我们在我们的命题中并没有以任何经验为基础，而是仅仅从一切思维与作为它们所依存的共同主体的我之关系 A350
的概念出发进行推论。即使我们有志于此，也不能用任何可靠的观察来阐明这样一种持久性。因为我虽然在一切思想中，但与这个表象却没有丝毫的直观相结合，来把它与直观的其他对象区别开来。因此，人们虽然能够觉察这个表象在一切思维中都一再出现，但却不能觉察它是一个种种思想（作为可变的）在其中相互交替的常驻不变的直观。

由此得出：先验心理学的第一个理性推理在把思维恒常的逻辑主体冒充为依存性的实在主体的知识时，只不过是在用一种被信以为真的新洞识来欺骗我们罢了；关于这个实在的主体，我们没有也不可能有丝毫知识，因为意识是惟一使一切表象成为思想的东西，从而作为先验的主体，在它里面必然发现我们的一切知觉，而且在我的这种逻辑意义之外，我们对于作为基底构成这一思想以及一切思想的基础的主体自身没有任何知识。然而，人们尽可以承认“**灵魂是实体**”这个命题，只要人们满足于，我们的这个概念并不使人前进一步，或者能够告
A351 诉人玄想的灵魂说的种种通常的结论中的任何一个，例如告诉人灵魂无论人有什么变化，甚至死亡也永久持存，因此，它只不过表示一个理念中的实体罢了，但并不表示实在性中的实体。

第二谬误推理：单纯性

其活动绝不能被视为诸多活动着的事物的协作的事物，就是**单纯的**。

现在，灵魂或者能思维的我就是这样一个事物。

所以，……

〔222〕 对先验心理学的第二谬误推理的批判

这是纯粹的灵魂说的一切辩证推理的阿基里斯，并不纯然是一个独断论者假造出来赋予其种种主张以一种易逝的外表的诡辩把戏，而是一种甚至看起来能够经得起最严厉的检验和研究的最大疑虑的推理。该推理如下所述：

任何一个**复合的**实体都是诸多实体的集合，而一个复合物的活动或者依存于这样一个复合物的东西，都是分布于大量实体中间的诸多活动或者偶性的集合。现在，虽然从诸多活动着
A352 的实体的协作产生的一种结果是可能的，只要这种结果是纯然外部的（例如一个物体的运动是其所有部分的联合运动）。作为内在地属于一个能思维的存在者的偶性的思想就是另一回事了。因为假定复合物能思维，那么，它的每一个部分就会包含着思想的一个部分，而所有的部分合起来才包含着整个思想。

然而，这是自相矛盾的。因为既然分布于不同的存在者中间的表象（例如一句诗的各个个别的词）绝不构成一个完整的思想（一句诗），所以，思想不能依存于这样一个复合物。因此，思想惟有在**一个**并非诸多实体的集合，从而绝对单纯的实体中才是可能的。①

这一论证的所谓 nervus probandi [证明的关键] 就在于如下命题：为构成一个思想，在能思维的主体的绝对统一性中必须包含着许多表象。没有人能够**从概念出发**证明这一命题。因为为了做到这一点，他要如何开始呢？一个思想只能是能思 A353
维的主体的绝对统一性的结果，这个命题不能被当做分析的来对待。因为由许多表象构成的思想的统一性是集合的，并且在纯然的概念上，这种统一性既能够与一起参与这一思想的诸多实体的集合统一性相关（就像一个物体的运动是其所有部分的 〔223〕
复合运动一样），也同样能够与主体的绝对统一性相关。因此，按照同一性的规则，看不出就一个复合的思想而言预设一个单纯的实体的必要性。但是，没有人敢于声辩应当综合地和完全先天地从纯然概念出发认识这一命题，如果他像我们上面阐述过的那样了解先天综合命题的可能性的根据的话。

但现在，也不可能从经验引申出主体的这种必然的同一性，来作为任何一个思想的可能性的条件。因为经验并不给出必然性以供认识，更不用说绝对统一性的概念远远超出经验的领域了。在这种情况下，我们从何处得到整个心理学的理性推理都依据的这个命题呢？

① 给予这一证明以通常合乎学术的准确性，是很容易的事情。但对我的目的来说，充其量以通俗的方式举出纯然的证明根据就已经够了。

显而易见，如果要想象一个能思维的存在者，人们就必须设身处地，把要考虑的客体调换成他自己的主体（在任何别的
A354 方式的研究中都不是这种情况），而且我们之所以对一个思想来说要求主体的绝对统一性，只是因为若不然，就不能说我思（在一个表现中的杂多）。因为尽管思想的整体能够被分割并分布于诸多主体中间，但主观的我却不能被分割和分布，而且我们在一切思维中都毕竟以这个我为前提条件。

因此，在这里与在前面的谬误推理中一样，统觉的形式命题，即**我思**，依然是理性心理学敢于扩展自己的知识所依据的全部根据；这个命题固然不是一个经验，而是属于每个经验并先行于每个经验的统觉形式，但尽管如此，它却必须始终就一般可能的知识而言被视为这种知识的纯然**主观的条件**，我们没有理由使这种条件成为对象的一种知识的可能性的条件，亦即成为关于一般能思维的存在者的**概念**，因为我们如果不凭借我们的意识的公式将我们自己置于任何别的理智存在者的位置上，就不能把这个存在者表现给我们。

〔224〕 但是，我自己（作为灵魂）的单纯性实际上也不是从我思这个命题**推论**出来的，相反，这种单纯性已经蕴涵在每一个思想自身里面。**"我是单纯的"**，这个命题必须被视为统觉的一种
A355 直接的表达，就像被信以为真的**笛卡尔式**推理"cogito，ergo sum"［我思，故我在］事实上是同义反复一样，因为 cogito［我思］（sum cogitans［我是思维者］）直接陈述着现实性。但**"我是单纯的"**却仅仅意味着，**"我"**这个表象在自身不包含丝毫的杂多性，它是绝对的（尽管纯然是逻辑的）统一性。

因此，这个如此著名的心理学证明只是建立在一个仅仅就某个人称而言来支配动词的表象之不可分割的统一性之上。但显而易见，通过依附思想的"我"，只是先验地表示出依存性的主体，并没有说明它的丝毫属性，或者关于它根本没有认识

或知道某种东西。它意味着一个一般的某物（先验的主体），其表象当然必须是单纯的，这正是因为人们在它那里根本没有规定任何东西，就像毫无疑问没有任何东西能够比通过一个纯然的某物的概念被表现得更加单纯一样。但是，一个主体的表象的单纯性却并不因此就是关于这主体本身的单纯性的知识，因为在用“我”这个完全空无内容的表述（我可以把它用于任何一个能思维的主体）来表示它的时候，它的种种属性就都被抽掉了。

如此说来也就毫无疑问，我通过这个“我”在任何时候都 A356
想到主体的绝对的、但却是逻辑的统一性（单纯性），然而并不是我由此就认识到我的主体的现实的统一性。就像“我是实体”这个命题无非意味着我不能具体地（经验性地）使用的纯粹范畴一样，我也被允许说“我是一个单纯的实体”，也就是说，这个实体的表象绝不包含杂多的一种综合；但就作为经验的一个对象的我自己而言，这个概念或者这个命题并没有告诉我们丝毫的东西，因为实体的概念本身只是被当做综合的功能来使用，没有匹配的直观，因而没有客体，只是适用于我们的知识的条件，但并不适用于某个相关的对象。我们要对这个命题被信以为真的可用性作一番试验。

每一个人都必须承认，灵魂的单纯本性的主张，只是就我 〔225〕
能够由此把这个主体与一切物质区别开来、从而使灵魂免除这些物质在任何时候都承受着的衰败而言才具有一种价值。真正说来，上述命题也完全是着眼于这种用途，因此它在大多数情况下也被这样来表述：灵魂不是有形体的。现在，如果我能够
指出，尽管人们承认理性的灵魂说的这个基本命题在一个（从 A357
纯粹范畴出发的）纯然的理性判断的纯粹意义上具有客观的有效性（凡是思维的东西，都是单纯的实体），然而，在灵魂与物质异类或者相似方面，这个命题却不能有丝毫的应用，那

么，这也就等于是说，好像我已把这个被信以为真的心理学洞识放逐到缺乏客观应用的实在性的纯然理念的领域里了。

在先验感性论中，我们已经无可争辩地证明了，物体是我们外感官的纯然显象，而不是物自身。据此，我们就有理由说，我们能思维的主体不是有形体的，也就是说，既然它被我们表现为内感官的对象，所以，就它在思维而言，它就不能是外感官的对象，亦即不是空间中的显象。这就等于是要说：能思维的存在者**作为这样的存在者**，绝不在外部显象中间呈现给我们；或者，我们不能在外部直观到这样的存在者的思想、意识、欲望等等；因为这一切都属于内感官。事实上，这一论证看起来也是自然的和通俗的论证，甚至最平常的知性也似乎历
A358 来都落在它上面，很早就已经开始把灵魂视为与物体完全不同的存在者了。

但是，尽管广延、不可入性、联系和运动，总而言之，只要是外感官能够给我们提供的一切，就都不是思想、情感、偏好或者决定，或者包含着这样的东西，这些在任何地方都不是外部直观的对象，然而，作为外部现象的基础，如此刺激我们的感官，使得感官获得空间、物质、形象等等的表象的这个某物，这个作为本体（或者更好地说作为先验的对象）来看的某
〔226〕物，毕竟还能够同时是思想的主体，虽然我们通过我们的外感官由此被刺激的方式所获得的不是关于表象、意志等等的直观，而纯然是关于空间及其种种规定的直观。但这个某物不是有广延的，不是不可入的，不是复合的，因为所有这些谓词只是就我们被诸如此类的（除此之外对我们来说未知的）客体刺激而言，才关涉到感性及其直观。但是，这些表述根本不使人认识到，这是一个什么对象，而是仅仅使人认识到，作为这样
A359 一个无须与外感官相关而就其自身而言被考察的东西，不能把外部显象的这些谓词赋予它。然而，内感官的谓词，亦即表象

和思维，却与它并不矛盾。据此，即使承认本性是单纯的，如果人们把物质（如人们应当的那样）纯然视为显象的话，那么，就物质的基底而言，人类灵魂根本没有与物质充分地区别开来。

如果物质是一个物自身，那么，它作为一个复合的存在者，就会与作为一个单纯的存在者的灵魂全然有别了。但现在，物质是纯然外部的显象，它的基底根本不通过任何可以陈述的谓词被认识；因而关于这个基底，我尽可以假定：它就自身而言是单纯的，虽然它以刺激我们感官的方式在我们里面产生出有广延者的直观，从而产生出复合物的直观；因此，就我们的外感官而言具有广延的实体，就自身而言是拥有思想的，这些思想通过该实体的内感官就能够被有意识地表现出来。以这样的方式，某种东西在一种关系上叫做有形体的，在另一种关系上就会同时是能思维的存在者，我们虽然不能直观到它的思想，但毕竟能够直观到它的思想在显象中的标志。这样一来，说惟有灵魂（作为特殊种类的实体）能思维，这种表述就被取消了；毋宁说，这如通常那样意味着人能思维，亦即正是 A360
作为外部显象而有广延的东西，内在地（就自身而言）是一个主体，这个主体不是复合的，而是单纯的并且能思维。

但是，即使不允许诸如此类的假说，人们也可以一般地说明，如果我把灵魂理解为一个能思维的存在者自身，那么，灵魂与物质（根本不是物自身、而仅仅是我们里面的一种表象的 〔227〕
物质）是否同类，这个问题就自身而言就已经是不适当的了；因为这已经是不言而喻的，即一个物自身与纯然构成它的状态的种种规定具有不同的性质。

但是，如果我们不是把能思维的我与物质、而是把它与作为我们称为物质的外部显象的基础的理知物进行比较，那么，由于我们关于后者根本不知道任何东西，所以我们也就不能说，灵魂与这个理知物在某一方面有内在的区别。

据此，单纯的意识并不是关于我们的主体的单纯本性的知识，是就这种意识并不由此与作为一种复合物的物质区别开来而言的。

但是，如果这个概念在它可用的惟一场合，亦即在我自己与外部经验的对象的比较中，并不适用于规定我自己的本性的特殊有别的东西，那么，人们尽可以一直伪称知道，能思维的
A361 我亦即灵魂（内感官的先验对象的一个名称）是单纯的；但这一表述却由此而根本没有延伸到现实对象的应用，因而丝毫不能扩展我们的知识。

这样，全部理性心理学就随着其主要支柱倒台了，而且在这里和在别处一样，我们都很少能够希望，通过纯然的概念(更没有希望通过我们的一切概念的纯然主观形式亦即意识)、无须与可能的经验相关就扩充洞识，尤其是因为甚至**单纯的本性**这个基础概念也具有这样的性质，即它在任何地方都不能在经验中遇到，因而也就根本不存在把它作为一个客观有效的概念来达到它的途径。

第三谬误推理：人格性

在不同的时间里意识到它自己在数目上的同一性的东西，就此而言是一个人格。

如今灵魂就是……

因此，灵魂就是一个人格。

〔228〕 对先验心理学的第三个谬误推理的批判

如果我要通过经验来认识一个外部对象在数目上的同一性，
A362 那么，我将注意其余的一切作为规定都与作为主体的它相关的

那个现象的持久的东西，并且发现那持久的东西在其余的一切发生变迁的时间中的同一性。但现在，我是内感官的一个对象，而一切时间都纯然是内感官的形式。所以，我把我的所有的和每一个演替的规定都与在一切时间中，亦即在对我自己的内部直观的形式中数目上同一的自我相关联。在这一基础上，灵魂的人格性就必须根本不是被视为推理出来的，而是被视为自我意识在时间中的一个完全同一的命题，而且这也是这个命题之所以先天有效的原因。因为它所说的确实无非是：在我意识到我自己的全部时间里，我意识到这个时间是属于我自己的统一性的；而且我是说这全部时间是作为个别的统一性在我里面，还是说我以数目上的同一性处在所有这些时间中，这全都是一回事。

因此，在我自己的意识中不可避免地能够遇到人格的同一性。但是，如果我从另一个人的角度来观察我自己（作为他的外部直观的对象），那么，这个外部的观察者将首先**在时间中**考虑我，因为在统觉中，**时间**真正说来只是在我里面被表现的。因此，即使他承认这个在所有的时间里都在我的意识中伴 A363
随着、并且以完全的同一性伴随着一切表象的“我”，但他毕竟还不能从这个“我”推论到我自己的客观的持久性。因为既然在这种情况下，观察者将我置入其中的时间并不是在我自己的感性中，而是在他的感性中遇到的时间，所以与我的意识必然相结合的同一性就并不因此而与他的意识，亦即与对我的主体的外部直观相结合。

因此，在不同的时间中对我自己的意识的同一性只不过是我的思想及其联系的一个形式条件罢了，但根本不证明我的主体在数目上的同一性；在我的主体里面，虽然有“我”的逻辑同一性，但仍有可能发生一种不允许保持“我”的同一性的变迁，尽管始终还有听起来一样的“我”可以归之于前一个 〔229〕
“我”；后一个“我”在任何别的状态中，甚至在主体的转换中，毕竟总是能够保持先行主体的思想并把它传递给继起的主体。①

A364 尽管一旦人们接受实体，一些古老的学派的命题，即世界上万物皆**流**，无物**常驻**，就不可能成立，但它毕竟不是被自我意识的统一性驳倒的。其实我们自己不能从我们的意识出发来判断，我们作为灵魂是否是持久的，因为我们只把我们意识到的东西归于我们同一的自我，并且这样一来当然就必然作出判断，我们在我们意识到的整个时间里都是同一个灵魂。但站在一个外人的立场上，我们由此还不能宣布这是有效的，因为既然我们在灵魂那里所遇到的持久的显象无非是伴随并联结一些表象的“我”这个表象，所以我们绝不能澄清，这个“我”（一个纯然的思想）是否像其余由此而相互连成串的思想那样都是流转的。

A365 但值得注意的是，灵魂的人格性及其前提条件，亦即其持久性，从而还有其实体性，现在才必须得到证明。因为如果能够预设这些东西，那么，虽然由此还不会得出意识的持存，但毕竟会得出一个常驻的主体中的一种持续的意识的可能性，这对于人格性来说就已经够了，人格性并不由于其作用一时被打

① 一个弹性的球沿直线方向撞击另一个同样的球，把自己的全部运动，从而把自己的全部状态（如果人们只注意空间中的位置）传递给后者。如果你们按照与诸如此类的物体的类比假定一些实体，其中一个实体把表象连同其意识撞入另一个实体，那么，就可以设想一整个序列的实体，其中第一个实体把自己的状态连同其意识传递给第二个实体，这第二个实体把它自己的状态连同前一个实体的状态传递给第三个实体，这第三个实体同样传递前面所有实体的状态连同它自己的状态及其意识。因此，最后的实体就会把在它之前被改变了的实体的一切状态都意识成为它自己的状态，因为那些状态连同意识都被过渡到它里面，而尽管如此，它毕竟不会是所有这些状态中的同一个人格。

断，其本身就立刻终止。但是，这种持久性并不是在我们从同一的统觉推论出来的我们自己在数目上的同一性之前就不通过 〔230〕
任何东西被给予我们的，而是由这种同一性才推论出来的（而且如果正确地进行，则只能经验性地使用的实体的概念，就必须继这种同一性之后才出现）。既然人格的这种同一性绝不是在我认识我自己的所有时间的意识中从“我”的同一性得出的，所以，上面也不能把灵魂的实体性建立在人格的同一性上。

然而，就像实体和单纯物的概念可以保留一样，人格性的概念（就它是纯然先验的，亦即是主体的统一性而言，此外这个主体不为我们所知，但在它的种种规定中却有一种通过统觉的无例外联结）也可以保留；就此而言，这个概念对实践的应用来说也是必要的和充分的；但是，我们绝不能把它当做我们 A366
通过纯粹理性的自我认识的扩展来炫耀，这样的扩展从同一自我的纯然概念出发给我们假装出主体的一种不断的持存，因为这个概念始终是围绕自己本身旋转的，而且不在着眼于综合知识的任何问题上使我们继续前进。物质是一种什么样的物自身（先验的客体），这虽然是我们完全不知道的，但尽管如此，物质在被表现为某种外部的东西时，作为显象的物质的持久性却毕竟是可以观察到的。但是，既然在我要不顾一切表象的变迁而观察纯然的“我”时，除了我自己连同我的意识的普遍条件之外，没有我进行比较的其他相关物，所以对于一切问题，我只能给出同义反复的回答，因为我把我的概念及其统一性加给了属于作为客体的我的属性，预设了人们要求知道的东西。

第四谬误推理：观念性

其存在只是作为被给予的知觉的一个原因而被推论出来的东西，具有一种仅仅可疑的实存。

A367 现在，一切外部显象都具有这样的性质，即它们的存在不能被直接知觉到，而是仅仅作为被给予的知觉的原因被推论出来。

〔231〕 所以，外感官的一切对象的存在都是可疑的。这种不确定性我称之为外部显象的观念性，而这种观念性的学说就叫做**唯心论**，相比之下，认为外感官的对象有一种可能的确定性的主张被称为**二元论**。

对先验心理学的第四个谬误推理的批判

首先我们要检验前提。我们能够有理由来主张，惟有在我们自己里面的东西才能被直接地知觉到，而且惟有我自己的实存才能是一种纯然知觉的对象。因此，在我（如果这个词是在理智的意义上采用的）之外的一个现实对象的存在绝不是径直在知觉中被给予的，而是只能作为知觉的外部原因被在思想上附加给作为内感官的一种变状的知觉，因而被推论出来。因此，**笛卡尔**也有理由把一切最狭义的知觉限制在“我（作为一
A368 个能思维的存在者）在”的命题上。因为显而易见，既然外部的对象不在我里面，我就不能在我的统觉中遇到它，因而也就不能在真正说来只是统觉的规定的知觉中遇到它。

因此，我真正说来不能知觉到外部的事物，而只能从我的内部知觉推论到他们的存在，因为我把内部知觉视为结果，某种外部的东西是其最切近的原因。但现在，从一个被给予的结果向一个确定的原因的推论在任何时候都是不可靠的，因为结果可能产生自不止一个原因。据此，就知觉与其原因的关系而言，这原因是内部的还是外部的，因而一切所谓的知觉是否是我们内感官的一种纯然游戏，或者它们是否与作为其原因的外部现实事物相关，这在任何时候都依然是可疑的。至少，后者的存在只是推论出来的，而且要冒一切推理的危险，因为与此

相反，内感官的对象（我自己连同我的一切表象）是直接知觉到的，而其实存根本不应收到怀疑。

因此，人们必须不把**唯心论者**理解成为否定感官的外部对 〔232〕
象的存在的人，而是理解成为仅仅不承认这种存在通过直接的
知觉被认识到的人，但由此就得出，我们通过一切可能的经验 A369
也永远不能完全确知外部对象的现实性。

在我按照我们的谬误推理的骗人的外表展示它之前，我必须首先说明，人们必须区分双重的唯心论，即先验的唯心论和经验性的唯心论。我把一切显象的**先验的唯心论**理解成为这样一个学术概念，按照它，我们把所有的显象均视为纯然的表象，而不视为物自身；而且根据它，时间和空间只是我们的直观的感性形式，而不是作为物自身的客体的独立被给予的规定或者条件。与这种唯心论相对立的，是一种**先验的实在论**，它把时间和空间视为某种就其自身而言（不依赖于我们的感性）被给予的东西。因此，先验的实在论者把外部的显象（如果人们承认它们的现实性）表现为物自身，它们不依赖于我们和我们的感性而实存，因而按照纯粹的知性感念也是外在于我们的。真正说来，这种先验的实在论者就是后来扮演经验性的唯心论者的人，而且在他关于感官的对象错误地假定，如果它们应当是外部的，就必须就其自身而言无须感官也有其实存之后，就在这一观点上发现我们感官的一切表象都不足以确定感官对象的现实性了。

与此相反，先验的唯心论者可能是一个经验性的实在论 A370
者，从而像人们称谓他的那样，可能是一个**二元论者**，也就是说，承认物质的实存，无须超出纯然的自我意识，无须假定比我里面的表象的确定性，从而比 cogito，ergo sum［我思，故我在］更多的东西。因为既然他承认这种物质、甚至物质内在的可能性仅仅是显象，这种显象与我们的感性分开就什么也不

是，那么，物质在他那里就只是一种表象（直观），这种表象叫做外部的，并不是好像它们与**就自身而言外部的**对象有关似的，而是因为它们使知觉与空间相关，在空间中一切都彼此外在，而空间自己却在我们里面。

〔233〕 从一开始，我们就已经宣布我们是赞同这种先验的唯心论的。因此，对于我们的学术概念来说，就像我自己作为一个能思维的存在者的存在一样，根据我们纯然的自我意识的见证来假定物质的存在，并由此宣称这种存在已得到证明，这方面的所有疑虑都没有了。因为我毕竟意识到我的表象；因此，这些表象和拥有这些表象的我自己都是实存的。但现在，外部对象（物体）纯然是显象，因而也无非是我的一种表象，其对象惟有通过这些表象才是某种东西，与这些表象相分离就什么也不
A371 是。因此，无论是外部事物还是我自己都实存，而且二者都根据我的自我意识的直接见证，区别只是我自己作为能思维的主体，其表象仅仅与内感官相关，而表示有广延的存在者的表象则也与外感官相关。为了外部对象的现实性，我不需要进行推论，就像在我的内感官的对象（我的思想）的现实性方面一样；因为在这两方面，对象无非是表象，其直接的知觉（意识）同时是其现实性的充分证明。

因此，先验的唯心论者是一个经验性的实在论者，并承认作为现象的物质有一种不可以推论出来、但可以直接知觉到的现实性。与此相反，先验的实在论必然陷入尴尬，并发现自己被迫对经验性的唯心论作出让步，因为它把外感官的对象视为某种与感官本身有别的东西，把纯然的现象视为存在于我们之外的独立的存在者；这样一来，即使我们对我们关于这些事物的表象有极清楚的表象，也还远远不能确定，如果表象实存，则与表象相应的对象也实存；与此相反，在我们的体系中，这
A372 些外部事物，即物质，在其一切形状和变化中都无非是纯然的

显象，也就是说，是我们里面的表象，其现实性是我们直接意识到的。

既然就我所知，一切拥护经验性的唯心论的心理学家都是先验的实在论者，所以他们当然完全一贯地行事，非常重视经验性的唯心论，把它当做人类理性很难使自己摆脱的问题之 〔234〕
一。因为事实上，如果人们把外部显象视为由其对象作为就自身而言存在于我们之外的事物而在我们里面造成的表象，那就可以看出，除了通过从结果到原因的推理之外，人们不能以别的方式认识这些事物的存在；而这样一来，那原因究竟是存在于我们里面，还是存在于我们之外，就必然始终是可疑的了。现在，人们虽然可以承认，某种在先验意义上可能处于我们之外的东西是我们的外部直观的原因；但这并不是我们在物质和有形体事物的表象下所理解的对象；因为这些表象都仅仅是显象，也就是说，是纯然的表象方式，它们在任何时候都仅仅存在于我们里面，它们的现实性如同对我自己的思想的意识一样，都基于直接的意识。先验对象无论就内部直观而言还是就外部直观而言都同样是不为人知的。但这里所说的也不是这种 A373
先验对象，而是经验性对象；经验性对象如果在**空间**中被表现，就叫做**外部**对象，如果仅仅在**时间关系**中被表现，就叫做**内部**对象；但空间和时间二者都只能**在我们里面**发现。

然而，由于“**在我们之外**”这个表述本身带有一种不可避免的歧义性，它时而意味着作为**物自身**而与我们有别地实存的某种东西，时而意味着仅仅属于外部显象的某种东西，所以，为了使这个概念在后一种意义上，即在关于我们的外部直观的实在性的心理学问题真正说来被接受的意义上，免除不可靠性，我们就要径直把**经验性上的外部**对象称为**可以在空间中遇到的**事物，由此把它们与在先验意义上叫做外部对象的对象区别开来。

空间和时间虽然是还在一个现实的对象通过感觉规定我们

的感官，以便在那些感性的关系下把它表现出来之前，就作为我们的感性直观的形式寓于我们里面的先天表象，然而，这种质料的或者实在的东西，这个应当在空间中被直观的某物，却必然以知觉为前提条件，不依赖于显示空间中的某物的现实性
A374 的知觉，这个某物就不能通过任何想象力构想或者产生出来。
〔235〕因此，感觉是根据其与感性直观的这种或者那种方式相关而在空间和时间中表示一种现实性的东西。一旦有感觉被给予（如果感觉被用于一个一般对象而不规定这个对象，它就叫做知觉），就可以通过感觉的杂多性来在想象中构想某种对象，这对象在想象之外在空间和时间中没有经验性的位置。这是毫无疑问地确定的；人们尽可以提到快乐与痛苦等感觉，或者也提到外感官的感觉如颜色、热等等，知觉都是为思维感性直观的对象而必须首先给出材料所凭借的东西。因此（我们现在只考虑外部直观），这种知觉表现着空间中的某种现实的东西。因为第一，知觉是一种现实性的表象，就像空间是一种并存的纯然可能性的表象一样。第二，这种现实性是在外感官之前，亦即是在空间中被表现的。第三，空间本身不外是纯然的表象；因此，在空间中就惟有在它里面被表现的东西才能够被视为现
A375 实的，① 而反过来，在空间中被给予亦即通过知觉被表现的东

① 人们必须好好留意这个悖谬却又正确的命题，即在空间中除了在它里面被表现的东西之外一无所有。因为空间本身无非是表象；所以，凡是在它里面的东西，都必须包含在表象中，而除了实际上在空间中被表现的，在空间中也根本没有任何东西。说一个事物惟有在关于它的表象中才能够实存，这个命题听起来当然必定令人觉得奇怪，但在这里，由于我们与之打交道的事物并不是物自身，而仅仅是显象，亦即是表象，这个命题就不令人反感了。

西，在空间中也是现实的；因为如果这东西在它里面不是现实的，亦即不是直接通过经验性的直观被给予的，那么，它也就不能被构想出来，因为人们根本不能先天地认识直观的实在的东西。

因此，一切外部知觉直接地证明着空间中的某种现实的东西，或者毋宁说是现实的东西本身，就此而言，经验性的实在论是毫无疑问的，也就是说，空间中有某种现实的东西与我们的外部直观相应。当然，空间本身连同它的所有作为表象的显象都在我里面，但在这个空间中，毕竟仍然有实在的东西或者外部直观的一切对象的材料，现实地、不依赖于一切构想被给予出来，而且在**这个空间**中也不可能有某种**在我们之外**的东西 〔236〕
（在先验的意义上）被给予出来，因为在我们的感性之外的空间本身什么也不是。因此，最严格的唯心论也不能要求人们证明，我们之外（在严格的意义上）的对象与我们的知觉相适 A376
应。因为即使存在有诸如此类的东西，它也毕竟不能被表象和直观成为在我们之外，因为这是以空间为前提条件的，而作为一个纯然表象的空间中的现实性无非就是知觉本身。因此，外部显象的实在的东西惟有在知觉里面才是现实的，而且不能以任何别的方式是现实的。

从知觉能够产生出对象的知识，要么是通过想象的单纯活动，要么是凭借经验。而这时，当然会产生对象不与之相适应的虚假表象，而且在这里，欺骗有时可归之于想象的幻觉（在梦中），有时可归之于判断力的错误（在所谓感官的欺骗中）。为了在这里避开虚假的外表，人们按照如下的规则行事：**按照经验性的规律与一个知觉相联系的，就是现实的**。然而，无论是这种欺骗还是对这种欺骗的抵制，都既涉及唯心论也涉及二元论，因为这里只与经验的形式相关。经验性的唯心论作为对我们的外部知觉的客观实在性的一种错误的疑虑，对它的反驳

A377 已经很充分了：外部知觉直接证明着空间中的一种现实，这个空间虽然就自身而言只不过是表象的纯然形式罢了，但就一切外部显象（外部显象也无非是表象）而言却具有客观的实在性；此外，如果没有知觉，甚至构想和梦也不可能，因此，我们的外感官就经验能够由之产生的材料而言在空间中具有现实的相应对象。

独断的唯心论者会是**否认**物质的存在的唯心论者，而**怀疑的**唯心论者则会是**怀疑**物质的唯心论者，因为他把物质视为不可证明的。前者之所以如此，只是因为他相信在一般物质的可能性中发现了种种矛盾；而我们现在还不想与这种唯心论者打
〔237〕 交道。关于辩证推理的下一章，将就属于经验的联系的东西之可能性的概念而言，来介绍处于其内在冲突之中的理性，它也将消除这种困难。但仅仅攻击我们的主张的根据、宣称我们相信建立在直接的知觉之上的关于物质存在的劝说并不充分的怀疑的唯心论者，却就他迫使我们甚至在平常经验的极微小的进
A378 步时都要小心谨慎、不马上把我们也许只是骗取来的东西当做正当获得的而纳入我们的财产而言，是有益于人类理性的人。唯心论的异议在这里所造成的好处，如今已是清晰可见了。这些异议极力推动我们，如果我们不想在我们最平常的主张中也纠缠不清的话，就把一切知觉，无论它们叫做内部知觉还是叫做外部知觉，都仅仅视为对依赖于我们感性的东西的一种意识，而把这些知觉的外部对象不是视为物自身，而是仅仅视为表象；我们能够直接意识到这些表象，正如我们能够直接意识到任何其他表象一样；但它们之所以叫做外部表象，乃是因为它们依赖于我们称为外感官的那种感官；外感官的直观就是空间，但空间本身毕竟不外是一种内部的表象方式，在其中某些知觉相互联结起来。

如果我们使外部对象被视为物自身，那就完全不可能理

解，由于我们仅仅依据在我们里面的表象，我们应当如何达到它们在我们之外的现实性的知识。因为人们毕竟不能在自身之外感觉，而只能在自身之内感觉，因此，整个自我意识所提供的无非仅仅是我们自己的种种规定。因此，怀疑的唯心论就迫使我们抓住这惟一留给我们的避难所，即求助于一切显象的观念性，这种观念性我们在先验感性论中就曾经不依赖于我们当 A379
时尚不能预见的这一切后果而阐明过了。如今，如果有人问，据此在灵魂学说中是否惟有二元论才是成立的，回答则是：当然！但只是在经验性的意义上；也就是说，在经验的联系中，确实有物质作为显象中的实体被给予外感官，就像能思维的我同样作为显象中的实体被在内感官之前给出一样；而这一范畴把一些规则引入我们的外部知觉的联系和内部知觉的联系，使 〔238〕
它们成为经验，显象在这两方面都必须按照这些规则相互联结起来。但是，如果人们要像通常发生的那样扩展二元论的概念，并在先验的意义上对待它，那么，无论是它还是与它相对立的**精神论**为一方，或者**唯物论**为另一方，都没有丝毫根据，因为在这种情况下，人们就错用了自己的概念的规定，把我们根据其自身所是的东西依然未知的对象的表象方式的不同视为这些事物本身的不同。通过内感官在时间中被表现的“我”和空间中在我之外的对象虽然在类上是完全有别的显象，但由此却并不被思维成不同的事物。作为外部显象的基础的**先验客体**和作为内部显象的基础的**先验客体**，都既不是物质，也不是一个能思维的存在者自身，而是既提供前一类的概 A380
念也提供后一类的概念的种种显象的一个不为我们所知的根据。

因此，如果我们像目前的批判明显迫使我们做的那样，忠实地遵循上面确定的规则，即不把我们的问题推进到可能的经验能够给我们提供其客体的程度之外，那么，我们就绝不会突发奇想，要根据我们的感官的对象就其自身而言，亦即无须与感官的关系所可能是的东西来了解这些对象。但是，如果心理学家把显象当做物自身来对待，不管他是作为唯物论者仅仅把物质纳入他的体系，还是作为精神论者仅仅把能思维的存在者纳入他的体系，还是作为二元论者把二者都作为独立实存的事物纳入他的体系，他都会总是被误解拖累在关于毕竟不是物自身、而只是一个事物的显象的东西如何能够就自身而言而实存的玄思方式上。

A381 **根据这些谬误推理对纯粹的灵魂说的总体的考察**

如果我们把作为内感官的自然学的**灵魂说**与作为外感官的对象的自然学的**物体说**进行比较，那么，除了在这二者中都能
〔239〕 够经验性地认识许多东西之外，我们毕竟还发现了这种显著的区别，即在后一门科学中，许多东西先天地从一个有广延的、不可入的存在者的纯然概念出发就能够被综合地认识到，而在前一门科学中，从一个能思维的存在者的概念出发根本不能先天综合地认识任何东西。其原因如下：尽管二者都是显象，但外感官面前的显象毕竟拥有某种固定的或者常驻的东西，提供一种作为可变的规定之基础的基底，从而提供一个综合的概念，亦即关于空间和空间中的显象的概念，而作为我们的内部直观的惟一形式的时间却不拥有常驻的东西，从而仅仅使人认识各种规定的变迁，却不使人认识可规定的对象。因为在我们称为灵魂的东西中，一切都处在不断的流动中，除了（如果人们绝对要如此表述的话）那个单纯的“我”之外，没有任何常驻的东西，而那个“我”之所以是单纯的，乃是因为这个表象没有任何内容，因而也没有任何杂多性，所以它也显得是在表现、更准确地说是在表示一个单纯的客体。要想有可能实现关

于一个能思维的一般存在者的本性的纯粹理性知识，这个“我”就必须是一个直观，它既然在一切思维中（先于一切经验）都被当做前提条件，就作为先天直观提供出综合命题。然而，这个“我”却不是直观，正如它不是关于某一个对象的概念一样，而是能够伴随两种表象，并且就还有某种为一个对象的表象呈现材料的别的东西在直观中被给予出来而言能够把两种表象提升为知识的那个意识的纯然形式。因此，整个理性心理学作为一门超出人类理性一切力量的科学就作废了，而给我们剩下来的就无非是根据经验的导线来研究我们的灵魂，并坚守在不超出可能的内部经验能够展示其内容的范围之外的问题的限制之内。 A382

但是，尽管它作为扩展的知识不具有任何用途，而且这样的知识还是由纯然的谬误推理复合而成的，但是，如果它应当被视为无非是对我们的辩证推理，而且是平常的和自然的理性的辩证推理的一种批判的探讨的话，人们毕竟还是不能否认它有一种重要的消极用途。

我们为什么需要一种纯然建立在纯粹的理性原则之上的灵魂说呢？毫无疑问，主要意图是为了针对唯物论的危险来保障我们能思维的自我。但是，这是我们已经给出的关于我们能思维的自我的理性概念完成的。因为根据这个概念，远远不会还剩下一些惧怕，即如果人们除去物质，一切思维乃至能思维的存在者的实存就会由此被取消，毋宁说它清楚地表明，如果我除去能思维的主体，整个物体世界就必然消逝，因为物体世界无非是我们主体的感性中的显象和主体的一种表象罢了。 〔240〕 A383

由此，我固然不能更好地根据其属性来认识这个能思维的自我，也不能看出它的持久性，甚至就连它的实存对外部显象的某个先于基底的独立性也不能看出；因为无论是这种基底，还是那个能思维的自我，都是不为我所知的。但是，由于我除了从纯然思辨的根据出发之外，仍有可能从别处获得理由来希望我的能思维的本性有一种独立的、不顾我的状态的所有可能的变迁而仍然持久的实存，所以，即使坦率承认我自己的无
A384 知，也仍然能够击退一个思辨对手的独断进攻，并且向他指出，关于我的主体的本性，他为了否认我的种种期望的可能性而能够知道的，绝不多于我为了坚持这些期望而能够知道的，这已经是所获颇丰了。

建立在我们心理学概念的这种先验外表之上的，还有三个辩证的问题，它们构成了理性心理学的真正目标，而且除了通过上述研究之外，不能以任何别的方式来裁定。这三个辩证问题是：1. 关于灵魂与一个有机物体的共联性之可能性的问题，亦即关于人的生命中的动物性和灵魂状态的问题；2. 关于这种共联性的开始的问题，亦即关于人出生时和出生前的灵魂的问题；3. 关于这种共联性的终结的问题，亦即关于人死时和死后的灵魂的问题（关于不死性的问题）。

我断言，人们认为在这些问题中所发现的、人们当做独断的异议试图以之博得对事物的本性有比平常的知性所能有的一种更深刻的洞识的声望的所有困难，都依据一种纯然的幻觉，
〔241〕人们按照这种幻觉把纯然在思想中实存的东西实体化，以同样的性质把它假定为在能思维的主体之外的一个现实的对象，也就是说，把无非是现象的广延视为外部事物的一种即便没有我
A385 们的感性也自存的属性，把运动视为它们即便在我们的感官之外也就自身而言实际发生的结果。因为其与灵魂的共联性激起如此之大的疑虑的物质，无非是一种纯然的形式，或者是通过人们称为外感官的那种直观来表现一个未知对象的某种方式。因此，可能有某种东西在我们外面，我们称为物质的这种显象与它相应；但是，在这种作为显象的形状中，它却不在我们外

面，而是仅仅作为一个思想在我们里面，尽管这个思想通过所说的感官把它表现为存在于我们外面的。因此，物质并不意味着实体与内感官的对象（灵魂）完全有别的、异质的种类，而仅仅意味着一些（就自身而言不为我们所知的）对象的显象的异类性，我们称它们的表象为外部的，乃是与我们归之于内感官的表象相比较而言的，尽管它们与其他一切思想一样，都同样纯然属于能思维的主体；只不过它们自身具有这种迷惑人的东西，即既然它们是表现空间中的对象的，它们就显得仿佛是从灵魂脱落、在灵魂之外飘浮似的，但即便是它们在其中被直观到的空间，也无非是一个表象，我们在灵魂之外根本找不到其处于同样性质之中的对应物。如今，问题不再是灵魂与我们外面的另一些已知的和异类的实体的共联性，而纯然是内感官 A386
的表象与我们外部感性的种种变状的联结，而且不管这些变状如何按照恒常的规律相互联结，以至于在一个经验中相互联系。

只要我们把内部显象和外部显象都作为经验中的表象相互结合起来，我们就不会发现悖理的东西和使得两种感官的共联性令人觉得奇怪的东西了。但是，一旦我们把外部经验实体化，不再把它们当做表象，而是**以它们存在于我们里面的同样性质**也**当做在我们外面独立存在的事物**，而把它们作为显象在 〔242〕
关系中相互显示出的活动与我们能思维的主体联系起来，那么，我们就有了在我们外面的作用因的一种性质，这种性质与该作用因在我们里面的结果是无法协调的，因为前者仅仅与外部感官相关，而后者却与内感官相关，这些感官虽然被结合在一个主体中，但却是极不同类的。在外感官中，除了位置的变化之外，我们没有任何别的外部结果，而且除了以空间中的关系为其结果的种种努力之外，我们也没有任何力量。但在我们里面，结果却是思想，在思想中间不存在位置的关系、运动、 A387

形象或者一般的空间规定，而且我们在应当显示在内感官之中的结果那里完全失去了原因的导线。但是我们应当考虑到：物体并不是对我们来说在场的对象自身，而是谁也不知道的一种未知对象的纯然显象；运动并不是这个未知原因的结果，而纯然是它对我们感官的影响的显象；因此，二者都不是在我们外面的某物，而纯然是在我们里面的表象，因而并不是物质的运动在我们里面造成表象，而是运动本身（因而还有由此而使自己可被认识的物质）是纯然的表象；而最后，整个自作自受的困难的结果就是：我们的感性的表象是如何亦即通过什么原因如此相互结合，以至于我们称为外部直观的那些表象能够按照经验性的规律被表现为在我们外面的对象；这个问题根本不包含被信以为真的那种困难，即通过我们把一种未知的原因的显象当做在我们外面的原因，而从存在于我们外面的、完全异类的作用因来解释表象的起源；这样做只能造成混乱。在出现了因长期的习惯而根深蒂固的误解的那些判断中，不可能使纠正
A388 立刻获得在没有诸如此类不可避免的幻觉来搅乱概念的其他场合所能够要求的那种可理解性。因此，我们把理性从种种诡辩的理论中这样解放出来，将很难说已经拥有使它完全满足所必需的那种明晰性。

我相信以如下方式将能够增进这种明晰性。

〔243〕 所有的**异议**可以划分为**独断的异议**、**批判的异议**和**怀疑的异议**。独断的异议是针对一个**命题**的异议，而批判的异议则是针对一个命题的**证明**的异议。前者为了能够主张该命题关于对象所伪称的东西的对立面，就需要对这个对象的本性的性状有一种洞识；因此它本身是独断的，并且伪称比对方更好地认识所说的性状。批判的异议由于并不在命题的有价值或者无价值方面触及命题，而是仅仅抨击证明，所以根本不需要更好地认识对象，或者自以为对这个对象有一种更好的知识；它只是指

出这种主张是没有根据的，但并不指出它是错误的。怀疑的异议把命题和反命题当做同等重要的异议相互对立起来，把双方中的每一方都交替地当做教条，而把另一方当做其异议，因而在两个对立的方面看起来都是独断的，结果是完全摧毁了关于 A389
对象的一切判断。因此，无论是独断的异议还是怀疑的异议，二者都必须伪称对自己的对象所拥有的洞识之多，恰如对该对象肯定地或者否定地有所主张所必需。然而，批判的异议却具有这样的性质，即由于它仅仅指出，人们为了自己的主张而假定了空无的、纯然想象的东西，所以理论之所以倒台，乃是因为它抽掉了该理论自诩的基础，除此之外，它并不想关于对象的性状澄清某种东西。

现在，按照理性就我们能思维的主体与我们外面的事物处于其中的共联性而言的平常概念，我们是独断的，并且按照某种先验的二元论把这些事物视为真实的、不依赖于我们而存在的对象；这种先验的二元论并不把那些外部显象当做表象归于我们主体，而是把它们如同感性直观向我们提供的那样作为客体置于我们外面，并把它们与能思维的主体完全分离开来。这种置换是关于灵魂与肉体之间的共联性的一切理论的基础，而且从来都没有问一问，显象的这种客观实在性究竟是不是如此完全正确，相反，这种客观实在性被预设为已得到承认的，并仅仅对它必须如何解释和理解的方式作出玄思。通常在这方面有三种体系被构想出来，而且实际上也只有三种可能的体系， A390
这就是**自然影响**的体系、**预定和谐**的体系和**超自然的襄助**的 〔244〕
体系。

对灵魂与肉体的共联性的后两种解释方式是建立在对前一种解释方式的异议之上的，而前一种解释方式则是平常知性的想象；也就是说，显现为物质的东西，通过其直接的影响不能是作为一种完全异质的结果的表象的原因。但在这种情况下，它们就不能把物质的概念与它们所理解的外部感官的对象相结合，物质无非是显象，因而就自身而言已经是通过某些外部对象所造成的纯然表象；因为若不然它们就会说，外部对象的表象（显象）不可能是我们心灵中的表象的外部原因；这就会是一种完全没有意义的异议，因为没有一个人会想到把它曾承认是纯然的表象的东西视为一种外部的原因。因此，按照我们的原理，它们必须把自己的理论集中在这一点上，即凡是我们的外感官的真正的（先验的）对象的东西，都不能是我们在物质
A391 这个名称下所理解的那些表象（显象）的原因。既然没有人能够有根据地宣称关于我们外感官的表象的先验原因知道些什么，所以它们的主张就是毫无根据的。但是，如果自然影响说的所谓改善者们想按照一种先验的二元论的通常表象方式把物质本身视为一种物自身（而且不是视为一个未知事物的纯然显象），而且把他们的异议集中于指明，除运动的因果性之外就自身而言不表明任何其他因果性的这样一种外部对象，绝不能够是表象的作用因，相反，必须有第三个存在者充当媒介，以便在两者之间即使不造成相互作用，至少也造成一致与和谐，那么，他们就会从把自然影响的 πρωτον ψενδος［根本虚妄］纳入他们的二元论开始自己的反驳，因而通过他们的异议所反驳的不仅是自然影响，而且也是他们自己的二元论预设。因为能思维的本性与物质的结合所遇到的一切困难，都毫无例外地
〔245〕仅仅产生自那个骗取的二元论表象，即：物质本身不是显象，亦即不是心灵的纯然表象，有一个未知的对象与之相适应，而是对象自身，如其在我们外面并且不依赖于一切感性而实存那样。

A392 因此，针对通常假定的自然影响，并不能提出独断的异议。因为如果对手假定物质及其运动是纯然的显象，因而本身只是表象，那么，独断的异议就只能够把困难设定在这一点

上，即我们感性的未知对象不能是我们里面的表象的原因；但没有丝毫的东西使它有权以此为借口，因为关于一个未知对象，没有人能够澄清它能够做什么和不能够做什么。但是，按照我们上面的证明，如果他不想明显地把表象实体化，把表象作为真实的事物置于自身之外的话，他就必须必然地承认先验的唯心论。

尽管如此，对于通常的自然影响学说是能够提出一种有根据的**批判的**异议的。两种实体亦即能思维的实体和有广延的实体之间的这样一种伪称的共联性，以一种粗糙的二元论为基础，并且把毕竟无非是能思维的主体的纯然表象的有广延实体当做独立存在的事物。因此，被误解的自然影响必然由于人们揭示出其证明根据是虚妄的和骗取的而被完全挫败。

因此，如果人们去除一切想像出来的东西，那么，关于能思维者和有广延者的共联性这个臭名昭著的问题的结果就会仅仅是：**在一个一般的能思维的主体里面，外部直观**亦即空间 A393
（空间的充满、形象和运动）的直观**是如何可能的**。但对这个问题，没有一个人有可能找到一种答案，而且人们永远不能填补我们知识的这个漏洞，而是只能把外部现象归于一个先验对象来标出这个漏洞；这个先验对象就是这种表象的原因，但我们根本不认识它，而且也永远不会获得关于它的一些概念。在经验的领域可能出现的一切问题中，我们都把那些显象当做对象自身来对待，并不关心它们（作为显象）的可能性的最初根据。但如果我们超出它们的界限，一个先验对象的概念就成为必要的了。

从关于能思维的存在者和有广延的存在者之间的共联性的 〔246〕
这些预先提醒出发，对涉及能思维的本性在这种共联性之前（生前）或者在这样的共联性被取消之后（死后）的状态的一切争执或者异议的裁定就是一个直接的结果了。认为能思维的

主体在与肉体有任何共联性之前就能够思维的意见，就会这样来表达：在空间中的某种东西显现给我们所凭借的这种感性方
A394 式开始之前，在当前状态显现为物体的同样一些先验对象就已经能够以完全不同的方式被直观到。而认为灵魂在与物体世界的一切共联性都被取消之后仍然能够继续思维的意见，则会以这种形式来表现自己：如果先验的、如今完全未知的对象对我们显现为物质世界所凭借的感性方式应当终止，那么，由此也并没有取消对这些对象的一切直观；完全可能的是，同一些未知对象继续被能思维的主体所认识，尽管当然不再是以物体的性质被认识。

如今，虽然没有人能够援引丝毫的根据来从思辨的原则出发提出这样一种主张，甚至连阐明它的可能性也不能，而是只能预设它；但也同样没有人能够对此提出某种有效的独断异议。因为无论是谁，他关于外部的和有形体的显象的绝对的和内部的原因所知道的，与我和任何其他人所知道的都同样少。因此，他也不能有根据地宣称知道，外部显象在现今状态中（在活着时）的现实性所依据的是什么，因而也不能宣称知道，
A395 一切外部直观的条件或者还有能思维的主体本身在这种状态之后（在死后）将终止。

因此，关于我们能思维的存在者及其与物体世界的联结之本性的一切争论，都仅仅是人们在取消自己一无所知的东西时用理性的谬误推理来填空的一种后果，因为人们把自己的思想当成了事实并把它们实体化；由此就产生出自负的科学，无论就提出肯定主张的人而言还是就提出否定主张的人而言都是如此，因为每一方都要么自以为对没有人有任何概念的对象知道
〔247〕 些什么，要么把他自己的表象当做对象，并这样在歧义和矛盾的一个永恒的圈子中来回转。除非是一种严格的、但又公正的批判的冷静态度使人从通过想象出来的幸福把如此之多的人拖

在种种理论和体系中间的这种独断幻象中解放出来，并把我们的一切思辨要求仅仅限制在可能经验的领域，不是通过对屡遭失败的尝试的无聊嘲弄，或者通过对我们理性的限制善意叹惜，而是凭借按照可靠的原理对我们的理性实施的界限规定，这种规定极为可信地把它的 Nihil ulterius ［不可逾越］写在赫尔库勒斯石柱上；这些赫尔库勒斯石柱是自然自己设立的，为的是我们理性的航程仅仅持续到经验那不断延展的海岸所及的地方；我们不可能离开这海岸，而又不冒险进入无边无际的大 A396
洋；这大洋通过总是骗人的景象终将迫使我们把一切艰辛又费时的努力都当做毫无希望的而放弃掉。

※　　※　　※

迄今为止，我们还没有对纯粹理性的谬误推理中的先验的却又是自然的幻相作出一种清晰而又普遍的讨论，此外，也还没有对谬误推理的系统的、与范畴表平行的顺序作出理由说明。在本章开始时，我们无法作出这种讨论和说明，而又不冒模糊不清的危险，或者以不适当的方式提前行动。现在，我们要尝试履行这项义务了。

人们可以把一切幻相都设定在这一点上，即思维的**主观**条件被视为对**客体**的知识。此外，我们曾在先验辩证论的导论中指出，纯粹理性仅仅涉及一个被给予的有条件者的条件之综合的总体性。既然纯粹理性的辩证幻相不能是在一定的经验性知识中出现的一种经验性的幻相，所以它将涉及思维之条件的普遍的东西，而纯粹理性的辩证应用只有三种情况： A397

1. 一般思想的种种条件的综合。

2. 经验性思维的种种条件的综合。

3. 纯粹思维的种种条件的综合。 〔248〕

在所有这三种情况里，纯粹理性只涉及这种综合的绝对总体性，亦即本身无条件的条件。三种先验幻相也是基于这种划分的；三种先验幻相为辩证论的三章提供了理由，并同样为出自纯粹理性的三种伪科学，亦即先验心理学、先验宇宙论、先验神学提供了理念。我们在这里只讨论第一种。

由于我们在一般思维中抽掉了思想与任何一个客体（无论
A398 它是感官的客体还是纯粹知性的客体）的一切关系，所以一般思想的种种条件的综合（第1条）就根本不是客观的，而纯然是思想与主体的一种综合，但这种综合却被误以为是一个客体的综合表象。

但由此也得出，推出一切一般思维的本身无条件的条件的辩证推理并不犯内容上的错误（因为它抽掉了一切内容或者客体），而是仅仅在形式上犯错误，且必须被称为谬误推理。

此外，由于伴随一切思维的惟一条件是“我思”这个全称命题中的“我”，因而理性所涉及的是这个本身无条件的条件。但是，这条件仅仅是形式的条件，亦即任何一种我抽掉了一切对象的思想的逻辑统一性，而且尽管如此却被表现为我所思维的一个对象，亦即“我”自己及其无条件的统一性。

如果有人一般而言给我提出如下问题：一个能思维的事物具有什么样的性状？则我先天地不知道丝毫的东西来回答它，因为答案应当是综合的（因为一个分析的答案也许解释了思维，但关于这个思维就其可能性而言所依据的东西，却没有给出任何扩展了的知识）。任何一种综合的解答都要求有直观，而直观在这个如此一般的课题中已经被完全删略了。同样，没有人能够就其一般性来回答如下问题：可运动的东西究竟必须是什么样的事物？因为不可入的广延（物质）在这种情况下并
〔249〕没有被给予。尽管我一般地对前一个问题不知道任何答案，但我毕竟认为，我能够在个别场合以表述自我意识的命题“我
A399 思”来给出答案。因为这个“我”是最初的主体，亦即实体，它是单纯的，等等。但如此一来，这就必然是纯然的经验命

题，如果没有一个表达一般地和先天地进行思维的可能性的种种条件的普遍规则，这些命题仍然不能包含任何诸如此类的谓词（这些谓词不是经验性的）。以这样的方式，我那开始时如此明显的洞识，即对一个能思维的存在者的本性作出判断，而且是从纯粹的概念出发作出判断，就让我起疑了，尽管我还没有揭示它的错误。

然而，在我赋予我（作为一个一般的能思维的存在者）的种种属性的起源背后进一步作出探究，就能够揭示这种错误。这些属性无非就是纯粹的范畴，我绝不是用它们来思维一个确定的对象，而仅仅是用它们来思维种种表象的统一性，以便规定这些表象的一个对象。如果没有一个作为基础的直观，单是范畴就不能给我带来关于一个对象的任何概念；因为只有通过直观，对象才被给予，然后它才按照范畴被思维。如果我宣称一个事物是经验中的一个实体，那么，事先就必须有它的直观的种种谓词被给予我，我根据它们把持久的东西与可变的东西区别开来，把基底（事物本身）与纯然依存于基底的东西区别开来。如果我称一个事物**在显象中是单纯的**，那么，我由此理 A400
解的是，该事物的直观虽然是显象的一个部分，但本身却不能被分割，等等。但是，如果某种东西仅仅在概念中而不是在显象中被认识成为单纯的，那么，我由此实际上所拥有的知识根本不是关于一个对象，而仅仅是关于我对不能有任何真正的直观的某物形成的概念。我之所以说我把某种东西思维成为完全单纯的，只是因为我除了说它是某物之外，委实没有什么别的可说。

如今，纯然的统觉（我）是概念中的实体，在概念中是单纯的，等等；这样一来，所有那些心理学的学说都具有其无可争议的正确性。尽管如此，由此毕竟绝对没有认识到灵魂的那种人们本来想知道的东西；因为所有这些谓词都根本不适用于

〔250〕直观，因而也都不能有任何可以用于经验对象的结果，所以它们就完全是空洞的。因为那个实体概念并不告诉我灵魂独自就持续存在，并不告诉我它是外部直观的一个本身不能再被分割、因而不能通过自然的任何变化有生或者有灭的部分；这些都完全是能够使我在经验的联系中认识灵魂、就其起源和未来
A401 状态给我作出说明的属性。但现在，如果我通过纯然的范畴说：灵魂是一个单纯的实体，那么很清楚，既然实体这个空洞的知性概念所包含的没有别的，无非是一个事物应当被表现为主体自身，并不又是另一个事物的谓词，所以由此就不能得出持久性，而单纯物的属性肯定不能增添这种持久性，因而人们由此关于在世界的种种变化中可能波及灵魂的东西没有得到任何教益。如果有人能够告诉我们：灵魂是**物质的一个单纯的部分**，那么，我们就能够从经验关于物质所教导的东西出发，从物质推导出持久性，并连同单纯的本性一起推导出灵魂的不可毁灭性。但对这些，这条心理学原理（我思）中的"我"这个概念却未置一言。

但是，在我们里面能思维的存在者，自以为通过纯粹的范畴、而且是通过每一项范畴中表述绝对统一性的那些范畴，就能够认识自己，其原因如下。统觉本身是范畴的可能性的根据，而范畴在自己这方面不表现任何别的东西，只表现直观的杂多在统觉中有统一性时的综合。因此，一般的自我意识就是作为一切统一性的条件且本身无条件的东西的表象。所以，能
A402 思维的"我"（灵魂）把自身思维成为实体、单纯的、在一切时间中都是数目上同一的、是一切存在的相关物、其他一切存在都必须从这个相关物推论出来，关于这个能思维的"我"，人们就可以说：它**不是通过范畴**而认识**自己**，而是在统觉的绝对统一性中，从而**通过自己本身**而认识**范畴**，并通过范畴而认识一切对象。如今，虽然很清楚，我不能把我为了一般而言认

识一个客体而必须预设的东西本身当做一个客体来认识，而且进行规定的自我（思维）有别于能被规定的自我（能思维的主体），正如知识有别于对象一样。但尽管如此，却再也没有比 〔251〕
把思想的综合中的统一性视为这些思想的主体中的一种被知觉到的统一性这种幻相更自然、更诱惑人了。人们可以把这种幻相称为被实体化的意识（apperceptionis substantiae [作为实体的统觉]）的置换。

如果就理性的灵魂学说的辩证理性推理中的谬误推理尽管如此仍具有正确的前提而言，人们想在逻辑上命名这种谬误推理的话，那么，它可以被视为一种 sophisma fugurae dictionis [言说式的诡辩]，在它里面，大前提就范畴的条件而言对范畴做了一种先验的应用，而小前提和结论则就被统摄在这一条件之下的灵魂而言对同一范畴做了一种经验性的应用。例如，实
体概念在单纯性的谬误推理中是一个纯理智的概念，如果没 A403
有感性直观的条件，它就只有先验的应用，也就是说，没有任何应用。但在小前提中，同一个概念却被用于一切内部经验的对象，却毕竟没有预先确立它的具体应用的条件，亦即没有预先确立该对象的持久性，并把它作为基础，因此是对它做了一种经验性的应用，尽管经验性的应用在这里是不允许的。

最后，为了在纯粹理性的一种联系中展示一种玄思的灵魂学说中的所有这些辩证主张的系统联系，从而展示所有这些辩证主张的完备性，人们就要注意：统觉贯穿于范畴的所有类别，但是只达到在范畴的每一类别中作为其他知性概念在一个可能的知觉中的统一性之基础的那些知性概念，因而就是自存性、实在性、单一性（不是复多性）和实存；只不过理性在这里把它们都表现为一个能思维的存在者之可能性的本身无条件的条件罢了。因此，灵魂在自身认识到：

A404 1.

关系的无条件的统一性

亦即

自身不是依存的

而是

自存的

〔252〕 2.

质的无条件的统一性

亦即

不是实在的整体

而是

单纯的①

3.

时间中的**复多性**中的无条件的统一性

亦即

不是在不同的时间里数目上不同的

而是

作为**同一个主体**

4.

空间中的**存在**的无条件的统一性

亦即

不是作为对它外面的诸多事物的意识

而是

仅仅**对它自己的存在**的意识

对其他事物的意识纯然是对它的表象的意识

A405 理性是原则的能力。纯粹心理学的种种主张并不包含关于灵魂的经验性谓词，而是如果成立的话，包含的是应当独立于经验、从而通过纯然的理性规定对象自身的这样一些谓词。因此，它们正当地建立在关于一般能思维的本性的原则和普遍概念之上。但实际上不是如此，而是"我在"这个个别的表象全都支配着它们，而正由于这个表象（不确定地）表达着我的所有经验的纯粹公式，它就像一个对所有能思维的存在者都有效

① 单纯的东西在这里如何又与实在性的范畴相应，我现在还不能说明，而是要在下一篇，借同一个概念的另一种理性应用的机会再指出。

的普遍命题那样宣告自己，而且既然它尽管如此仍在所有方面都是个别的，所以就带有一般思维的种种条件的绝对统一性的幻相，并由此而把自己扩张到可能的经验能够达到的范围之外。①

① 以下内容因在《纯粹理性批判》第二版中未加大的改动，故未被《康德著作全集》德文版编者录入。此处从德文原版。——译者注

伊曼努尔·康德

1783年

未来形而上学导论

1783 年

任何一种能够作为科学出现的

未来形而上学导论

伊曼努尔·康德硕士

李秋零　译

前言 〔255〕

本导论不是为学生用的，而是为未来的教师用的；即便是对未来的教师，它也不应当用于安排一门现成的科学的阐述，而是应当用来首先发掘这门科学。

有一些学者，对于他们来说，哲学（无论是古代哲学还是近代哲学）的历史本身就是他们的哲学；目前的《导论》不是为这些人写的。他们必须等待，直到那些致力于从理性本身的源泉汲水的人澄清了自己的工作，然后才轮到他们向世界宣告发生什么事情。否则的话，就不能说任何在他们看来不是通常已经说过的东西；而事实上，这种说法也作为一种可靠的预言，适用于未来的一切；因为既然人类知性许多世纪以来以种种方式醉心于讨论数不清的对象，所以为任何一种新东西找到与之有某些相似之处的旧东西，也并不是多难办到的事情。

我的意图是要说服那些认为研究形而上学有价值的人们，让他们相信，把他们手头的工作停下来，把迄今发生的一切视为未曾发生的，并且在万事之前首先提出“像形而上学这种东西是否在某个地方是可能的”这一问题，是绝对必要的。

如果它是科学，为何它不能像其他科学那样得到普遍的和持久的赞同？如果它不是科学，为何它竟然不断地利用一门科学的外表自吹自擂，用永不消失、但也从未实现过的希望来拖
累人类知性呢？因此，无论人们是证明自己的有知还是无知， 〔256〕
都必须有朝一日对这门僭妄的科学澄清某种可靠的东西；因为它不可能更长久地停留在这同一个基础之上。当任何一门别的科学都在不断地进步时，这门自命为智慧本身、任何人都要讨

教的科学却是不断地在原地兜圈子，一步也不前进，这差不多是可笑的。何况它的追随者们也已经七零八散，人们看不到那些自信有足够能力在其他科学里创造辉煌的人要拿自己的名誉在这门科学中冒险，而每一个在其他所有事物上一无所知的人，却在这门科学中大言不惭地作出决定性的评断，因为在这个领地里，事实上还没有可靠的尺度和砝码现成存在，来把缜密与平庸的废话区别开来。

但是，在对一门科学进行长期的探讨之后，当人们对其中已经得到如此长足的发展而惊叹不已的时候，有人却想到提出这样一门科学究竟是否以及如何可能的问题，这并不是闻所未闻的事情。因为人类理性如此爱好建设，它不止一次已经建造起一座塔，然后又拆掉，以便查看其地基是什么样的。明智起来是任何时候都不算太晚的；但是，如果洞识出现得晚，实施起来在任何时候都要更为困难。

询问一门科学是不是可能的，这是以怀疑该门科学的现实性为前提的。但这样一种怀疑将冒犯每一个其全部家当也许都在于这种自认为的宝贝的人；因此，作出这种怀疑的人，总是要对来自四面八方的抵制作好准备。有些人对自己古老的财富感到骄傲，认为自己的财富正是因为古老才是合法的，他们手持自己的形而上学纲要，轻蔑地俯视这种怀疑；另一些人在任何地方看到的东西，都与他们曾经在别的什么地方看到过的东西别无二致，他们将无法理解这种怀疑；过了一段时间之后，一切都一如既往，好像根本没有发生过任何使人对临近的变化感到担忧或者寄予希望的事情。

尽管如此，我还是敢于预言：本《导论》的独立思考的读
〔257〕者将不仅对他这门迄今的科学产生怀疑，而且继而将完全确信，除非满足这里所表述的它的可能性所依据的要求，否则的话，诸如此类的东西就根本不可能存在；而既然这样的事情从

未发生，所以在任何地方都还不存在形而上学。不过，既然由于普遍的人类理性的旨趣与形而上学极为密切地交织在一起，对它的需求毕竟永远不可能停息①，所以，读者将承认，不可避免要按照一种迄今闻所未闻的计划进行一番彻底的改革，或者甚至另起炉灶，无论人们一时间将如何反对。

自从**洛克**的研究和**莱布尼茨**的研究出版以来，或者毋宁说就形而上学的历史所及，自从它诞生以来，就这门科学的命运而言，还没有发生任何事件，能够比**大卫·休谟**对它的攻击更具决定性。休谟并没有给这一类知识带来任何光明，但他毕竟打出了一颗火星，如果这颗火星遇到一个易燃的火绒，而这个火绒的火苗又得到细心的养护并燃烧起来的话，人们就有可能用这颗火星点燃起一片光明。

休谟主要是从惟一的一个形而上学概念、但也是重要的概念，亦即**因果联结**概念（因而还有其派生概念如力和行动等等）出发的，并要求在这里伪称从自己内部产生出这一概念的理性说话并作出回答：它有什么权利设想某种东西能够具有这样的性状，即如果设定了这种东西，就必须必然地设定某种别的东西，因为原因的概念就是这样说的。他无可辩驳地证明道：理性完全不可能先天地从概念出发设想这样一种结合，因为这种结合包含着必然性；但根本看不出来何以由于某物存在，某种别的东西就必须也必然地存在，何以能够先天地引入这样一种联结的概念：他由此推论出：理性在这一概念上完全

① Rusticus exspectat, dum defluat amnis; at ille Labitur et labetur in omne volubilis aevum.

Horat.

［乡巴佬等候着，要等到河水流干；而河水却流啊，流啊，永远流个没完。

贺拉斯］

是在欺骗自己，它错把这一概念视为它自己的孩子，而实际上
〔258〕这一概念无非是想象力的私生子。想象力凭借经验而受孕，把某些表象置于联想规律之下，并把由此产生的主观必然性，亦即习惯，硬说成是洞察到的客观必然性。他由此推论说：理性根本没有能力哪怕只是一般地思维这样的联结，因为在这种情况下，它的概念就会是一些纯然的虚构；而它的一切所谓先天存在的知识都不过是打上错误烙印的普通经验罢了。这就等于是说，在任何地方都不存在形而上学，也不可能存在形而上学。①

他的结论无论如何草率，如何不正确，都毕竟至少是建立在研究之上的；而且这一研究本来是值得他那个时代的有识之士联合起来，尽可能更成功地在他提出这一问题的意义上来解决这一问题；那样的话，就必定会很快由此产生出这门科学的一种全面的改革。

然而，一向对形而上学不利的命运偏要他得不到任何人的理解。他的论敌**里德**、**奥斯瓦尔德**、**毕提**，最后还有**普里斯特利**弄错了他的问题之所在，而且由于总是把他恰恰怀疑的东西认为是他赞同的，反过来却大张旗鼓地、经常是大言不惭地证明他从来不曾想到要怀疑的东西，而如此错认了他的改革示

① 尽管如此，**休谟**也还把这种毁灭性的哲学称做形而上学，并且赋予它一种很高的价值。他说道（《人性论》，第 4 部分，德译本 214 页）："形而上学和道德是科学最重要的部门；数学和自然科学的价值还不及它们的一半。"但是，这位思想敏锐的人在这里只注意到为了完全消除使人类陷入混乱的诸多无休无止的、折磨人的争执，而对思辨理性的过分要求加以节制所具有的消极用途；但在这方面他却忽视了如果理性被剥夺种种最重要的前景就会由此产生的积极损害；而惟有依照这些前景，理性才能给意志加上它的一切努力的最高目标。

意，以至于一切都仍然照旧，就好像什么也没有发生似的；看到这一点，委实不能不令人感到某种痛心。问题不是原因概念是否正确，是否可用，就整个自然知识而言是否不可缺少，因为**休谟**从来没有怀疑过这一点；而是这个概念是否能被理性先天地思维，以及是否以这样的方式具有一种独立于一切经验的 〔259〕
内在真理性，从而也具有更为广泛的、不仅仅局限于经验对象的可用性；这才是**休谟**期待澄清的东西。这里只谈及这个概念的起源，并没有谈及它在使用中的不可缺少性；只要查明了起源，概念应用的条件问题和概念可能有效的范围问题就会迎刃而解。

但是，为了令人满意地解决这个问题，这位著名人物的论敌们本来必须深入研究专司纯粹思维的理性的本性，但这对他们来说是不适宜的。因此，他们固执地不作任何考察，而是发明了一种更为省事的办法，即诉诸**普通的人类知性**。事实上，具有一种诚实的（或者如同人们近来所称谓的那样，朴实的）人类知性，这是上天的一个伟大的赠与。但是，人们必须通过行为，通过深思熟虑、合乎理性的思想和言论，而不是通过在不知道说出什么聪明的东西来为自己辩护时把它当做神谕来求教，来证明这种知性。如果洞识和科学都无能为力了，在这种情况下，而不是在这之前诉诸普通的人类知性，这是近代的巧妙发明之一；借助它，最浅薄的牛皮大王都能信心十足地与最缜密的思想家较量，并且还能抵挡一番。但是，只要还有一点点洞见，人们就会避免使用这种救急措施。而且严格看来，这种吁请无非是诉诸群众的判断；这种哲学家为之脸红的捧场，民间的俏皮鬼却对此得意洋洋，乐此不疲。但是，我毕竟应当设想，**休谟**本来可以和**毕提**一样要求一种健康的知性，除此之外还要求毕提肯定不具有的东西，即要求一种批判的理性。批判的理性控制普通的知性，以便它不擅自进入思辨，或者当所说的只是思辨时，不追求决定任何东西，因为它并不懂得如何为自己的原理辩护，惟其如此，它才不失其为健康的知性。凿子和锤子完全可以用于加工木器家具，但铜版雕刻却必须用蚀刻针。无论是健康知性还是思辨知性，二者都是有用的，但却
〔260〕是各有其用：如果关键在于在经验中获得其直接应用的那些判断，则前者是有用的；但在应当一般地仅仅从概念出发作出判断的地方，例如在形而上学中，则后者是有用的。在形而上学中，如此称谓自己，但常常是 per antiphrasin［说反话］如此称谓自己的健康知性，根本不能作出任何判断。

我坦率地承认：正是**大卫·休谟**的提醒，在多年以前首先打破了我的独断论迷梦，并且给了我在思辨哲学领域的研究以一个完全不同的方向。我远未达到赞同他的结论的地步；他的结论之所以产生，只不过是由于他未在整体上来设想自己的问题，而是仅仅着眼于它的一个部分，而如果不考虑整体，一个部分是不能说明任何东西的。如果从另一个人给我们留下的一个有根据的、尽管未经阐发的思想开始，那么，人们就能够希望，凭借进一步的反复思考，比这位思想敏锐的人物走得更远；多亏他的第一颗火星，人们才能有这一片光明。

因此，我首先试一下，看能不能普遍地设想**休谟**的异议，并且马上就发现：因果联结的概念远远不是知性用来先天地思维事物的联结的惟一概念；毋宁说，形而上学完全是由这样的概念构成的。我试图确定它们的数目，而且在我如愿以偿，亦即从一个惟一的原则出发做到这一点之后，我着手对它们进行演绎。从这时起我已确知，它们并不像**休谟**所担忧的那样是从经验派生的，而是从纯粹知性产生的。这一演绎，对我的这位思想敏锐的先行者来说，看起来是不可能的，在他之外也没有人哪怕只是想到过，虽然每个人都信心十足地使用这些概念，而不曾问过它们的客观有效性所依据的究竟是什么。我要说，

这一演绎是为了形而上学所曾经能够作出的最困难的工作；而这方面最糟糕的还有，形而上学哪怕是已经现存于某个地方，也不能给我提供丝毫的帮助，因为应当首先由那种演绎来澄清一种形而上学的可能性。于是，当我不仅在纯粹理性的一个特殊的实例中，而且就其全部能力而言解决了休谟的问题之后，我就能够虽然一直缓慢地、但却稳步地前进，以便最终全面地 〔261〕
按照普遍的原则来规定纯粹理性的整个领域，包括它的界限和内容；这就是形而上学为了按照一个可靠的方案来建立自己的体系所需要的东西。

但我担心，休谟的问题以其尽可能大的规模（亦即《纯粹理性批判》的规模）**论述**出来，会和**问题**本身最初提出时情况一样。人们将错误地评判这种论述，乃是因为人们不理解它；人们将不理解它，乃是因为人们尽管有兴趣翻阅这本书，却没有兴趣透彻地思考它；而人们将不愿在这方面花费这份力气，乃是因为这部著作枯燥，因为它晦涩，因为它与所有习惯的概念相抵触，此外又冗长。如今我承认，在事关一种备受赞颂的、人类必不可少的、惟有按照最严格的和学风严谨的规则才能形成的知识时，从一位哲学家那里听到抱怨，说这部著作缺乏通俗性、趣味性和消遣性，对我来说是出乎意料的；虽然随着时间的流逝，也会随之有通俗性，但通俗性却绝不可以构成开端。不过，就某种晦涩而言，它部分地源自方案的详尽性，人们不能概览研究的关键所在的要点；对它的责难是有道理的，我将通过目前的这个《**导论**》来消除这种晦涩。

就其全部领域和界限来展示纯粹的理性能力的那部著作，始终依然是基础，《导论》仅仅作为预习而与之相关；因为在能够设想使形而上学出现之前，或者在能够设想对形而上学哪怕只抱有一种渺茫的希望之前，上述《批判》就必须是系统的，而且完备到它的最微小的部分。

通过把古老的、陈旧的知识从其过去的联系中提取出来，给它们穿上自己随意剪裁的系统化服装，但冠上新的名称，从而使它们焕然一新，这是人们早就司空见惯了的。大部分读者事先也并未期待上述《批判》有别的东西。然而，本《导论》
〔262〕将使他们看出，这是一门全新的科学，之前没有任何人哪怕是想到过它，甚至它的纯然理念也是闻所未闻的，而且除了惟有**休谟**的怀疑能够提供的提示之外，迄今被给予的一切都不能有丝毫用处。休谟也对诸如此类的一门可能的正规科学没有任何预感，而是为了安全起见，把自己的船弄到浅滩（怀疑论）上，让它躺在那里烂掉。与此相反，对我来说关键在于给它一个驾驶员。这个驾驶员备有一张详尽的海图和一个罗盘，将根据从地球知识得来的航海术的可靠原则，能够随心所欲地把船安全地驾驶到任何地方。

在一门完全孤立的、在门类上独一无二的新科学中以一种成见行事，就好像人们用已经在别处获得的自以为的知识（尽管恰恰这种知识的实在性完全是必须事先予以怀疑的）就能够评判这门科学似的，这只能使人们认为到处看到的都是自己在别处已经知道的东西，因为种种表述与那种东西类似，只不过必然让他觉得一切都极其不成体统、不合情理、含混不清罢了；这是因为，人们在这里所依据的不是作者的思想，而始终只是他自己的、因长期的习惯而成自然的思维方式。但是，著作的详尽性（就它的根据在于科学本身，而不在于陈述而言）、此际不可避免的枯燥和经院式的缜密，是一些对于事业本身绝对有利、但对于书本身却必然不利的性质。

虽然并不是每一个人的文笔都能够像**大卫·休谟**那样细腻而又动人，像**莫色斯·门德尔松**那样缜密而又高雅，然而，如果我只是要拟定一个规划来交给别人去完成，如果我不把自己从事如此之久的这门科学的繁荣放在心头，我本来是能够让我的陈述（如我可以自夸的那样）具有通俗性的。此外，把早受欢迎的诱惑置于对一种迟到但却持久的赞同的期望之后，那是需要很大的毅力，甚至需要不小的自我克制的。

制订规划，这往往是一种华而不实、自我吹嘘的精神工作，人们用它来给予自己一种创造性天才的样子，因为他要求的是自己也不能提供的东西，他所指摘的是他自己也不能做得 〔263〕
更好的东西，他所建议的是他自己也不知道在哪里能找到的东西。然而，哪怕是对于一种普遍的理性批判的卓越规划来说，假如它不应当像通常那样仅仅成为具有虔诚愿望的一种空谈的话，所要求的就已经比人们所能够猜测的更多。不过，纯粹理性是一个如此与世隔绝的、自身如此浑然一体的领域，以至于人们触动其一个部分，就不可能不触动所有其他部分，不事先为每一个部分规定位置，并规定它对其他部分的影响，就不能有任何建树，因为在它外面没有任何东西能够在内部纠正我们的判断，每一个部分的有效性和应用都取决于它在理性本身里面与其他部分的关系，而且就像在一个有机物体的肢体构造中那样，每一个肢体的目的只能从整体的完备概念中得出。因此，关于这样一种批判，人们可以说，如果它不是被**完全完成**，直至纯粹理性的最微小要素，它就永远是不可靠的；而且关于这种能力的领域，人们必须要么规定和澄清**一切**，要么是**什么也不**规定和澄清。

然而，尽管要先行于《批判》的一种纯然的规划是不可理解的、不可靠的和无用的，但当它随在《批判》之后时，它就是更为有用的了。因为借助它，人们就能够概览整体，逐一审查这门科学关键所在的要点，比在该著的最初文本中所能做到的更好地处理阐述上的某些东西。

这里就是该著完成之后的这样一种**规划**，它如今可以按照**分析方法**来安排，而**原著**本身则不得不绝对按照**综合的教学法**

来撰写，以便这门科学把它的所有环节，作为一种完全特殊的认识能力的肢体结构，就其自然结合展示出来。谁认为我当做《导论》放在一切未来形而上学之前的这个规划本身还是晦涩的，他就可以考虑一下：并不是非要每一个人都来研究形而上学不可；有一些才能，在缜密的、甚至深奥的、更多地接近直观的科学中完全能够发挥作用，但到用纯粹抽象的概念来进行
〔264〕研究时就不灵了；在这种情况下，人们就必须把自己的天赋用到另一个对象上去；但是，要从事评判形而上学、甚至拟定一种形而上学的人，绝对必须满足这里所提出的要求；即事情应当这样进行，他要么接受我的解决，要么就彻底驳倒它，用另外一种来代替它——因为他不能回避它　　，而最后，受到如此责难的晦涩性（他自己贪图安逸和智能低下的习惯借口）也有它的用处：既然凡是在其他一切科学上都保持谨慎的沉默的人，在形而上学问题上却大师般地夸夸其谈，大言不惭地作出裁定，因为在这里他们的无知的确与其他人的有知并没有明显的区别，但却与真正的批判原理有别，所以关于这些原理就可以赞扬说：

ignavum，fucos，pecus a praesepibus arcent.

Virg.

［工蜂不许游手好闲的雄蜂进入蜂巢。

维吉尔］

预先的提醒：论一切形而上学知识的特点 〔265〕

第 1 节 论形而上学的源泉

如果要把一种知识描述为**科学**，人们就必须事先能够精确地规定它不与任何一门别的科学共有的、因而是它所**特有的**区别之处；否则的话，一切科学的界限就会混淆不清，它们中的任何一门都不能按其本性得到周密的探讨。

这种特点可以是**客体**的不同，或者是**知识源泉**的不同，或者是**知识种类**的不同，或者即使不是所有这些不同，也有它们中的一些，这样，一门可能的科学及其领域的理念，所依据的就是这种特点。

首先，就一种形而上学知识的**源泉**而言，它的概念就已经说明，这些源泉不可能是经验性的。因此，形而上学知识的诸般原则（不仅包括它的原理，而且也包括它的基本概念）必然绝不是取自经验的：因为它不应当是物理学的知识，而应当是物理学之后的知识，也就是说在经验彼岸的知识。因此，无论是构成真正物理学之源泉的外部经验，还是构成经验性心理学之基础的内部经验，在它这里都不能作为基础。所以，它是先天的知识，或者是出自纯粹知性和纯粹理性的知识。 〔266〕

但是，它在这里与纯粹数学还没有任何区别之处；因此，它必须叫做**纯粹哲学知识**。由于这一表述的意义，我要援引《批判》第

712 页以下［B740—741］[1]；在那里，理性的这两种应用的区别解释得很明白，很充分。——关于形而上学知识的源泉，就说到这里。

第 2 节　论惟一能够叫做形而上学的知识种类

一、论一般的综合判断和分析判断的区别

形而上学知识必须只包含先天判断，这是它的源泉的特点要求的。不过，各种判断无论有一个什么样的来源，或者无论就其逻辑形式而言是什么样的，毕竟在内容上有一种区别。由于内容，它们要么纯然是**解释性的**，对知识的内容没有任何增添，要么是**扩展性的**，扩大被给予的知识；前者可以被称为**分析**判断，后者可以被称为**综合**判断。

分析判断在谓词中所说的，无非是在主词中已经现实地想到的，虽然不是那么清楚，不是那么有意识。如果我说："一切物体都是有广延的"，那么，我一点也没有扩展我关于物体的概念，而仅仅是分析了它，因为在判断之前，广延尽管没有被那个概念明确说出，但已经被它现实地想到了；因此，该判断是分析的。与此相反，"一些物体是有重量的"这个命题，却在谓词中包含着某种在关于物体的一般概念中没有现实地想
〔267〕到的东西；因此，它扩大了我的知识，因为它给我的概念增添了某种东西，所以，它必须叫做综合判断。

二、一切分析判断的共同原则是矛盾律

一切分析判断都完全依据矛盾律，而且就其本性而言都是先

[1] 本文所涉及的《纯粹理性批判》页码均为第一版，鉴于该版未全部录入《康德著作全集》，特以方括号标出第二版页码（下同）。——译者注

天知识，无论充当它们材料的概念是不是经验性的。因为既然一个肯定的分析判断的谓词事先已经在主词的概念中被想到了，所以它被主词否定就不能没有矛盾；同样，它的反面在一个分析但却否定的判断中必然被主词否定，而且也是依据矛盾律。“任何物体都是有广延的”和“没有物体是没有广延的”这两个命题就是这样的。

正是因此之故，一切分析命题也都是先天判断，即使它们的概念是经验性的，例如，黄金是一种黄色的金属；因为为了知道这一点，我在我关于黄金的概念之外并不需要别的经验，这个概念就包含着：这个物体是黄色的，并且是金属。正是这构成了我的概念，而我除了分析它之外也不可以做别的事情，用不着在它之外再去找别的什么东西。

三、综合判断除矛盾律之外，还需要另一个原则

有一些后天综合判断，它们的起源是经验性的；但是，也有一些肯定是先天的综合判断，它们产生自纯粹的知性和理性。但是，二者在这一点上是一致的，即它们的产生绝不能仅仅根据分析的原理亦即矛盾律；它们还需要一个完全不同的原则，尽管它们无论从什么原理推导出来的，在任何时候都必须**符合矛盾律**；因为没有任何东西可以违背这一原理，尽管并不是一切都能够从它推导出来。我要先对综合判断进行归类。

1. **经验判断**在任何时候都是综合的。把一个分析判断建 〔268〕
立在经验之上，那是不合情理的，因为我根本不可以超出我的概念去作这种判断，因而也用不着经验的见证。一个物体是有广延的，这是一个先天确定的命题，并不是一个经验判断。因为在我进行经验之前，我在概念中就已经拥有我的判断的一切条件，我只能按照矛盾律从这个概念中得出谓词，并由此同时意识到判断的**必然性**，这种必然性是经验永远不会教给我的。

2. **数学判断**全都是综合的。这一命题尽管是无可争议地确

定的，而且在后果上很重要，但似乎迄今被人类理性的分析家们完全忽视，甚至与他们的所有猜测都截然相反。因为既然人们发现数学家们的推理都是按照矛盾律进行的（这是任何一种无可争辩的确定性的本性所要求的），所以人们就让自己相信，种种原理也是从矛盾律得知的；他们在这里大错特错了。因为一个综合命题当然能够根据矛盾律来认识，但只是以另一个综合命题为前提条件，从那个命题能够推论出它来，却永远不能就自身而言来认识。

首先必须注意的是：真正的数学命题在任何时候都是先天判断，而不是经验性的，因为它们带有必然性，这种必然性不是从经验中能够得出的。但是，如果人们不想同意我这一点，那么好吧，我就把我的命题限制在**纯粹数学**上，纯粹数学的概念就已经说明，它所包含的不是经验性的知识，而纯然是纯粹的先天知识。

人们一开始就会想到，7＋5＝12 这个命题是一个纯然分析的命题，它是按照矛盾律从七与五之和的概念得出的。然而，如果进一步考察，人们就会发现，七与五之和的概念所包含的无非是两个数字合为一个惟一的数字，由此根本没有想到这个把二者合而为一的惟一的数字是什么。十二的概念绝不是通过我仅仅想到七和五的那种结合就已经被想到的；而且无论我对自己关于这样一个可能的和的概念分析多久，我在其中都发现
〔269〕不了十二。人们必须超出这些概念，借助与这两个概念中的一个概念相应的直观，例如其五个手指或者（像谢格奈在他的算术中那样）五个点，这样把直观中给出的五的各个单位一个一个地加在七的概念上。因此，人们实际上通过 7＋5＝12 这个命题扩展了自己的概念，而且给前一个概念加上了一个在它里面根本没有想到的新概念；也就是说，算术的命题在任何时候都是综合的，人们如果选取更大一些的数字，就将更清晰地意识到这一点；因为在这种情况下就很清楚，无论我们如何摆弄我们的概念，不借助于直观，仅仅凭借分析我们的概念，我们将永远得不到和。

纯粹几何学的任何一个原理同样都不是分析的。“两点之间直线是最短的线”，这是一个综合命题。因为我关于“直”的概念不包含量的任何东西，而是只包含一种质。因此，“最短”的概念完全是附加上去的，而且用任何分析都不能从直线的概念得出。因此，在这里必须借助直观，惟有凭借直观，综合才是可能的。

几何学家预设的其他一些原理虽然确实是分析的，并且是依据矛盾律的；但是，就像同一的命题一样，它们只用做方法的链条，而不是用做原则；例如 a＝a，即整体与自身相等，或者（a＋b）＞a，即整体大于其部分。而且即便是这些命题本身，尽管它们是仅凭概念就有效的，但在数学中也只是由于它们能够在直观中被展现出来才被承认的。这里通常使我们相信这样一些无可置疑的判断的谓词已经包含在我们的概念之中、因而判断是分析判断的东西，只不过是表述的含混性罢了。也就是说，我们**应当**把某个谓词思维到一个被给予的概念上，而且两个概念已经具有这种必然性。但是，问题并不是我们应当把什么东西**思维**到被给予的概念上，而是在于我们**实际上在该概念中**（虽然只是模糊地）**思维**到什么东西；而且在这里表现出，谓词虽然是必然地、但却不是直接地、而是凭借一个必须附加上的直观而与那个概念相联系的。

第 3 节　关于一般地把判断划分为分析判断和综合判断的说明 〔270〕

考虑到对人类知性的批判，这一划分是必不可少的，因而在这种批判中堪称是**典范的**；除此之外，我不知道它在别的什么地方会有一种相当大的用处。而且在这里，我还发现了一向只是在形而上学本身中，而不是在它外面，在一般的纯粹理性规律中寻找形而上学判断的源泉的独断论哲学家们之所以忽视这一自身显而易见的划分的原因，以及著名的**沃尔夫**或者步其后尘的思想敏锐的**鲍姆嘉登**能够在矛盾律中寻找显然是综合命题的充足理由律的证明的原因。与此相反，我在**洛克**的《人类理解论》中已经发现了对这种划分的暗示。因为在第4卷第3章第9节以下，在他事先已经谈过判断中表象的不同联结及其源泉，他把其中一种置于同一性或者矛盾中（分析判断），把另一种置于表象在一个主体里面的实存中（综合判断）之后，他在第10节中承认，我们对后者的知识（先天知识）是很狭窄的，差不多是根本没有任何知识。不过，在他关于这一类知识所说的话中，很少有确定的东西、被用做规则的东西，以至于如果没有人（特别是就连**休谟**也没有）从中找到理由对这一类命题进行考察，人们也不必大惊小怪。因为诸如此类普遍的、尽管如此又是确定的原则，是不容易从只是模糊地想到它们的其他人那里学到的。人们首先必须通过自己的反思达到这些原则，然后也在别的地方发现它们；人们最初在这别的地方肯定没有发现它们，因为就连作者本人也不知道，他们自己的说明是以这样一个理念为基础的。从来不独立思考的人们，尽管如此却具有洞察力，在有人向他们指出之后，在通常已经说过的东西中去窥探一切，毕竟之前没有人能够在那里看出这些东西。

〔271〕

《导论》的总问题：形而上学究竟是可能的吗？

第4节

如果确实有能够断言自己是科学的形而上学，那么，人们就能够说：这里就有形而上学，你们只可以学习它，而且它将不可抗拒地、不可改变地使你们坚信它的真理。果真如此，这个问题就没有必要了，而且只剩下了与其说涉及事物自身实存的证明、倒不如说涉及我们的洞察力的验证的问题，也就是说，**它是如何可能的**，理性如何开始达到它。如今，人类理性在这一事例上并不顺利。人们不能出示任何一本书，就像介绍一本**欧几里得**几何学那样，说：这就是形而上学，在这里你们将找到这门科学的最主要的目的，即一个最高存在者和一个来世的知识，从纯粹理性的原理出发得到证明。因为人们虽然能够出示许多无可置疑地确定的、从未被反驳过的命题，但这些命题全都是分析的，而且与其说涉及知识的扩展，倒不如说涉及形而上学的材料和建筑工具，而我们对形而上学的真正意图毕竟是知识的扩展（第 2 节，三）。但是，即便你们也出示一切综合命题（例如充足理由律），你们绝不是从纯然理性出发、因而如你们有义务做的那样先天地证明它们，而人们也乐于承认你们有这些命题，但当你们想把这些命题用于你们的主要目的时，你们却陷入了如此不允许的和不可靠的主张，以至于在任何时候一种形而上学都与另一种形而上学要么在主张本身上，要么在其证明上相互矛盾，由此自己否定了自己被持久赞同的要求。甚至实现这样一门科学的种种尝试，也毫无疑问曾经是如此早地出现怀疑论的首要原因；怀疑论是这样一种思维方式，其中理性对自身如此行事粗暴，以至于这种思维方式绝对惟有在对理性最重要的意图方面的满足完全失望的时候才能产生。因为早在开始有条理地质询自然之前很久，人们就曾经仅仅质询自己分离开来的理性，理性已经在某种程度上通过普 〔272〕
通的经验被使用着，因为理性对我们来说毕竟总是在场的，而自然规律却通常必须费劲去寻找。形而上学就是像泡沫一样浮在上面，一旦被掬取出来的泡沫破碎，就马上在表面上出现另一个泡沫；总是有一些人热衷于收集泡沫，而另一些人不去到深处寻找这些现象的原因，却自作聪明，嘲笑前一些人白费力气。

纯粹数学知识的本质以及与其他一切先天知识的区别之处，在于它绝对**不是从概念**产生的，而是必须在任何时候都惟有通过概念的构想产生的（《批判》，第 713 页［B741］）。因此，既然它在其命题中必须超出概念达到与该概念相应的直观所包含的东西，所以它的命题也永远不能和不应当通过概念的分析亦即以分析的方式产生，因而全都是综合的。

但是，我不能不说明对这种通常很容易的、看起来微不足道的考察的忽视曾给哲学带来的危害。当**休谟**感到与一位哲学家相称的职分，即把自己的目光投向人类知性自以为在其中拥有如此大的产业的纯粹先天知识的全部领域时，他却草率地从中切割下整整一个省份，而且是最重要的省份，即纯粹数学；在他的想象中，纯粹数学的本性，可以说是它的宪法，所依据的是完全不同的原则，即仅仅依据矛盾律；而且尽管他并没有像我在这里所做的那样正式地和普遍地、使用这样的称谓划分命题，但事情毕竟恰好等于好像他说：纯粹数学只包含**分析**命题，而形而上学则包含先天综合命题。在这里他大错特错了，而且这一错误对他的整个概念有着决定性的不利后果。因为如果他不是这样，那么，他本来可以把他关于我们的综合知识的起源问题远远地扩展到他的形而上学因果性概念之外，也扩展到数学的先天可能性之上；因为他必定同样会把数学认做综合的。
〔273〕但在这种情况下，他就绝不能把自己的形而上学命题建立在纯然经验之上，因为若不然，他就会使纯粹数学的公理同样屈从于经验，那样做的话他就聪明过分了。形而上学结上好伴，本来可以确保它免遭虐待的危险；因为要给予形而上学的打击，必定也会落到数学头上，但这并不是、也不可能是他的

意见。这样一来，这位思想敏锐的人物就会被牵进必然与我们现在所从事的考察类似的考察，而由于他那不可模拟的漂亮文笔，这些考察本来是会受益无穷的。

真正的形而上学判断全都是综合的。人们必须把**属于形而上学的**判断与真正**形而上学的**判断区分开来。在前者中有很多分析判断，但它们只构成形而上学判断的手段，而这门科学的目的完全在于形而上学的判断，它们全都是综合的。因为如果概念属于形而上学，例如实体的概念，那么，仅仅从分析这些概念产生的判断也必然属于形而上学，例如“实体是仅仅作为主体实存的东西”等等。而且，凭借若干这样的分析判断，我们力图接近对这些概念的定义。但是，既然对一个（形而上学所包含的）纯粹知性概念的分析，并不是以有别于分析任何其他概念、哪怕是不属于形而上学的经验性概念（例如，空气是一种弹性的流体，其弹性不因任何已知的冷度而被取消）的方式进行的，所以，概念，并非分析判断，才是形而上学特有的；因为这门科学在产生其先天知识方面有某种特殊的和独特的东西，所以必须把它与它同其他所有知性知识所共有的东西区别开来；这样，例如“凡是在事物中是实体的东西，都是持久不变的”这个命题，就是一个综合的、形而上学特有的命题。

如果人们把构成形而上学的材料和建筑工具的先天概念事先按照某些原则收集到一起，那么，对这些概念的分析就具有很大的价值；这种分析也可以当做一个只包含属于形而上学的分析命题的特殊部分（仿佛是当做 philosophia definitiva [下定义的哲学]），与构成形而上学本身的所有综合命题分别开来 〔274〕
予以讲解。因为事实上，那些分析惟有在形而上学中，也就是说在应当从首先分析过的概念产生的综合命题方面，才有相当大的用处。

因此，本节的结论是：形而上学真正说来只与先天综合命题打交道，而且惟有先天综合命题才构成形而上学的目的。为此目的，形而上学虽然需要对自己的概念，因而对分析判断进行一些分析，但此时的行事方式却与人们只求通过分析澄清自己的概念的任何其他知识门类没有不同。惟有先天知识的**产生**，无论是根据直观还是根据概念，最后还有先天综合判断的**产生**，而且是在哲学知识中，才构成形而上学的根本内容。

由于对什么都没有告诉我们的独断论感到厌烦，同时也对到处都不承诺我们任何东西，甚至连被许可的无知这种坦然也不承诺的怀疑论感到厌烦，由于受到我们所需要的知识的重要性的敦促，而且由于长期的经验而在我们认为已拥有的或者在纯粹理性的标题下呈现给我们的任何知识方面感到怀疑，于是我们就只剩下一个批判的问题了，在回答完这个问题之后，我们就能够确立我们后面的态度了。这个问题就是：**形而上学究竟是可能的吗**？但是，这个问题必须不是用对一种现实的形而上学的某些主张所持的怀疑性异议来回答（因为我们现在还没有承认任何一种形而上学），而是必须从这样一门科学的还**成问题的**概念出发来回答。

在《**纯粹理性批判**》中，我在这个问题上是以综合的方式进行工作的，也就是说，我在纯粹理性本身中进行研究，而且在这个源泉本身中力求按照一些原则既规定它的纯粹应用的要素，也规定其法则。这件工作是艰巨的，要求一位果敢的读者用思想逐步深入一个体系，这个体系除了理性本身之外不把任何东西作为被给予的来当做基础，不依据某种事实，而是力求从理性的源始萌芽阐发知识。与此相反，《**导论**》应当是预备练习；它应当与其说是讲解一门科学本身，倒不如说是指出为
〔275〕尽可能地实现这门科学人们应当做什么。因此，它必须依据人们已经知道可靠的某种东西，人们可以信心十足地从那里出

发，上升到人们尚不知道的源泉，而这源泉的发现将不仅给我们解释人们已经知道的东西，而且同时将展示全都从上述源泉产生的许多知识的范围。因此，《导论》，尤其是应当为一种未来的形而上学做准备的《导论》，其方法上的行事方式将是**分析的**。

不过幸运的事情是：虽然我们不能认为作为科学的形而上学是**现实的**，但我们却能够有把握地说某些纯粹先天综合知识是现实的和给定的，这就是**纯粹数学**和**纯粹自然科学**；因为二者都包含着被公认部分地单凭理性而无可置疑地确定、部分地由于出自经验的普遍一致而无可置疑地确定却又不依赖于经验的命题。因此，我们有一些至少**无可争议的**先天综合知识，而且不可以问它们是否可能（因为它们是现实的），而是只可以问**它们是如何可能的**，以便能够从已被给予的知识的可能性的原则也推出其他一切知识的可能性来。

《导论》的总问题：出自纯粹理性的知识是如何可能的？

第 5 节

我们在上面已经看到了分析判断和综合判断的重大区别。分析命题的可能性很容易就能理解，因为它们所依据的只是矛盾律。后天综合命题，也就是说，从经验得出的这样一些命题，其可能性也不需要特殊的说明，因为经验无非就是知觉的不断组合（综合）。因此，我们只剩下了先天综合命题，它们的可能性必须去寻找或者研究，因为它们所依据的不是矛盾律，而必须是别的原则。

〔276〕 但是，我们在这里不可以首先寻找这样一些命题的**可能性**，也就是说，不可以问它们是否可能。因为有足够多的这类命题，它们是以无可争议的确定性被现实地给予的，而且既然我们现在遵循的方法应当是分析的，所以我们就从诸如此类综合的、但却是纯粹的理性知识是现实的这一点开始。但在这种情况下，我们必须**研究**这种可能性的根据，并且问这种知识是如何可能的，以便我们能够从它的可能性的原则出发来规定它的应用的条件、这种应用的范围和界限。因此，一切都取决于这个真正的课题，它的严格准确的表达就是：

先天综合命题是如何可能的？

为了通俗性起见，我在上面对它的表达有些不同，也就是说，把它表达为关于出自纯粹理性的知识的问题；我这次当然可以这样做，并不会损害所要寻找的洞识，因为既然这里仅仅涉及形而上学及其源泉，所以我希望人们在任何时候都按照前面所做的提醒而记住：当我们在这里谈到出自纯粹理性的知识时，所说的绝不是分析知识，而仅仅是综合知识。①

① 不可能防止的是，当知识逐渐地进展时，某些早在科学童年时代就有的、已经变成经典的术语，后来却被认为词不达意、不适合了，而某种更适当的新用法又会陷入与旧用法相混淆的危险。分析的方法虽然与综合的方法相对立，但却与分析命题的典型完全不同。它仅仅意味着：人们从所寻找的东西出发，就好像该东西已被给定似的，并由此上升到该东西惟有在其下才有可能的条件。在这种方法中，人们经常只使用综合命题，数学分析就是一个例证。它如果叫做**回溯的**方法要更好，以有别于综合的方法或者**前进的**方法。况且，“分析”这个名称还是作为逻辑学的一个主要部分出现的，在那里它是真理的逻辑，与“辩证”相对立，真正说来不考虑属于那种逻辑的知识是分析的还是综合的。

形而上学的兴衰，从而其实存，就完全取决于这一课题的解决。尽管有人把自己在形而上学中的种种主张说得天花乱坠，堆砌起一批又一批的结论压得人喘不过气来，只要他不能 〔277〕 事先令人满意地回答那个问题，我就有权说：这一切都是空洞的、毫无根据的哲学，是虚假的智慧。你通过纯粹理性说话，并且自以为仿佛是先天地创造出知识，因为你不仅分析了被给予的概念，而且还给出了新的联结，这些新联结不是依据矛盾律，而且你自认为它们完全不依赖于一切经验；你是怎样达到这一点的呢？你将怎样为这样的僭妄作出辩解呢？求助于普遍的人类理性的赞同，这是不能允许你的；因为这是一个其威望仅仅依据人云亦云的见证人。Quodcumque ostendis mihi sic, incredulous odi.［无论你这样给我看什么，我都不予相信，而且厌恶。］——贺拉斯

但是，对这一问题的回答尽管必不可少，同时却也是很困难的；而人们之所以没有早就力求回答它，固然最主要的原因在于人们想都没有想到会问这样的东西，但毕竟还有一个次要的原因，那就是：令人满意地回答这一个问题，比起一部一出版就保证其作者名垂不朽的形而上学鸿篇巨著来说，它需要付出更为坚毅、更为深刻、更为艰苦的思考。况且，任何一个明智的读者，如果他仔细地再三考虑这一课题的种种要求，必然一开始就被其困难所吓倒，认为它不可解决，而且如果不是现实地存在着诸如此类纯粹的先天综合知识的话，就会认为它们是完全不可能的；**大卫·休谟**实际上所遇到的就是这种情况，尽管他远远没有以这样的普遍性想象这个问题，而如果答案应当对整个形而上学是决定性的，问题就是这样提出并且必须这样提出。因为，这位思想敏锐的人士说，当我被给予一个概念时，我怎么可能超出这个概念，并且把另一个根本不包含在它里面的概念与它联结起来，就好像后者**必然地**属于它一样？惟

有经验才能够给我们提供这样的联结（他就这样从被他视为不可能性的那个困难中得出结论），所有那些自以为的必然性，或者换句话说也一样，被认为是必然性的先天知识，都无非是一种长期的习惯，即把某种东西视为真的、因而把主观的必然性视为客观的。

如果读者抱怨我通过解决这个课题将给他带来的艰辛和劳
〔278〕累，那么，他可以尝试用更简易的方式来解决它。也许，到那时他将对为他接受了一项如此深刻的研究工作的人心存感激，并且对就事情的性质而言还能够轻易得到解决反而表示一些惊讶；为了能够完全普遍地（在数学家使用这个词的意义上，即在一切场合都充分地）解决这个课题，并且最终像读者在这里将看到的那样，用分析的形态把它展示出来，曾使我付出了几年之久的努力。

据此，所有形而上学家都被郑重地、合法地中止了他们的工作，一直要到他们令人满意地回答了**“先天综合知识是如何可能的？”**这个问题为止。因为他们如果要以纯粹理性的名义在我们这里兜售某种东西的话，必须出示的信任状就只是这种回答。但如果缺少这一信任状，他们所能够等待的就无非是已经经常受骗的明理人，不对他们的兜售作任何进一步的研究就拒斥他们。

与此相反，如果他们还想从事他们的工作，不是把它当做**科学**，而是当做一门有益的、适合普遍的人类知性的劝说**艺术**，那么，出于公正，不能禁止他们干这件营生。在这种情况下，他们将使用一种理性信念的谦虚语言，他们将承认自己不被允许对处于一切可能经验的界限之外的东西哪怕仅仅作出**猜测**，更不用说**知道**什么了，而是只能**假定**（不是为思辨的应用，因为他们必须放弃思辨的应用，而是仅仅为实践的应用）某种为了在生活中指导知性和意志所可能、甚至必不可少的东西。惟有如此，他们才能够享有有用的人和睿智的人的声誉；他们越是放弃形而上学家的声誉，就越是如此，因为形而上学家想当思辨哲学家；而且既然在涉及先天判断时，人们不能把这委诸淡而无味的或然性（因为据称被先天地认识的东西，正因为此而被宣告为必然的），所以就不能容许他们玩弄猜测，相反，他们的主张必须是科学，或者它就根本什么也不是。〔279〕

可以说，必然先行于一切形而上学的整个先验哲学，本身就无非是对这里提出的问题的全面解决，只不过是以系统的次序和详尽性罢了，因此，人们至今还没有先验哲学。因为使用这个名称的东西，真正说来是形而上学的一个部分。但前一门科学应当首先构成后者的可能性，因而必须先行于一切形而上学。因此，既然哪怕是为了充分地回答一个惟一的问题，就需要一门完整的、而且也得不到出自其他科学的任何帮助、因而就自身而言崭新的科学，那么，如果这个问题的解决包含着麻烦和困难，甚至包含着一些晦涩，人们也不必大惊小怪。

我们现在开始着手这种解决，并且是按照分析的方法；在这种解决中，我们以这样一些出自纯粹理性的知识是现实的为前提条件。这样，我们就只能援引两门理论知识（这里只谈理论知识）的**科学**，亦即**纯粹数学**和**纯粹自然科学**。因为只有这两门科学能够在直观中给我们展示对象，所以如果在它们里面出现先天知识，它们就能够具体地给我们指出这种知识的真理性或者它与客体的一致，也就是说，指出它的**现实性**，然后就可以由此沿着分析的道路前进到它的可能性的根据。这就大大地简化了工作。在这件工作中，普遍的考察不仅被运用于事实，而且甚至从事实出发，而在综合的方法中，事实就必须完全抽象地从概念中派生出来。

但是，为了从这些现实的、同时也是有根据的纯粹先天知识出发上升到我们所寻求的一种可能的知识，亦即一种作为科学的形而上学，我们就需要把引发它的东西，而且作为仅仅被自然地给予的、尽管其真理性并非无可怀疑的先天知识（对这种知识的处理，不经过对其可能性的任何批判的研究，通常已经被称为形而上学）而是它的基础的东西，一言以蔽之，这样一门科学的自然条件，一并置于我们的主要问题之下；而这样一
〔280〕来，先验的主要问题就将分为另外四个的问题，逐步地予以答复。

1. **纯粹数学是如何可能的**？
2. **纯粹自然科学是如何可能的**？
3. **一般形而上学是如何可能的**？
4. **作为科学的形而上学是如何可能的**？

可以看出，虽然这些课题的解决主要应当展示《批判》的根本内容，但它也有单凭其本身就值得注意的独特之处，那就是在理性本身中为给定的各门科学寻找源泉，以便由此凭借事实本身来研究和衡量理性先天地认识某种东西的能力；这些科学本身尽管不是在其内容方面，但毕竟就其正确的应用而言，将由此而有所获益，而且在它们由于共同的起源而澄清一个更高的问题的同时，也提供了更好地阐明它们自己的本性的机会。

先验的主要问题

第一章　纯粹数学是如何可能的？

第 6 节

这里有一种庞大的、并且已得到证明的知识，它现在就已经具有值得惊赞的规模，并且预示着未来不可限量的发展；它具有完全无可置疑的确定性，也就是绝对的必然性，因此不依

据任何经验的根据，从而是一种纯粹的理性产物，此外它又完全是综合的。“人类理性如何可能完全先天地产生出这样一种知识呢?”既然这种能力不依据经验，也不能依据经验，难道它不是以某种先天的认识根据为前提条件，这种认识根据深深地隐藏着，但只要人们努力地探索它的这些结果的最初开端，它就会通过这些结果显露出来吗?

第 7 节 〔281〕

但是我们发现，一切数学知识都具有这种独特之处，即它必须事先**在直观中**，而且是在先天直观中，从而是在一种并非经验性的，而是纯粹的直观中展示它的概念。没有这样的手段，它就一步也不能前进。因此，它的判断在任何时候都是**直观的**，而哲学却必须满足于**出自纯然概念**的**论证性**判断，而且它尽可以通过直观来阐明它的无可置疑的学说，但却永远不能从直观中推导出这种学说。对数学的本性的这种考察已经把我们导向了它的第一个条件，亦即最高的条件，这就是：它必须以某种**纯直观**为基础，在这种纯直观中，它才能具体地、尽管如此却是先天地展示它的所有概念，或者如人们所说，**构想**它的所有概念。① 如果我们能够发现这种纯直观和这样一种直观的可能性，那么，由此就很容易说明，纯粹数学中的先天综合命题是如何可能的，从而也就很容易说明，这门科学本身是如何可能的；因为就像经验性的直观毫无困难地使得我们有可能通过直观本身展示的新谓词在经验中综合地扩展我们关于直观的一个客体所形成的概念一样，纯直观也将做到这一点。不过

① 参见《批判》，713 页［B741］。

区别在于：先天综合判断在后一场合是先天地确定的和无可置疑的，而在前一场合则是后天地和经验性地确定的，因为后者只包含在偶然的经验性直观中所遇到的东西，而前者则包含在纯直观中必然遇到的东西，因为纯直观作为先天直观，**在一切经验**或者个别知觉**之前**就与概念不可分割地结合在一起了。

第 8 节

然而，困难在这一步似乎反倒是增加了，而不是减少了。因为从现在开始，问题就是这样了：**先天地直观某种东西，这是如何可能的**？直观是一种表象，就像它直接地依赖对象的在场一样。因此，**先天原初地**进行直观似乎是不可能的，因为在
〔282〕这种情况下，直观的发生就没有一个它与之相关的、无论是以前还是现在在场的对象，因而就不能是直观。概念虽然具有这样的性质，即我们完全能够先天地形成一些概念，也就是说，那些只是包含对一个一般的对象的思维的概念，我们用不着与对象有直接的关系，例如大小、原因等等的概念；但即便是这些概念，为了赋予它们含义和意义，它们也需要某种具体的应用，也就是说，需要运用到某种直观上去；由此，它们的一个对象才被给予我们。然而，对象的**直观**如何能够先行于对象本身呢？

第 9 节

如果我们的直观具有这样的性质，即它表象事物，**如其就自身而言所是**，那么，就根本不会发生先天的直观，而直观就会永远是经验性的。因为惟有当对象自身对我在场并且被给予我的时候，我才能知道它里面所包含的东西。当然，即便在这种情况下，也还是不能理解，对一个在场的事物的直观应当如

何把该事物如其就自身而言所是的那样给予我来认识，因为它的属性是不能移到我的表象能力中的。然而，即使承认有这种可能性，诸如此类的直观也毕竟不能先天地发生，也就是说，不能在对象被表象给我之前发生；因为不是这样，就不能设想我的表象与对象的关系有任何根据，表象所依据的就必然是灵感。因此，我的直观先行于对象的现实性并作为先天知识发生，这只有以惟一一种方式才是可能的，**也就是说，它不包含任何别的东西，只包含感性的形式，这种感性的形式在我的主体里面先行于我被对象刺激所凭借的一切现实的印象**。因为我先天地知道，感官的对象惟有按照感性的这种形式才能够被直观。由此得出：对于感官的对象来说，仅仅涉及感性直观的这种形式的命题将是可能的和有效的，此外反过来说，除了我们感官的对象之外，先天可能的直观绝不能涉及别的事物。

第 10 节 〔283〕

因此，我们能够先天地直观事物所凭借的，就只是感性直观的形式；但由此，我们也只是如客体能够**显现**给我们（我们的感官）的那样，而不是如其就自身而言可能是的那样来认识它们；而且，如果先天综合命题被承认为可能的，或者，如果它们被现实地发现，它们的可能性应当得到理解，并且事先得到规定，那么，上述预设就绝对是必要的。

如今，空间和时间就是这样的直观，纯粹数学把它们作为其既无可置疑地、同时也必然地产生的一切知识和判断的基础。因为数学必须首先在直观中，而纯粹数学必须首先在纯直观中展示自己的所有概念，也就是说，构造这些概念。没有这种直观（因为纯粹数学不能分析地、亦即通过分析概念来行事，而是只能综合地行事），也就是说，惟有在纯直观中先天综合判断的材料才能被给予，只要纯粹数学缺乏纯直观，它就一步也不能前进。几何学以空间的纯直观为基础。算术甚至是通过各单位在时间中的渐进相加来完成其数字概念的；而尤其是纯粹力学，惟有借助时间的表象才能完成其关于运动的概念。但是，这两种表象都纯然是直观；因为如果人们从物体的经验性的直观和物体的变化（运动）中去掉一切经验性的东西，亦即去掉属于感觉的东西，那么，还会剩下空间和时间，因而它们是纯直观；它们先天地作为物体的经验性的直观和物体的变化的基础，因而是绝不能被去掉的。但正因为它们是纯先天直观，也就证明它们纯然是我们的感性的形式，这些形式必然先行于一切经验性的直观，也就是说，先行于对现实对象的知觉，而且按照它们就能够先天地认识对象，但当然仅仅是如对象向我们显现的样子。

第11节

因此，目前这一部分的课题已经解决了。作为先天综合知识的纯粹数学，只是因为它仅仅关涉感官的对象才是可能的，
〔284〕而感官的对象的经验性直观是以一种（空间和时间的）纯直观，亦即先天的直观为基础的，而且之所以能够以它为基础，乃是因为这种纯直观无非就是感性的纯然形式，这种感性的形式先行于对象的现实显象，因为它在事实上首先使显象成为可能。不过，这种先天直观的能力并不涉及显象的质料，也就是说，不涉及在显象中是感觉的东西，因为感觉构成的是经验性的东西，而是只涉及显象的形式，即空间和时间。如果有人对空间和时间根本不是与物自身相联系的规定，而只是与物自身同感性的关系相联系的规定稍有怀疑的话，我很乐意知道，他如何能够认为有可能先天地，因而在对事物有任何认识之先，

也就是在事物被给予我们之先，就知道事物的直观必然是什么性状；这里对于空间和时间来说正是这种情况。但是，一旦二者仅仅被视为我们的感性的形式条件，而对象仅仅被视为显象，上述说法就是完全可以理解的；因为在这种情况下，显象的形式，亦即纯直观，当然就能够从我们自己出发、亦即先天地被表象了。

第 12 节

为了给阐明和证实补充一点东西，人们只需要看一看几何学家通常的而且绝对必要的行事方式就可以了。对于两个被给予的图形的全等（一个图形能够在所有部分上都置于另一个图形的位置上）的一切证明，最终都旨在于说明它们彼此相符；这显然不是别的，而是一个依据直接的直观的综合命题；而这个直观必须是纯粹地和先天地被给予的，若不然，那个命题就不能被视为无可置疑地确定，而是只具有经验性的确定性。那也就只是说，人们在任何时候都发现是这样，而且该命题只是在我们的知觉迄今所达到的范围有效。完整的空间（它自身不再是另一个空间的界限）具有三个维度，而且空间也根本不能多于三个维度，这被建立在如下命题上，即在一个点上不能有多于三条线垂直相交；但是，这个命题根本不能从概念出发来说明，而是直接地依据直观，当然所依据的是先天的纯直观，〔285〕
因为它是无可置疑地确定的；人们可以要求把一条线延长到无限（in indefinitum），或者把一系列变化（例如由运动所经过的诸多空间）延续到无限，但这是以空间和时间的表象为前提条件的。而这种表象，就其本身不受任何东西限制而言，是仅仅依附于直观的；因为它绝不能从概念中推论出来。因此，数学确实是以先天的纯直观为基础的，这些先天的纯直观使其综合的、无可置疑地有效的命题成为可能。因此，我们就空间和时间而言对概念进行的先验演绎同时说明了一种纯粹数学的可能性。假如没有这样一种演绎，假如我们不接受“凡是能够被给予我们的感官（在空间中被给予我们的外感官，在时间中被给予我们的内感官）的东西，都只是如其向我们显现的那样被直观，而不是如其就自身而言所是的那样被直观”，那么，一种纯粹数学的可能性就虽然能够被承认，但却绝对不能被认识。

第 13 节

尚未能够摆脱空间和时间是属于物自身的现实性状这种概念的人，可以把他们的洞察力用在如下的悖论上，并且在他们徒劳地尝试过解决这种悖论，至少是暂时放弃了成见之后，他们就会猜想，把空间和时间贬黜为我们的感性直观的纯然形式，也许是有其根据的。

如果两个事物在对每一个单独来看所能够认识到的所有方面（在所有属于量和质的规定上）都完全相同，那就必然得出，在所有场合和关系中，一个都能够被置于另一个的位置上，这种替代不会引起丝毫可辨认的区别。事实上，几何学中的平面图形就是这种情况；然而，不同的球面图形，虽然有那种完全的内在一致性，却在外在的关系上表现出这样一种差异，以至于一个根本不能被置于另一个的位置上；例如，分别处于两个半球上的两个球面三角形，以赤道上的一条弧为共同底边，无论就其各边而言还是就其各角而言都能够完全相等，
〔286〕以至于如果人们单独地、同时全面地描述其中的一个，在它那里将不会发现任何不同时在对另一个的描述里面的东西，尽管如此，一个却不能被置于另一个（亦即在相反的半球上的那一个）的位置上；这里毕竟有两个三角形的一种**内在的**差异，没有任何知性能够说明这种差异是内在的，它惟有通过空间中的

外在关系才能够显示出来。不过，我想再举几个从日常生活就能得出的更平常的实例。

还有比我的手或者我的耳朵在镜子中的影像与它们更相似、在所有方面都更相等的东西吗？尽管如此，我却不能把在镜子里看到的这样一只手置于其原型的位置上；因为如果这是一只右手，那么，在镜子里那只手就是一只左手，右耳的影像就是一只左耳，它绝不能取代右耳的位置。如今，这里没有某种知性所能够设想的任何内在区别，尽管如此，就感官所教导的而言，区别却是内在的，因为无论双方如何相等、相似，左手与右手毕竟不能被围在同样的界限之间（它们不能全等）；一只手的手套不能戴到另一只手上。那么答案是什么呢？这些对象并不是事物如其就自身而言所是的那样、如纯粹知性所认识它们那样的表象，而是一些感性直观，亦即显象，它们的可能性所依据的是某些就自身而言未知的事物与某种别的东西，亦即我们的感性的关系。至于我们的感性，空间是其外直观的形式，而且对任何空间的内在规定都惟有通过对与整个空间的外在关系的规定才是可能的，任何空间都是整个空间的一个部分（就其与外感官的关系而言），也就是说，部分惟有通过整体才是可能的；这对于作为纯然知性的对象的物自身来说绝不成立，但对于纯然显象来说却是成立的。因此，对于相似和相等，但毕竟不全等的事物（例如相反的螺旋），我们不能通过任何概念，而只能通过与右手和左手的关系来说明它们的区别，而这直接关涉到直观。

附释一 〔287〕

纯粹数学，尤其是纯粹几何学，惟有在它仅仅关涉感官的对象的条件下，才能够有客观的实在性。就感官的对象而言，如下原理是肯定的：我们的感性表象绝不是物自身的表象，而只是物向我们显现的方式的表象。由此得出，几何学的命题不是对我们从事虚构的想象力的一种纯然造物的规定，因而不能可靠地与现实的对象相关，而是必然地对空间有效，因而也对能够在空间中发现的一切有效，因为空间无非就是一切外部显象的形式，惟有在这形式之下，感官的对象才能被给予我们。几何学以感性的形式为基础，感性是外部显象的可能性所依据的东西；因此，外部显象绝不能包含某种别的东西，只能包含几何学为它们规定的东西。如果感官必须如客体就自身而言所是的那样来表象客体，事情就会完全不同。因为在这里，几何学家先天地以空间的表象以及空间的一切属性为基础，而从空间的表象中还根本不能得出，这一切连同从它们推论出的东西在自然中都必定恰恰如此。人们会把几何学家的空间视为纯然的虚构，不相信它有任何客观的有效性，因为人们根本看不出，事物何以必然与我们从自身出发事先关于它们形成的影像一致。但是，如果这种影像，或者毋宁说这种形式的直观，是我们的感性的根本属性，惟有凭借它对象才被给予我们，但这种感性并不表象物自身，而是只表象物的显象，那么就十分容易理解，同时也可以无可辩驳地证明：我们的感官世界的一切外在对象必然与几何学的命题极为精确地一致，因为是感性通过它为几何学家所研究的外直观的形式（空间），才使得作为纯然显象自身的那些对象成为可能的。在哲学的历史上，这将永远是一个值得注意的现象，即曾经有过一个时代，甚至一些同时是哲学家的数学家也居然开始怀疑起来，他们虽然不怀疑
〔288〕自己的几何学命题——就这些命题仅仅涉及空间而言——的正确性，但却怀疑这个概念本身及其一切几何学规定对自然的客观有效性和运用；那时他们担心，自然中的一条线很可能是由一些物理学的点构成的，从而客体中的真实的空间是由一些简

单的部分构成的，尽管几何学家思想中的空间绝不是这样构成的。他们没有认识到：这个思想中的空间居然使得物理学的空间，亦即物质本身的广延成为可能；空间根本不是物自身的性状，而仅仅是我们的感性表象能力的一种形式；空间中的一切对象都是纯然的显象，也就是说，不是物自身，而是我们的感性直观的表象；而且既然像几何学家所设想的那样的空间，完全是我们先天地在自己里面所发现的感性直观形式，而且这种形式包含着一切外在显象（在形式上）的可能性的根据，所以这些显象就必然地并且精确地与几何学家的命题相一致。几何学家不是从任何虚构的概念，而是从一切外在显象的主观基础，亦即从感性本身得出这些命题的。以这样的方式，而不是以别的方式，几何学家就能够因自己的命题的无可置疑的客观实在性而得到保障，来对付一种浅薄的形而上学的任何刁难，无论这些命题对这种形而上学来说多么奇怪，因为这种形而上学并不一直追溯到其概念的源泉。

附释二

凡是应当作为对象被给予我们的东西，都必须在直观中被给予我们。但我们的一切直观都惟有借助感官才发生。知性不直观任何东西，而是只进行反思。根据现在已证明过的，既然感官永远并且丝毫不给予我们物自身，而是只给予我们事物的显象供认识，而这些显象又仅仅是我们的感性的表象，“所以，一切物体连同它们处于其中的空间都必须被视为无非是我们里面的表象，并且仅仅实存于我们的思想中，而不实存于其他任何地方”。这难道不是明显的唯心论吗？

唯心论在于主张除了能思维的存在者之外不存在任何别的东西，我们认为在直观中知觉到的其他事物只不过是能思维的 〔289〕

存在者里面的表象罢了，事实上没有在这些能思维的存在者之外存在的对象与它们相应。与此相反，我说的是：有事物作为存在于我们之外的我们感官的对象被给予我们，但关于它们就自身而言可能是什么，我们却一无所知，我们只认识它们的显象，也就是它们在刺激我们的感官时在我们里面所造成的表象。据此，我当然承认，在我们之外有物体存在，也就是说，有这样一些事物存在，虽然根据这些事物就自身而言所可能是的样子，它们完全不为我们所知，但我们通过它们对我们的感性的影响给我们所造成的表象来认识它们，而且我们把它们称为物体。因此，这个词所指的仅仅是那个对我们来说未知的、尽管如此仍现实的对象的显象。能够把这叫做唯心论吗？恰恰与此相反。

关于外部事物的大量属性，人们可以在无损于外部事物的现实实存的情况下说：它们并不属于这些事物自身，而是仅仅属于这些事物的显象，而且在我们的表象之外没有自己的实存。这是某种在**洛克**的时代之前很久，但尤其是在洛克之后已普遍被接受和承认的说法。热、颜色、味道等等就属于此列。但是，除了这些属性之外，出自一些重要的原因，我把物体的其他一些性质，即人们称之为第一性的质的性质，如广延、位置以及一般来说把空间连同属于空间的一切（不可入性或者质料性、形状等等），也一起列入纯然的显象，对此，人们不可能举出丝毫根据说它不充分来加以反对。而且，就像不想把颜色当做属于客体自身的属性，而是让它作为变状仅仅属于视觉的人并不因此就可以叫做唯心论者一样，也不能仅仅因为我认为，还有更多的，**甚至所有构成一个物体的直观的属性**，都仅仅属于这个物体的显象，我的学说就叫做唯心论；因为显现的事物的实存由此并不像在真正的唯心论者那里一样被取消了，这里只是指出，我们通过感官根本不能如其就自身而言所是的那样来认识它。

我很乐意知道，我的这些主张要想不包含一种唯心论，究竟必须是什么样子。毫无疑问，我必须说：空间的表象不仅完全符合我们的感性与客体的关系，因为这是我已经说过的；而 〔290〕 且我还必须说：它甚至与客体完全相似；这是一种我不能赋予其任何意义的主张，就像说红的东西的感觉与在我里面引起这种感觉的朱砂的属性具有一种相似性一样。

附释三

由此出发，就可以轻而易举地驳斥一种很容易预料到的、但却毫无价值的指责了。这种指责就是："由于空间和时间的观念性，整个感官世界就会变成纯粹的幻相。"也就是说，人们首先把感性置入一种混乱的表象方式，按照这种方式，我们一直还能够如其所是地认识事物，只是没有能力在我们的这种表象中使一切达到清晰的意识罢了，由此人们也就败坏了对感性认识的本性的一切哲学洞识；与此相反，我们则证明了，感性并不在于清晰与模糊的这种逻辑区别，而是在于知识本身的起源的发生学区别，因为感性认识绝不是如其所是地表象事物，而是仅仅表象事物刺激我们的感官的方式，因此通过感性认识，提供给知性供反思的仅仅是显象，而不是事物本身；在作出这种必要的纠正之后，就显露出一种出自不可原谅的、几乎是蓄意的曲解的指责，就好像我的学说把感官世界的一切事物都变成了纯粹的幻相似的。

当显象被给予我们之后，我们仍然是完全自由的，可以随意由此出发对事情作出判断。前者，亦即显象，依据的是感官，而这种判断依据的则是知性，问题仅仅在于，在对对象的规定中是不是有真实性。然而，真实与梦幻之间的区别并不是通过与对象相关的表象的性状来发现的，因为表象在这两者之中都是一回事，而是通过这些表象按照在一个客体的概念中规定表象之联系的种种规则的联结，以及它们在一个经验中如何能够或者不能够遥远地共存来发现的。而在这里，如果我们的认识把幻相当成了真理，也就是说，如果一个客体被给予我们
〔291〕所凭借的直观被视为对象的概念，或者也被视为知性只能去思维的对象的实存，那么，责任也不在于显象。感官时而顺行地、时而逆行地给我们表象行星的运行，而在这方面却既没有错误也没有真实，因为只要人们满足于这首先只是显象，那么对它们的运动的客观性状就还根本没有作判断。但是，由于如果知性不注意防止把这种主观的表象方式视为客观的表象方式，就很容易产生一种错误的判断，所以人们就说：它们显得是在后退；然而，幻相不能算在感官的账上，而应当算在知性的账上；从显象出发作出一个客观的判断，这仅仅应归于知性。

以这样的方式，如果我们也根本不考虑我们的表象的起源，并且把我们的感官直观——无论它们包含什么——在空间和时间中按照一切知识的联系规则在一个经验中联结起来，那么，根据我们是疏忽大意还是小心谨慎，就会产生出骗人的幻相或者真理；这仅仅关涉感性表象在知性中的应用，而不关涉它们的起源。同样，如果我把感官的一切表象连同它们的形式，即空间和时间，仅仅视为显象，并且把空间和时间仅仅视为感性的形式，在感性之外到客体那里根本发现不了这种形式，而且我只是与可能的经验相关来使用这些表象，那么，我把它们视为纯然的显象，其中就不包含丝毫错误的诱导或者幻相；因为它们尽管如此也能够按照真实性的规则在经验中正确地联系起来。以这样的方式，几何学的所有命题都既对空间有效，也对感官的一切对象有效，从而就一切可能的经验而言有效，无论我把空间仅仅视为感性的形式，还是视为某种附属于事物本身的东西；固然，惟有在第一种情况下，我才能够理解如何可能先天地知道关于外部直观的所有对象的那些命题，否

则的话，在所有可能的经验方面，一切都将依然如同我根本没有这样脱离常见那样。

但是，如果我冒险以我关于空间和时间的概念超出一切可能的经验，而假如我把空间和时间冒充成属于物自身的性状，这就是不可避免的（因为即使我的感官的安排是另一种样子 〔292〕
的，无论它们是否适合这些物自身，有什么东西应当阻止我去使空间和时间也对这些物自身有效呢?），那么，就会产生一种建立在幻相之上的严重错误；在这里，我把是事物的直观的一种仅仅属于我的主体的条件的东西，把肯定对感官的一切对象、从而对一切可能的经验有效的东西，冒充成普遍有效的，因为我使这一条件与物自身相关，没有把它限制在经验的条件上。

因此，我关于空间和时间的观念性的学说，远远没有使整个感官世界成为纯然的幻相，毋宁说，它是保证最重要的知识之一亦即先天数学所讲述的知识运用于现实的对象上、并且防止人们把它视为纯然幻相的惟一办法，因为没有这一说明，就完全不可能澄清，我们不可能从任何经验借来、尽管如此却先天地存在于我们的表象之中的空间和时间的直观，是不是没有任何对象与之相应、或者至少不恰切地与之相应的自制的幻想，因而几何学本身就是纯然的幻相；与此相反，恰恰因为感官世界的一切对象都仅仅是显象，我们才能阐明几何学在这方面的无可辩驳的有效性。

其次，我的这些原则远远没有因为使感官的表象成了显象，就使它们没有获得经验的真实性，而转变成纯然的幻相，毋宁说，它是防止先验幻相的惟一办法；形而上学一直被先验幻相所蒙骗，受其引诱幼稚地去努力捕捉肥皂泡，因为人们把本来只不过是表象的显象当成了事物自身。由此，就产生了理性的二论背反所有那些值得注意的争吵；关于这些争吵，我以后将会提到，它们由于那个惟一的说明而被消除了，即显象只要被用在经验中，所产生的就是真实性，而一旦超出经验的界限并成为超验的，所产生的就纯粹是幻相。

因此，既然我为我们通过感官所表象的事物保留了其现实性，并且仅仅限制我们对这些事物的感性直观，让它根本不在
〔293〕任何地方，即便在空间和时间的纯直观中也不表象更多的东西，而只表象那些事物的显象，绝不表象那些事物自身的性状，所以这并不是我给自然捏造的普遍幻相；针对所谓唯心论的所有责难，我的抗议是如此简明、如此清楚，以至于如果不是有一些毫无资格的评判者，由于喜欢把对他们错误的、尽管平庸的见解的任何背离都冠上一个老名称，从来不对哲学称谓的精神作判断，而是仅仅死抠字眼，从而准备用他们自己的妄念来取代明确规定了的概念，并由此败坏和歪曲这些概念的话，我的抗议就会显得是多余的。我自己把我的这种理论称为先验的唯心论，这不能给任何人以权利把它同**笛卡**尔的经验性的唯心论（尽管这种唯心论只是一个课题，按照**笛卡尔**的意见，由于这一课题不可解决，每一个人都有自由去否定形体世界的实存，因为它永远得不到令人满意的回答）或者同**贝克莱**的神秘主义的、狂想的唯心论（毋宁说，我们的批判包含着真正的解毒剂来对付它和其他类似的幻想）混为一谈。因为我所说的这种唯心论并不涉及事物的实存（不过，对这种实存的怀疑真正说来构成了常用意义上的唯心论），我从来没有想到过怀疑事物的实存，而是仅仅涉及事物的感性表象；属于这种表象的，首先是空间和时间。关于空间和时间，从而一般而言关于一切**显象**，我仅仅指出了：它们并不是事物（而是纯然的表象方式），也不是属于事物自身的规定。但是，“先验”这个词在我这里从来没有意味着我们的知识与事物的一种关系，而是仅仅意味着我们的知识与**认识能力**的关系，它本来是应当防止这种误解的。但在这一称谓还将继续引起这种误解之前，我宁

愿收回它，要把它称做批判的唯心论。不过，如果把现实的事物（不是显象）变成纯然的表象就是一种事实上卑下的唯心论的话，那么，人们又想如何称谓反过来把纯然的表象变成事物的唯心论呢？我想，人们可以把它叫做**做梦的**唯心论，以便与前者相区别，前者可以叫做**狂想的**唯心论；二者都应当通过我的通常所谓先验的、最好叫做**批判的**唯心论来避免。〔294〕

第二章　纯粹自然科学是如何可能的？

第 14 节

自然就是事物的**存在**，这是就存在按照普遍的规律被规定而言的。如果自然应当指物**自身**的存在，那么，我们就永远既不能先天地认识它，也不能后天地认识它；之所以不能先天地认识它，乃是因为，我们要如何知道属于物自身的东西呢？这是永远不能通过分析我们的概念（分析命题）来做到的，因为我要知道的，并不是包含在我关于一个事物的概念之中的东西(因为这属于它的逻辑本质)，而是在该事物的现实性中附加到这个概念上、并且使事物本身就其在我的概念之外的存在而言得到规定的东西。我的知性和它惟有在其下才能把事物的种种规定在其存在中联结起来的条件，都不给事物本身规定任何规则；这些事物本身并不符合我的知性，而是我的知性必须符合这些事物本身；因此，它们必须事先被给予我，以便从它们得出这些规定；但在这种情况下，它们就不能先天地被认识。

即便是在后天上，对物自身的本性的这样一种认识也是不可能的。因为如果经验应当告诉我事物的存在所服从的**规律**，那么，就这些规律涉及物自身而言，它们就必须也在我的经验之外**必然地**属于物自身。如今，经验虽然告诉我什么东西存在以及它如何存在，但却永远不告诉我它必然如此存在，而不是以别的方式存在。因此，它永远不能告知物自身的本性。

第 15 节

现在，我们毕竟已经现实地拥有一种纯粹自然科学，它先
〔295〕天地、并且以无可置疑的命题所要求的全部必然性来讲授自然所服从的规律。我在这里只提出自然学说的预科来作见证，它以普遍自然科学的名义先行于一切物理学（物理学乃是建立在经验性的原则之上的）。在这里，人们发现了应用于显象的数学，也有（出自概念的）纯然论证性原理，它们构成了纯粹自然知识的哲学部分。然而，在它里面毕竟还有许多不是完全纯粹的、不依赖于经验源泉的东西：例如**运动**、**不可入性**（物质的经验性概念就依据于它）、**惰性**等等的概念，它们使得它不能叫做完全纯粹的自然科学；此外，它只涉及外感官的对象，所以不提供严格意义上的普遍自然科学的例证，因为普遍的自然科学必须把一般的自然置于普遍的规律之下，无论它涉及的是外感官的对象还是内感官的对象（无论是物理学的对象还是哲学的对象）。但是，在那种普遍的物理学的原理中，有一些原理实际上具有我们所要求的普遍性，例如这样的命题：**实体常驻**不变；**凡是发生的东西**，在任何时候都是**由一个原因**按照稳定的规律事先**规定**的；等等。这些实际上都是完全先天地存在的普遍自然规律。因此，事实上存在着一种纯粹的自然科学，而现在的问题是：**它是如何可能的**？

第 16 节

自然这个词还有另外一种意义，亦即规定**客体**的意义，而在上面的意义中，它指的仅仅是一般事物之存在的种种规定的

合规律性。因此，从质料上来看，自然是**经验的一切对象的总和**。我们在这里只和这种意义打交道，因为对于永远不能成为经验对象的事物，如果应当按照它们的本性来认识它们，我们就必须有一些概念，这些概念的意义永远不能具体地（在一种可能经验的某个例证中）被给予，因此，关于这些事物的本性，我们就必须纯然是制作出一切概念，而这些概念的实在性，亦即它们是现实地与对象相关的，还是纯然的思想物，就根本不能确定了。不能成为经验对象的东西，其知识就会是超 〔296〕
自然的，而我们在这里所探讨的，根本不是诸如此类的知识，而是虽然先天地可能并且先行于一切经验、但其实在性却能够通过经验来证实的自然知识。

第 17 节

因此，在这种较狭的意义上，自然的**形式的东西**，就是经验的一切对象的合规律性，而就其被先天地认识而言，则是经验的一切对象的**必然的**合规律性。但是，刚刚阐明过的是：如果不是把对象与可能经验相关，而是把它们作为物自身来考察，那么，就永远不能根据对象来先天地认识自然的规律。但是，我们在这里所谈的也不是物自身（这些物自身的属性我们暂且搁置不谈），而仅仅是作为一种可能经验的对象的事物，这些事物的总和真正说来就是我们在这里所说的自然。现在我要问，如果所说的是一种先天的自然知识的可能性，那么，这样提出问题是否要更好一些，即：如何可能先天地认识作为经验对象的**事物**的必然合规律性？或者：如何可能就经验的一切一般对象而言来先天地认识**经验**本身的必然合规律性？

严格看来，无论问题以这种或者那种方式提出来，其解决就纯粹的自然知识（自然知识真正说来构成了问题的关键）而言，结果是完全一样的。因为关于事物的一种经验知识惟有在主观的规律之下才是可能的，而主观的规律对于这些作为可能经验之对象的事物（当然不是对于作为物自身的事物，但在这里也不考虑这样的事物）也是有效的。我是说：如果一个事件被知觉，它在任何时候都与某种先行的、它按照一个普遍的规则继之而起的东西相关，没有这一规律，一个知觉判断就永远不能被视为经验；还是说：一切东西，凡是经验说明它是发生的，就都必须有一个原因；这两种说法是一回事。

〔297〕 然而，选择前一种公式，毕竟要更合适一些。因为既然我们完全能够先天地、先于一切被给予的对象所具有的，是对关于这些对象的一种经验惟有在其下才可能的那些条件的一种知识，而绝不是对这些对象不与可能的经验相关就自身而言可能服从什么规律的知识，所以，我们将只能这样来先天地研究事物的本性，即我们研究这样一种知识作为经验（仅仅就形式来说）惟有在其下才有可能的种种条件和普遍的（尽管是主观的）规律，并且据此来规定作为经验对象的事物的可能性。因为如果我选择第二种表达方式，并且寻找使得作为经验**对象**的自然成为可能的那些先天条件，那么，我就很容易会陷入误解，会自以为我说的自然是一个物自身，而这样一来，我就会徒劳地在无休无止的麻烦中兜圈子，给什么也没有被给予我的事物寻找规律。

因此，我们在这里将仅仅讨论经验及其可能性的普遍的、先天地被给予的条件，并由此出发把自然规定为一切可能经验的整个对象。我想，人们将理解我：我在这里所理解的不是**考察**一个被给予的、已经以经验为前提条件的自然的种种规则；因而不是我们如何能够从自然学到种种规律，因为在这种情况下，这些规律就不会是先天规律，就不会提供纯粹的自然科学；而是经验的可能性的先天条件如何同时是一切普遍的自然规律必须由以产生的源泉。

第 18 节

因此，我们必须首先说明：尽管一切经验判断都是经验性的，也就是说，它们都在感官的直接知觉中有其根据，但不能反过来说，一切经验性的判断都因此而是经验判断，而是在经验性的东西之上，而且一般而言在被给予感性直观的东西之上，还必须加上一些特殊的概念，这些概念完全是先天地来源于纯粹知性，任何知觉都首先被归摄在这些概念之下，然后才能够借助这些概念转变成经验。

经验性的判断，如果具有客观的有效性，就都是**经验判断**。〔298〕但是，仅仅在主观上有效的经验性判断，我称之为纯然的**知觉判断**。后者不需要任何纯粹的知性概念，而是只需要在一个能思维的主体里面对知觉的逻辑联结。但前者却在任何时候都在感性直观的表象之外，还要求有特殊的、**原初在知性中产生的概念**，正是这些概念，才使得经验判断是**客观有效的**。

我们的一切判断都首先是纯然的知觉判断：它们仅仅对我们、亦即对我们的主体有效，而只是在这之后，我们才给予它们一种新的关系，亦即与一个客体的关系，并且希望这也对我们来说在任何时候都有效，并且同样对每一个人都有效；因为如果一个判断与一个对象一致，那么，关于这同一个对象的所有判断也必须彼此一致，这样，经验判断的客观有效性所指的就不是别的，而是经验判断的必然的普遍有效性。但反过来，如果我们找到理由把一个判断视为必然普遍有效的（这依据的不是知觉，而是纯粹的知性概念，知觉被归摄在这纯粹知性概念之下），那么，我们也必须把这视为客观的，也就是说，这表述的不仅仅是知觉与一个客体的关系，而是对象的一种性状；因为没有理由说明别人的判断必须与我的判断必然一致，除非它们都与同一个对象相关，都与该对象一致，因而彼此之间也都必须一致。

第 19 节

因此，客观的有效性和（对每一个人的）必然的普遍有效性是可以互换的概念，而且尽管我们不认识客体自身，但是，如果我们把一个判断视为普遍有效的，从而视为必然的，那么，毕竟也正是这一点被理解为客观的有效性。由于这个判断，我们就通过被给予的诸知觉的普遍有效的和必然的联结认识了客体（虽然它就自身而言会是什么样了，也依然是未知的）；而且既然感官的一切对象都是这种情况，所以经验判断
〔299〕将不是从对象的直接知识中（因为这种知识是不可能的），而是仅仅从经验性判断的普遍有效性的条件中获取其客观有效性的；这种普遍有效性，如已经说过的那样，所依据的绝不是经验性的、甚至一般说来感性的条件，而是一个纯粹的知性概念。客体就自身而言永远是未知的；但如果通过知性概念，关于客体被给予我们感性的诸表象的联结被规定为普遍有效的，那么，对象就通过这种关系而被规定，判断也就是客观的。

我们要阐明这一点：房间暖，糖甜，苦艾苦①，这些都是

① 我乐于承认，这些实例并不表示如果也加上一个知性概念，随时就会变成经验判断的那些知觉判断，因为它们仅仅与每个人都视之为主观的，因而绝不可以归之于客体的感觉相关，所以也绝不能成为客观的；我只是想为仅仅主观有效的、自身中不包含必然的普遍有效性的任何根据、由此不包含与客体的一种关系的任何根据的判断提供一个实例。通过附加上知性概念就变成经验判断的知觉判断，其实例参见下一个注。

仅仅主观上有效的判断。我根本不要求，我在任何时候或者任何别的人都应当同我一样如此认为；它们仅仅表示两个感觉与同一个主体亦即我自己的一种关系，而且也仅仅是在我此时的知觉状态中的一种关系，因而也不应当对客体有效；诸如此类的判断我称为知觉判断。经验判断则完全是另一种情况。经验在某些情况下告知我的东西，它也必须在任何时候都告知我和任何别的人，它的有效性并不局限于主体或者主体当时的状态。因此，我把所有诸如此类的判断都说成是客观有效的；例如，倘若我说空气是有弹性的，那么，这个判断最初只是一个知觉判断，我只是使两个感觉在我的感官中彼此发生关系罢了。如果我想让它叫做经验判断，那么，我就要求这种联结服从一个使它普遍有效的条件。因此，我希望我在任何时候、也希望任何人在同样的情况下都必须把同样的知觉必然地联结起来。

第 20 节 〔300〕

因此，我们必须对一般的经验进行分析，以便看一看在感官和知性的这个产物中包含着什么，亦即经验判断本身是如何可能的。作为基础的是我所意识到的直观，亦即仅仅属于感官的知觉（perceptio）。但是其次也需要作出判断（这仅仅属于知性）。这种判断可能有两种：第一，我仅仅对各个知觉进行比较，并且在对我的状态的一个意识中把它们联结起来；或者第二，我把它们在一个一般意识中联结起来。前一种判断仅仅是一个知觉判断，就此而言只具有主观的有效性，仅仅是诸知觉在我的心灵状态中的联结，与对象没有关系。因此，对诸知觉进行比较，并在一个意识中通过作出判断而把它们联结起来，这并不像人们通常想象的那样，对于经验来说就足够了；由此产生不出判断的普遍有效性和必然性，而只是因为普遍有效性和必然性，判断才能够是客观有效的，才能够是经验。

因此，在知觉能够成为经验之前，还有一种完全不同的判断先行。被给予的直观必须归摄在一个概念之下，这个概念规定着一般就直观而言作出判断的形式，把直观的经验性意识联结在一个一般意识之中，并由此使经验性的判断获得普遍有效性；这样的概念是一个先天的纯粹知性判断，它所做的事情仅仅是给一个直观规定它能够用来作出判断的一般方式。如果这样一个概念是原因概念，那么，它就在一般作出判断方面规定归摄在它下面的直观，例如空气的直观，也就是说，空气就扩张而言的概念是用在一个假言判断中前件与后件的关系之中的。因此，原因概念是一个纯粹知性概念，它与一切可能的知觉都完全不同，只用来在一般作出判断方面规定包含在它下面的表象，从而使一个普遍有效的判断成为可能。

现在，在一个知觉判断能够成为经验的判断之前，首先要求知觉被归摄在这样的知性概念之下；例如空气归属在原因概
〔301〕念之下，原因把就广延而言关于空气的判断规定为假言的。①
由此，这种广延不是被表象为仅仅属于在我的状态中，或者在我的多种状态中，或者在别人的知觉的状态中，我对空气的知

① 为了更容易弄明白，可以采用如下的例子：当太阳晒石头时，石头变热。这个判断是一个纯然的知觉判断，不包含任何必然性，尽管我如此经常地、别人也如此经常地知觉到这一点；这些知觉只不过通常就如此结合罢了。但如果我说：**太阳把石头晒热了**，那么，在知觉之上就还加上了把热的概念与阳光的概念必然地联结起来的原因这一知性概念，而综合判断就会变成必然普遍有效的，从而是客观的，就由知觉转变成经验。

觉，而是被表象为**必然地**属于这种知觉；“空气是弹性的”这一判断变成普遍有效的，并成为经验判断，首先是由于某些判断先行，这些判断把对空气的直观归摄在因和果的概念之下，从而不仅在我的主体中彼此参照地规定这些知觉，而且还就一般作出判断的形式（这里是假言形式）而言规定它们，并且以这样的方式使经验性判断成为普遍有效的。

如果人们对自己的所有综合判断，就它们客观有效而言，都进行分析，那么就将发现，它们绝不是纯然由像人们通常认为的那样仅仅通过比较而在一个判断中联结起来的那些直观构成的；相反，如果不在从直观抽象出的概念之上再附加一个纯粹知性概念，那些概念被归摄在它下面，并由此才在一个客观有效的判断中联结起来，那么，上述综合判断就会是不可能的。甚至数学在其最单纯的公理中的判断，也不是这一条件的例外。“直线是两点之间的最短的线”，这一原理是以线被归摄在量的概念之下为前提条件的，而量的概念无疑不是纯然的直观，而是仅仅在知性中才有其位置，用于就从（线的）直观出发作出的判断而言，在判断的量的方面，亦即在复多性（作为 iudicia plurativa ［复称判断］①）方面，对直观作出规定，因 〔302〕
为这些判断被理解为，在一个被给予的直观中包含着许多同类的东西。

① 我更愿意这样来称谓人们在逻辑学中称为 particularia ［特称判断］的那些判断。因为特称判断这一表述已经包含着它们并非全称的思想。但是，当我（在单称判断中）从单一性开始，并这样向全体性前进时，我还不能掺入与全体性的任何关系：我所想的只是没有全体性的复多性，而不是全体性的例外。如果应当给纯粹知性概念加上逻辑要素的话，这一点就是必要的；在逻辑应用中，人们可以一切照旧。

第 21 节 a

因此，为了就经验依据先天的纯粹知性概念而言说明经验的可能性，我们必须首先用一个完备的图表展示出属于一般判断的东西和判断中知性的不同要素；因为就一般直观鉴于判断的这些要素的这一个或者那一个而在其自身，从而必然地和普遍有效地被规定而言，纯粹知性概念无非是一般直观的概念，它们将与这些要素完全精确地对应。由此也将完全精确地规定作为一种客观有效的经验性知识的一切经验之可能性的先天原理。因为这些原理无非是把一切知觉（根据直观的某些普遍条件）归摄在那些纯粹知性概念之下的命题罢了。

逻辑的判断表

1.

按照量

全称的

特称的

单称的

2.

按照质

肯定的

否定的

无限的

3.

按照关系

定言的

假言的

选言的

〔303〕

4.

按照模态

或然的

实然的

必然的

先验的知性概念表

1.

按照量

单一性（度）

复多性（量）

全体性（全）

2.

按照质

实在性

否定性

限定性

3.

按照关系

实体

原因

共联性

4.

按照模态

可能性

存在

必然性

纯粹自然学的自然科学普遍原则表

1.

直观的**公理**

2.

知觉的**预先推定**

3.

经验的**类比**

4

一般经验性思维的**公设**

第 21 节 b 〔304〕

为了用一个概念来概括上面的一切，首先就有必要提请读者们注意：这里所说的不是经验的产生，而是经验所包含的东西。

前者属于经验性的心理学，后者属于知识的批判、尤其是知性的批判，即便是在这里，前者没有后者也不能得到恰如其分的阐发。

经验由直观和判断构成，直观属于感性，而判断则仅仅是知性的事情。但是，知性仅仅用感性直观作出的那些判断，还远远不是经验判断。因为在前一种场合，判断只是把知觉按照它们在感性直观中被给予的样子联结起来；但在后一种场合里，判断就应当说出一般经验所包含的东西，从而不只是其有效性纯为主观的知觉所包含的东西。因此，经验判断必须在感性直观及其在一个判断中的联结（在它由于比较而成为普遍的之后）之上再附加某种东西，把综合判断规定为必然的，从而规定为普遍有效的；而这种东西不可能是别的，只能是这样的概念，它就判断的一种形式，而不是另一种形式而言把直观表现为在自身被规定了的，也就是说，是直观的那种综合统一性的概念，这种统一性惟有通过判断的一种被给予的逻辑功能才能被表现出来。

第 22 节

对此的总结如下：感官的任务是直观，而知性的任务则是思维。但思维就是把表象在一个意识中结合起来。这种结合要么是纯然与主体相关产生的，是偶然的和主观的，要么是绝对成立的，是必然的或者客观的。表象在一个意识中的结合就是判断。因此，思维就等于作出判断，或者一般地使表象与判断发生关系。所以，判断要么是纯然主观的，如果表象仅仅与一个主体中的意识相关，并在该意识中结合起来的话；要么是客观的，如果表象在一个一般意识中结合起来，亦即在其中必然地结合起来的话。
〔305〕 一切判断的逻辑要素就等于把表象结合在一个意识之中的那些可能方式。但如果正好这些方式用做概念，那么，它们就是这些表象在一个意识中的**必然**结合的概念，从

而就是客观有效的判断的原则。在一个意识中的这种结合要么是分析的，是由于同一性的，要么是综合的，是由于不同的表象的相加和相互补充。经验就在于显象（知觉）在一个意识中的综合联结，这是就这种联结是必然的而言的。因此，纯粹知性概念就是一切知觉在能够用于经验判断之前必须事先被归摄于其下的知性概念；在这种经验判断中，知觉的综合统一被表象为必然的和普遍有效的。①

第 23 节

判断，就其仅仅被视为被给予的表象在一个意识中的结合的条件而言，就是规则。这些规则，就其把结合表现为必然的而言，就是先天规则，而就在它们上面没有它们由之派生的规则而言，它们就是原理。既然就一切经验的可能性而言，如果根据这种可能性仅仅考察思维的形式，那么，在按照其直观的不同形式把显象置于纯粹知性概念之下，使经验性判断成为客观有效的那些条件上面，经验判断就没有什么条件了，所以这 〔306〕
些条件就是可能经验的先天原理。

① 但是，"经验判断应当在知觉的综合中包含必然性"这一命题，如何与我上面以各种各样的方式再三提醒的"经验作为后天知识只能提供偶然的判断"那个命题一致呢？当我说经验告诉我某种东西的时候，我所指的在任何时候都只是经验中所包含的知觉，例如热在任何时候都跟随在石头被太阳晒之后，因而经验命题就此而言永远是偶然的。至于这种变热必然地产生自被太阳晒，这虽然包含在经验判断中（借助原因的概念），但却不是我通过经验得知的，而是相反，经验首先是通过（原因的）知性概念这样加在知觉上而产生的。至于知觉如何获得这种附加，必须查阅《批判》关于先验判断力的一章，137页以下。

如今，可能经验的原理同时就是自然能够被先天地认识的普遍规律。而这样一来，我们所面临的第二个问题，亦即“**纯粹自然科学是如何可能的**?”其中所包含的课题就解决了。一门科学的形式所要求的体系性的东西，在这里全部都可以找到，因为除了上面所说的一切一般判断的形式条件，从而逻辑学所提供的一切一般规则的形式条件之外，再也没有什么条件是可能的了；这些条件就构成了一个逻辑的体系；而建立在它们上面的、包含着一切综合的和必然的判断的先天条件的概念，正由于此而构成了一个先验的体系；最后，把一切显象归摄在这些概念之下所凭借的原理，则构成了一个自然学的体系，亦即自然体系。这个体系先行于一切经验性的自然知识，首先使这些知识成为可能，因而能够被称为真正的、普遍的和纯粹的自然科学。

第 24 节

那些自然学原理中的第一个①，把作为空间和时间中的直观的一切显象归摄在量的概念之下，就此而言是把数学运用于经验的原则。第二个原理并不径直把真正经验性的东西，亦即表示直观的实在的东西的感觉归摄在量的概念之下，因为感觉并不是**包含**空间或者时间的直观，尽管它把与它相应的对象置于这二者之中；然而，在实在性（感觉表象）和时间中的零亦即直观的完全空无之间，却存在着一个具有量的区别，因为在每一个被给予的度的光和暗之间、在每个度的热和完全的冷之

① 如果人们不参见《批判》关于原理所说的话，就很难恰如其分地理解这前后相继的三节；不过，这三节有助于更容易综览《批判》的普遍的东西，并注意其要点。

间、在每个度的重和绝对的轻之间、在每个度的空间充满和完全空的空间之间，总还是能够设想出更小的度来，就像在一种意识和完全的无意识（心理学的幽暗）之间，也总是还有更小的度一样。因此，不可能有任何知觉来证明绝对的阙如，例如没有任何心理学的幽暗不能被视为一种意识，它只不过是被其他更强的意识胜过了而已，在感觉的一切场合都是如此。因此，知性甚至能够凭借“一切经验性的表象，从而一切显象的实在的东西全都有度”这一原理，来预先推定构成经验性表象（显象）的真正的质的感觉，而这就是数学（mathesis intensorum［强度的数学］）在自然科学上的第二种应用。 〔307〕

第 25 节

就诸显象的关系而言，而且仅仅就显象的存在来说，对这种关系的规定不是数学的，而是力学的；而且如果它不服从首先使关于显象的经验知识成为可能的那些先天原则，它就永远不能是客观有效的，从而不能适用于经验。因此，显象必须被归摄在作为事物本身的概念而是存在的所有规定之根据的实体概念之下；或者其次，就在显象中间发现一个时间序列亦即一个事件而言，归摄在与原因相关的结果概念之下；或者，就应当客观地、亦即通过一个经验判断来认识同时存在而言，归摄在共联性（相互作用）的概念之下；这样，先天原理就是客观有效的、尽管是经验性的判断的根据，也就是说，就经验把对象按照存在在自然中联结起来而言，是经验的可能性的根据。这些原理是真正的自然规律，它们可以叫做力学的。

最后，经验判断也要求对一致和联结的知识：不但是显象彼此之间在经验中的一致和联结，而毋宁说是它们与一般经验的关系，这种关系要么是把它们与知性所认识的形式条件的一

〔308〕致，要么是把与感官和知觉的材料的联系，要么是把二者都结合进一个概念，从而按照普遍的自然规律包含着可能性、现实性和必然性。这就构成了自然学的方法论（真理与假说的区分和假说的可靠性的界限）。

第 26 节

尽管第三个按照批判的方法**从知性的本性本身**得出的原理表所表现出一种就自身而言的完备性，以这种完备性，它远远超过了以独断论的方式——尽管徒劳地——曾经试制过的、或者将来还可能试制的其他任何表，也就是说，它完备地包含着所有先天综合原理，并且按照一个原则，亦即在知性方面构成经验的本质的一般判断能力，得到了说明，以至于人们可以肯定再也没有诸如此类的原理了（这是独断论的方法永远不能造成的一种满足），但是，这还远远不是它的最大功劳。

人们必须注意揭示这种先天知识的可能性、并且把所有这样的原理同时限制在一个条件之上的证明根据；要想不误解这一条件，并且在使用中不超出知性置于其中的原初意义所具有的东西，就必须永远不忽视这一条件，这就是：仅仅就一般可能经验服从先天规律而言，上述原理才包含着一般可能经验的种种条件。这样我就不说：事物**就自身而言**包含着一个量，它们的实在性包含着一个度，它们的实存包含着种种偶性在一个实体中的联结，等等。没有人能够证明这一点，因为这样一种纯然由概念构成的综合联结，在一方面缺乏与感性直观的任何关系、另一方面缺乏感性直观在一个可能经验中的任何联结的地方，就是绝对不可能的。因此，在这些原理中对概念的根本限制是：一切仅仅**作为经验的对象**的事物，都必然先天地服从上述条件。

第二点，由此也就得出了这些原理的一种特殊独有的证明方式：上述原理也不是径直与显象及其关系相关的，而是与经验的可能性相关的，在经验中显象仅仅构成了材料，但并不构成形式，也就是说，它们与客观有效和普遍有效的综合命题相关，正是在这些命题中，经验判断与纯然的知觉判断区别开来。之所以如此，乃是因为：作为**占据一部分空间和时间**的纯然直观的显象，服从量的概念，量的概念先天地按照规则把显象的杂多综合地结合起来；就除了直观之外知觉也包含感觉，在感觉与零亦即感觉的完全消失之间任何时候都有一个逐渐减少的过渡而言，显象的实在的东西必须有一个度，也就是说，这是就感官本身**并不占有一部分空间或者时间**而言的①，但毕竟从空的时间或者空间到感觉的过渡惟有在时间中才是可能的。因此，尽管作为经验性直观的质的感觉就它与其他感觉的特殊区别之处而言永远不能先天地被认识，却仍然能够在一个可能的一般经验中作为知觉的量，在强度上与任何别的同类知觉区别开来；由此出发，就自然被给予我们所凭借的感性直观而言，数学应用于自然就首先成为可能，并得到规定。 〔309〕

但是，读者必须最为注意在经验的类比这一名称下出现的那些原理的证明方式。因为既然这些原理不像数学运用于一般

① 热、光等等在小空间中和在一个大空间中（在度上）是一样大的；同样，内部表象，例如疼痛、一般意识，无论它们持续的时间是短还是长，在度上都不变小。因此在这里，量在一个点上和在一个瞬间中与在任何无论多大的空间或者时间中是一样大的。因此，度变大，但不是在直观中，而是在纯然的感觉上，或者也在一个直观的根据的大小上，并且只能通过从 1 到 0 的关系，也就是通过感觉的每一个都能够经由无穷的中间度一直达到消失，或者从零经由无穷的增长环节一直达到在某一个时间的一个确定的感觉，才被看做是量（quantitas qualitatis est gradus［质的量就是度］）。

自然科学的原理那样涉及直观的产生，而是涉及直观的存在在
〔310〕一个经验中的联结，但这种联结只能是在时间中按照必然的规律对实存的规定，惟有在这些规律之下它才是客观有效的，从而是经验，所以，证明所关涉的并不是**物自身**的联结中的综合统一性，而是知觉的联结中的综合统一性，而且这也不是就知觉的内容而言的，而是就知觉中的存在按照普遍规律的时间规定和关系而言的。因此，如果相对时间中的经验性规定应当是客观有效的，从而应当是经验，那么，这些普遍的规律就包含着对一般时间中的存在的规定的必然性。这里作为《导论》，我不能谈更多的东西。我只是劝告长期习惯于把经验视为知觉的一种纯然经验性的组合，因而根本想不到经验远远超出知觉所达到的，亦即给予经验性的判断以普遍有效性，并为此而需要一种先天地先行的纯粹知性统一性的读者：要注意经验与纯然的知觉集合体的区别，并从这一视角出发来评价证明的方式。

第27节

这里正是从根本上消除**休谟**的怀疑的地方。休谟有理由断言：我们通过理性以任何方式都看不出因果性的可能性，亦即一个事物的存在与通过它而被必然设定的任何一个其他某物的关系的可能性。我还补充说：我们同样不能从若干事物的存在以一个主体为根据，该主体本身不能是任何别的事物的谓词这一点，来看出自存性的概念，亦即必然性的概念；我们甚至对这样一个事物的可能性也不能形成概念（虽然我们能够在经验中指出它的应用的实例）；此外，这种不可理解性也涉及事物的共联性，因为根本看不出如何能够从一个事物的状态得出对在它之外的完全不同的事物的状态的继起，反过来也是一样；也看不出每一个都有自己的、分别的实存的各实体应当如何相

互依赖，而且是必然地相互依赖。尽管如此，我却远远没有把这些概念视为仅仅从经验得来的，把在它们里面表现出来的必 〔311〕然性视为虚构的，视为一种长期的习惯哄骗我们的纯然幻相。毋宁说，我已经充分地指出，它们以及由它们构成的原理都是先天地先于一切经验而确定的，具有其无可置疑的客观正确性，但当然是仅仅就经验而言。

第 28 节

因此，虽然我对物自身的这样一种联结，即它们如何能够作为实体实存，或者作为原因起作用，或者与其他事物（作为一个实在整体的各部分）处于共联性之中，没有丝毫的概念，更不用说能够设想作为显象的显象的诸如此类的属性了（因为那些概念不包含显象中的任何东西，而是只包含惟有知性必须思维的东西），但我们毕竟对表象在我们的知性中，而且是在一般判断中的这样一种联结有一个诸如此类的概念，就是说：表象作为与谓词相关的主体属于一种判断，作为与后果相关的根据属于另一种判断，作为共同构成一个完整的可能知识的各部分属于第三种判断。此外，我们先天地认识到：如果不把一个客体的表象就这些要素的这一个或者那一个而言视为已被规定的，我们就根本不可能有任何有关对象有效的知识；而如果我们所讨论的是对象自身，那么，就不可能有任何标志，让我们能够据此认识，该对象就上述要素的这一个或者那一个而言是已被规定的，也就是说，属于实体或者原因的概念之下，或者（在与其他实体的关系中）属于共联性的概念之下；因为对于存在的这样一种联结的可能性，我没有任何概念。但是，问题也并不是物自身如何被规定，而是事物的经验知识就一般判断的上述要素而言如何被规定，也就是说，事物作为经验的对象如何能够并且应当被归摄在那些知性概念之下。而在这里很清楚，我不仅完全看出把一切显象都归摄在这些概念之下、亦即把这些概念用做经验的可能性的原理的可能性，而且完全看出其必然性。

〔312〕

第 29 节

为了就**休谟**的成问题的概念（他的这个 crux metaphysicorum［形而上学事物的灾难］），**亦即**原因的概念做一个试验，我首先借助逻辑学，被先天地给予了一个有条件的一般判断的形式，也就是说，一个被给予的知识作为根据，另一个知识作为后果。但是，有可能在知觉中发现一个关系的规则，它说明：在某个显象之后，经常有另一个显象继起（虽然不能倒过来）；而这就是我使用假言判断的场合，例如说：当一个物体被太阳晒了足够长的时间时，它就变热。这里当然还没有一种联结的必然性，从而还没有原因的概念。然而，我进一步又说：上述这个仅仅是知觉的主观联结的命题如果应当是一个经验命题，那么，它就必须被视为必然的和普遍有效的。但这样一个命题就会是：太阳由于其阳光而是热的原因。上述那个经验性规则从此被视为规律，而且不是纯然地对显象有效，而是为了一种可能的经验而对显象有效，这种可能的经验需要普遍地、因而必然地有效的规则。因此，我清楚地认识到，原因概念是必然地属于经验的纯然形式的概念，它的可能性是知觉在一般意识中的一种综合联结的可能性。但是，我根本没有看出一个作为原因的一般事物的可能性，而且这是因为：原因概念所指的根本不是属于事物的条件，而是仅仅属于经验的条件，也就是说，经验只能是关于显象及其时间序列的客观有效的知识，这是就先行的显象能够按照假言判断的规则被与继起的显象结合起来而言的。

第 30 节

因此，即便是纯粹知性概念，如果要离开经验的对象而与物自身（noumena［本体］）相关，也根本没有任何意义。它们仿佛只是用来拼写显象，以便能够把显象当做经验来读。从它们与感官世界的关系产生的原理只是用来供我们的知性的经 〔313〕
验应用；超出这一点，它们就是没有客观实在性的任意结合，人们既不能先天地认识它们的可能性，也不能通过某个实例来证实它们与对象的关系，或者仅仅使这种关系变得可以理解，因为一切实例都只是从某个可能的经验借来的，从而除了在一个可能的经验中，也不能在任何别的地方发现那些概念的对象。

因此，对**休谟**的问题的这种全面解决虽然违背了问题提出者的猜想，但却挽救了纯粹知性概念的先天起源，并且挽救了普遍的自然规律作为知性的规律的有效性。不过，这种解决把它们的应用仅仅限制在经验上，因为它们的可能性仅仅在知性与经验的关系中才有其根据。但并不是说它们派生自经验，而是说经验派生自它们；这种完全颠倒过来的联结方式，是**休谟**从未想到过的。

由此得出迄今为止的所有研究的结论："一切先天综合原理都无非是可能经验的原则"，并且永远不能与物自身相关，而是只能与作为经验的对象的显象相关。因此，无论是纯粹数学还是纯粹自然科学，都绝不能关涉纯然显象之外的某种东西，都仅仅表现或者使一般经验成为可能的东西，或者由于从这些原则派生而在任何时候都必须能够在某种可能的经验中被表现的东西。

第 31 节

这样，人们就终于有了某种确定的东西，而且人们在一切形而上学研究中都可以求助于这种东西；形而上学研究迄今为止都是足够大胆的，但在任何时候都是盲目地对一切不加区别地进行的。独断论的思想家们从来没有想过，他们的努力的目标本就应当规定得这样低；甚至另一些人也没有想过，这些人依仗自以为的健康理性，凭借纯粹理性的一些虽然合法的和自然而然的、但却被规定仅仅作经验应用的概念和原理，居然企图获得他们连其确定的界限也不知道的洞识，他们也不可能知
〔314〕道这样的界限，因为对于这样一种纯粹知性的本性乃至其可能性，他们要么是从来没有反思过，要么是没有能力反思。

有些纯粹理性的自然主义者（我所理解的是相信不用任何科学就可以在形而上学的事情上作出决定的人）要借口说，他凭借自己的健康理性的先见之明，早就已经不仅猜测到，而且也知道和看出了这里经过如此之多的准备或者——如果他愿意说的话——以烦琐的学究派头讲述的东西，即“我们即便以自己的全部理性也不能超出经验的领域”。然而，在人们一步步地追问他的理性原则时，他就不得不承认，在这些理性原则中有许多不是他汲取自经验的，因而是不依赖于经验的、先天有效的。既然如此，由于这些概念和原理是不依赖于经验而被认识的，他要如何以及用什么根据来限制在一切可能的经验之外使用这些概念和原理的独断论者和他自己呢？甚至他这个健康理性的大师，无论他具有什么自以为的、廉价获得的智慧，也不能避免不知不觉地超出经验的对象而陷入幻觉的领域。通常，他也已经足够深地陷入其中了，尽管他用通俗的语言给他的毫无根据的要求加上一些粉饰，把一切都仅仅说成是或然性，说成是合理的猜测或者类比。

第 32 节

从哲学的最古老的年代开始，纯粹理性的研究者们就已经

在构成感官世界的感官存在物或者显象（phaenomena［现象］）之外还设想出应当构成一个知性世界的特别的知性存在物（noumena［本体］），而且由于他们把显象与幻相视为一回事（这对于一个尚未发达的时代来说是大可以原谅的），于是就只承认知性存在物有现实性。

事实上，当我们合理地把感官的对象视为纯然的显象的时候，我们由此也就同时承认了，这些显象是以一个物自身为基础的，尽管我们不知道该事物就自身而言是什么性状，而是只知道它的显象，也就是说，只知道我们的感官被这个未知的某 〔315〕
物所刺激的方式。因此，恰恰由于知性承认显象，它也就承认了物自身的存在，而且这样一来我们就可以说：这些作为显象的基础的存在物，从而纯然的知性存在物，其表象就不仅是允许的，而且还是不可避免的。

我们的批判的演绎也绝不排斥诸如此类的事物（noumena［本体］），而毋宁说是限制感性论的原理，使它们不致扩展到一切事物上，那样的话就会把一切都转变成纯然的显象，而是它们应当仅仅对可能的经验的对象有效。因此，知性存在物由此被承认，只是要强调这个根本不容许有任何例外的规则，即关于这些纯粹的知性存在物，我们根本不知道，也不可能知道任何确定的东西，因为无论是我们的纯粹知性概念，还是我们的纯粹直观，都仅仅关涉可能经验的对象，从而仅仅关涉感性存在物，而且一旦脱离这些感性存在物，那些概念就不再剩有丝毫的意义。

第 33 节

事实上，对于我们的纯粹知性概念而言，在诱人去做一种超验的应用方面有某种难以对付的东西；因为我所说的超验的应用，乃是超出了一切可能的经验。不仅我们的实体、力量、行动、实在性等概念完全不依赖于经验，此外根本不包含感官的任何显象，因而事实上显得关涉物自身（noumena［本体］），而且更加强了这种猜测的是，它们在自身中包含着经验永远无法比拟的一种规定的必然性。原因概念包含着一条规则，按照这条规则，从一种状态必然得出另一种状态；但是，经验只能够给我们指出，经常、至多是通常，在事物的一种状态之后有另一种状态继起，因而既不能提供严格的普遍性，也不能提供必然性，等等。

因此，知性概念看起来具有多得多的意义和内容，使得纯然的经验应用不能穷尽它们的全部规定。这样，知性就不知不
〔316〕觉地在经验的大厦旁边给自己又建造了一个规模更大得多的附属建筑，在里面装的全是思想存在物，却不曾注意到，它用的这些概念虽然是正确的，但却超出了它们的应用界限。

第34节

因此，《批判》第137页以下和第235页以下所做的两个重要的，甚至是不可缺少的研究，虽然极为枯燥，但却是必要的。第一个研究指出，感官并不具体地提供纯粹知性概念，而是仅仅为应用这些概念提供图型，符合这种图型的对象则仅仅在经验（作为由感性的材料构成的知性产品）中被发现。第二个研究（《批判》第235页）指出，尽管我们的纯粹知性概念和原理不依赖于经验，甚至它们的应用范围表面上也更大了，但通过它们却不能在经验的领域之外思维任何东西，因为它们除了就被给予的直观而言规定判断的逻辑形式之外不能做任何事情；但是，既然在感性的领域之外根本没有直观，那些纯粹概念也就由于不能通过任何手段被具体地表现出来而根本没有

意义，因而所有这样的本体连同它们的总和，亦即一个理知的世界①，都无非是一个任务的表象，这个任务的对象就自身而言尽管是可能的，但它的解决按照我们知性的本性却是完全不可能的，因为我们的知性不是直观的能力，而仅仅是把被给予的直观联结在一个经验之中的能力，因而经验必须包含我们的 〔317〕
概念的一切对象，但在经验之外，一切概念都由于不能配上任何直观而变得没有意义。

第 35 节

也许，如果想象力偶尔想入非非，也就是说不谨慎地坚守在经验的限度之内，还是可以原谅的；因为它至少通过这样一种自由的奋发而获得活力和加强，而且控制它的大胆总是要比改正它的萎靡更为容易。但是，应当进行**思维**的知性却不思维而是**想入非非**，这是决不原谅它的。因为要在必要时为想象力的想入非非设置界限，一切帮助都仅仅依据知性。

但是，知性开始这样做也是无辜的和无伤风雅的。它首先澄清自己在一切经验之先就固有的、但尽管如此在经验中必然总是有其应用的那些基本知识。它逐渐去掉这些限制，而且既然知性是完全自由地从自己本身获得它的原理的，所以还有什

① 不是（如人们通常所说的）**理智的**世界。因为“**理智的**”指的是凭借知性的**知识**，诸如此类的知识也关涉我们的感官世界；而“**理知的**”则指的是对象，是就这样的对象**只能通过知性**来表现、我们的任何感性直观都达不到它们而言的。但是，既然每一个对象都必须有一个可能的直观与它相应，所以人们就必须设想一种直接直观事物的知性；但关于这样一种知性，我们却没有丝毫的概念，从而对它所应当关涉的**知性存在物**也没有丝毫的概念。

么应当阻止它这样做呢？如今，首先涉及自然中新想出的力量，此后很快涉及自然之外的存在者，一言以蔽之，涉及世界，对于这个世界的确立，我们不可能缺少建筑材料，因为它是由多产的虚构大量供给的，而且虽然没有被经验所证实，但也从未被经验所否定。这也是一些年轻的思想家如此喜爱真正独断论风格的形而上学，并且经常把他们的时间和可以用于别处的天赋浪费在这上面的缘故。

但是，要通过以各种各样的方式提醒解决隐匿如此之深的问题的困难、抱怨我们的理性的局限、把主张降格为猜测，来克制纯粹理性的那些没有成效的尝试，是不可能有任何助益的。因为如果不清晰地展示那些尝试的**不可能性**，理性的**自我认识**不成为真正的科学，在这门科学中，理性的正确应用的领域将可以说以几何学的确定性与其毫无价值的和没有成效的应用的领域区别开来，那就将永远不能废止那些无用的努力。

〔318〕

第 36 节　自然本身是如何可能的？

这一问题是先验哲学所可能触及的最高点。先验哲学也必须被引导到这个点，把它作为自己的界限和完成。这一问题真正说来包含两个问题。

第一，自然在**质料**的意义上，亦即在直观上，作为显象的总和，是如何可能的？空间、时间和充实二者的东西，亦即感觉的对象，一般来说是如何可能的？答案是：借助我们的感性的性状，根据这种性状，感性以其特有的方式被一些对象所触及，这些对象就自身而言不为感性所知，并且与那些显象完全有别。这个答案在《纯粹理性批判》本身中是在先验感性论中给出的，而在这里的《导论》中则是通过第一个主要问题的解决给出的。

第二，自然在**形式的**意义上，作为一切显象如果在一个经验中应当被设想为联结起来的、就都必须服从的规则的总和，是如何可能的？答案只能这样来作出：它惟有凭借我们的知性的性状才可能，根据这种性状，感性的所有那些表象都必然地与一个意识相关，而且这样一来就首先使我们的思维的特有方式，亦即通过规则来思维的方式成为可能，并借助这种方式使必须完全与对客体自身的认识区别开来的经验成为可能。这个答案在《纯粹理性批判》本身中是在先验逻辑论中给出的，而在这里的《导论》中则是在解决第二个主要问题的进程中给出的。

但是，我们的感性本身的这种特有的属性，或者我们的知性以及作为知性和一切思维的基础的必然统觉的这种特有的属性，是如何可能的，这却不能予以进一步的解决和答复，因为要作出任何回答，要进行任何思维，我们总是又必须拥有它们。

自然的许多规律，我们惟有凭借经验才能知道；但是，显象的联结中的合规律性，亦即一般而言的自然，我们却不能通过任何经验来认识，因为经验本身需要这样的规律，它们先天 〔319〕
地是经验的可能性的基础。

因此，一般经验的可能性同时也就是自然的普遍规律，而经验的原理也就是自然的规律。因为我们无非是把自然认做显象的总和，亦即我们心中的表象的总和，因而只能从我们心中联结表象的原理，亦即从一个意识中构成经验之可能性的那种必然结合的条件得到表象联结的规律。

甚至整个这一章所阐述的主要命题，即普遍的自然规律是能够先天地认识的，自身就已经导致了如下命题，即自然的最高立法必然存在于我们里面，亦即存在于我们的知性里面，而且我们必须不是借助经验从自然中寻找自然的普遍规律，而是反过来，根据自然的普遍合规律性仅仅从经验的可能性的那些存在于我们的感性和知性里面的条件中寻找自然。因为否则的话，既然这些规律不是分析性知识的规则，而是知识的真正综合性扩展，那么，怎么可能先天地认识这些规律呢？可能经验的原则与自然之可能性的规律之间这样一种必然的一致，只能从以下两个原因出发得以成立：要么这些规律是凭借经验从自然得出的，要么反过来，自然是从一般经验之可能性的规律得出的，而且与一般经验的纯然普遍合规律性完全是一回事。前者是自相矛盾的，因为普遍的自然规律能够并且必须先天地（也就是说，不依赖任何经验）被认识，并且被奠定为知性的一切经验性应用的基础；于是，剩下的就只有后者了。①

〔320〕 但是，我们必须把自然的经验性规律与纯粹的或者普遍的自然规律区别开来，前者任何时候都以特殊的知觉为前提条件，后者则不以特殊的知觉为基础，仅仅包含这些知觉在一个经验中的必然结合的条件；而就这些条件来说，自然和**可能的**经验完全是一回事。而且既然在可能的经验中，合规律性所依据的是显象在一个经验中的必然联结（没有这种必然的联结，我们就根本不能认识感官世界的任何对象），从而所依据的是知性的源始规律，所以，如果我就后者说：**知性不是从自然获取其（先天的）规律，而是给自然规定其规律**，这话最初听起来令人奇怪，但却是千真万确的。

① 惟有**克鲁秀斯**知道一条中间道路，也就是说，一个即不会犯错误也不会行骗的精神原初把这些自然规律灌输给了我们。然而，既然经常也混入一些虚假的原理，这位人士自己的体系就提供了这方面的不少例子，所以，由于缺少可靠的标准来把真正的起源与虚假的起源区别开来，这样一种原理的应用就看起来非常糟糕，因为人们永远不能确切知道，真理的精神或者谎言的父亲会给我们灌输过什么东西。

第 37 节

我们要用一个例子来说明这个看起来冒险的命题，这个例子应当指出：我们在感性直观的对象那里所揭示的规律，尤其是在它们被认做必然的时，都被我们自己已经视为知性置于里面的规律，尽管它们通常在所有方面都类似于我们归之于经验的自然规律。

第 38 节

人们在考察圆的属性，看到这个图形通过这些属性把自身中对空间的如此众多的任意规定都立即结合在一个普遍的规则中时，不能不把一种本性赋予这个几何学事物。也就是说，两条相交并且同时与圆相交的直线，无论如何随意地画，在任何时候都会分割得如此合乎规则，以至于任何一条直线的两段所构成的矩形都与另一条直线的两段构成的矩形相等。现在问题是："是这条规律存在于圆中，还是它存在于知性中呢?"也就是说，是这个图形不依赖于知性本身就包含着这条规律的根据，还是知性在按照自己的概念（亦即半径相等）作出了图形本身的时候，同时把各弦以几何学比例相交的规律置入这个图形之中呢？人们在对这条规律作出证明的时候，就会马上发现，它只能从知性当做这个图形的作图基础的条件中，亦即从 〔321〕
半径相等中得出。如果我们把这一概念加以扩展，继续探究几何学图形的各种各样的属性在共同的规律之下的统一性，并且把圆视为一种圆锥曲线，因而这种圆锥曲线也与其他圆锥曲线服从同样的作图基本条件，那么，我们就会发现，所有在圆锥曲线——椭圆、抛物线、双曲线——内部相交的弦在任何时候都是如此，即由它们的两个部分构成的矩形虽然不相等，但彼此之间却总是处于相同的比例关系之中。如果我们由此再继续前进，亦即前进到物理天文学的基本学说，那么，就会表现出一条遍布整个物质自然的物理学规律，即交互引力规律。交互引力的规则是：引力与距离的平方成反比，从任何一个引力点随引力波及到的球面积的增加而减小。这看起来是必然地存在于事物本身的本性中，因而通常也被表述为可以先天地认识的。现在，无论这一规律的来源由于仅仅依据不同半径的球面积的比例关系而多么单纯，但它们的结果，就其多种多样的协调一致及其合规则性而言，毕竟是如此杰出，不仅各天体的所有可能的轨道都是圆锥曲线，而且还产生出这些轨道彼此之间的这样一种比例关系，以至于除了与距离的平方成反比这一引力规律之外，不可能设想出任何别的引力规律适合于一个宇宙体系。

因此，这就是自然，它所依据的是知性先天地认识的、尤其是从规定空间的普遍原则出发认识的规律。现在我问：这些自然规律是存在于空间中，而知性在仅仅力求探究存在于空间中的丰富意义时学到它们呢，还是它们存在于知性中，存在于知性按照自己的概念全都引为目标的那种综合统一性的条件来规定空间的方式中呢？空间是一种如此齐一的东西，而且就所有的特殊属性而言又是如此不确定的东西，人们肯定不会在它里面寻找自然规律的宝藏。与此相反，把空间规定成圆形、圆
〔322〕锥形和球形的是知性，这是就知性包含着构想这些图形的统一性的根据而言的。因此，直观的这种叫做空间的纯然普遍形式，就是一切可以根据特殊客体来规定的直观的基底，在这个基底中当然存在着这些直观的可能性和多样性的条件。但是，客体的统一性毕竟是仅仅由知性来规定，而且是按照存在于它自己的本性之中的条件来规定的。这样，知性就是自然的普遍

秩序的起源，因为它把一切显象都包含在它自己的规律之下，并由此才先天地实现经验（就其形式而言），由于经验，一切应当惟有通过经验才被认识的东西就都必然服从知性的规律。因为我们与之打交道的不是既不依赖我们感性的条件也不依赖知性的条件的**物自身**的自然，而是作为可能经验的对象的自然；在这种情况下，知性在使经验成为可能的同时，就使得感官世界要么根本不是经验的对象，要么就是一个自然。

第 39 节　纯粹自然科学附录：论范畴的体系

对于一个哲学家来说，最理想的莫过于他能够把事先通过具体的应用分散地描述过的各个概念和原理的杂多从一个原则中先天地推导出来，并以这样的方式把一切都结合在一种知识中。过去他只是相信，经过某种抽象剩给他的、看来通过相互比较就构成一种特殊种类的知识的东西，已经搜集齐全了，但这只是一个**集合体**；现在他知道，恰好是这么多，不多也不少，就能够构成知识的方式，并且看到自己的划分的必要性，这是一种把握，而且这时他才有一个**体系**。

从普通的知识中找出一些根本不以特殊的经验为基础、尽管如此却出现在一切经验知识中、仿佛是构成了经验知识的纯然联结形式的概念，这和从一种语言中找出一般词汇的实际应〔323〕用的规则并这样把种种要素汇集成语法相比，并不以更大的反思或者更多的洞识为前提条件（事实上，这两种研究是十分相近的），但却不能说明为什么每一种语言恰恰具有这一种形式上的性状而不是另一种形式上的性状的根据，更不能说明恰好能够找出每一种语言的这么多这样的形式上的规定、不再多也不再少的根据。

亚里士多德以范畴为名，搜集了 10 个这样的纯粹基础概念。① 这些范畴也被称为陈述词，他后来认为有必要再附加上 5 个后陈述词②，它们部分地已经包含在前者之中了（例如 Prius［在先］，Simul［同时］，Motus［运动］）。然而，这种随想更多地可以被视为对未来的研究者的一种提示，不能被视为一种合规则地阐述的思想，不值得赞扬。因此，它们也在对哲学作出更多澄清时被当做完全无用的而遭到抛弃。

在对人类知识的纯粹的（不包含任何经验性的东西的）要素进行研究时，我经过长时间的反复思索，才得以把感性的纯粹基础概念（空间和时间）可靠地与知性的纯粹基础概念区别开来并分别出来。这样一来，第 7 个、第 8 个、第 9 个范畴就被从那个表中排除了。其他的范畴对我也没有什么用处，因为手头没有什么原则，可以根据它对知性进行全面的衡量，对知性的纯粹概念由以产生的一切功能进行全面的和精确的规定。

但是，为了找出这样一个原则，我曾经寻找一种知性的行动，把表象的杂多置于一般思维的统一性之下。这一行动包含着其余一切行动，并且惟有通过不同的变态或者要素才有区别。这时我发现，这种知性的行动就在于判断。在这里，已经有逻辑学家们的现成的、虽然还不是完全没有缺陷的工作展现在我面前。借助于这种工作，我就能够列出一个完备的纯粹知性功能表，但这些纯粹知性功能就一切客体而言还是未被规定的。
〔324〕的。最后，我把这些判断功能与一般的客体联系起来，或者毋宁说与把判断规定为客观有效的条件联系起来，这就产生出纯

① 1. Substantia［实体］。2. Qualitas［性质］。3. Quantitas［数量］。4. Relatio［关系］。5. Actio［行动］。6. Passio［承受］。7. Quando［何时］。8. Ubi［何地］。9. Situs［状态］。10. Habitus［属有］。

② Oppositum［对立］，Prius［在先］，Simul［同时］，Motus［运动］，Habere［拥有］。

粹知性概念。对它们来说我能够毫不怀疑，恰恰就是这些，而且不多也不少恰好就是这么多纯粹知性概念，就能够构成我们仅仅从知性出发对事物的全部知识。我觉得按照它们的旧名称把它们称为**范畴**是适当的。在这方面我保留权利，一旦应当建立一个先验哲学的体系，就把所有能够从这些范畴得出的概念通过**陈述词**这个称谓补充上去，无论它们是通过彼此之间的联结，还是通过与显象的纯形式（空间和时间）的联结，还是通过就显象的质料尚未被经验性地规定而言（一般感觉的对象）与这种质料的联结得出的；而现在，为了先验哲学，我只是从事对理性本身的批判。

但是，在这个范畴体系中，使得它有别于那种毫无原则地进行的旧随想，以及惟有它才理应被列为哲学的实质，就在于借助它，纯粹知性概念的真正意义及其应用的条件就能够得到精确的规定。因为这里表现出，纯粹知性概念本身无非是一些逻辑功能，但作为这样的功能却不构成关于一个客体自身的丝毫概念，而是需要感性直观来作为基础。而在这种情况下，它们就只用来对否则的话在所有判断功能方面都未被规定和无可无不可的经验性判断在功能方面作出规定，由此赋予它们普遍有效性，并借助这种普遍有效性使得一般**经验判断**成为可能。

对范畴本性的这样一种洞识同时把范畴限制在纯然的经验应用上，关于它，无论是范畴的初创者，还是这位初创者的任何一位追随者，都不曾想到过。但是，如果没有这种洞识（它恰好依赖于对范畴的引申或者演绎），范畴就完全没有用处，就是一个贫乏的名单，没有对其应用的说明和规则。如果古人们当时也曾想到过诸如此类的东西，那么毫无疑问，以形而上学的名义历经许多个世纪耗尽了如此之多聪明大脑的这整个纯粹理性知识研究，到我们手中就会是完全不同的样子，就会使人们
的知性得到启蒙，而不会像实际上所发生的那样，在晦暗不清和 [325]
徒劳无益的苦思冥想中耗尽知性，使它无法用于真正的科学。

这个范畴体系如今使得对纯粹理性本身的每一个对象的所有探讨都又成为系统的，并且提供了可靠的指南或者导线，即任何形而上学的考察如果应当成为完备的，就必须如何以及通过什么研究要点来进行；因为它穷尽了知性的所有要素，其他任何概念都必须被置于这些要素之下。原理表也是这样产生的，人们惟有通过范畴体系才能确知它的完备性；甚至在超出自然学的知性应用的那些概念的分类上（《批判》第 344 页，此外第 415 页［B443］），也总是有这样一个导线，这个导线由于总是必须通过固定的、在人的知性中先天地规定了的点，所以在任何时候都构成一个封闭的圆。这个圆使人毫不怀疑，一个纯粹知性概念或者纯粹理性概念的对象，就其必须在哲学上并且按照原理先天地予以衡量而言，能够以这样的方式来被完全地认识。我甚至不能不在一种最抽象的本体论分类上，亦即在某物和无的概念的种种区分上，利用这种指导，并据此完成了一个合规则的、必然的表（《批判》，第 292 页）。①

① 关于上述范畴表，可以作出各种各样的说明，例如：1. 第三个是由第一个和第二个结合成一个概念而产生的；2. 在量和质的范畴中，只有一种从单一到全体的前进，或者从某物到无的前进（为此目的，质的范畴必须这样来安排：实在性、限制、完全的否定），没有 correlata［相关物］或者 opposita［对立物］，与此相反，关系和模态的范畴却有这些东西；3. 如同在**逻辑**中定言判断是所有其他判断的基础一样，实体的范畴也是现实事物的一切概念的基础；4. 就像模态在判断中不是一个特殊的谓词一样，模态概念也不给事物增添任何规定；等等。诸如此类的考察都有其重大的用处。此外，如果把相当完备地从任何一种好的本体论（例如鲍姆嘉登的本体论）中得出的一切**可陈述物**一一列举出来，并且把它们分门别类地安置在各个范畴之下，此际千万不要忘记附上对所有这些概念的一种尽可能完备的分析，那么，就将产生出形而上学的一个纯然分析的部分。这个部分根本不包含任何综合命题，可以先行于第二部分（综合的部分），并且由于其确定性和完备性而不仅有用，且由于它里面的系统的东西而还包含着某种美。

正是这个体系，与任何建立在一个普遍原则之上的真正体系一样，也在这一点上表现出它的无比优越的用处，即它排除了否则的话可能混入那些纯粹的知性概念之间的一切异类概念，并且给每一种知识都规定了它的位置。我同样按照范畴的导线以**反思概念**的名义列入一个表中的那些概念，在本体论中未获惠允与合法的权利，就混入了纯粹知性概念，不顾后者是联结的概念，因而是客体的概念，而前者则仅仅是已经被给予的概念的纯然比较的概念，因而具有完全不同的本性和应用。通过我的合乎法则的划分（《批判》，第 260 页），它们就被从这种混淆中排除了。不过，那被分离出来的范畴表，在我们如同马上就要发生的那样，把具有与那些知性概念截然不同的本性和起源（因而也必然具有不同的形式）的先验理性概念的表与那些知性概念分开的时候，其好处就会更加一目了然；然而，这样一种如此必要的分离却从未在任何一个形而上学体系中出现过，因而在这种体系中，那些理性理念与知性概念毫无区别地混在一起，就像是兄弟姐妹共属一个家庭一样，这样的混杂在缺乏一个特殊的范畴体系时也是绝不可能避免的。 〔326〕

第三章　一般形而上学是如何可能的？ 〔327〕

第 40 节

纯粹的数学和纯粹的自然科学，**为了它们自己的可靠性**和确定性起见，并不需要像我们迄今对二者所做的这样一种演绎；因为前者所依据的是它自己的自明性，而后者虽然出自知性的纯粹源泉，却依据经验以及经验的普遍验证；因此，它不能完全拒绝或者缺少这后一种证据，因为它无论拥有多少确定性，作为哲学却永远不能与数学媲美。因此，这两门科学需要上述研究，并不是为了它们自身，而是为了另一门科学，亦即形而上学。

形而上学除了与任何时候都在经验中找到其应用的自然概念打交道外，还要与永远不能在任何哪怕是仅仅可能的经验中被给予的纯粹理性概念打交道，从而与其客观实在性（它们不是纯然的幻觉）不能通过任何经验来证实的概念打交道，与其真伪不能通过任何经验来证实或揭露的主张打交道。此外，形而上学的这个部分恰恰是构成形而上学的根本目的的那个部分，其他的一切都只不过是它的手段罢了。这样，这门科学就需要这样一种**为了它自身起见的**演绎。因此，现在给我们提出的第三个问题似乎就涉及形而上学的核心和特点，亦即理性纯然对自身的研究，而且由于理性思考的是它自己的概念，就涉及被认为直接由此产生的对客体的认识，为此不需要经验作中介，也根本不能通过经验来达到。①

不解决这个问题，理性就永远不能使自己满足。理性把纯
〔328〕粹知性限制在经验应用上，而经验应用并不满足理性自己的全部规定性。任何单个的经验都只是经验领域的全部范围的一个部分，而**所有可能经验的绝对整体**本身并不是一个经验，尽管如此却对理性来说是一个必然的问题，仅仅为了表象这个问题，理性就需要与那些纯粹知性概念完全不同的概念；纯粹知性概念的应用仅仅是内在的，也就是说，是就经验能够被给予而言关涉经验的，而理性概念则是关涉完备性的，也就是说，

① 如果人们能够说，导致一门科学的种种任务通过人类理性的本性而展示给每一个人，因此也在任何时候都不可避免地有关于它的许多尽管有缺陷的尝试，这一点一旦得到澄清，该门科学至少在所有人的理念中就是现实的，那么，人们也必须说，形而上学**在主观上**（而且必然地）是现实的，而这样，人们就有理由问它（**在客观上**）是如何可能的。

是关涉整个可能经验的集体统一性的，从而超出了任何被给予的经验，成为**超验的**。

因此，就像知性为了经验而需要范畴一样，理性也在自身中包含着理念的根据。我把理念理解为其对象仍然不能在任何经验中被给予的那些必然概念。就像范畴蕴涵在知性的本性中一样，理念也同样蕴涵在理性的本性中，而且如果说理念带有一种能够轻易地诱惑人的幻相的话，那么，这种幻相就是不可避免的，尽管完全能够防止，使“它不诱骗人”。

既然所有的幻相都在于判断的主观根据被当做客观根据，所以，纯粹理性在其超验的（超越的）应用上的自我认识，将是防止理性在误解自己的规定性，并把仅仅涉及它自己的主体和在所有的内在应用上对主体的指导的东西，以超验的方式与客体自身相关联时所陷入的那些迷乱的惟一预防手段。

第 41 节

把**理念**亦即纯粹理性概念与范畴或者纯粹知性概念区分开来，作为在种类、起源和应用上完全不同的知识，这对于奠立一门应当包含所有这些先天知识的体系的科学来说是一个如此重要的部分，以至于如果没有这种分离，形而上学就是绝对不 〔329〕
可能的，或者充其量是一种无规则的、马虎的尝试，既不认识所用的材料，也不认识这些材料对这种意图或者那种意图的适用性，就拼凑起空中楼阁。即便《纯粹理性批判》只不过是做到率先展示了这种区分，它也由此而已经为澄清我们的概念和指导形而上学领域里的研究，比要满足纯粹理性的超验问题的所有徒劳无功的努力作出了更多的贡献；人们历来都从事这些努力，但却从未想到自己乃是处在一个与知性领域完全不同的领域，因而把知性概念与理性概念混为一谈，就好像它们是同一类东西似的。

第 42 节

一切纯粹的知性知识都自身具有这一点，即它们的概念都是可以在经验中被给予的，它们的原理都是可以通过经验来证实的；与此相反，超验的理性知识就其**理念**而言既不能在经验中被给予，它们的命题也从来不能通过经验来证实，也不能通过经验来反驳。因此，此际也许混入的错误就不能通过别的任何东西，而只能由理性自己来揭露。但这是很困难的，因为恰恰理性由于自己的理念而自然地成为辩证的，而且这种不可避免的幻相不能由对事物的任何客观的和独断论的研究来限制，而只能由对作为理念的一种源泉的理性本身的主观研究来限制。

第 43 节

在《批判》中，我的最大关注在任何时候都是，我如何才能不仅小心翼翼地区分各类知识，而且把属于它们每一类的所有概念都从其共同源泉推演出来，以便我不仅通过获知它们源自何处而能够可靠地规定它们的应用，而且也有还从未料想到的、但却不可估量的好处，即先天地从而按照原则认识概念的列举、归类和区分方面的完备性。不这样做，在形而上学中就
〔330〕一切都纯粹是随想，人们永远也不知道自己所掌握的东西是否够了，或者是否以及在什么地方还缺少某种东西。当然，人们也只有在纯粹哲学中才能有这种好处，但这种好处也构成了纯粹哲学的本质。

既然我在知性的所有判断的四种逻辑功能中找到了范畴的

起源，所以，在理性推理的三种功能中寻找理念的起源，也就是十分自然的了。因为如果这样一些理性概念（先验的理念）是被给予的，那么，假如人们不想把它们视为生而具有的，就不能在别的任何地方，而只能在理性活动中发现它们；这种理性活动就其仅仅涉及形式而言，就构成理性推理的逻辑因素，但就其把知性判断在这种或者那种先天形式方面表现为被规定的而言，则构成纯粹理性的先验概念。

理性推理在形式上的区别必然使得理性推理被划分为定言的理性推理、假言的理性推理和选言的理性推理。因此，建立在这上面的理性概念就包含：1. 完备的主体的理念（实体性的东西）；2. 完备的条件序列的理念；3. 在可能者的一个完备总和的理念中对一切概念的规定。①第一个理念是心理学的，第二个理念是宇宙论的，第三个理念是神学的；而既然所有三个理念都为一种辩证法提供了诱因，但每一个都以自己独特的方式，所以在此之上就建立起纯粹理性整个辩证法的划分，即划分为谬误推理、二论背反和纯粹理性的理想。通过这样的推演，人们就将完全肯定，纯粹理性的一切要求在这里已经完备地得到表现，而且不能缺少任何一个，因为作为所有这些要求的来源，理性能力本身也由此得到了完全的衡量。

① 在选言判断中，我们把**所有可能性**都看做是按照某个概念划分了的。对一个一般事物作出全面规定（在一切可能的对立谓词中，某个谓词属于任何一个事物）的本体论原则，同时是一切选言判断的原则，它把一切可能性的总和奠立为根据，在这个总和中，任何一般事物的可能性都被视为规定了的。这被用来对上述命题作出简短的说明：选言的理性推理中的理性活动在形式上与完成所有实在性的一个总和的理念的那种理性活动是一回事，这个理念自身包含着一切相互对立的谓词的肯定的东西。

[331]

第 44 节

在这一考察中，一般来说同样值得注意的是，理性理念不像范畴那样对于知性应用于经验方面来说，还对我们有点用，而是在这方面完全多余的，甚至根本与自然的理性知识的准则相对立，有妨碍，但尽管如此，在另一个尚待规定的方面还是必要的。灵魂究竟是不是一个单纯的实体，这对说明灵魂的显象来说，对我们可能是完全无关紧要的；因为我们不能通过任何可能的经验使一个单纯的存在者的概念成为感性的，从而成为具体可理解的。因此，在对显象的原因的所有期望的洞识方面，这个概念都是完全空洞的，不能用做说明内部经验或者外部经验所提供的东西的原则。同样，关于世界开端或者世界永恒性（aparte ante [向前]）的宇宙论理念，对于由此说明世界本身的任何一个事件来说，也没有什么用处。最后，按照自然哲学的一个正确准则，我们必须放弃对出自一个最高的存在者的意志的自然安排作任何说明，因为这不是自然哲学，而是承认我们山穷水尽了。因此，这些理念具有一种与范畴完全不同的应用规定，通过范畴和建立在范畴之上的原理，经验才是可能的。然而，如果我们的意图仅仅在于自然知识，如同它在经验中能够被给予的那样，那么，我们对知性所作的辛苦的分析，就会是完全多余的；因为理性无论是在数学还是在自然科学中，即便没有这种细腻的演绎，所做的工作也都非常可靠、非常好。因此，我们把对知性的批判与纯粹理性的理念结合起来，是为了一个超出知性的经验应用的意图；关于这一点我们上面说过，它在这方面是完全不可能的，是没有对象或者意义的。但尽管如此，在属于理性的本性的东西和属于知性的本性的东西之间必须协调一致，前者必然有助于后者的完善，不可能使后者混乱。

这个问题的解决如下：纯粹理性在它的理念之下并不以处在经验领域之外的特殊对象为意图，它仅仅要求与经验相联系 〔332〕
的知性应用的完备性。但是，这种完备性只能是原则的完备性，不能是直观和对象的完备性。尽管如此，为了确定地表现前者，理性把它设想为对一个客体的知识，对该客体的知识就那些规则而言注定是完备的，但这个客体仅仅是一个理念，为的是使知性知识尽可能地接近那个理念所表示的完备性。

第 45 节　关于纯粹理性的辩证法的先行说明

我们在上面第 33 节和第 34 节已经指出，范畴不含感性规定的任何混杂的纯粹性，可能诱导理性把范畴的应用完全超出一切经验，扩展到物自身上去，尽管它们由于本身找不到能够具体地为它们提供含义和意义的直观，而作为纯然逻辑的功能虽然能够表象一般的事物，但却不能单独为自己提供关于任何一个事物的确定概念。诸如此类的夸张的客体就是人们称为**本体**或者纯粹的知性存在物（称为思想存在物要更好）的客体，例如被设想为**没有**在时间中的**持久性**的**实体**，或者**不在时间中**起作用的**原因**，等等。因为人们加给它们一些谓词，这些谓词仅仅用来使经验的合规律性成为可能，尽管如此却从它们除去了直观的一切条件，而惟有在这些条件下经验才是可能的，由此，那些概念就又失去了一切意义。

但是，知性自动地、没有外来规律逼迫地越过自己的界限，完全故意地窜进纯然思想存在物的领域，却没有任何危险。不过，如果不能完全满足于对知性规则的总是还有条件的经验应用的理性，要求完成这个条件的链条，知性就被驱使走出自己的领域，以便一方面在一个扩展得如此广大的、根本不是任何经验所能够把握的序列中表现经验的对象，另一方面甚

〔333〕至（为了完成这个序列）完全在这个序列之外寻找**本体**，使它能够把那个链条连在上面，并由此最终不依赖经验条件，尽管如此仍然使它的行为是完备的。这就是先验的理念。尽管按照我们理性的自然规定的真正的、但却隐秘的目的，这些理念所着眼的不是越界的概念，而仅仅是经验应用的不被限制的扩展，但仍然通过一种不可避免的幻相，而引诱知性去作**超验的**应用。这种应用虽然是骗人的，但却不能通过留在经验的界限之内的决心，而是惟有通过科学的教导才能费力地限制它。

一、心理学的理念（《批判》第 341 页以下）

第 46 节

人们很早就已经发觉，就一切实体而言，真正的主体，亦即在一切偶性（作为谓词）被抽去之后所剩下的东西，从而就是**实体性的东西**本身，对我们来说是不知道的，而且关于我们的洞识的这种局限，人们曾作过各种各样的抱怨。但在这里却要记住，关于人类知性不能认识、亦即不能单独为自己规定事物的实体性的东西，不应当对它有什么要求，而是应当在它要求把作为纯然理念的实体性的东西当做一个被给予的对象来确定地认识这方面对它有所要求。纯粹理性要求，我们应当给一个事物的每一个谓词寻找属于它的主体，而这个主体必然又只是一个谓词，又要为它寻找它的主体，依此类推，以至无穷（或者就我们所达到的而言）。但由此得出，我们不应当把我们所能够达到的任何东西视为一个最终的主体，而实体性的东西本身永远不能被我们的知性思维，无论它深入到什么程度，即便是整个自然都揭示给它也不行，因为我们的知性的特殊本性在于论证地、亦即通过概念、从而也纯粹通过谓词来思维一切，为此必然在任何时候都缺少绝对的主体。所以，我们认识物体所凭借的一切实在的属性都纯粹是偶性，甚至不可入性也是这样，人们总是必须把它表象为一种力量的作用，而为此我们却缺少主体。 〔334〕

如今，看起来好像我们在对我们自己的意识（能思维的主体）中有这种实体性的东西，而且是在一种直接的直观中。因为内感官的一切谓词都与作为主体的自我相关，而这个主体不能进一步被设想为任何别的主体的谓词。因此，这里看起来在被给予的作为谓词的概念与一个主体的关系中的完备性已经在经验中被给予，这个主体不仅仅是理念，而是对象，亦即是**绝对的主体**本身。因为自我根本不是一个概念①，就我们并不通过任何谓词来进一步认识它而言，它仅仅是内感官的对象的标记；因此，它虽然就自身而言不能是一个别的事物的谓词，但却同样不是一个绝对主体的确定概念，而仅仅像在所有其他场合那样，是内部显象与其未知主体的关系。尽管如此，这个理念（它完全可以用于作为范导性的原则来完全摧毁对我们灵魂的内部显象的一切唯物主义解释）由于一种完全自然的误解而导致了一种虚假的论证，要从对我们能思维的存在者的实体性的东西这种自以为的认识中，就对这种实体性的东西的本性的认识完全落在经验的总和之外而言，来推论出它的本性。

第 47 节

即使这个能思维的自我（灵魂），作为思维的本身不能再

① 如果统觉的表象亦即自我是思维任何东西所凭借的一个概念，那么，它就会也能够被用做其他事物的谓词，或者自身包含着这样的谓词。现在，它不过是一种存在的感觉，没有丝毫的概念，只是一切思维与之相关（relatione accidentis［偶性的关系］）的东西的表象。

被表现为另一个事物的谓词的最终主体，就叫做实体，如果不能证明它具有持久性，作为使得实体概念在经验中能产生结果的东西，那么，这个概念也依然是完全空洞的，没有任何结果的。

〔335〕但是，持久性决不能从一个作为物自身的实体的概念中得到证明，而是惟有为了经验才能得到证明。这在经验的第一类比中已得到充分的阐明（《批判》，第182页）；而且如果人们不愿意顺从这一证明，那就可以自己试一试，看是否能够从一个本身不是作为另一个事物的谓词而实存的主体的概念出发证明，它的存在是绝对持久的，而且它既不能就自身而言也不能由于任何自然原因而生或者灭。诸如此类的先天综合命题永远不能就自身而言得到证明，而是在任何时候都惟有与作为一个可能经验的对象的事物相关才能得到证明。

第48节

因此，如果我们要从作为实体的灵魂的概念推论到它的持久性，那么，这对它来说惟有为了可能的经验才能够是有效的，在它作为一个物自身并且超出一切可能经验时就不能有效。如今，我们一切可能经验的主观条件是生命，所以只能推论到活着时灵魂的持久性，因为人的死亡是一切经验的终结。这就涉及作为经验的一个对象的灵魂，除非说明灵魂不是经验的对象，而问题恰恰就在这里。因此，只能阐明人活着时灵魂的持久性（我们大可不必证明这种持久性），但却不能阐明死后灵魂的持久性（这才是我们真正关心的），而且这是出自如下普遍的根据：就实体的概念应当被视为与持久性的概念必然结合在一起而言，它惟有按照可能经验的原理，从而也惟有为了经验才能是实体的概念。①

第 49 节 〔336〕

在我们之外有某种现实的东西不仅与我们的外部知觉相应，而且还必然与之相应，这同样绝不能作为物自身的联结而得到证明，但却可以为了经验而得到证明。这无非是要说：某种东西以经验性的方式，从而作为空间中的显象存在于我们之外，这是人们完全可以证明的。因为除了属于一种可能经验的对象之外，我们并不与别的对象打交道，这正是因为它们不能在任何经验中被给予我们，因而对我们来说就是无。经验性地在我之外的，就是在空间中被直观的东西。而且既然空间连同它所包含的一切显象都属于表象，表象按照经验规律的联结证明了表象的客观真实性，就像内感官的显象的联结证明了我的

① 事实上，形而上学家们在任何时候都漫不经心地跳过实体的持久性的原理，不曾尝试对它作出证明，这是很值得注意的。毫无疑问，这是因为他们从这个概念开始的时候，就发现自己根本没有任何证据。普通的知性注意到，如果没有这个前提条件，知觉在一个经验中的结合就是不可能的，于是通过一种公设来弥补这一缺陷；因为它从经验中绝不能得出这个原理，这一方面是因为经验不能追踪种种质料（实体）的所有变化和分解，直到发现材料始终没有减少，另一方面是因为这个原理包含着**必然性**，而必然性在任何时候都是一个先天原则的标志。于是，他们就信心十足地把这个原理运用于作为一个**实体**的灵魂的概念，并推论出人死之后灵魂的必然存续（尤其是因为从意识的不可分性得出的这个实体的单纯性保障了它不致由于分解而消灭）。如果他们发现了这个原理的真正源泉（但这要求作出比他们愿意开始作出的深刻得多的研究），那么，他们就会看出，实体持久性的那个规律只是为了经验才成立的，因而只是就事物应当在经验中被认识并与其他事物相结合而言才能适用于事物，但绝不能无视一切可能的经验而适用于事物，因而也不适用于死后的灵魂。

灵魂（作为内感官的一个对象）的现实性一样，所以，凭借外部经验，我意识到作为空间中的外部显象的物体的现实性，就像凭借内部经验我意识到我的灵魂在时间中的存在一样。我也只能通过构成一种内部状态的诸显象把我的灵魂认识为内感官的一个对象。灵魂的作为这些显象的基础的本质自身，对我来说是不知道的。因此，**笛卡尔的**唯心论仅仅把外部经验与梦区
〔337〕别开来，把作为前者的真实性的标准的合规律性与后者的无规则性和虚假幻相区别开来。在这二者中，它把空间和时间预设为对象存在的条件，并且仅仅问是否现实地能在空间中发现我们醒着时在空间中放置的外感官的对象，就像内感官的对象亦即灵魂现实地存在于时间中一样，也就是问经验是否带有与想象区别开来的可靠标准。在这里，可以轻而易举地消除怀疑，而且在日常生活中，我们在任何时候也都是这样消除怀疑的，即我们按照经验的普遍规律来检查二者中显象的联结，而且如果外部事物的表象与此完全符合，那么，我们就不能怀疑它们应当构成真实的经验。因此，由于显象作为显象仅仅按照它们在经验中的联结被考察，所以质料的唯心论是很容易除去的；而且物体实存于我们之外（在空间里），与我本身按照内感官的表象而存在（在时间里）是同样可靠的经验。因为“**在我们之外**”这一概念仅仅意味着在空间中的实存。但是，既然在“**我在**”这一命题中的“我”却并不仅仅意味着（在时间里的）内直观的对象，而是意味着意识的主体，就像物体并不仅仅意味着（在空间里的）外直观，而且也意味着作为这种显象的基础的物**自身**一样，所以，物体（作为外感官的显象）是否**在我的思想之外**作为物体实存，这一问题可以毫无异议地在自然中予以否认。但是，这与我自己作为**内感官的显象**（按照经验性心理学所说的灵魂）是否实存于我的表象力之外的问题别无二致，因为后一问题也必须予以否定。以这样的方式，一切东西

在被归结到它的真实意义的时候就都是明确的和确定的。形式的唯心论（在其他地方我把它叫做先验的唯心论）实际上取消了质料的或者**笛卡尔式的**唯心论。因为如果空间无非是我的感性的一种形式，那么，它作为我里面的表象与我本身是同样现实的，问题就仅仅在于空间中的显象的经验性的真实性了。但如果情况不是这样，而是空间和空间中的显象是某种在我们之外实存的东西，那么，经验的一切标准在我们的知觉之外就绝不能证明我们之外的这些对象的现实性。

二、宇宙论的理念（《批判》，第 405 页以下 [B432—433]） 〔338〕

第 50 节

纯粹理性在其超验应用上的这一产品是纯粹理性最值得注意的现象，它在一切现象中也是最有力地作用于把哲学从其独断论的安睡中唤醒，并推动它去从事理性自己的批判的艰难工作。

我之所以把这一理念称为宇宙论的，乃是因为它在任何时候都仅仅在感官世界取得自己的客体，除了其对象是感官的一个客体的概念之外，不使用任何别的概念，从而就其是内在的而非超验的而言，到此为止它还不是一个理念。与此相反，把灵魂设想成为一个单纯的实体，这就等于是说设想一个对象（单纯的东西），诸如此类的对象对于感官来说根本不能被表象。尽管如此，宇宙论的理念毕竟把有条件者与其条件的联结（不管这种联结是数学的还是力学的）扩大到经验永远不能赶得上的程度，因而就这一点而言永远是一个理念，这个理念的对象永远不能在任何经验中相应地被给予。

第 51 节

首先，这里如此清晰和不可混淆地表现出一个范畴体系的好处，以至于即便不存在更多的证据，单是这个好处就能够充分阐明这些范畴在纯粹力学的体系中是不可缺少的。这样的超验理念只有四个，与范畴的类别一样多；但在这些理念中的每一个里面，它们都仅仅关涉一个被给予的有条件者的条件序列的绝对完备性。与这些宇宙论的理念相符合，纯粹理性也只有四种辩证主张。这些主张既然是辩证的，就由此自己证明，按照纯粹理性同样虚假的原理，对它们每一个来说都有一个与之矛盾的原理相对立。这样的冲突是任何形而上学的精巧辨别艺术都不能防止的，然而却迫使哲学家甚至回溯到纯粹理性的最
〔339〕初源泉。这种并非任意捏造的、而是建立在人类理性的本性之中的、从而不可避免的、永远没有终结的二论背反，包含着以下四个命题及其反命题。

一

命题

世界在时间上和空间上有一个开端（界限）。

反命题

世界在时间上和空间上是**无限的**。

二

命题

世界上的一切都是由**单纯的东西**构成的。

反命题

没有单纯的东西，相反一切都是**复合的**。

三

命题

世界上有凭借**自由**的原因。

反命题

没有自由，相反一切都是**自然**。

四

命题

在世界原因的序列中有某种**必然的存在者**。

反命题

在它里面没有任何东西是必然的，相反在这个序列中**一切都是偶然的**。

第 52 节 a

在这里，有人类理性的最奇特的现象，在人类理性的其他任何应用中都不能指出这种现象的例子。如果我们像通常发生的那样，把感官世界的种种显象设想成为物自身，如果我们把这些显象的联结的原理假定为普遍地适用于物自身，而不仅仅适用于经验的原理，就像通常不可避免，尤其是没有我们的批判就不可避免的那样，那么，就出现一种意想不到的冲突，这 〔340〕
种冲突永远不能以通常的、独断论的方式来解决，因为无论是命题还是反命题都能够通过同样明显、清晰和令人折服的证明来阐述，我担保所有这些证明都是正确的。因此，理性发现与自身分裂了，这是一种怀疑论者为之幸灾乐祸的状态，批判的哲学家却必然被置入反思和不安。

第 52 节 b

人们在形而上学里面可以用各种各样的方式马虎从事，却不用担心被发现不正确。因为如果人们仅仅不自相矛盾，这在综合命题中，即便在完全虚构的综合命题中都是可能的，那么，在我们所联结的概念是根本不能（就其全部内容而言）在经验中被给予的纯然理念的所有这样的场合里，我们永远不能被经验所反驳。因为世界是永恒的还是有一个开端，物质是无限可分的还是由单纯的部分构成的，我们要如何通过经验来澄清呢？诸如此类的概念都不能在任何经验中被给予，即便是在尽可能大的经验中也不能被给予，因而无论是肯定命题还是否定命题，其错误都不能通过这块试金石来揭露。

理性违背自己的意愿泄露自己假冒为独断论的隐秘辩证

法，其惟一可能的场合，就是它把一个主张建立在一个被普遍承认的原理之上，并且从另一个同样被证明了的原理中以极为正确的推论方式恰恰推论出反面。在这里，这种情况是实有的，而且是就四种自然的理性理念而言的。从四种理性理念中一方面得出四种主张，另一方面得出同样多的反主张，每一个都是以正确的逻辑一贯性从被普遍承认的原理得出的，由此它们就暴露出纯粹理性在使用这些原理时的辩证幻相，否则这种幻相必然永远是隐秘的。

因此，这里是一种决定性的尝试，这种尝试必须以必然的
〔341〕方式为我们揭示隐藏在理性的前提条件中的一种错误。① 在两个相互矛盾的命题中，不可能两个都是错误的，除非作为两个命题的基础的概念本身是自相矛盾的；例如“一个四方的圆形是圆的”和“一个四方的圆形不是圆的”，这两个命题都是错误的。因为就第一个命题来说，说上述圆形是圆的就是错误的，因为它是四方的；但说它不是圆的亦即是四方的也是错误的，因为它是圆形。因为一个概念的不可能性的逻辑标志恰恰在于，以它为前提条件，则两个相互矛盾的命题就同时是错误的，从而，由于在这两个命题之间不可能想出一个第三者，所以通过那个概念**根本不能**思维任何东西。

① 因此，我希望有批判精神的读者主要研究这种二论背反，因为看起来是自然本身提出了它，为的是使理性在自己放肆的僭越中产生疑问，并迫使它进行自我检验。对于我所给出的每一个证明，无论是为正论还是为反论作出的，我都自告奋勇为之负责，并由此来阐明理性的不可避免的二论背反的确定性。如果读者被这个奇特的现象所带领，返回去检验在这方面作为基础的前提条件，那么，他就将感觉到，他不得不与我一起更深刻地研究纯粹理性的一切知识的最初基础。

第 52 节 c

如今，我把前两个二论背反称为数学的二论背反，因为它们都涉及同类的东西的相加或者分割。这两个二论背反都以这样一个自相矛盾的概念为基础；我由此出发来说明，何以在这两个二论背反中正论和反论都是错误的。

当我谈论时间和空间中的对象时，我谈的并不是物自身，这是因为我对物自身一无所知，我谈的只是显象中的事物，亦即谈的是经验，它是对客体的一个仅仅赐给人的特殊知识种类。我在空间中或者在时间中所思想的东西，我必须不说它是就自身而言、也不用我的这种思想、存在于空间和时间之中的；那样说我就会自相矛盾，因为空间和时间连同在它们里面的显象不是什么就自身而言并且在我的表象之外实存的东西，而仅仅是表象方式，而说一个纯然的表象方式也在我们的表象之外实存，这显然是自相矛盾的。因此，感官的对象仅仅实存 〔342〕
于经验之中。与此相反，不用经验或者先于经验赋予它们一种自己的、为自己存在的实存，这就等于是想象经验也不用经验或者先于经验而是现实的。

如果我问世界在空间和时间上的大小，那么，对于我的一切概念来说，说世界是无限的和说世界是有限的同样不可能。二者中没有一个能够包含在经验中，因为无论是关于一个**无限的**空间或者一个无限的逝去了的时间，还是关于世界被一个空的空间或者一个先行的空的时间所**限制**，经验都是不可能的；这些都不过是理念。因此，世界的大小，无论以这种或者那种方式被规定，都必须在于其自身，与任何经验都无关。但是，这与感官世界的概念互相矛盾，感官世界只不过是显象的总和，其存在和联结惟有在表象中、亦即在经验中才成立，因为它不是事物本身，而无非是表象方式。由此得出，既然一个为自己实存的感官世界的概念在自身是自相矛盾的，所以关于它的大小的这一问题的解决，无论人们试图肯定地作出还是否定地作出，都将永远是错误的。

这一点也同样适用于涉及显象的分割的第二个二论背反。因为显象纯然是表象，而且各个部分仅仅实存于对它们的表象中，从而实存于分割中，也就是说实存于它们在其中被给予的一个可能经验中，因此分割只能达到可能经验达到的地步。假定一个显象，例如物体的显象，在一切经验之先就自身而言已经包含着可能经验能够达到的一切部分，这就等于是说，同时给予一个只能实存于经验之中的纯然显象以一种自己的、先行于经验的实存，或者等于是说，纯然的表象先于它们在表象力之中被发现而存在；这是自相矛盾的。因此，对这个被误解的问题的任何解决，无论人们在其中宣称物体就自身而言由无限多的部分构成，还是宣称物体由有限数目的单纯部分构成，也都是自相矛盾的。

〔343〕

第 53 节

在第一类二论背反（数学类的二论背反）中，前提条件的错误在于：自相矛盾的东西（亦即作为事物自身的显象）被表现为可以统一在一个概念中。但就第二类，亦即力学类的二论背反来说，前提条件的错误在于：可以统一的东西被表现为自相矛盾的。于是，在第一种场合两种彼此对立的主张都是错误的，而在这里，两种由于纯然的误解而彼此对立的主张又都可能是正确的。

也就是说，数学的联结（在大小的概念中）必然以被联结者的同类性为前提条件，而力学的联结则绝不要求这一点。如果问题在于有广延者的大小，那么，所有部分相互之间以及与整体之间就都必须是同类的。与此相反，在原因与结果的联结中，虽然也能够发现同类性，但它却不是必要的。因为因果性的概念（凭借这个概念，通过某物而设定某种与之完全不同的东西）至少并不要求同类性。

如果感官世界的对象被当做物自身，上述自然规律被当做物自身的规律，那么，矛盾就会是不可避免的。同样，如果自由的主体与其他对象一样被表现为纯然的显象，也一样不能避免矛盾。因为这同一个自由的主体就会关于同一个对象，在同一种意义上，同时既被肯定又被否定。但是，如果自然必然性仅仅与显象相关，而自由仅仅与物自身相关，那么，当人们同时假定或者承认两种因果性时，就不产生任何矛盾，尽管让后一种因果性变得可以理解，是如此困难或者不可能。

在显象中，任何结果都是一个事件，或者是在时间中发生的某种东西。按照普遍的自然规律，其原因的因果性的规定（原因的一种状态）必然先行于结果，结果按照一种恒常的规律继之而起。但是，原因成为因果性的这种规定必须也是正在产生或者**发生**的某种**东西**；原因必须已经**开始行动**，因为若不然，在原因和结果之间就不能设想任何时间继起。结果就会和原因的因果性一样是已经存在的。因此，在显象中间，使原因 〔344〕
起作用的**规定**也必须是已经产生的，从而与它的结果一样是一个事件，这个事件又必须有自己的原因，如此类推。因此，自然必然性必须是作用因被规定所遵循的条件。与此相反，如果自由应当是显象的某些原因的一种属性，那么，相对于作为事件的显象来说，自由就必须是**由自身**（sponte［自发地］）开始显象的一种能力，亦即不是说原因的因果性可以自己开始，从而不需要任何别的、规定其开始的根据。但这样一来，**原因**就其因果性来说就必定不遵从它的状态的时间规定，亦即根本

不是显象，也就是说，它必须被当做物自身，惟有**结果**才被当做**显象**。①如果人们能够毫无矛盾地设想知性存在者对显象的这样一种影响，那么，虽然在感官世界中原因与结果的一切联结都带有自然必然性，相反，自身不是显象（虽然是显象的基础）的原因被承认有自由，自然和自由就可以被赋予同一个事物而不致有矛盾，但是要在不同的关系中，一面是作为显象，另一面是作为物自身。

在我们里面，我们有一种能力，这种能力不仅与自己主观
〔345〕的规定根据，亦即它的行动的自然原因相联结，因而是本身属于显象的存在者的能力，而且也与纯然是理念的客观根据相关，这是就后者能够规定这种能力而言的；这样的联结是用**应当**来表达的。这种能力就叫做**理性**；而且就我们仅仅按照这种可以客观地来规定的理性来考察一个存在者（人）而言，这个存在者不能被视为感官存在者，相反，上述属性是一个物自身

① 自由的理念惟有在作为原因的**理智的东西**与作为结果的**显象**的关系中才成立。因此，我们不能就物质不断地行动，从而充实自己的空间而言把自由赋予物质，尽管物质的这种行动是从内在的原则出发发生的。同样，对于纯粹的知性存在者来说，例如上帝，就他的行动是内在的而言，我们也不能发现任何自由概念是适合于他的。因为上帝的行动虽然不依赖于外部的规定性原因，但在他的永恒理性之中，从而在他的属神**本性**中却是被规定的。惟有当**某种东西**应当通过一个行动**开始**，从而结果应当在时间序列中，因而在感官世界中来发现的时候（例如世界的开端），才提出如下问题，即原因的因果性是否也必须开始，或者原因不用它的因果性自身开始就能够产生一个结果。在第一种场合，这种因果性的概念是自然必然性的概念，而在第二种场合，它却是自由的概念。读者从这里可以看出，既然我把自由解释为从自己开始一个事件的能力，我就正好碰上了作为形而上学问题的概念。

的属性，关于这种属性的可能性，亦即毕竟还从未发生的**应当**究竟如何规定它的行动，并且能够是其结果为感官世界中的显象的那些行动的原因，我们一点也不能理解。然而，如果本身是理念的**客观根据**被视为规定感官世界中的结果的，那么，理性的因果性就这些结果而言就会是自由。因为在这种情况下，理性的行动并不依赖主观的条件，因而也不依赖任何时间条件，从而并不依赖用于规定这些条件的自然规律，因为理性的种种根据是普遍地、从原则出发地、不受时间或者地点情况影响地给行动以规则的。

我在这里所阐述的，仅仅是用做可理解性的例子，并不必然属于我们的问题，我们的问题必须不依赖我们在现实世界中所发现的属性，仅仅从概念出发来予以裁决。

现在我可以毫无矛盾地说：理性存在者的所有行动，就其是显象（在某个经验中被发现）而言，遵从自然的必然性。但同样是这些行动，仅仅与理性主体相关并且就这个主体仅仅按照理性来行动的能力而言，则是自由的。因为对于自然必然性来说，所要求的是什么呢？无非是感官世界的任何事件按照恒常的规律的可规定性，从而是在显象中与原因的一种关系；在这里，作为基础的物自身及其因果性依然是未知的。但我说：无论是理性存在者从理性出发，从而通过自由是感官世界的种种结果的原因，还是它不从理性根据出发规定这些结果，**自然规律都常驻不变**。因为如果是第一种情况，行动就是按照准则发生的，行动在显象中的结果在任何时候都将符合恒常的规律；如果是第二种情况，而且行动不是按照理性的原则发生 〔346〕
的，那么，它们就服从感性的经验性规律。在这两种情况下，结果都按照恒常的规律相互联系。对于自然必然性来说，我们只要求这么多，我们对它也只知道这么多。但是在第一种情况里，理性是这些自然规律的原因，因而是自由的；而在第二种情况里，结果仅仅按照感性的自然规律行事，这是因为理性没有对它们施加影响；但它亦即理性并不因此就被感性所规定（这是不可能的），从而即便在这种情况里也依然是自由的。因此，自由并不妨碍显象的自然规律，就像自然规律并不损害理性在实践应用上的自由一样，这种应用是与作为规定根据的物自身相结合的。

因此，实践的自由，亦即理性按照客观的规定根据在其中拥有因果性的自由，就由此而得到挽救，而自然必然性就作为显象的同一些结果而言并没有受到丝毫的损害。这一点也可以有助于解释我们关于先验的自由及其与自然必然性的可统一性（在同一个主体中，但并不是在同一种关系上说）所必须说的话。因为就先验的自由来说，一个存在者出自客观原因的行动的任何一个开端，与这些规定根据相关都永远是一个第一开端，尽管这同一个行动在显象的序列中仅仅是一个**从属的开端**，必须有原因的一个状态先行于它，这个状态规定该行动，本身同样被一个还要先行的原因所规定，以至于对理性存在者来说，或者一般而言对存在者来说，就它们的因果性在作为物自身的它们里面被规定而言，人们可以设想一种从自身开始一个状态序列的能力而不陷入与自然规律的矛盾。因为行动与客观的理性根据的关系并不是时间关系。在这里，规定因果性的东西并不在时间上先行于行动，因为这样的规定根据并不表现对象与感官的关系，从而并不表现与显象中的原因的关系，而是表现作为并不遵从时间条件的物自身的规定性原因。这样，行动就理性的因果性而言可以被视为一个第一开端，就显象的序列而言可以同时被视为一个从属的开端，而且可以毫无矛盾
〔347〕地在前一方面被视为自由的，在后一方面（在此它仅仅是显象）被视为服从自然必然性的。

就**第四**个二论背反来说，它被以与解决第三个二论背反中

理性与自身冲突的类似方式来解决。因为只要把**显象中的原因**与**显象的原因**（就显象的原因可以被设想为**物自身**而言）区别开来，两个命题就很可以同时并存，亦即对于感官世界来说，在任何地方都没有任何原因（按照类似的因果性规律），其实存是绝对必然的，但另一方面，这个世界仍然被与作为其原因（别的种类的，并且按照别的规律）的一个必然的存在者结合起来。这两个命题的不可相容性所依据的仅仅是误解，即把仅仅适用于显象的东西扩展到物自身上，一般来说把二者混杂在一个概念中。

第 54 节

理性在把自己的原则运用于感官世界时发现自己卷入的这整个二论背反，其提出和解决就是这样。其中单是前者（仅仅提出）就已经是人类理性的知识方面的一个显著贡献，尽管冲突的解决还不能使读者由此得到完全的满足。读者在这里要与一种自然的幻相作斗争，这里刚刚给他指出它是这样一种幻相，读者迄今为止一直把这一幻相当做真的。因为这方面的一个结果是不可避免的，即：既然只要人们还把感官世界的对象当做事物自身，而不是当做事实上所是的东西，亦即当做纯然的显象，就不可能摆脱理性与其自身的这种冲突，所以这就迫使读者再次对我们的全部先天知识进行演绎，并检查我对此提供的演绎，以便对此作出裁定。我现在所要求的只限于此；因为如果读者只有这样做才足够深入到纯粹理性的本性中进行思维，那么，惟一使解决理性的冲突得以可能的那些概念已经为 〔348〕
他所熟悉，没有这种情况，我本人就不能期待最用心的读者给予完全的赞同。

三、神学的理念（《批判》，第571页［B595—596］）

第55节

为理性最重要的、但如果仅仅思辨地进行就是越界的（超越的）、从而就是辩证的应用提供素材的第三个先验理念，就是纯粹理性的理想。既然理性在这里并不像在心理学理念和宇宙论理念那里一样从经验开始，通过诸根据的上升被诱导尽可能地追求根据序列的绝对完备性，而是完全中止，并且仅仅从关于构成一个一般事物的绝对完备性的东西的概念出发，凭借一个最完满的元始存在者的理念，下降到对其他一切事物的可能性的规定，从而也下降到对其他一切事物的现实性的规定，所以在这里，要把一个虽然不在经验序列中，但却是为了经验，为了经验的联结、秩序和统一性而设想出来的存在者的纯然预设，亦即理念，与知性概念区别开来，比在上面两种场合里更为容易。因此，这里可以轻而易举地揭露辩证的幻相。这种辩证幻相之所以产生，乃是因为我们把我们的思维的主观条件当做事物本身的客观条件，把为了满足我们的理性而必要的假说当做一个教条。因此，关于先验神学的僭妄，我不必再进一步提示什么，因为《批判》在这方面所讲的，是容易理解、清楚明白和决定性的。

关于先验理念的总附释

第56节

通过经验被给予我们的对象，对我们来说在许多方面是不
〔349〕可理解的，而自然规律把我们引向的许多问题，如果它们被提到某种高度，但始终符合这些规律，则根本不能予以解决，例如物质为什么相互吸引。然而，如果我们完全离开自然，或者

在其联结的进程中超越一切可能的经验，从而深入到纯然的理念，在这种情况下，我们就不能说，对象对我们来说是不可理解的，事物的本性给我们提出了不可解决的问题。因为我们在这种情况下根本不是与自然，或者一般而言与客体打交道，而是纯然与仅仅源自我们的理性的概念、与思想存在物打交道。就它们而言，从这些东西的概念中产生的一切问题都必然能够解决，因为理性当然能够而且必须完备地说明它自己的行事方式。①既然心理学的理念、宇宙论的理念和神学的理念都完全是不能在任何经验中被给予我们的纯粹的理性概念，所以，理性就这些理念而言给我们提出的问题，就不是通过对象，而是为了理性的自我满足而通过理性的准则提出的，并且必然全都是能够充分回答的。之所以如此，也是通过指出它们都是使我们的知性应用达到普遍的一致性、完备性和综合统一性的原理，而且仅仅就此而言适用于经验，但却是在经验的**整体**上适用。尽管经验的一个绝对整体是不可能的，但根据一般原则的知识的一个整体的理念，却是惟一能够给知识提供一种特殊种类的统一性，亦即一个体系的统一性的东西；没有这种统一

① 因此，**普拉特纳**先生在他的《箴言录》第 728 节和第 729 节中精辟地说道："如果理性是一个标准，那么，就不可能有任何概念对人类理性来说是不可理解的。——惟有在现实的东西里面才有不可理解性。在这里，不可理解性是从获得的理念的不充分性中产生的。"——因此，说在自然中有许多东西对于我们来说是不可理解的（例如生殖能力），但如果我们再升高一些，甚至超出自然，那么，对我们来说一切就都又可以理解了，这听起来有点悖谬，但并不令人奇怪。因为在这种情况下，我们就完全离开了能够被给予我们的**对象**，并且仅仅探讨理念。就理念来说，我们完全能够理解理性通过理念给知性在经验中的应用所规定的规律，因为这规律就是理性自己的产品。

性，我们的知识就只是支离破碎的，不能被用于最高的目的
〔350〕(最高的目的永远只是一切目的的体系)；但我在这里指的不仅仅是实践的目的，而且也是理性的思辨应用的最高目的。

因此，先验理念表现出理性的独特规定，亦即理性是知性应用的系统统一性的一个原则。但是，由于这些理念只是用于使经验在它自身之内尽可能地接近完备性，也就是说，不用任何不能属于经验的东西限制它的前进，所以，如果人们把知识种类的这种统一性视为好像属于知识的客体的，如果人们把本来只是**范导性的**统一性视为**建构性的**，并且相信能够凭借这些理念把自己的知识远远地扩展到一切可能的经验之外，从而是以超验的方式扩展自己的知识，那么，这就是在评价我们的理性的特殊规定及其原则方面的一种纯然的误解，并且是一方面搞乱了理性的经验应用、另一方面使理性与自身分裂的辩证法。

关于纯粹理性的界限规定的结论

第57节

按照我们上面给出的极为清晰的证明，如果我们对于任何一个对象希望知道得多于属于这个对象的可能经验的东西，或者对于一个我们认为不是可能经验的对象的任何一个事物还哪怕要求有一点知识，按照它就自身而言所是的性状来规定它，这就会是一件荒唐的事情。因为我们要通过什么来作出这种规定呢？时间、空间和一切知性概念，毋宁说还有在感官世界中通过经验性的直观或者**感觉**所得出的概念，除了使经验成为可能之外，都没有、也不能有别的应用，而且如果我们自己从纯粹的知性概念除去这一条件，它们在这种情况下就根本不规定任何客体，在任何地方都没有任何意义。

但另一方面，如果我们根本不想承认物自身，或者想把我们的经验说成是对事物的惟一可能的认识方式，从而把我们在 〔351〕
空间和时间中的直观说成是惟一可能的直观，把我们论证性的知性说成是任何可能的知性的原型，从而把经验的可能性的原则说成是物自身的普遍条件，那就是一件更为荒唐的事情了。

据此，如果不是一种审慎的批判也在理性的经验性应用方面守住理性的界限，给它的僭妄设定目标，那么，我们的把理性的应用仅仅限制在可能的经验之上的原则本身就可能变成**超验的**，并把我们的理性的局限说成是事物本身的可能性的局限，在这方面，**休谟**的《对话》可以作为例证。怀疑论最初是出自形而上学及其无管教的辩证法的。起初，它只不过是为了理性的经验应用而把一切超出经验应用的东西都说成是没有价值的和骗人的；但逐渐地，由于人们觉察到，正是人们在经验中使用的这些先天原理，不知不觉地、好像是以同样的权利引导得比经验所及更远，所以人们就开始甚至对经验原理也提出怀疑。这并没有什么要紧，因为健康知性在这方面一直维护着自己的权利。然而，在科学中却出现了一种特殊的混乱。科学不能确定对理性信赖到什么程度，以及为什么只信赖到这种程度而不是更多。惟有通过对我们的理性应用的严格的和从原理得出的界限规定，这种混乱才能被清除，将来也永远不再出现。

的确，对于物自身可能是什么，我们在一切可能的经验之外不能给出一个确定的概念。但尽管如此，我们也不能随意地完全约束自己不去追问物自身；因为经验永远不能完全满足理性，它在回答问题时使我们回溯得越来越远，让我们在完全解决问题方面得不到满足，就像每一个人都能够从纯粹理性的辩证法中看出这一点一样，这种辩证法正因为此而有很好的主观根据。谁能够忍得住：我们对我们灵魂的本性一直达到主体的

清晰意识，并且确信不能**以唯物论的方式**来解释它的显象，却
〔352〕不去问灵魂究竟是什么呢？而且如果对此任何经验概念都不够用，谁能够忍得住，尽管我们根本不能阐明一个仅仅为了这一目的的理性概念（一个单纯的非物质的存在者的理性概念）的客观实在性，但却在必要时接受它呢？在关于世界的持存和大小、自由或者自然必然性的所有宇宙论问题上，谁能够满足于纯然的经验知识呢？因为无论我们怎样开始做，每一个按照经验原理给出的答案都又产生一个新的问题，这个新的问题同样要求回答，从而清楚地表明一切物理学的解释方式都不足以满足理性。最后，鉴于仅仅按照经验原则来思维和接受的一切东西的普遍的偶然性和依赖性，谁看不出不可能停留在这种偶然性和依赖性之上呢？而且无论如何禁止迷失在超验的理念中，谁不感到情不自禁地仍然要越过自己能够通过经验来证实的一切概念，到一个存在者的概念中去寻找安宁和满足呢？这个存在者的理念虽然就其本身而言在可能性上还不能被认识，但也不能被反驳，因为它涉及一个纯然的知性存在者，没有这一理念，理性就必然永远得不到满足。

界限（在有广延的存在者那里）永远以在某个确定的场所之外被发现并包围这个场所的一个空间为前提条件。限制并不需要诸如此类的东西，而仅仅是就一种量不具有绝对完备性而言涉及该量的否定。但是，我们的理性仿佛在自己周围看到了一个认识物自身的空间，虽然它对物自身永远不能有确定的概念，并且仅仅被限制在显象上。

只要理性的知识是同类的，就不能设想它有任何确定的界限。在数学和自然科学中，人类理性虽然承认限制，但却不承认界限，也就是说，虽然承认在它之外有某种东西它永远也不能达到，但却不承认它自己在其内在的进展中将在某个地方完成。数学中认识的扩展和不断新发明的可能性是无止境的。同

样，通过经验的进步来发现新的自然属性、新的力量和规律，并通过理性来统一这种发现，这也是无止境的。但是，在这里仍然不能无视限制，因为数学仅仅关涉**显象**，而不能是感性直 〔353〕
观的对象的东西，例如形而上学和道德的概念，都完全在数学的范围之外，数学永远不导向这些东西；不过它也根本不需要诸如此类的东西。因此，不存在向这些科学的连续进展，仿佛是有一个接触点或者接触线。自然科学永远不给我们揭露事物的内部，也就是说，永远不给我们揭露不是显象但却能够用做显象的最高解释根据的东西。但是，它也不把这种东西用于自己的物理学解释；甚至，即使从别的地方给它提供诸如此类的东西（例如非物质的存在者的影响），它也应当予以拒绝，根本不把这种东西带入自己的解释的进程，而是在任何时候都把这种解释仅仅建立在作为感官的对象属于经验，并且按照经验规律能够被与我们的现实知觉联系起来的对象上。

然而，形而上学却在纯粹理性的辩证尝试（这些尝试并不是任意地或者以蓄意的方式进行的，而是理性的本性所迫使的）中把我们引导到界限。正是由于我们不能绕过先验的理念，尽管如此它们也永远别想实现自己，它们就用于不仅现实地给我们指出纯粹的理性应用的界限，而且还指出确定这些界限的方式。而且这也是我们的理性的这种自然禀赋的目的和好处。我们的理性生育出形而上学，就像是自己心爱的孩子，这孩子的产生和世界上的任何一种产生一样，不能被归于偶然的巧合，而应被归于为了重大的目的而聪明地组织出来的原初胚胎。因为形而上学也许比其他任何一门科学都更多地是由自然本身就其基本特征而言置于我们里面的，根本不能被视为一种任意选择的产物，或者被视为经验（形而上学与经验完全分离）的进程中的偶然扩展。

理性即便有自己在经验性应用上，从而在感官世界内部足

够用的全部概念和知性规律，也毕竟不能对自己感到满足。因为层出不穷的问题使它对解决的完成不抱任何希望。以这种完
〔354〕成为目的的先验理念就是理性的这样一些问题。如今它清楚地发现，感官世界不可能包含这种完成，从而仅仅用于理解感官世界的所有那些概念：空间、时间和我们曾经以纯粹知性概念为名提出的一切东西，也都不包含这种完成。感官世界无非是按照普遍规律联结起来的显象的一个链条，因此它不具有自存，它真正说来不是物自身，所以必然与包含这种显象的根据的东西相关，与不是只能被视为显象，而是被视为物自身的存在者相关。惟有在对这些存在者的认识中，理性才能希望，有朝一日发现自己对从有条件者到其条件的进程中的完备性的要求得到满足。

我们在上面（第 33 节、第 34 节）曾经指出理性在对纯然的思想存在者的一切知识方面的限制。现在，既然先验理念仍然使一直前进到这些思想存在者对我们来说成为必然的，因而仿佛是一直把我们导向满的空间（经验的空间）与空的空间（我们一点也不能知道的空间、本体的空间）的接触，所以，我们也就能够确定纯粹理性的界限。因为在所有的界限中，也都有某种肯定的东西（例如，面就是立体空间的界限，然而毕竟本身就是一个空间，线是作为面的界限的空间，点是线的界限，但毕竟也一直是空间中的一个地点），与此相反，限制则仅仅包含否定。在上述两节中指出的限制还是不够的，因为我们发现在这些限制之外还有某种东西（尽管我们永远不知道那东西就自身而言是什么）。现在的问题是：我们的理性在我们认识的东西与我们不认识也将永远不认识的东西的这种联结上情况如何？这里是已知者与一个完全未知者（它也将在任何时候都依然是未知者）的一种现实的联结，而且即使未知者不会被稍稍多知一点——这在事实上也是没有希望的——，关于这

种联结的概念却毕竟是必须能够予以规定，并且能够弄清楚的。

因此，我们应当设想一个非物质的存在者、一个知性世界和所有存在者的一个最高存在者（纯粹的本体），因为理性惟有在作为物自身的这些东西上才找到完成和满足，它在把显象从其同类的根据得出来时绝不能希望有这种完成和满足，而且 〔355〕
还因为这些显象确实与某种和它们不同的东西（从而是完全异类的东西）相关，显象毕竟在任何时候都以一个事物自身为前提条件，从而指示着这个事物自身，无论人们能不能进一步认识它。

但是，既然我们永远不能按照这些知性存在者就自身而言所可能是的样子亦即确定地认识它们，但在与感官世界的关系中又必须假定它们，并且通过理性把它们与感官世界联结起来，所以，我们至少要能够凭借表述它们与感官世界的关系的那些概念来思维这种联结。因为如果我们仅仅通过纯粹的知性概念来思维知性存在者，那么，我们由此就确实没有思维任何确定的东西，从而我们的概念就毫无意义。如果我们通过从感官世界借来的属性来思维它，那么，它就不再是知性存在者了，它就将被思维成一种现象，属于感官世界。我们要以最高存在者的概念为一个例子。

理神论的概念是一个完全纯粹的理性概念，这个概念仅仅表现一个包含一切实在性的事物，但却不能规定这些实在性的任何一种，因为那就必须从感官世界借取例子，在这种情况下，我所与之打交道的，就会仅仅是感官的一个对象，而不是某种完全异类的、根本不能是感官的一个对象的东西了。因为例如，我会赋予这种东西以知性；但是，关于一种知性，除了像我这样的知性之外，我根本没有任何概念，而我这样的知性必须通过感官被给予直观，它所做的是把直观置于意识的统一性的规则之下。但这样一来，我的概念的要素就永远存在于显象中；但是，我正是由于显象不够用，才被迫超出显象而达到一个完全不依赖显象，或者把显象作为自己的规定的条件而与之相结合的存在者的概念。但是，如果我为了得到一个纯粹的知性而把知性与感性分开，那么，除了没有直观的纯然思维形式之外，就没有剩下任何东西，而仅仅通过这种形式，我不能认识任何确定的东西，因而不能认识任何对象。为此目的，我就必须设想另一种能够直观的知性，但我对于这种知性却没有丝毫概念，因为人类知性是论证性的，惟有通过普遍的概念才
〔356〕能进行认识。如果我赋予最高的存在者以一种意志，我的遭遇还是如此，因为我拥有这个概念，仅仅是由于我从我的内部经验得出这个概念，但在这里也就是我的满意对我们需要其实存的对象的依赖性，因而是以感性为基础的，而这与最高存在者的纯粹概念是完全矛盾的。

休谟对理神论的指责是软弱无力的，仅仅击中了理神论主张的证明，却绝没有击中理神论主张的命题本身。但是，就通过进一步规定我们在理神论中关于最高存在者的纯然超验概念而得出的有神论而言，他的指责却是强有力的，而且由于这个概念是人们建立的，这些指责在某些情况下（实际上在所有通常的情况下）就是不可辩驳的。**休谟**一直坚持：仅凭一个元始存在者的概念，我们仅仅赋予这个概念一些本体论的谓词（永恒性、全在性、全能性），实际上我们根本没有思维任何确定的东西。相反，必须再加上一些能够具体地说明一个概念的属性。仅说它是原因，这是不够的，还要说明它的因果性是什么性状，例如通过知性和意志。他对事物本身亦即有神论的攻击就是从这里开始的，因为在此之前，他仅仅攻击了理神论的证明根据，这不会造成任何特殊的危险。他的要害论证全都与神人同形同性论有关，他认为，神人同形同性论与有神论不可分割，并使有神论自相矛盾，但如果人们清除掉神人同形同性

论，有神论就将一起垮台，剩下的就只是理神论，人们从理神论得不出什么来，它对我们毫无用处，根本不能用做宗教和道德的基础。如果神人同形同性论的这种不可避免性是确实的，那么，关于一个最高存在者的种种证明无论是什么样的，即便全都承认它们，关于这个存在者的概念也决不会被我们所规定而不使我们卷入矛盾。

如果我们把“避免纯粹理性的一切超验判断”这一禁令与表面上相对立的“一直超越到处于内在的（经验性的）应用范围之外的概念”这一命令联结起来，那么，我们就将觉察到，二者是可以共存的，但这只能恰好在一切被允许的理性应用的**界限**上。因为这个界限既属于经验的领域，也属于思想存在者 〔357〕
的领域。而且我们由此同时知道，那些如此值得注意的理念如何仅仅用于人类理性的界限规定，亦即一方面不要无止境地扩展经验知识，这样一来，给我们剩下来供认识的就只有世界了；另一方面，仍然不要超出经验的界限，不要想对经验的界限之外作为物自身的事物作出判断。

但是，只要我们把我们的判断限制在世界与一个其概念本身处于我们在这个世界之内能够获得的知识之外的存在者所能够具有的关系上，我们就坚守住了这个界限。因为在这种情况下，我们就不是把我们思维经验的对象所凭借的任何属性**就自身而言**加给最高的存在者，由此就避免了**独断论**的神人同形同性论。但是，我们仍然把这些属性赋予最高存在者与世界的关系，并且允许一种**象征性的**神人同形同性论，这种神人同形同性论事实上仅仅涉及语言，而不涉及客体本身。

如果我说，我们不得不这样看待世界，就**好像**它是一个最高的知性和意志的作品似的，那么，我实际上不过是说：一只钟表、一艘船、一支军队与钟表匠、造船师、司令官的关系是怎样，感官世界（或者构成显象的这一总和之基础的一切）与这个未知者的关系就是怎样。因此，我虽然不是按照这个未知者就自身而言所是的、但却是按照它对我来说所是的、亦即就世界而言来认识它的，而我是世界的一个部分。

第 58 节

这样一种知识是**根据类比**的知识，这种类比并不像人们通常使用这个词那样，意味着两个事物的一种不完全的相似，而是指完全不相似的事物之间的两种关系的完全相似。①凭借这
〔358〕种类比，毕竟给我们还留下了关于最高存在者的一个**对我们来说充分确定的概念**，即使我们除去能够绝对地和**就自身而言规定**这个概念的一切东西。因为我们毕竟是相对于世界，从而相对于我们规定它的，更多的东西对于我们来说也不必要。**休谟**对于想通过从自身和世界借取材料来绝对地规定它的那些人的攻击与我们无关。他也不能指责我们，说一旦从最高存在者的概念去掉客观的神人同形同性论，我们就将一无所有了。

① 例如，在人类行为的权利关系和推动力的力学关系之间就有一种类比：我对另一个人做某事，绝不能不给他权利在同样的条件下对我做同样的事。同样，任何物体以其推动力作用于另一个物体，都不能不引起该物体同样多地反作用于它。在这里，权利和推动力是完全不相似的事物，但在它们的关系中却有完全的相似性。因此，凭借这样一种类比，我可以给出我绝对不知道的事物的一个关系概念。例如，对子女的幸福的促进＝a 与父母的爱＝b 的关系是怎样，人类的福祉＝c 与上帝里面我们称之为爱的未知者＝x 的关系就是怎样。这并不是说这个未知者与某一种属人的偏好有丝毫的相似性，而是因为我们能够设定它与世界的关系与世界的事物相互之间所拥有的关系相似。但是，关系概念在这里是一个纯然的范畴，亦即原因的概念，它与感性毫不相干。

因为，只要人们一开始（就像**休谟**也在他的《对话》中通过斐洛这个人物反对克雷安特一样）就允许我们把**理神论的**元始存在者概念当做一个必要的假说，在这个概念中，人们通过实体、原因等等纯粹本体论的谓词来思维元始存在者（**人们必须这样做**，因为理性在感官世界受纯粹的条件驱使，而这些条件始终又是有条件的，所以理性不这样做就根本不能得到满足。**人们也可以有权这样做**，不会陷入神人同形同性论，神人同形同性论是把出自感官世界的谓词转用到一个与世界完全不同的存在者上，因为那些谓词仅仅是范畴，它们虽然并不提供这个存在者的任何确定的概念，但正是因此也不提供它的任何限制在感性的条件之上的概念），那么，就没有任何东西能够阻止我们说这个存在者有一种就世界而言**凭借理性的因果性**，并如此跨越到有神论，而没有必要就它自身而言把这种理性作为一种附着于这个存在者的属性而赋予它。因为**第一**，把理性就感官世界中的一切可能经验而言的应用与自身全面一致地推 〔359〕
向最高程度的惟一可能的途径，就是人们再把一种最高的理性当做世界中的一切联结的原因。这样一个原则必然对理性普遍有利，决不会在它的自然应用上损害它。但**第二**，理性由此毕竟不是作为属性转用到元始存在者自身的，而是仅仅转用到它与世界的**关系**上，从而完全避免了神人同形同性论。因为在这里仅仅考察了在世界上到处都发现的理性形式的**原因**，而且虽然就最高的存在者包含着世界的这种理性形式的根据而言把理性赋予它，但却仅仅是按照类比，也就是说，是就这一术语仅仅表示我们不知道的最高原因与世界的关系而言的，为的是在它里面在最高程度上符合理性地规定一切。这样一来，就使我们不致使用理性的属性去思考上帝，而是用它去思考世界，为了就世界而言按照一个原则最大可能地应用理性，这样做是必要的。我们由此承认：最高存在者按照它就其自身而言所是的样子对我们来说是完全不可探究的，甚至不能**以确定的方式**去设想。而且这样一来，就使我们不致按照我们关于（凭借意志）作为一种作用因的理性所拥有的概念作一种超验的应用，要通过毕竟总是仅仅从人的本性借来的属性去规定神的本性，迷失在粗糙或者狂热的概念中；但另一方面，也使我们不致按照我们转用到上帝身上的关于人类理性的概念，用超自然的解释方式来淹没对世界的考察，使它失去自己真正的规定，按照这种规定，它应当仅仅是通过理性对自然的研究，而不应当是放肆地从一个最高理性来得出自然的显象。适合于我们软弱无力的概念的表述将是：我们这样来设想世界，就**好像**它就其存在和内在规定而言源自一个最高理性似的，我们由此一方面去认识世界自身固有的性状，不去狂妄地要规定世界的原因自身；另一方面把这种性状（世界中的理性形式）的根据置入最高的
〔360〕 原因与世界的**关系**中，不把世界视为在这一点上自身充足的。①

以这样的方式，通过把**休谟**的“不要以独断论的方式把理性的应用推进到一切可能经验的领域之外”这一原理与**休谟**完全忽视的另一条原理，亦即“不要把可能经验的领域视为在我们理性的眼中自划界限的东西”结合起来，看起来与有神论对立的那些困难就消失了。理性的批判在这里标明了**休谟**所反对的独断论和他要主张的怀疑主义之间的真正的中间道路，这条中间道路并不像其他中间道路那样，是人们建议仿佛是机械地

① 我是要说：最高原因的因果性对世界来说所是的东西，就是人类理性对它的作品来说所是的东西。此时，我依然不知道最高原因本身的本性。我只是把它的对我来说已知的结果（世界的秩序）及其对理性的符合性与人类理性的对我来说已知的结果进行比较，因而把最高原因称为一种理性，并没有因此就把我在人身上用这一术语所指的东西或者别的我已知的某种东西当做它的属性赋予它。

（这一方有一点，另一方也有一点）为自己规定的，那样的话没有任何人能得到教益，而是人们能够按照原则精确地规定的中间道路。

第 59 节

在这个附释的开头，为了确定理性在其适宜的应用方面的限制，我使用了**界限**的比喻。感官世界只包含显象，显象毕竟不是物自身，因此，正是因为知性把经验的对象仅仅当做显象来认识，它才必须承认物自身（本体）。二者都被包含在我们的理性中，而问题是：就这两个领域而言，理性如何去给知性划定界限？包含着一切属于感官世界的东西的经验并不给自己划定界限，它永远只从每一个有条件者达到另一个有条件者。应当给它划定界限的东西，必须处于它的界限之外，而这就是知性存在者的领域。但是，就问题在于**规定**这些知性存在者的本性而言，这对于我们来说就是一个空的空间。就此而言，如 〔361〕
果问题在于以独断论的方式规定的概念，那我们就不能超越可能经验的领域。但是，既然一个界限是某种肯定的东西，它既属于处在它里面的东西，也属于处在一个被给予的总和之外的空间。这样，它就是一种现实的、肯定的知识，理性惟有通过扩展自己一直达到这个界限才能获得这种知识，但它不要试图走到这个界限之外，因为它在那里将面临一个空的空间，在这个空的空间中它虽然可以思维事物的形式，但却不能思维事物本身。但是，通过经验通常并不知道的某种东西给经验领域**划定界限**，这毕竟是在这种立场上还给理性留下的一种知识，由此理性既不局限于感官世界之内，也不游荡到感官世界之外，而是像一种界限的知识固有的那样，仅仅限制在处于界限之外的东西与包含在界限之内的东西的关系上。

自然的神学就是这样一种处在人类理性的界限上的概念，因为它发现自己不得不向外眺望一个最高存在者的理念（而且在实践的关系中也向外眺望一个理知世界的理念），不是为了就这个纯然的秩序存在者而言，从而在感官世界之外规定某种东西，而是仅仅为了按照最大可能的（既有理论的也有实践的）统一性的诸原则引导理性自己在感官世界之内的应用，并为此目的使用感官世界与作为所有这些联结的原因的一种独立理性的关系，但由此并不给自己**虚构**一个存在者，而是既然在感官世界之外必然可以发现惟有纯粹秩序才能思维的某物，就只以这样的方式、当然仅仅根据类比去**规定**这个某物。

以这样的方式，作为整个批判的结果，我们的上述命题仍然成立："理性通过它的所有先天原则所告诉我们的，绝对不多于可能经验的对象，而关于这些对象，也不多于在经验中能够被认识的东西"。但是，这种限制并不妨碍理性引导到经验的客观**界限**，亦即引导到与本身不是经验的对象、但却必然是一切经验的最高根据的某种东西的**关系**，关于这种东西却不就自身而言告诉我们什么，而是仅仅与它自己在可能经验的领域
〔362〕里的完备的、指向最高目的的应用相关告诉我们什么。但这也就是人们在此能够以理性的方式来希望的一切好处。而且人们有理由对此感到满意。

第 60 节

这样，我们就按照形而上学在人类理性的**自然禀赋**中被给予的样子，而且在构成它的研究的根本目的的东西上，根据它的主观可能性，对它作出了详细的阐明。然而，我们看到，我们理性的这样一种禀赋的这种**纯然自然的**应用，如果没有理性的那种惟有通过科学的批判才有可能的纪律来约束和限制这种

禀赋，就会使理性卷入越界的**辩证**推理，这些辩证推理有些是纯然表面上的，有些是甚至相互冲突的；此外，这种玄想的形而上学对于促进自然知识来说是多余的，甚至干脆是对它有害的。虽然如此，还总是有一个值得探究的问题，那就是去发现我们的本性中趋向超验概念的这种禀赋作为目标的**自然目的**，因为凡是在本性中的，原初必定是为了某个有用的意图的。

这样一种研究事实上是棘手的。我也承认，对此我所能够说的，与涉及自然的首要目的的一切东西一样，都只不过是揣测之词。我在这一场合也被允许这样做，乃是因为问题所涉及的并不是形而上学判断的客观有效性，而是作出这些判断的自然禀赋，因而是在形而上学的体系之外，属于人类学。

先验理念的总和构成自然的纯粹理性的真正问题，它迫使纯粹理性离开纯然的自然考察，超越一切可能的经验，并在这一努力中实现叫做形而上学的东西（不管它是知识还是玄想）。当我总结这些先验理念时，我认为自己发现，这种自然禀赋的目的乃是使我们的概念摆脱经验的桎梏和纯然的自然考察的限制，使它至少看到在自己面前展开了仅仅包含着感性不能达到的那些纯粹知性的对象的领域，这样做虽然不是为了让我们去对这些对象进行思辨的研究（因为我们找不到能够立足之地），〔363〕
而是为了实践的原则，如果不在自己面前为它们的必然期待和希望找到这样一个空间，实践的原则就不能扩展到理性在道德方面所绝对需要的普遍性。

在这里我发现，**心理学的**理念尽管使我对人类灵魂的纯粹的和高于一切经验概念的本性了解甚少，但毕竟至少足够清晰地指出了经验概念的不足，并由此使我离开了唯物论，后者是一种不适于任何自然解释、此外在实践方面限制理性的心理学概念。同样，由于一切可能的自然知识明显不足以在其合法需求上满足理性，所以**宇宙论的**理念有助于使我们不致陷入自然主义，后者要把自然说成是本身自足的。最后，既然感官世界中的一切自然必然性在任何时候都是有条件的，因为它总是以事物对其他事物的依赖性为前提条件，无条件的必然性必须仅仅到一个与感官世界不同的原因中去寻找，而这个原因如果仅仅是自然，它的因果性就永远不能使人理解作为其结果的偶然东西的存在，所以，理性凭借**神学的**理念使自己摆脱了宿命论，既是摆脱了没有第一原则的自然本身的联系中的一种盲目的自然必然性，也是摆脱了这个第一原则本身的因果性中的一种盲目的自然必然性，而且理性导向了一个凭借自由的原因，从而导向了一个最高的理智。这样，先验的理念尽管无助于正面教导我们，却毕竟有助于取缔**唯物论、自然主义**和**宿命论**的狂妄的、限制理性领域的主张，并且由此在思辨的领域之外给道德理念创造空间。我想，这在某种意义上就解释了那种自然禀赋。

一种纯然思辨的科学可能具有的实践的好处处在这门科学的界限之外，因而只能被视为这门科学的一个附件，并且和其他附件一样，不作为一个部分属于科学本身。尽管如此，这种关系却至少处在哲学的界限之内，特别是处在从纯粹理性的源泉中汲取出来的哲学的界限之内；在纯粹理性的源泉中，理性在形而上学中的思辨应用必然与道德中的实践应用具有统一
〔364〕性。因此，纯粹理性的不可避免的辩证法，在一种被视为自然禀赋的形而上学中，不仅理应被解释成为一种需要消除的幻相，而且如果可能的话，也理应被解释成为就其目的而言的**自然机制**，尽管不可以合理地要求真正的形而上学承担这一份外的任务。

在《批判》第642～668页［B670－696］所讨论的问题的解决，必须被视为第二个、与形而上学的内容更为接近的附件。因为在那里谈到了某些理性原则，它们先天地规定着自然秩序，或者毋宁说规定着应当通过经验寻找自然秩序的规律的

知性。这些理性原则就经验而言看起来是建构性的和立法的，因为它们毕竟是纯然出自理性的，而理性不可以像知性那样被视为可能经验的一个原则。这种一致是否依据如下事实，即就像自然就自身而言并不依附于显象或者其源泉亦即感性，而仅仅在感性与知性的关系中被发现一样，这种知性为了一个完整的可能经验（在一个体系中），其应用的普遍统一性也只能借助与理性的关系才属于知性，从而经验也间接地受理性的立法支配？这一点，对于那些除了理性在形而上学中的应用之外还想甚至在使一般自然历史系统化的普遍原则中探究理性的本性的人们来说，是可以进一步考虑的。因为这个问题，我在《纯粹理性批判》中虽然指出了它的重要性，但却没有试图解决它。①

这样，对我自己所提出的主要问题，亦即一般形而上学如何可能，通过我从它的应用现实地、至少是在结果中被给予的地方上升到它的可能性的根据，我的分析性解决就结束了。〔365〕

《导论》总问题的解决：作为科学的形而上学如何可能？

形而上学，作为理性的自然禀赋，是现实的，但仅仅就它

① 贯穿《批判》，我念念不忘的就是：不错过任何能够使对纯粹理性的本性的探究臻于完备的东西，不管它藏匿得多么深。每一个人，只要给他指出还值得进行研究，此后他要把自己的研究推进到什么程度，就听凭他自己的意愿了。因为人们完全有权期待某个人来做这件事，这个人以衡量这整个领域为己任，以期在此之后任由别人去作未来的扩建和任意的分配。两个附件都属于这种情况。它们由于枯燥无味，难以推荐给业余爱好者，因而只是为行家里手提出的。

自身来说（就像第三个主要问题的分析性解决所证明的那样），它是辩证的和虚假的。因此，要想从这种形而上学得出一些原理，并在对这些原理的应用中跟随虽然是自然的、但却是错误的幻相，这绝不能产生科学，而只能产生虚荣的辩证艺术。在这方面，一个学派可能胜过另一个学派，但却没有一个学派能够赢得一种合法的和持久的赞同。

要使形而上学作为科学能够并不仅仅要求虚假的说教，而是要求真知灼见和坚信，理性本身的一种批判就必须把全部先天概念，对这些概念按照不同的源泉亦即按照感性、知性、理性所作的划分，此外还有一个完备的概念表，以及对所有这些概念的分析连同由此可能得出的一切，然后特别是先天综合知识凭借这些概念的演绎的可能性，这种知识的应用的原理，最后还有这种应用的界限，统统在一个完备的体系中展示出来。因此，批判、而且也惟有批判，才包含着能够实现作为科学的形而上学的整个经过充分检验和证实的实施方案，乃至一切实施手段。通过别的途径和手段都不可能。因此，问题在这里并不是这件工作如何可能，而仅仅是如何进行这件工作，并且如何打动一些有识之士从他们迄今为止错误的、徒劳无益的研究转到一种真实可靠的研究上来，以及如何能够把这样一种结合最适当地引导到共同的目的。

〔366〕 可以肯定的是：谁尝到了批判的甜头，谁就会永远讨厌一切独断论的废话；他以前之所以不得不喜欢那些废话，乃是因为他的理性需要某种东西而又不能找到更好的东西来消遣。批判与通常的学院形而上学的关系，恰如**化学**与**炼金术**的关系，或者如**天文学**与占卜的**星相学**关系。我保证：哪怕仅仅对这篇《导论》中的批判原理作过透彻思考和理解的人，决不会再回到那种陈旧的、诡辩的伪科学；毋宁说，他将以某种喜悦的心情眺望一种形而上学，这种形而上学从今以后在他的掌握之

中，也不再需要任何准备性的发现，而且它能够第一次使理性得到持久的满足。因为这是在一切可能的科学中惟有形而上学才能够有把握指望得到的一种优势，亦即它能够臻于完成，进入稳定的状态，在这里，它不可以进一步改变自己，也不能通过新的发现来增进，因为在这里，理性知识的源泉不在对象及其直观中（通过它们理性不会得到更多的教诲），而是在它自身中，而且当理性完备地、针对一切误解确定地展示出自己的能力的基本规律之后，就不剩下理性能够先天地认识的东西了，就连它能够有理由追问的东西也不剩下了。即便不谈所有好处（对此我后面还要谈到），对一种如此确定的和完整的知识的可靠期望就有一种特殊的诱惑。

一切虚假的艺术、一切华而不实的智慧，都有自己存续的时间。因为它们最终将毁灭自己。它们最大的繁荣同时就是它们衰落的时刻。就形而上学而言这个时刻已经来临，这可以由以下状态来证明：就通常研究所有门类科学的热情而言，形而上学在所有有教养的民族中都衰败了。大学学科的旧设置中还有形而上学的影子，惟一一家科学院还时不时通过提供奖金来推动在这方面作出这种或者那种尝试。但是，形而上学已经不再被列入缜密的科学了。人们自己就可以判断，一个有才智的人，当人们要称他为一个伟大的形而上学家时，他会怎样来接受这个善意的、但却几乎不被人羡慕的赞颂。

但是，尽管一切独断论的形而上学衰败的时刻毫无疑问已 〔367〕
经来临，要能说形而上学凭借对理性的一种缜密的和全面的批判而再生的时刻已经出现，还毕竟缺少点什么。从一种偏好到与它相反的偏好的所有过渡，都要经过淡漠的状态，而这个时刻对于一位作者来说是最危险的时刻，但我觉得对科学来说却是最有利的时刻。因为在由于以往的结合完全瓦解而党派思想消失之后，人们就处在逐渐地听取各种建议以期按照另一种方案结合起来的最佳心境之中了。

当我说，我希望这篇《导论》也许会激活批判领域中的研究，而且给在思辨方面看起来缺乏食粮的普遍哲学精神提供一种新颖的、充满希望的营养品时，我事先就能够想象：凡是对我在《批判》中给他引导的荆棘之路感到厌倦和恼怒的人，都将问我凭什么抱有这种希望。我的回答是：**凭不可抗拒的必然性规律**。

人类精神有朝一日将完全放弃形而上学研究，这和我们为了不总是吸入不洁净的空气就宁可完全停止呼吸一样是不可取的。因此，世界上任何时候都将有形而上学。不仅如此，每个人，尤其是每个能够反思的人，都将有形而上学。在缺少一种公共准绳的时候，每个人都将以自己的方式来裁剪形而上学。现在，迄今被称为形而上学的东西并不能满足任何会审视的人，但完全放弃它也不可能。因此，最终就必须**尝试**对纯粹理性本身进行一种批判；或者，在已经有了一种批判时，对它进行**研究**和全面的审查，因为舍此别无他法来满足这种比纯然的求知欲更甚的迫切需要了。

自从我知道了批判以来，每当我读完一部由于概念明确、内容丰富多彩、条理分明和文体通畅而使我既兴趣盎然又从中受益的形而上学内容的作品时，我都情不自禁地要问：**这位作**
〔368〕**者真的把形而上学推进了一步吗？**我请其作品在其他方面曾经对我有用，并且一直有助于我精神能力的培养的饱学之士们原谅我，因为我坦白地说，无论是在他们的尝试中，还是在我的更差劲的尝试（不过是出自自尊而说它们不错）中，我都不能发现这门科学有一点点被由此推进。而这固然是出自完全自然的理由，因为这门科学尚未存在，而且也不能零敲碎打地拼凑起来，而是必须事先完全在批判中培育它的幼芽。但是，为了避免一切误解，必须提醒前面说过的话，即分析研究我们的概

念固然对于知性大有好处，但这门科学（形而上学）却并不由此而得到丝毫的推进，因为对概念的那些分析仅仅是应当首先用来建筑科学的材料。人们尽可以出色地分析和规定实体和偶性的概念，这作为某种未来的应用的准备是相当好的。但是，如果我根本不能证明，在一切存在着的东西中实体是持久的，而惟有偶性在变化，那么，无论如何进行那种分析，也丝毫没有推进这门科学。现在，无论是这个命题，还是充足理由的命题，更不用说对某种更为复杂的命题，例如属于灵魂学说或者宇宙论的命题，形而上学迄今为止都未能先天有效地予以证明，甚至在任何地方都未能先天有效地证明任何综合命题。因此，所有那些分析都没有任何建树，没有创造和促进任何东西，而这门科学在经过了如此之多的喧嚣哄闹之后，还一直停留在亚里士多德时代的地步，虽然只要人们已经发现了导向综合知识的导线，这方面的活动无可争议地要比那时好得多了。

如果有人认为由此被冒犯了，那么，只要他举出哪怕只是一个他自告奋勇以独断论的方式先天地证明的属于形而上学的综合命题，他就能够轻而易举地否定这种责难；因为当他这样做了，我才承认他真的进一步推进了这门科学，即使这个命题本来也已经是由普通的经验充分证实了的。不可能有任何要求更为适度、更为公平合理了，而且如果做不到这一点（这是绝对肯定的），那么就不可能有比如下宣判更为公正的了：作为 〔369〕
科学的形而上学迄今还根本不曾存在。

如果这个挑战被接受了，那么，我必须不允许发生的就只有两种东西了：第一，玩弄**盖然性**和猜测，这不适用于几何学，也同样不适用于形而上学；第二，凭借所谓的**健康的人类知性**这根探杖来作出决定，并不是每一个人都能要弄这种探杖，这要看个人的资格。

因为**就第一点来说**，不可能有比在形而上学这种出自纯粹理性的哲学中要把自己的判断建立在盖然性和猜测之上更荒唐的事情了。凡是应当被先天地认识的东西，同样因此被说成是无可置疑地确定的，因而也必须这样来证明。人们同样会想把一种几何学或者算术建立在猜测上；因为就算术的 calculus probabilium［概率计算］来说，它所包含的不是盖然的判断，而是在被给予的同类条件下对某些情况的可能性的程度作出的完全确定的判断；这些情况在一切可能的情况的总和中是按照规则必然要发生的，尽管就每一个别的偶然情况来说，这一规则并不是充分规定了的。惟有在经验性的自然科学中，才能允许有猜测（借助于归纳和类比），但至少我所接受的东西的可能性必须是完全确定的。

如果说的是概念和原理，而且不是就它们在经验方面应当有效而言的，而是就它们要被说成在经验的条件之外也有效而言的，那么，**诉诸健康的人类知性**，情况也许更为糟糕。因为什么是健康的知性？那就是正确地作出判断时的**普通知性**。那么，什么是普通知性？普通知性就是具体地认识和应用规则的能力，与**思辨的知性**不同。后者是抽象地认识规则的能力。普通知性几乎无法理解“凡是发生的东西都是凭借其原因被规定的”这一规则，而且永远不能一般地这样来认识。因此，它要求有一个出自经验的例证，而且在它听说这无非意味着每当一
〔370〕块窗玻璃被打碎、或者一件家具不见了的时候它所想到的东西时，它才理解并且也承认这一原理。因此，普通知性除了就它能够看到自己的规则（尽管这些规则确实是它先天固有的）在经验中被证实而言，没有其他应用。所以，先天地并且不依赖于经验来认识这些规则，是思辨知性的事情，完全在普通知性的视域之外。但是，形而上学仅仅与后一种知识打交道；诉诸那个在这里没有判断力的证人，这肯定是一种健康知性的糟糕标志；除非人们遇到麻烦的事，在自己的思辨中不知道该怎么

办，否则都是看不起那个证人的。

普通人类知性的这些假朋友们（他们偶尔把普通人类知性捧上天，通常却是看不起它的）总是习惯于借口说：归根结底必须有一些直接确定的命题，关于这些命题，人们不仅不需要提供任何证明，而且也不需要提供任何说明，因为若不然，人们就得没完没了地追问自己的判断的根据。但是，为了证明这种权限，他们（除了矛盾律，但矛盾律不足以阐明综合判断的真实性）能够引证来作为无可置疑的东西直接归给普通人类知性的东西，除了数学命题，例如二乘二等于四以及两点之间只有一条直线等等之外，就绝没有别的东西了。但是，这是些与形而上学的判断有天壤之别的判断。因为在数学中，凡是我通过一个概念想象为可能的东西，我都能够通过我的思维制作（构想）出来：我逐渐地把一个二加到另一个二上，并且自己制作出四，或者在思想中从一个点到另一个点引出各种各样的线，并且只能引出惟一一条在其所有部分（既有相等的也有不相等的）上都相似的线。但是，即使用尽我的全部思维能力，我也不能从一个事物的概念得出其存在必然与该事物相联结的某物的概念，而是必须求助于经验。而且，即使我的知性先天地（但总是仅仅与可能经验相关地）给我提供这样一种联结（因果性）的概念，我却毕竟不能像对待数学的概念那样先天 〔371〕
地在直观中展现这一概念，从而先天地展现它的可能性。相反，这个概念连同它的运用的原理，如果它应当像在形而上学中所要求的那样先天地有效，就需要对它的可能性加以辩解和演绎，因为若不然，人们就不知道它在多大程度上有效，以及它是只能在经验中使用还是也可以在经验之外使用。因此，在作为纯粹理性的一种思辨科学的形而上学中，人们绝不能诉诸普通的人类知性，除非人们被迫抛弃纯粹理性，放弃一切永远必须是一种知识的纯粹思辨认识，从而也放弃形而上学本身和它（在某些场合）的教诲，并且认为惟有一种合理的信仰才是对我们可能的、对我们的需要来说也是充足的（也许甚至比知识本身更为有益）。因为在这种情况下，事情的形态就完全改变了。形而上学必须是科学，不仅在整体上，而且在其所有的部分上也都必须是科学，否则它就什么也不是，因为形而上学作为纯粹理性的思辨，所依据的仅仅是一些普遍的洞识。但在形而上学之外，盖然性和健康人类知性还是能够有其有益的、合理的应用的，但却是根据完全独特的原理，这些原理的重要性总是取决于同实践的东西的关系。

这就是我认为自己为一种作为科学的形而上学的可能性有权利要求的东西。

附录：论为使作为科学的形而上学成为现实所能够做的事情

既然人们迄今为止所选取的一切途径都没有达到这一目的，而如果没有对纯粹理性的一种先行的批判，这样一个目的也永远不能达到，所以，要求对这方面现在已摆在面前的这种尝试进行一种详尽而又缜密的审查，看起来并非没有道理，除非人们认为最好完全放弃对形而上学的一切要求，那样的话，
〔372〕只要人们非那样做不可，也没有什么可反对的。如果人们把事物的进程按照它实际怎样进行，而不是按照它应当怎样进行来对待，那么，就有两种判断：一种是**先行于研究的判断**，而在我们的情况中，读者从自己的形而上学出发对《纯粹理性批判》（它应当首先研究形而上学的可能性）下了一个判断，就是诸如此类的判断。另一种是**随研究之后的判断**，在这种情况中，读者可以把从批判的研究中得出的、可能与他通常接受的形而上学相当抵触的结论暂时放到一边，首先审查能够得出那

些结论的根据。如果普通形而上学所陈述的东西都是确定无疑的（就像几何学那样），那么，第一种判断方式就是有效的；因为如果某些原理的结论与确定无疑的真理相抵触，那么，那些原理就是错误的，无须任何进一步的研究就可以抛弃它们。但如果情况不是这样，即形而上学具有一大批无可争议地确定的（综合的）命题，而且也许干脆是这样，即大量这样的命题虽然与它们中间最好的命题一样明显，在其结论中却仍然相互抵触，但在任何地方都根本找不到形而上学中的真正形而上学的（综合的）命题的真理标准，那么，先行的判断方式就不能成立，而是必须先研究《批判》的原理，然后再判断它有无价值。

在研究之前对《批判》下判断的实例

诸如此类的判断见于《哥廷根学报》，1782 年 1 月 19 日，附刊第三篇，第 40 页以下。

如果一个熟知自己著作的对象、并且致力于把彻头彻尾的自己的反思表现在著作的写作之中的作者落到一个评论家手中，这个评论家在自己那方面足够敏锐，看得出作品有无价值真正所依据的要素，不拘泥于字句，而是探究事情本身，并且不仅仅确证和审查作者由以出发的各原则，那么，判断的严厉虽然有可能使作者感到不愉快，但读者却是无所谓的，因为他们在这里有所收获。而作者本人也能够感到满意，他获得了机 〔373〕
会来纠正或者解释自己及早由一位行家审查的文章，而且以这样的方式，如果他认为自己在根本上是正确的，他就能够及时地清除今后可能妨害他的作品的绊脚石。

我与我的评论家则处于一种完全不同的状况中。他似乎根本看不出我（成功也罢，失败也罢）所从事的研究的真正关键所在。这也许是不耐烦透彻思考一部长篇大著，或者是对他认为早已澄清了一切的一门科学眼见要改革而气急败坏，或者——这是我不愿猜想的——是一种确实有局限的理解力要为此负责，使他永远不能超出自己的学院形而上学。他躁动不安地浏览了一长串命题，而对于这些命题，如果不知道它们的前提，人们就根本不能思维任何东西。他时而乱加指责，但读者既看不出这种指责的根据，也看不出他理解了这种指责所针对的命题。因此，他既不能在信息方面对读者有益，也不能在行家的判断中对我有丝毫损害。所以，如果不是这种判断给我诱因，使我作出一些能够保护这篇《导论》的读者在一些场合里免于误解的说明的话，我本来是会完全不理会它的。

这位评论家为了抓住一种观点，从那里他能够最容易地以一种不利于作者的方式展示整部著作，用不着费劲去作任何一种特别的研究，他就以这样的话开始和终结："这部著作是一个超越的（或者像他所翻译的那样：更高的）唯心论的体系。"①

〔374〕 看到这行字，我马上就发现这里将出现一种什么样的评论。这就好像是某个关于几何学从来没有听过或者见过什么的人，发现了一本欧几里得几何学，当有人请他对这本书下个判

①绝对不是**更高的**唯心论。通常很招风的高塔和类似高塔的形而上学伟人与我无关。我的位置是经验的肥沃**洼地**，而"先验的"这个词的意义虽然由我多次指出，却一次也没有被这位评论家所理解（他如此马虎地看待一切）。这个词指的并不是某种超越一切经验的东西，而是虽然先行于经验（先天的）、但却注定仅仅使经验成为可能的东西。如果这些概念超越了经验，那么，它们的应用就叫做超验的。这种应用被与内在的应用，亦即被限制在经验上的应用区别开来。在这部著作中，已经充分地预防了所有这一类的误解。惟有这位评论家在误解中捡到了便宜。

断时，他翻了一翻，看到了许多图形，就说："这本书是绘画的系统指导。作者使用了一种特殊的语言来讲一些晦涩难懂的规定，但这些规定归根结底能够达成的，不过是每个人通过一种好的自然目测就能够实现的东西，等等。"

然而，让我们看一看，贯穿我的整部著作的，是一种什么样的唯心论，虽然它远远没有构成体系的灵魂。

从爱利亚学派开始，直到**贝克莱**主教，一切真正的唯心论者的命题都包含在如下公式中："凡是通过感官和经验得来的知识都无非是纯粹的幻相，惟有在纯粹知性和理性的理念中才有真理。"

与此相反，全面支配和规定我的唯心论的原理则是："凡是仅仅出自纯粹知性或者纯粹理性的对事物的知识都无非是纯粹的幻相，惟有在经验中才有真理。"

这恰恰是那种真正的唯心论的对立面。我怎么可能把这种表述用于一个完全相反的意图呢？而这位评论家又怎么可能到处都看到了它呢？

对这一困难的解决所依据的是只要人们愿意就能够轻而易举地从作品的联系中看出的东西。空间和时间连同它们所包含的一切都不是物自身或者事物的属性自身，而是仅仅属于它们的显象；到此为止，我与那些唯心论者具有一样的信念。然而这些唯心论者，尤其是**贝克莱**，把空间看做是一个纯然经验性的表象，这个表象与空间中的显象一样，惟有凭借经验或者知觉才能连同空间的所有规定为我们所知。与此相反，我首先指出：空间（时间也一样，**贝克莱**没有留意时间）连同其所有规 〔375〕
定都能够先天地为我们所知，因为无论是空间还是时间，都在一切知觉或者经验之先作为我们的感性的形式而为我们所固有，并且使一切感性直观，从而也使一切显象成为可能。由此得出：既然真理所依据的是作为其标准的普遍的和必然的规律，所以经验在**贝克莱**那里就不能有真理的标准，因为经验的显象（在他看来）不以任何先天的东西作为其基础，由此就得出，显象无非是纯粹的幻相。与此相反，在我们这里，空间和时间（与我们的纯粹知性概念相结合）先天地为一切可能的经验规定其规律，这同时就提供了在经验中把真理与幻相区分开来的可靠标准。①

因此，我的所谓的（真正说来是批判的）唯心论是完全独特的唯心论，也就是说，他推翻了通常的唯心论，而且通过它，一切先天知识，甚至几何学的知识，才第一次获得了客观实在性，假如没有我证明出来的空间和时间的观念性，就连最热心的实在论者也根本不能主张这种客观实在性。鉴于事情的性质，为了避免一切误解，我本来想给我的这个概念起另外一个名字，但完全改变它又不可行。因此，请允许我将来就像上面已经说明过的那样，把它称为形式的唯心论，或者叫做批判的唯心论更好，以便把它与**贝克莱**的独断的唯心论和**笛卡尔**的怀疑的唯心论区别开来。

在对这本书的判断中，除此之外我没有发现任何值得注意的东西。这一判断的作者完全是笼统地下判断，这是一种精心
〔376〕挑选的手法，因为人们在这里看不出他自己的有知或者无知。
惟有详尽细致的判断，如果它公正地触及主要问题，也许才会

① 真正的唯心论在任何时候都有一种狂热的意图，而且也不可能有任何别的意图。但我的唯心论则仅仅是为了理解我们关于经验对象的先天知识的可能性。这是一个迄今尚未解决、甚至根本没有提出过的问题。这样一来，整个狂热的唯心论就垮台了，它总是（就像从**柏拉图**那里已经可以看到的那样）从我们的先天知识中（甚至从几何学知识中）推理出与感官的直观不同的另一种直观（理智直观），因为人们根本不会想到感官也应当先天地直观。

暴露出我的错误，也许还暴露出评论家在这一类研究中的洞察程度。读者们都习惯于仅仅从报纸的报道中对各种书形成一个概念，为了及早地打消他们读这本书本身的兴致，这倒是一个想得不坏的招术：一口气先后说出一大堆命题，而这些命题脱离开与它们的证明根据和说明的联系（尤其是这些命题就一切学院形而上学而言是如此相互对立），就必然显得非常荒谬；然后打击读者们的耐心，直到让他们感到厌烦；接着，在让我认识“持久的幻相就是真理”这一煞费苦心的命题之后，以严厉的、然而是父亲般的口气教训说：究竟为什么要与通常采用的语言闹冲突呢？为什么要作出唯心论的区分呢？这种区分是从哪里来的呢？把我的这本原本应当是形而上学异端的书的一切独特之处最终说成是仅仅用语新奇，这样的判断就清楚地证明了，我的这位僭妄的法官对它们一点也没有弄懂，他甚至连他自己也没有弄懂。①

然而，评论家说话的样子，就像是一个必定知道一些重要的、出色的洞识，但又秘而不宣的人物。因为就形而上学而言，最近我没有发现任何东西能够说明用这样一种口吻讲话的理由。但是，他向世人隐瞒自己的发现，却是做得很不对的。因为毫无疑问，还有许多人和我一样，无论人们很久以来在这一领域里写出了多少好东西，却不能发现这门科学由此有一点 〔377〕

① 评论家大多数情况下是在同他自己的影子作战。当我把经验的真理与梦对立起来的时候，他根本没有想到这里只是在说**沃尔夫**哲学的著名的 somnio objective sumto [客观地引证的梦]，这梦只是形式的，而且这里也根本不考虑睡与醒的区别，在一种先验哲学中也不能考虑这种区别。此外，他把我的范畴演绎和知性原理表称为“用唯心论方式表述的人所共知的逻辑学和本体论原理”。读者对此只要查看一下这篇《导论》，就可以相信，根本不可能再作出一种更粗劣，甚至更历史性地错误的判断了。

点拓展。使定义更精致，给瘸腿的证明配上新拐杖，给形而上学的百衲衣打上新补丁或者改变它的式样，这些都不错，但却不是世人所要求的。世人厌倦了种种形而上学主张。人们要的是这门科学的可能性，是在这门科学中能够得出确定性的源泉，以及把纯粹理性的辩证幻相与真理区别开来的可靠标准。对此，评论家必定掌握了秘诀，否则他决不会用这样了不起的口吻说话。

但是我却怀疑，这门科学的这样一种需要他也许连想都没有想过。因为若不然，他就会把自己的判断对准这一点，而且在一件如此重要的事情上，即便是一次失败了的尝试，也会获得他的尊重的。如果是这样，那么，我们就又是好朋友了。对于他的形而上学，他思维到多深都可以，只要他觉得好，不应当有任何人阻拦他。只是对于形而上学之外的东西，即存在于理性之中的形而上学源泉，他不能作出判断。但是，我的怀疑并不是没有根据的，我的证明如下：他没有一句话提到过先天综合知识的可能性，而这才是真正的问题，形而上学的命运就是完全建立在这一问题的解决之上的，而我的《批判》（与这里我的《导论》一样）也完全旨在于此。他所碰上并且仍然依恋的唯心论，只不过是作为解决那个问题的惟一手段而被接受进学说体系（尽管它也从其他理由得到证实）。在这里，他本来必须指出，要么那个问题并不具有我（就像现在在《导论》中那样）所赋予它的那种重要性，要么是它根本不能通过我关于显象的概念来解决，要么是它能够用别的方式得到更好的解决；但我在评论中找不到有关这方面的任何一句话。因此，评论家一点也没有弄懂我的作品，也许一点也没有弄懂形而上学本身的精神和本质；但愿不是因为评论家急于完事，因排除重重障碍的困难而大为恼火，就给摆在他面前的这部著作泼上污水，把它的基本要点弄得面目全非。

一个学报，无论它如何精心挑选自己的撰稿人，要能够在形而上学领域以及在其他任何地方维护自己通常应有的声誉，就还要做很多事情。别的科学和知识都毕竟有自己的衡量尺度。数学的衡量尺度在其自身，历史和神学的衡量尺度在世俗的或者神圣的书里面，自然科学和医学的衡量尺度在数学和经验中，法学的衡量尺度在法典中，甚至口味的事情的衡量尺度也在古人的榜样里面。然而，对于判断叫做形而上学的事物来说，却应当首先找到衡量尺度（我已经作过规定这种衡量尺度及其应用的尝试）。在找到这种衡量尺度之前，假如必须对这一类作品作出判断，应当怎么办呢？如果这些作品是独断论类型的，那么，人们就可以爱怎么做就怎么做，在这里谁也不能对其他人长久扮演大师，有人会出来以其人之道还治其人之身。但如果这些作品是批判类型的，而且不是旨在其他作品，而是旨在理性本身的，以至于衡量尺度不能是已经被接受，而是首先要寻找，那么，虽然反对和指责不被禁止，但和平共处在这里却必须作为基础，因为需要是共同的，而且由于缺乏必要的洞识，法官一般作出裁决的样子是不允许的。 〔378〕

但是，为了把我的这种辩护同时与哲学共同体的利益联结起来，我建议进行一次试验，由它来决定如何必须把一切形而上学研究集中于它们的共同目的。这个试验与数学家为了在一场竞争中澄清其方法的优点而进行的试验别无二致，也就是要求我的评论家按照他自己的方式，但却通过先天根据来证明他所主张的真正形而上学的、亦即综合的、先天地从概念出发认识的原理中的任何一个，无论如何也证明最不可缺少的原理中的一个，例如实体持久性的原理，或者世界上的事情必然为其原因规定的原理。如果他做不到这一点（但沉默就等于认可），那么他就必须承认，既然没有这一类命题的无可置疑的确定性，形而上学就完全什么也不是，所以就必须在一切事物之

〔379〕先，首先在纯粹理性的一种批判中澄清这些命题的可能性或者不可能性。因此，他有义务要么承认我的批判原理是正确的，要么证明它们的无效性。但是，既然我已经预见到，尽管他迄今还在放心地信赖他的原理的确定性，但在事关一种严格的检验的时候，他在形而上学的全部领域里，却连一个他可以大胆提出的原理都找不出来，所以我想把人们在竞争中所能够期望的最有利的条件让给他，亦即使他免除 Onus probandi [举证责任]，而由我来承担它。

也就是说，他可以在这篇《导论》以及在我的《批判》第 426～461 页 [B454－489] 找到八个命题，其中都是两相矛盾的，但是每一个命题都必然地属于形而上学，形而上学必须要么接受它，要么反驳它（虽然它们中没有一个不是曾在当时被某一个哲学家接受过）。现在，他可以随便从这八个命题中任选一个，不用证明，这个证明我给他免除掉，他只要接受就行，但只接受一个（因为浪费时间无论是对他还是对我都没有好处），然后来攻击我对反命题的证明。如果我仍然能够挽救这一证明，并以这样的方式指出，按照任何独断论的形而上学都必须必然地承认的原理，恰恰能够同样清晰地证明他所接受的命题的反面，那么由此就表明，在形而上学中有一种先天性的缺陷，这个缺陷既无法解释，也不能被排除，除非人们一直攀升到形而上学的出生地，亦即纯粹理性本身。而这样一来，就必须要么接受我的《批判》，要么用一种更好的来取代它，因而至少是研究它；这是我目前惟一要求的东西。与此相反，如果我不能挽救我的证明，那么，出自独断论的原理的一个先天综合命题就在我的论敌一边确立起来了，我对普通形而上学的责难也就因此而是无理的了，而且我将自动承认他对我的《批判》的指责是正当的（虽然结果决不应当是这样）。但是我觉得，为此有必要放弃匿名，因为我看不出，否则的话将如何避免如下情况，即我有幸或者被纠缠去对付的将不是一个问题，而是来自不知其名的、但却不够资格的论敌们的更多的问题。〔380〕

建议先研究《批判》，然后才能对它下判断

我对尊敬的读者们心存感激，哪怕是为了我的《批判》长时间以来有幸遇到的沉默。因为这种沉默毕竟证明了判断的延迟，因而证明了一种猜测，即在一部离开了常走的道路而选择了一条人们不能马上熟悉的新道路的著作中，也许会蕴涵着能够使人类知识的一个重要的、但现在已经枯萎了的分支获得新生和结果能力的某种东西，因而它也证明了一种审慎，即不由于匆忙的判断而折断和摧毁这枝尚属柔嫩的幼芽。出自这样一些理由而推迟了的判断的一个例证，我直到现在才在《哥达学报》上看到。这个判断的缜密（用不着我来称赞，那在这里是有嫌疑的），每一个读者都将自己从对有关我的著作的首要原则的那一部分的那种明白易懂的、忠实的介绍中看出来。

既然不能通过匆匆一瞥就立刻在整体上对一座巨大的建筑物作出判断，所以我现在建议，从它的基础开始一部分一部分地对它进行审查，并把这里的《导论》当做一个总的纲要来使用，可以时而把原著本身与它进行比较。这种要求如果仅仅以我的自负为基础，即认为它具有虚荣心通常赋予自己的所有产品的那种重要性，那它就是不谦虚的，理应被人厌恶地拒斥。但现在，整个思辨哲学的种种事业都是这样的：它们已经处在完全灭绝的地步，尽管人类理性还以永不消失的偏好眷恋着它们，这种偏好仅仅是由于不断地遭到失望，现在才徒劳无益地试图变为漠然。

在我们这个能思考的时代里，不能设想不会有许多卓有功勋的人士，只要存在着一线希望达到目的，就去利用任何好机

〔381〕会，为越来越开明的理性的共同利益而一起工作。数学、自然科学、法律、艺术，甚至道德等等，还没有完全充实灵魂；在灵魂中总是还留有一个空间，划给纯粹的和思辨的理性。这个空间的空旷迫使我们到丑陋滑稽、戏要调笑或者胡言乱语中在表面上寻找工作和娱乐，但在根本上却是消遣散心，为的是盖过理性难受的呼声。理性按照其规定来说要求某种东西来满足它，而不是仅仅为了别的意图或者为了偏好的旨趣而使它忙活。因此，由于正是在为自己存在的理性的这一领域里，其他一切知识，甚至其他一切目的都汇聚起来并统一为一个整体，所以仅仅致力于这一领域的一种考察，如我有根据地猜想，对于每一个曾经试图扩展自己的概念的人来说，都有很大的诱惑力，我甚至可以说，有比其他任何理论知识都更大的诱惑力，人们不会轻易拿其他理论知识与那种知识交换的。

但是，我把这篇《导论》提供出来，作为研究的规划和导线，而不是提供出原著本身，乃是因为虽然就内容、次序、讲述方式和我提出每一个命题之前为精确地斟酌它和审核它而花费在它上面的谨慎而言，我直到如今对原著还是非常满意的（因为要使我不仅对整体满意，而且有时对仅仅一个命题在其源泉方面感到满意，就耗费了许多年），但对我在《要素论》的一些章节的陈述，例如知性概念的演绎或者纯粹理性的谬误推理，我却不能完全满意，因为它们里面的某种详尽性妨碍了清晰性，人们可以不用它们，而把这里《导论》就这几章而言所说的东西作为检验的基础。

人们称赞德国人，说他们在需要坚韧和顽强的勤奋的事情上，能够比其他民族有更大的作为。如果这种见解是有根据的，那么，这里就表现出一个机会、一项事业，这项事业的美好前途是无可怀疑的，所有能思维的人都同样有份，但迄今为止却没有得以完成并证实上述有利见解。尤其是，既然所说的这门科学具有如此特别的性质，以至于它能够一下子就达到自己的全部完备性，并达到那种**持久**的状态，即它不能再有丝毫 〔382〕 的进展，既不能通过以后的发现有所增益，也不能哪怕仅仅有所改变（我在这里不考虑通过时而增加明晰性或者在各方面附加用途所作的修饰），这是其他任何科学都没有也不可能有的优点，因为没有其他任何科学涉及一种如此完全孤立的、不依赖于其他科学的、与其他科学毫不混杂的认识能力。甚至目前的时刻，看起来对我的这种苛求也不无好处，因为目前在德国，除了所谓有用的科学之外，人们几乎不知道还可以做些什么，以至于这毕竟不是纯然的游戏，而同时是达到一个持久的目的的事业。

至于如何把学者们的努力统一到这样一个目的上，我不得不让别人去想办法。不过，我并不打算苛求任何人仅仅遵循我的命题，或者哪怕是用这样的希望来迎合自己，而合乎实际的情况，可能是开始、重复、限制，也可能是证实、补充、扩展。只要事情是从基础出发来探究的，那么在目前，就再也不可能不由此产生一个体系，尽管不是我的体系。这个体系是留给后人的遗产，后人也有理由对此感恩。

人们一旦正确地理解批判的原理就可以根据它们来期待一种什么样的形而上学，以及这种形而上学绝不因为人们拔掉了它的假羽毛就显出一副可怜相，似乎被贬低成为一个渺小的形象，反而能够在另一方面显得富丽堂皇、体面大方，在这里说起来就话太长了。不过，这样一种改革将带来的其他巨大好处却是一目了然的。普通形而上学毕竟已经带来过好处，它探索纯粹理性的基本概念，以便通过分析使它们变得明晰，通过解释使它们变得确定。由此，普通形而上学成为理性的一种训练，不管理性以后认为往哪个方向上去好。然而，这也是它能够做成的全部好事。因为它用莽撞的主张来包庇自负，用精巧

〔383〕的托词和美饰来包庇诡辩，用以一点学院式的聪明摆脱最困难的问题的轻率来包庇浅薄，这种浅薄越是有一方面从科学的语言，另一方面从通俗性捞取点什么的选择，并由此让所有人都觉得这就是一切，实际上却什么也不是，就越是具有诱惑力；这样一来，它就把自己的上述功绩一笔勾销了。与此相反，批判给我们的判断提供了能够可靠地把真知与伪知区分开来的尺度，而且通过在形而上学中得到充分的运用，批判就建立起一种思维方式，这种思维方式在此之后就把自己的有益影响扩展到其他任何一种理性应用上，并首次注入真正的哲学精神。不过，批判为神学提供的帮助也肯定不可低估，它使神学不依赖于独断论思辨的判断，并恰恰由此而保证神学能够对抗这样的论敌的一切攻击。因为普通形而上学尽管对神学许诺诸多帮助，但毕竟在事后未能践履这种诺言，此外由于求助于思辨的独断论，它除了武装起敌人来反对自己之外，什么也没有做。在一个经过启蒙的时代不可能出现狂想，除非它隐蔽在一种学院形而上学背后，在其保护下就敢于仿佛是用理性来大放厥词。批判哲学把狂想从它的这一最后的避难所驱逐出去了。在这一切之外，对于一个形而上学教师来说，除了有朝一日能够被公认地说，自己所讲的东西归根结底是**科学**，并且由此将给共同体带来真正的好处，就再也没有重要的东西了。

伊曼努尔·康德

1785年

道德形而上学的奠基

1785 年

道德形而上学的奠基

伊曼努尔·康德硕士

李秋零 译

前言 〔387〕

古代希腊哲学分为三门科学：**物理学**、**伦理学**和**逻辑学**。这种划分完全符合事情的本性，而且除了添加它的原则，以便以这样的方式一方面保证它的完备性，另一方面能够正确地规定必要的进一步划分之外，对它就没有任何要改进的了。

一切理性知识要么是**质料的**，考察某一客体，要么是**形式的**，仅仅探讨知性和理性本身的形式，以及一般思维的普遍规则，不涉及客体的区别。形式的哲学就叫做**逻辑学**，而与一定的对象及其所服从的法则打交道的质料的哲学则又有两种。因为这些法则要么是**自然**的法则，要么是**自由**的法则。关于自然法则的科学叫做**物理学**，关于自由法则的科学则叫做**伦理学**；前者也称做自然学说，后者则也称做道德学说。

逻辑学不能有经验性的部分，也就是说，不能有思维的普遍必然法则依据得自经验的根据的一个部分。因为若不然，逻辑学就不是逻辑学了，亦即不是知性或者理性的适用于一切思维并必然得到证明的法规了。与此相反，无论是自然的世俗智慧，还是道德的世俗智慧，都能够有自己的经验性的部分，因为前者必须为作为一个经验对象的自然规定其法则，后者则必须就人的意志被自然所刺激而言为它规定其法则。虽然前一些
法则是一切事物发生所遵循的法则，后一些法则则是一切应当 〔388〕
发生所遵循的法则，但也还是要考虑它在其下经常不发生的条件。

一切哲学，就其依据的是经验的根据而言，人们都可以把它们称为**经验性的**哲学，而把仅仅从先天原则出发阐明其学说

的哲学称为**纯粹的**哲学。后者如果是纯然形式的，就叫做**逻辑学**；但如果它被限制在一定的知性对象上，就叫做**形而上学**。

以这样的方式，就产生出一种双重的形而上学，亦即一种**自然形而上学**和一种**道德形而上学**的理念。因此，物理学将有自己的经验性部分，但也有一个理性的部分。伦理学亦复如是，尽管在这里经验性的部分特别叫做**实用人类学**，而理性的部分则可以叫做**道德学**。

一切行业、手艺和技艺都因分工而受益，也就是说在分工中，并不是一个人做一切事情，而是每个人都限制在某种在其处理方式上与其他工作明显有别的工作上，以便能够极为完善地和更为轻松地完成它。在工作未经如此区分和分配的地方，在每个人都是万事通的地方，各行业还处在极为未开化的状态。但是，有人会问：纯粹哲学在其所有的部分中难道不需要专家吗？如果那些习惯于迎合读者的口味、把经验性的东西和理性的东西按照各种各样他们自己也不知道的比例混合起来加以兜售的人、那些自称为独立思想家却把其他专攻理性部分的人称为苦思冥想者的人受到警告，不要同时从事两项在其处理方式上极为不同的工作，这两项工作的每一项也许都需要一种特殊的才能，一身兼两职只会造成半吊子，这对学术事业的整体来说岂不是更好吗？这样问虽然本身是一个值得思考的客体，但我在这里却只是问：科学的本性岂不是要求任何时候都审慎地把经验性的部分与理性的部分分开，把一种自然形而上学置于真正的（经验性的）物理学之前，把一种道德形而上学置于实用人类学之前吗？这两种形而上学必须审慎地清除一切经验性的东西，以便知道纯粹理性在这两种场合能够有多少成
〔389〕就，以及它本身从什么源泉先天地汲取它的这种教导，而不论这后一项工作是由所有道德教师（其名称极多）去做，还是仅由一些对它有使命感的人去做。

既然我的意图在这里真正说来是指向道德的世俗智慧的，所以我把上述问题仅仅限制在：难道人们不认为极有必要有朝一日去建立完全清除了一切只能是经验性的、属于人类学的东西的一门纯粹的道德哲学吗？因为从义务和道德法则的普通理念就自动地显示出：必须有这样一门哲学。每一个人都必须承认，一条法则如果要在道德上生效，亦即作为一种责任的根据生效，它就必须具有绝对的必然性；"你不应当说谎"这条诫命并不仅仅对人有效，其他理性存在者就不必放在心上，其余一切真正的道德法则亦复如是；因此，责任的根据在这里必须不是在人的本性中或者在人被置于其中的世界里面的种种状态中去寻找，而是必须先天地仅仅在纯粹理性的概念中去寻找；而且其他任何建立在纯然经验的原则之上的规范，甚至一种在某个方面具有普遍性的规范，只要它在极小的部分上、也许仅仅在一种动因上依据经验性的根据，就虽然可以叫做一种实践的规则，却不可能叫做一种道德的法则。

因此，在一切实践知识中，道德法则连同其原则不仅在本质上有别于其余一切包含着任何经验性的东西的知识，而且所有的道德哲学都完全依据其纯粹的部分，并且在运用于人的时候，它并不从关于人的知识（人类学）借取丝毫东西，而是把人当做理性的存在者，赋予他先天的法则。当然，这些法则还需要由经验磨砺的判断力，以便一方面分辨它们在什么场合可以应用，另一方面使它们具有进入人的意志的通道和实施的坚定性，因为本身为如此众多的偏好所侵袭的人，虽然能有一种实践的纯粹理性的理念，但却并非如此轻易地就能够使其在自己的生活方式中具体地发挥作用。

因此，一门道德形而上学是不可或缺地必要的，这并不仅仅是出自思辨的一种动因，为的是探究先天地存在于我们的理性中的实践原理的源泉，而是因为只要缺乏正确地判断道德的 〔390〕

那条导线和最高的规范，道德本身就依然会受到各种各样的败坏。因为要使某种东西在道德上成为善的，它仅仅**符合**道德法则还不够，而且它还必须**为了道德法则的缘故**而发生。否则，那种符合就只是很偶然的和糟糕的，因为非道德的根据虽然有时会产生符合法则的行动，但多数情况下却将产生违背法则的行动。但如今，除了在一门纯粹哲学中之外，不能在其他任何地方寻找具有纯粹性和本真性（在实践的领域里重视的恰恰是这一点）的道德法则，因而纯粹哲学（形而上学）必须先行，而且如果没有它，在任何地方就不会有任何道德哲学。把那些纯粹的原则混入经验性的原则之中的哲学，本身就不配被称为哲学（因为哲学与普通的理性知识的区别恰恰在于，它在特别的科学中阐明普通理性知识只是混杂地把握的东西），更不配被称为道德哲学，因为正是通过这种混杂，它甚至损害到道德本身的纯粹性，并且与其自己的目的背道而驰。

不过，千万不要以为，在著名的**沃尔夫**置于其道德哲学，亦即他名之为**普遍的实践的世俗智慧**之前的概论中，已经有了这里需要的东西，因而这里并不是进入一个全新的领域。正是因为它应当是一种普遍的实践的世俗智慧，它才并不考察任何特殊种类的意志，例如无须任何经验性的动因、完全从先天原则出发被规定的、人们可以称之为纯粹意志的一种意志，而是考察一般的意欲以及在这种普遍的意义上属于它的一切行动和条件；而且这样一来，它就有别于一门道德形而上学，正如一般的逻辑学有别于先验哲学一样，在逻辑学和先验哲学中，前者阐明**一般而言的**思维的活动和规则，后者则仅仅阐明**纯粹的**思维，亦即完全先天地认识对象所凭借的那种思维的特殊活动和规则。因为道德形而上学应当研究的是一种可能的**纯粹**意志的理念和原则，而不是一般而言的人类意欲的活动和条件，后者大多数汲取自心理学。在普遍的实践的世俗智慧中（尽管违背所有的权限）也谈论道德法则和义务，这并不构成对我的主张的反驳。因为那门科学的作者们即便在这一点上也依然忠于他们关于那门科学的理念；他们并不把本身完全先天地仅仅通过理性表现出来的、真正道德的动因与知性仅仅通过对经验的比较而提升为普遍概念的经验性动因区别开来，而是不顾这些动因的源泉的不同，仅仅根据它们或大或小的总量（因为它们都被视为同类的）来考察它们，并就这样来形成他们的**责任**概念。这概念当然一点也不是道德的，但毕竟具有如此的性状，即只能求诸一门根本不对一切可能的实践概念的**起源**作出判断、不管它们是先天地还是仅仅后天地成立的哲学。 〔391〕

我决意日后提供一部《道德形而上学》，如今我让这本《奠基》先发表。尽管除了一种**纯粹实践理性**的批判之外，道德形而上学真正说来没有别的基础，就像对于形而上学来说，已经提供的纯粹思辨理性的批判是基础一样。然而一方面，前一种批判并不像后一种批判那样极为重要，因为在道德领域里，人类理性甚至在最普通的知性那里也能够轻而易举地达到重大的正确性和详尽性，与此相反，它在理论的、但却纯粹的应用中却完全是辩证的；另一方面，为了一种纯粹实践理性的批判，我要求：如果它要被完成，就必须能够同时显示它与思辨理性在一个共同的原则之中的统一，因为毕竟归根结底只能有同一种理性，它惟有在应用中才必须被区别开来。但是，如果不引入完全不同种类的考察并把读者弄糊涂，我在这里就还不能达到这样一种完备性。为此缘故，我不使用**纯粹实践理性批判**的称谓，而是用**道德形而上学的奠基**这个称谓。

但第三点，既然一部道德形而上学虽然有吓人的标题，但仍能有很大程度的通俗性，且能够适应普通的知性，所以我认为，把对基础的这种预先探讨与道德形而上学分开，以便将来可以不把这里无法避免的细微之处附加给较易理解的学说，是 〔392〕

有好处的。

但是，目前的《奠基》无非是找出并且确立**道德性的最高原则**，仅仅这就构成了一项就其目的而言完整的、应与其他一切道德研究分开的工作。尽管我关于这个重要的、迄今为止远远还没有令人满意地讨论过的主要问题的种种主张，会因把上述原则运用于整个体系而大为彰显，并通过该原则到处显示的充分性而得到重大的证实。然而，我不得不放弃这个在根本上自利甚于利众的好处，因为一条原则便于使用和表面上的充分性，并不为其正确性提供完全可靠的证明，反而会引起某种偏袒，不对它自身丝毫不考虑后果地、极为严格地进行研究和衡量。

我在本书中采用的方法是这样的：如我相信，只要人们愿意分析地采取从普通知识到规定其最高原则的途径，再综合地采取从对这一原则的检验及其源泉返回到它在其中得到应用的普通知识的途径，那么，这种方法就是最恰当的方法。因此，本书的章节划分如下：

第一章：由普通的道德理性知识到哲学的道德理性知识的过渡。

第二章：由通俗的道德哲学到道德形而上学的过渡。

第三章：由道德形而上学到纯粹实践理性批判的最后步骤。

第一章 〔393〕

由普通的道德理性知识到哲学的道德理性知识的过渡

在世界之内，一般而言甚至在世界之外，除了一个**善的意志**之外，不可能设想任何东西能够被无限制地视为善的。知性、机智、判断力及其他能够被称为精神的**才能**的东西，或者在下决心时的勇气、果断、坚韧这些**气质**的属性，毫无疑问在许多方面都是善的和值得期望的。但是，如果应当应用这些自然禀赋、其特有性状因而叫做**性格**的意志不是善的，那么，它们也可能是极为恶的和有害的。**幸运的赐予**也是这样。归于**幸福**名下的权力、财富、荣誉、甚至健康和全部福祉以及对自己的状况的满意，如果不是有一个善的意志在此矫正它们对心灵的影响，并借此也矫正整个行动原则，使之普遍地合乎目的，它们就使人大胆，且往往因此也使人傲慢。更不用说一个有理性且无偏见的旁观者，甚至在看到一个丝毫没有纯粹的和善的意志来装点的存在者却总是称心如意时，决不会感到满意。这样，看起来善的意志就构成了配享幸福的不可或缺的条件本身。

一些属性甚至有助于这个善的意志本身，能够大大减轻它的工作，但尽管如此却不具有任何内在的无条件的价值，而是 〔394〕
始终还以一个善的意志为前提条件。善的意志限制着人们通常有理由对它们怀有的尊崇，不允许把它们视为绝对善的。在情绪和激情方面的节制、自制和冷静的思虑，不仅在许多方面是善的，而且看起来甚至构成了人格的内在价值的一个部分。然而，还远远不能无限制地宣称它们是善的（不管古人如何无条件地颂扬它们）。因为如果没有一个善的意志的原理，它们就可能成为极其恶的，而一个恶棍的冷静不仅使他危险得多，而且也直接使他在我们眼中比他不具有这种冷静时更为可憎。

善的意志并不因它造成或者达成的东西而善，并不因它适宜于达到任何一个预定的目的而善，而是仅仅因意欲而善，也就是说，它就自身而言是善的；而且独自来看，其评价必须无可比拟地远远高于通过它为了任何一种偏好，甚至人们愿意的话为了所有偏好的总和所能实现的一切。即使由于命运的一种特殊的不利，或者由于继母般的自然贫乏的配备，这种意志完全缺乏贯彻自己的意图的能力，如果它在尽了最大的努力之后依然一事无成，所剩下的只是善的意志（当然不仅仅是一个纯然的愿望，而是用尽我们力所能及的一切手段），它也像一颗宝石那样，作为在自身就具有其全部价值的东西，独自就闪耀光芒。有用还是无效果，既不能给这价值增添什么，也不能对它有所减损。有用性仿佛只是镶嵌，为的是能够在通常的交易中更好地运用这颗宝石，或者吸引还不够是行家的人们的注意，但不是为了向行家们推荐它，并规定它的价值。

尽管如此，在关于纯然意志的绝对价值、亦即在评估它的时候不考虑一些好处的价值的这一理念中，仍有某种令人感到奇怪的东西，以至于即使就连普通理性也赞同这个理念，却还是必然产生一种怀疑：也许暗中有纯然好高骛远的幻想在作为基
〔395〕础，而自然就其把理性作为统治者赋予我们的意志这一意图而言，则可能被误解。因此，我们要从这个观点出发来检验这一理念。

在一个有机的、亦即合目的地为生命而安排的存在者的自然禀赋中，我们假定为原理的是：对于这个存在者里面的任何一个目的来说，除了最适合这一目的且与这一目的最相宜的器官之外，找不到别的任何器官。现在，假如在一个具有理性和

意志的存在者身上，他的**保存**、他的**顺利**、一言以蔽之他的**幸福**，就是自然的真正目的的话，那么，选择受造物的理性来作为自己的意图的实现者，则是自然作出的一个极坏的安排。因为本能可以更为精确得多地规定受造物在这一意图中实施的一切活动，以及他的举止的整个规则，并且由此可以更为可靠得多地保住那个目的，胜于理性当时所能做的。而如果理性也已经被赋予这个受宠的受造物，那么，它也必须是仅供这个受造物来对自己的本性的幸运禀赋作出思考，为之惊赞，为之欣喜，并对仁慈的原因感恩戴德；而不是使它的欲求能力服从那种软弱而且不可靠的引导，或者在自然意图上马虎从事；一言以蔽之，自然会不让理性进入**实践的应用**，不让它妄自凭借自己微弱的见识为自己想出幸福和达到幸福的手段的方案；自然不仅自己承担目的的选择，而且也自己承担手段的选择，并且凭借睿智的预先安排把二者仅仅托付给本能。

事实上我也发现，一种开化了的理性越是意在生活与幸福的享受，人离真正的满意就越远。由此在许多人那里，而且在对理性的应用最跃跃欲试的人那里，如果他们足够坦率地承认的话，就产生出某种程度的**厌理症**，亦即对理性的憎恨，因为经过估算他们所得到的一切好处，且不说从日常奢侈的一切技艺的发明得到的好处，而是甚至说到从科学（对他们来说，科学看起来归根结底也是一种知性的奢侈）得到的好处，他们却发现自己事实上为自己招来的麻烦要甚于在幸福上的获益，最终在这方面羡慕更接近纯然的自然本能的引导、不允许其理性 〔396〕
过多影响其所作所为的更平凡的人，而不是轻视他们。到了这一步，人们就必须承认，一些人极力抑制对理性在生活的幸福和满意方面应当为我们带来的好处的那种自吹自擂的颂扬，甚至把它贬低为无，他们的判断绝非悲观或者对世界主宰不知感恩戴德，而是这些判断暗中以关于他们的实存的另一个更有价值得多的意图的理念为基础，理性真正说来完全是被规定用于这个意图，而不是用于幸福，而人的私人意图大多数都必须把这个意图当做最高条件，处在它后面。

因为既然理性不够适宜于在意志的对象和我们的一切需要（理性有时甚至使需要增加）的满足方面可靠地引导意志，而一种与生俱来的自然本能却会更为确切得多地引导到这个目的，尽管如此理性仍然作为实践的能力，亦即作为一种应当影响**意志**的能力被分配给我们，所以，理性的真正使命必定是产生一个并非在其他意图中**作为手段**、而是**就自身而言就是善的意志**。如果自然在其他方面就分配其禀赋而言都是合目的地进行的，那么，理性对这项使命来说就是绝对必要的。因此，这个意志虽然不是惟一的和完全的善，但它却必须是最高的善，而且是其余一切善，甚至对幸福的一切要求的条件。在这种情况下，如果人们发觉，对第一种无条件的意图所需要的理性的陶冶，至少在此生以各种各样的方式限制着始终有条件的第二种意图亦即幸福的达成，甚至能够把它贬低为无，以免自然在这方面行事不合目的，那么，这完全可以与自然的智慧相一致，因为知道自己的最高使命在于确立一个善的意志的理性，在达成这一意图时只能有一种独特方式的满足，即因实现一个又仅由理性规定的目的而来的满足，尽管这与偏好的目的所遭受的一些损失是结合在一起的。

〔397〕 但是，一个就自身而言就应受尊崇的、无须其他意图就是善的意志的概念，如同它已经存在于自然的健康知性之中，不需要被教导，只需要被启蒙，在评价我们的行为的全部价值时它永远居于首位，并且构成其他一切价值的条件一样，为了阐明它，我们就要提出**义务**的概念。这个概念包含着一个善的意志的概念，尽管有某些主观的限制和障碍。但是，这些限制和障碍绝不会遮掩这个概念而使它不可认识，反而彰显它，使它

表现得更为鲜明。

一些行为尽管在这种或者那种意图中可能是有用的，但已被认识到是反义务的，我在这里统统予以忽略；既然它们甚至是违背义务的，所以，它们根本不会有**是否出自义务**的问题。还有一些行为实际上是符合义务的，但人们对它们直接地来说**并无任何偏好**，而是因为被另一种偏好所驱使来实施它们的，我把它们也搁置一旁。因为在这里可以轻而易举地分辨，合乎义务的行为之所以发生，是**出自义务**，还是出自自私的意图？在行为是合乎义务的，而且主体除此之外还对它有**直接的**偏好时，要看出这种区别就困难得多了。例如，卖主不向没有经验的买主要价过高，而且在生意兴隆时聪明的商人也不要价过高，而是对每一个人都保持一个固定的共同价格，让一个小孩和其他任何人一样在他这里正常购物，这当然是合乎义务的。因此，人们得到**诚实的**服务；但是，这远远不足以使人因此相信，商人是出自义务和诚实的原理这样行事的；他的利益要求他这样做。但除此之外，在这里也不能假定他对买主还有一种直接的偏好，使他仿佛出自爱而在价格上一视同仁。因此，这个行为之所以发生，既不是出自义务，也不是出自直接的偏好，而仅仅是怀有自私的意图。

与此相反，保存自己的生命则是义务，此外每一个人也都对此还有一种直接的偏好。但因此缘故，大多数人对此怀有的经常是恐惧的担忧，毕竟没有任何内在的价值，他们的准则并没有任何道德的内容。他们保存自己的生命，虽然是**合乎义务** 〔398〕
的，但却不是**出自义务的**。与此相反，如果逆境和无望的悲伤完全夺去了生命的趣味，如果不幸的人内心坚强，对自己的命运愤怒多于怯懦和沮丧，期望死亡，不爱生命却保存生命，不是出自偏好或者恐惧，而是出自义务，在这种情况下，他的准则就具有一种道德的内容。

力所能及地行善是义务，此外，有一些富有同情心的人，即便没有虚荣或者利己的其他动因，他们也对在周围传播愉快而感到一种内在的喜悦，如果别人的满足是他们引起的，他们也会为之感到高兴。但我认为，在这种场合，诸如此类的行为无论多么合乎义务，多么可爱，都不具有真正的道德价值，而是与其他偏好同属一类。例如对荣誉的偏好，如果它幸运地涉及事实上有益公众且合乎义务、因而值得敬重的东西，则它理应受到称赞和鼓励，但并不值得尊崇，因为准则缺乏道德内容，亦即不能出自偏好，而是只能**出自义务**去作出这些行为。因而，假定那位慈善家的心灵被他自己的悲痛所笼罩，这种悲痛消解了对他人命运的一切同情，而他总是还有能力施惠于其他穷困的人，但由于他自己的穷困就已经够他应付了，别人的穷困打不动他；而现在，在没有任何偏好再鼓动他去施惠的时候，他却从这种死一般的麻木中挣脱出来，没有任何偏好地、仅仅出自义务地作出这个行为；在这种情况下，这个行为才具有其真正的道德价值。进一步说：即使自然在根本上很少把同情置入某人心中；即使此人（在其他方面是一个正人君子）在气质上是冷漠的，对他人的不幸漠不关心，这也许是因为他甚至对自己的不幸也具有忍耐和刚毅的特殊禀性，在每一个别的人那里也预设或者甚至要求有诸如此类的禀性；即使自然原本就没有把这样一个人（他确实不会是自然的最坏产品）造就成为一个慈善家，他难道就不会在自身里面还发现一个源泉，赋予他自己一种比善良的气质所可能具有的价值更高得多的价值吗？当然如此！恰恰在这里，显示出性格的价值，而这种价值
〔399〕在道德上无可比拟地是最高的价值，也就是说，他施惠并不是出自偏好，而是出自义务。

保证自己的幸福是义务（至少间接地是义务），因为在诸多忧虑的挤迫中和在未得到满足的需要中对自己的状况缺乏满

意，这很容易成为一种重大的**诱惑去逾越义务**。但是，即便在这里不考虑义务，一切人都已经自动地对幸福具有最强有力的和最热忱的偏好，因为正是在这个理念中，一切偏好都结合成为一个总和。只不过，幸福的规范大多具有这样的性状，即它对一些偏好大有损害，关于在幸福的名称下一切偏好的满足的总和，人毕竟不能形成一个确定的和可靠的概念；因此毫不奇怪，一个惟一的、就其许诺的东西和能够得到满足的时间而言确定的偏好，比一个游移不定的理念更有分量。而人，例如一个足痛风患者，可能选择享受他中意之事，忍受他能够忍受之事，因为经过他估计，他在这里至少不由于对应当存在于健康之中的幸福也许没有根据的期待，就牺牲当前时刻的享受。但是，即便在这一场合，如果对幸福的普遍偏好并不决定他的意志，如果健康对他来说至少并不如此必然属于他的估计，那么在这里，和在所有其他场合一样，就还剩下一条法则，即不是出自偏好、而是出自义务来促进他的幸福，而且在这时，他的所作所为才具有真正的道德价值。

毫无疑问，要求爱自己的邻人，甚至爱我们的仇敌的那些经文也应当如此理解。因为作为偏好的爱是不能被要求的，但出自义务本身的行善，即使根本没有偏好来驱使，甚至有自然的和无法抑制的反感来抗拒，却是**实践的**爱，而不是**病态的**爱。这种爱就在意志之中，而不是在感觉的倾向之中，在行动的原理之中，不是在温存的同情之中；惟有这种爱才是可以要求的。

第二个命题是：一个出自义务的行为具有自己的道德价值，**不在于**由此应当实现的**意图**，而是在于该行为被决定时所遵循的准则，因而不依赖行为的对象的现实性，而仅仅依赖该 〔400〕
行为不考虑欲求能力的一切对象而发生所遵循的**意欲的原则**。我们在行动时可能有的意图以及作为意志的目的和动机的行为结果，都不能给予行为以无条件的和道德的价值，这一点由上文已可清楚知道。因此，这种价值如果不在与行为的预期结果相关的意志之中，它能够在什么地方呢？它不能在任何别的地方，只能**在意志的原则中**，而不考虑由这些行为能够造成的目的；因为意志处在其形式的先天原则和其质料的后天动机的中间，仿佛是处在一个十字路口，而且既然它毕竟必须被某种东西所规定，所以当一个行为出自义务而发生时，它就必须被一般意欲的形式原则所规定，因为它被剥夺了一切质料的内容。

第三个命题是出自前两个命题的结论，我将这样来表述它：**义务就是出自对法则的敬重的一个行为的必然性**。对于作为我打算采取的行动之结果的客体来说，我固然能够有**偏好**，但**决不会有敬重**，这正是因为它仅仅是一个意志的结果，而不是一个意志的活动。同样，对于一般而言的偏好来说，无论它是我的偏好还是另一个人的偏好，我也不可能有敬重。我顶多可能在第一种场合认可它，在第二种场合有时可能甚至喜欢它，也就是说，把它看做是有益于我的利益的。惟有仅仅作为根据、但绝不作为结果而与我的意志相联结的东西，不为我的偏好服务而是胜过它、至少在选择时把它完全排除在估量之外的东西，因而纯然的法则本身，才能是敬重的对象，从而是一条诫命。如今，一个出自义务的行为应当完全排除偏好的影响，连带地排除意志的任何对象；因此，在客观上除了法则，在主观上除了对这种实践法则的**纯粹敬重**，从而就是即便损害我的一切偏好也遵从这样一种法则的准则①之外，对于意志来
〔401〕说就不剩下任何东西能够决定它了。

①**准则**是意欲的主观原则；客观原则（也就是说，当理性对欲求能力有完全的支配力的时候，也会在主观上充当一切理性存在者的实践原则的东西）则是实践的**法则**。

因此，行为的道德价值不在于由它出发所期待的结果，因而也不在于任何一个需要从这个被期待的结果借取其动因的行为原则。因为这一切结果（自己的状态的舒适性，甚至对他人的幸福的促进）也能够通过别的原因来实现，因而为此不需要一个理性存在者的意志，而最高的和无条件的善却只能在这样的意志中发现。因此，不是别的任何东西，而是**当然仅仅发生在理性的存在者里面的法则的表象**自身，就它而非预期的结果是意志的规定根据而言，构成了我们在道德上所说的如此优越的善；这种善在依此行动的人格本身中已经在场，但不可首先从结果中去期待它。①

① 有人可能指责我，说我在**敬重**这个词后面仅仅托庇于一种隐晦的情感，而不是用一个理性概念在这个问题中作出清晰的答复。然而，尽管敬重是一种情感，它也毕竟不是一种通过影响而**接受的**情感，而是通过一个理性概念而**自己造成的**情感，因而与前一种可以归诸偏好或者恐惧的情感有类的区别。我直接认做对我是法则的东西，我亦以敬重认识之，敬重仅仅意味着我的意志无须对我的感官的其他影响的中介就**服从**一个法则的意识。意志直接为法则所规定以及对此的意识就叫做**敬重**，以至于敬重被视为法则对主体的**结果**，而不被视为法则的**原因**。真正说来，敬重是一种损害我的自爱的价值的表象。因此，这是既不被视为偏好的对象、也不被视为恐惧的对象的某种东西，尽管它与二者同时有某种类似之处。所以，敬重的**对象**仅仅是**法则**，而且是我们加诸**我们本身**、就自身而言必然的法则。作为法则，我们服从它，而不征求自爱的意见；作为我们自己加诸我们的，它却是我们的意志的一个结果，并且在第一方面与恐惧有类似性，在第二方面与偏好有类似性。对一个人格的所有敬重真正说来只是对那个人格为我们提供范例的法则（正直等等的法则）的敬重。由于我们也把扩展我们自己的才能视为义务，所以我们在一个有才能的人格身上也表现出**一个法则的范例**（通过练习而在这方面变得与它类似），而这就构成我们的敬重。 切道德上的所谓**兴趣**都仅仅在于对法则的**敬重**。

〔402〕 但是，一个法则的表象，即便不考虑由此所期待的结果，也必须规定意志，以便意志能够绝对地和没有限制地叫做善的。什么样的法则能够如此呢？既然我从意志去除了一切可能从遵循某一个法则使它产生的冲动，所以，剩下来的就只有一般行为的普遍合法则性了。惟有这种合法则性应当充任意志的原则，也就是说，我决不应当以别的方式行事，除非**我也能够希望我的准则应当成为一个普遍的法则**。如今在这里，惟有一般而言的合法则性（不以任何一种规定在某些行为上的法则为基础）才是充任意志的原则、而且在义务不应当到处都是一个空洞的妄念和荒诞的概念的时候就必须充任意志的原则的东西；普通的人类理性在其实践的判断中也与此完全契合，在任何时候都牢记上述原则。

例如问题是：如果我处在困境中，我就不可以作出一项有意不履行的承诺吗？在这里，我很容易作出这一问题的意义可能有的区别：作出一项虚假的承诺，这是聪明的，还是合乎义务的？前者毫无疑问经常发生。尽管我清楚地看出，靠这一借口来摆脱当前的困境是不够的，而是必须考虑，从这个谎言中会不会日后对我产生比我现在所摆脱的麻烦更大得多的麻烦呢？而既然在我自以为的一切**精明**中，后果并不很容易预见，以至于一旦失去信誉，对我来说可能比我现在要避免的一切祸害都更为不利得多，所以在这里按照一个普遍的准则行事，并且养成除非有意遵守就不许诺的习惯，岂不是更为**明智的**行为吗？然而，我在这里马上就发现，这样一种准则毕竟始终只是以令人担心的后果为基础的。如今，出自义务而真诚，与出自对不利后果的担心而真诚，毕竟是某种完全不同的东西，因为在第一种情况中，行为的概念自身就已经包含着对我的一个法则，而在第二种情况中，我却必须首先环顾别处，看对我来说可能有什么后果与此相联系。因为如果我背离义务的原则，那么，这肯定是恶的；但如果我背弃我的明智准则，则这有时可能对我十分有利，尽管保持它当然更可靠。然而，为了就回答 〔403〕
“一个说谎的承诺是否合乎义务”这一问题而言以最简捷而又最可靠的方式获得教诲，我问我自己：我对我的准则（通过一个虚假的承诺使自己摆脱困境）应当被视为一个普遍的法则（不仅适用于我，而且也适用于别人）真的会感到满意吗？我真的会对自己说：每一个人如果处在他不能以别的方式摆脱的困境中的时候，都可以作出一种虚假的承诺吗？于是我马上就意识到，我虽然能够愿意说谎，但却根本不能愿意有一个说谎的普遍法则；因为按照这样一个法则，真正说来就根本不会有承诺，因为我就自己将来的行为而言对其他人预先确定我的意志，而这些人却并不相信我的这种预先确定，或者，如果他们轻率地相信，也会以同样的方式回报我，这种预先确定就是徒劳的；从而我的准则一旦被当成普遍的法则，就必然毁灭自己本身。

因此，我根本不需要高瞻远瞩的洞察力就能知道，为了使我的意欲在道德上是善的，我应当怎么办。即便对世事的进程没有经验，即便不能把握世事进程的所有自行发生的意外变故，我也只问自己：你能够也愿意你的准则成为一个普遍的法则吗？如果不能，这个准则就是应予抛弃的，而且这虽然不是因为由此你或者还有他人将面临的一种不利，而是因为它不能作为原则适于一种可能的普遍立法；但对于这种立法来说，理性迫使我给予直接的敬重，我虽然现在尚未**看出**这种敬重的根据何在（哲学家可以去研究这一点），但毕竟至少懂得：这是对远远超出由偏好所赞许的东西的一切价值的那种价值的赏识，而且我出自对实践法则的**纯粹**敬重的行为的必然性，就是构成义务的东西，而任何别的动因都必须为义务让路，因为义务是一种**就自身而言**即善的、其价值超乎一切东西的意志的条件。

这样，我们就在普通人类理性的道德认识中一直达到了它的原则；普通人类理性尽管当然不如此在一个普遍的形式中抽象地思维这一原则，但毕竟在任何时候都现实地记得它，并把
〔404〕它用做自己的判断的圭臬。在此，如果人们不教给普通人类理性丝毫新东西，只是像苏格拉底所做的那样，使它注意自己的原则，那就很容易指出，它手拿这个罗盘，在一切出现的事例中都能够清楚地知道如何分辨什么是善、什么是恶、什么是合乎义务的、什么是违背义务的；因而不需要任何科学和哲学就能够知道，为了成为诚实的和善的，甚至成为睿智的和道德的，人们就必须怎么办。甚至事先就能够推断出这一点，即了解每一个人都必须做、因而也必须知道的东西，这也是每一个人、甚至最普通的人的事情。在这里，人们毕竟能够不无惊赞地看到，在普通的人类知性中，实践的判断能力超过理论的判断能力竟是如此之多。在理论的判断能力中，如果普通理性敢于脱离经验的法则和感官的知觉，它将陷入全然的不可理解和自相矛盾之中，至少将陷入不确定、隐晦和反复无常的混沌中。但在实践的判断能力中，只有在普通知性把一切感性的动机从实践法则中排除掉的情况下，判断力才开始表现得十分优越。在这种情况下，无论普通知性是想用自己的良知或者用与应当被称做对的东西相关的其他要求作出刁难，还是也想真诚地为了教导自己而规定行为的价值，它都变得甚至敏锐起来。而最多的是，它在后一种情况下能够希望做得恰到好处，就像无论哪一位哲学家都可期待的那样；甚至在这方面几乎比哲学家还更有把握，因为哲学家毕竟没有与普通知性不同的原则，但却可能因一大堆外来的、与事情不相干的考虑轻易地搅乱自己的判断，使之偏离正确的方向。据此，在道德事务上只要有普通的理性判断就够了，而且搬出哲学，顶多是为了更为完备地、更易理解地展现道德的体系，此外更方便地展现其应用原

则（但更多的是其讨论原则），而不是为了甚至在实践方面使普通人类知性脱离其幸运的淳朴，通过哲学把它带上一条研究和教导的新路上，这岂不是更可取吗？

清白无辜是一件美好的事情，只不过很糟糕的又是，它不能被很好地保持，容易受到诱惑。因此，甚至智慧——它通常 〔405〕 在于行止，比在于知识更多——也毕竟需要科学，不是为了从它学习，而是要为自己的规范带来承认和持久性。人在自身中，感觉到一种强大的抵制力量，来反对理性向他表现得如此值得尊重的所有义务诫命；这种感觉就在于其需要和偏好，他把这些需要和偏好的全部满足统统归摄在幸福的名下。如今，理性不对偏好有所许诺，毫不容情地、因而仿佛是以拒绝和无视那些激烈且显得如此合理的要求来颁布自己的规范。但由此就产生出一种**自然的辩证法**，也就是说，产生出一种癖好，即以玄想来反对义务的那些严格的法则，怀疑它们的有效性，至少是怀疑它们的纯粹性和严格性，并尽可能使它们顺应我们的愿望和偏好，亦即在根本上败坏它们，使其丧失一切尊严；这样的事情，甚至普通的实践理性归根结底也不可能同意的。

因此，**普通的人类理性**并不是由于任何一种思辨的需要（它只要满足于仅仅是健康的理性，就绝不会感觉到这种需要），而是甚至出自实践的根据，才被迫走出自己的范围，一步跨入一种**实践哲学**的领域，以便在那里为其原则的源泉及其正确的规定，与依据需要和偏好的准则相比，获得说明和明晰的指示，使自己脱离由于这两方面的要求而陷入的困境，以免冒因它容易陷入的暧昧而失去一切真正的道德原理的危险。因此，当实践上的普通理性陶冶自己的时候，在它里面就不知不觉地产生出一种**辩证法**，迫使它求助于哲学，正如普通理性在理论应用中所遇到的一样。因此，实践理性与理论理性一样，除了在对我们的理性的一种完备的批判中之外，不能在别的地方找到安宁。

〔406〕

第二章

由通俗的道德世俗智慧
到道德形而上学的过渡

在我们从我们的实践理性的普通应用中得出我们迄今为止的义务概念之后，由此还绝不能推出，好像我们已经把它当做一个经验概念来对待了。毋宁说，当我们注意人的行止的经验时，我们就遇到了经常的、如我们自己所承认的那样合理的抱怨，说人们关于出自义务而行动的意念，根本不能举出可靠的例证，而尽管一些事情的发生会**合乎**那**义务**所要求的东西，但它真正说来是否**出自义务**而发生、从而具有一种道德价值，却始终是有疑问的。因此，对于一切时代来说，都有哲学家绝对否定人类行为中这种意念的现实性，并且把一切都归诸已经或多或少变得精致了的自爱，却并不因此就怀疑道德概念的正确性，反而怀着衷心的惋惜谈到人的本性的脆弱和不纯正。人的本性虽然高贵得足以给自己形成一个如此值得敬重的理念来作为自己的规范，但同时却太软弱了，不能遵循这规范；而且它把本来应当用来为它立法的理性仅仅用做照料偏好的兴趣，而不论是个别地还是充其量就其彼此之间最大的协调而言来照料。

〔407〕事实上，绝对不可能通过经验以完全的确定性澄清任何一个事例，说其中通常合乎义务的行为仅仅依据道德根据、依据其义务的表象。因为虽然有时出现这种情况：我们即使最严厉地省察自己，也未发现任何东西，除了义务的道德根据之外能有足够的力量，推动我们去作出这个或者那个善的行为，并作

出如此之大的牺牲；但由此根本不能有把握地推断，实际上根本没有隐秘的自爱冲动，仅仅伪装成那个理念，来作为意志的真正规定原因。在这种情况下，我们反而乐意用一个虚妄的更高贵的动因来迎合自己，而实际上即便通过最严格的省察，也绝不能完全弄清隐秘的动机，因为如果说的是道德价值，那么，问题并不在于人们看到的行为，而是在于行为的那些不为人们看到的内在原则。

对于嘲笑一切道德都只不过是一种因自负而过分抬高自己的想象力的幻影的那些人，我们能够如其所愿地效力于他们的，莫过于向他们承认：义务的概念（就像人们也由于贪图安逸而乐意相信，其他所有概念也都如此）必须仅仅从经验得出；因为在这种情况下，人们就使他们稳操胜券了。出自人类之爱，我愿意承认，我们的大部分行为还是合乎义务的。但是，人们如果更仔细地看一看它们的追求，就会到处碰到那个始终引人注目的心爱的自我，这些行为的意图依据的就是这个自我，而不是义务的多半要求自制的严格诫命。人们也不需要真的成为德性的敌人，而只需要成为一个不立即把对善的最强烈的愿望视为善的实现的冷静观察者，就会（尤其是随着年龄的增长，以及判断力一方面通过经验而学乖，另一方面更锐利于观察）在某些时刻变得怀疑：世界上是否真的能够见到某种真正的德性呢？而在这里，没有任何东西能够防止我们完全背离我们的义务理念，在灵魂中保持对义务法则已经确立的敬重，除非是一种清晰的信念：尽管从来没有过从这样一些纯粹的源泉产生的行为，但在这里也根本不是在说此事或者彼事是 〔408〕
否发生，而是理性不依赖于任何显象独自地要求什么应当发生，因此，对于世界也许迄今还根本没有提供过实例的那些行为，把一切都建立在经验之上的人甚至会怀疑其可行性，尽管如此它们还是为理性所严厉要求的；例如，即便直到如今也可能根本没有过真诚的朋友，也还是能够毫不减弱地要求每一个人在友谊中有纯粹的真诚，因为这种义务作为一般而言的义务，先行于一切经验，存在于通过先天根据来规定意志的理性的理念之中。

如果我们补充说，人们倘若不想否定道德的概念的一切真实性和与任何一个可能客体的关系，就不能否认自己的法则具有如此广泛的意义，以至于它必然不仅适用于人，而且适用于一切**一般而言的理性存在者**，不是仅仅在偶然的条件下适用且有例外，而是**绝对必然地**适用，那么就很清楚，没有任何经验能够提供理由，哪怕是仅仅推论到这样一些无可置疑的法则的可能性。因为我们有什么权利把也许仅仅在偶然的条件下对人类有效的东西当做任何有理性的本性的普遍规范，使之受到无限制的敬重呢？而且，如果规定**我们的**意志的法则仅仅是经验的，并非完全先天地源自纯粹的、但又是实践的理性，我们怎么应当把它们视为规定一个一般而言的理性存在者的意志的法则，并且仅仅作为这样的法则也视为我们的意志呢？

人们能够给道德出馊主意的，也莫过于想从实例中借来道德了。因为每一个表现给我的道德实例，本身都必须事先按照道德性的原则来判断，看它是否配被当做原初的实例亦即当做范例来用，但它却绝不可能提供道德性的概念。即便是福音书中的圣者，在人们把他认做圣者之前，也必须事先与我们对道德完善性的理想进行比较；关于自己他也说道：你们为什么把（你们看到的）我称为善的？除了（你们看不到的）惟一的上帝之外，没有谁是善的（善的原型）。但是，关于作为最高的
〔409〕善的上帝，我们从哪里得到他的概念呢？惟有从理性先天地关于道德的完善性所制订的、且与一个自由的意志不可分割地联结在一起的那个**理念**中。模仿在道德领域根本不成立，实例只

是用做鼓励，也就是说，它们使法则所要求的东西的可行性不受怀疑，它们使实践规则更为一般地表达的东西变得直观，但绝不给人以权利把它们存在于理性中的真正原型置之一旁，且按照实例行事。

在这种情况下，如果没有一条真正的道德最高原理不是必须独立于一切经验、仅仅依据纯粹理性的话，那我就相信，只要这种知识应当与普通的知识区别开来，并且叫做哲学的，则哪怕只是问一问一般地（抽象地）阐明这些连同属于它们的原则皆为先天所确立的概念是否妥当，也是没有必要的。但在我们的时代里，这也许还是必要的。因为如果人们搜集选票，看是抽除一切经验性成分的纯粹理性知识，从而是道德形而上学更受欢迎，还是通俗的实践哲学更受欢迎，那么，人们马上就会猜到优势将在哪一方了。

当然，如果向纯粹理性的原则的上升事先已经发生，并且达到了完全的令人满意，那么，向民众概念的这种下降就是很值得赞许的了；而且这可以叫做：先把道德的学说**确立**在形而上学上，在它站稳后，再通过通俗性使它**易于接受**。但是，在原理的一切正确性所取决的最初研究中就已经想顺从通俗性，这却是极其荒唐的事情。不仅是这种行事方式绝不能要求一种真正的**哲学通俗性**的极为罕见的功绩，因为如果人们在这里放弃一切审慎的洞识，就根本不存在让人通俗易懂的技巧，而且它还暴露出由拼凑起来的观察和半玄想的原则所构成的一种讨厌的杂拌。无聊之辈喜欢这种杂拌，因为它对于日常的闲聊来说的确是某种可用之物，而有识之士却无可奈何地掉头不顾，尽管极清晰地看透幻象的哲学家时而叫人离弃所谓的通俗性，只是在取得确定的洞识之后再合情合理地通俗化，却很少有人 〔410〕
听他的话。

人们只要看一看以那种受欢迎的趣味关于道德所做的种种

尝试，就会时而遇到人的本性的特殊规定（但偶尔也遇到关于一般而言的有理性的本性的理念），时而遇到完善性，时而遇到幸福，在这里遇到道德情感，在那里遇到对上帝的畏惧，这个取一点，那个也取一点，形成奇妙的混合，却不曾想到去问一问：是否真的能在人类本性的知识（我们毕竟只能从经验获得这种知识）中去寻找道德的原则？如果不是这样，如果道德的原则只能完全先天地、不带任何经验性成分地、绝对地在纯粹的理性概念中发现，一点也不能在其他地方发现，人们也不曾想到采取措施，宁可把这种研究作为纯粹的、实践的世俗智慧或者（如果可以使用一个受到诋毁的名称的话）道德形而上学①完全分出来，使之独自达到全部的完备性，并且安抚要求通俗性的读者，直到这项工作结束。

但是，这样一门完全分离的道德形而上学，既不与任何人类学、神学、物理学或者超物理学相混，更不与隐秘的质（人们可以称之为亚物理学的）相混，不仅是义务的一切理论的、可靠地确定的知识的一个不可或缺的基底，而且同时是现实地实现义务的规范的一个极为重要的急需之物。因为义务以及一般而言道德法则的纯粹的、不与经验性刺激的外来添加相混的表象，仅仅通过理性的途径（理性在这里首次了解到，它自己也能够是实践的）对人心有一种强有力的影响，比人们能够从

① 如果愿意，人们可以（就像纯粹数学被与应用数学区别开来，纯粹逻辑被与应用逻辑区别开来一样）把纯粹的道德哲学（形而上学）与应用的（亦即应用于人的本性的）道德哲学区别开来。通过这一称谓，人们也将立刻想到，道德原则不是建立在人的本性的特性之上，而是必须先天地自行存在，但对于每一个有理性的本性，因而也对于人的本性来说，实践的规则必须从道德原则派生出来。

经验性领域征集的一切动机①还强有力得多，使它在对自己的尊严的意识中蔑视这些动机，并能够逐渐地成为它们的主宰；与此相反，一种由情感和偏好的动机、同时由理性概念组合而成的混合的道德学说，必然使心灵在无法归摄到任何原则之下的种种动因之间动摇，这些动因只能极偶然地引人向善，但却也时常引人向恶。 〔411〕

由以上所说可见：一切道德概念都完全先天地在理性中有其位置和起源，而且无论是在最普通的人类理性中，还是在最高程度的思辨理性中，都是如此；这些概念不能从任何经验性的，因而纯属偶然的知识中抽象出来；它们的尊严正在于其起源的这种纯粹性，使它们能够充当我们的最高实践原则；任何时候，人们添加多少经验性的东西，就也使它们的真正影响和行为不受限制的价值蒙受多少损失；从纯粹理性汲取它们的概念和法则，纯粹地、不加掺杂地予以阐述，甚至规定这全部实践的或者纯粹的理性知识的范围，亦即规定纯粹实践理性的全部能力，这不仅当问题仅仅在于思辨的时候在理论方面具有极

① 我曾经收到过已故的、杰出的**苏尔策**的一封信，他在信中问我：德性的学说无论对理性有多少令人信服的东西，却收效甚微，其原因何在？为了准备作出完备的回答，我延迟了自己的答复。不过，其原因无非是，教师本人就没有使其概念成为纯粹的，而且由于他们想做得太好，却因为到处搜集道德善的动因，要使药方真正有效力，而败坏了这药方。因为最普通的考察也表明，如果人们介绍一个正直的行为，说它如何是丝毫无意于在这个世界或者另一个世界上的任何一种好处，甚至是在困窘或者诱惑的极大引诱之下以坚定的灵魂作出的，那么，这个行为就远远超过一切哪怕只是一点点受到外来动机刺激的类似行为，使之相形失色，并且升华灵魂，激起也能够如此行动的意愿。就连半大不小的儿童也感受到这种印象，而人们也决不应当以别的方式向他们介绍义务。

大的必要性，而且也具有极大的实践重要性，但此时不要像思辨哲学会允许，甚至有时认为有必要的那样，使原则依赖人类
〔412〕理性的特殊本性，而是由于道德法则应当对每一个理性存在者有效，已经从一个一般而言的理性存在者的普遍概念中导出道德法则，并以这样的方式首先使一切为了**应用**于人而需要人类学的道德不依赖人类学，当做纯粹的哲学，亦即当做形而上学予以完备的阐述（在这种完全分离的知识中，这一点可以作得很好），并且要清楚地意识到，若不拥有这门形而上学，则且不说精确地为思辨判断规定义务在一切合乎义务的东西中的道德成分是白费力气，甚至在纯然普通的和实践的应用中，尤其是在道德教育中，也不可能把道德建立在其真正的原则之上，并由此造成纯粹的道德意念，为了最高的公益把这种意念灌输给心灵。

但是在这一探讨中，为了通过各个自然的阶段不仅从普通的道德判断（它在这里很值得重视）像通常发生的那样前进到哲学的道德判断，而且由一门只走到它凭借实例摸索着能够达到的地方的通俗哲学前进到形而上学（它不再为任何经验性的东西所阻拦，而且由于它必须测度这一类理性知识的总和，它必要时将前进到理念，在那里我们将失去实例），我们必须探究并且清晰地阐明实践的理性能力，从它的普遍的规定规则开始，直到义务的概念从它产生之处。

自然的每一个事物都按照法则发挥作用。惟有一个理性存在者具有**按照**法则的**表象**亦即按照原则来行动的能力，或者说具有一个**意志**。既然为了从法则引出行为就需要**理性**，所以意志无非就是实践理性。如果理性必然地规定意志，那么，这样一个存在者的被认做客观上必然的行为，就也是主观上必然的；也就是说，意志是一种能力，**仅仅**选择理性不依赖于偏好而认做实践上必然的亦即善的东西。但是，如果理性不足以独

自规定意志，那么，意志就还服从一些并不总是与客观条件相一致的主观条件（某些动机）；一言以蔽之，如果意志并非**就自身而言**完全合乎理性（在人这里的确是这样），那么，客观上被认做必然的行为在主观上就是偶然的，而按照客观法则对这样一个意志的规定就是**强制**；也就是说，客观法则与一个并不完全善的意志的关系被表现为对一个理性存在者的意志的规定，这种规定虽然是通过理性的根据，但这个意志在本性上并不必然服从这些根据。 〔413〕

一个客观原则的表象，就该原则对于一个意志是强制性的而言，就叫做一个（理性的）诫命，这个诫命的公式就叫做**命令式**。

一切命令式都用一个应当来表述，并且由此表示理性的一个客观法则与一个意志的关系，这个意志就其主观性状来说并不必然为这个法则所规定（一个强制）。它们说的是：做某件事或者放弃某件事，就会是善的；然而，它们是把这告诉一个意志，这个意志并不总是因为被告知做这件事是善的，就去做这件事。但是，凭借理性的表象，从而不是出自主观的原因，而是客观地、亦即从对每一个作为理性存在者的理性存在者都有效的根据出发来规定意志的东西，就是实践上善的。它与**适意的东西**不同，后者是仅仅凭借出自纯然主观原因的感觉来影响意志，而这些原因只对这个人或者那个人的感觉有效，而不是作为对每一个人都有效的理性原则。①

① 欲求能力对感觉的依赖性就叫做偏好，因此，偏好在任何时候都表现出一种**需要**。但是，一个偶然地可被规定的意志对理性原则的依赖性则叫做一种**兴趣**。因此，兴趣仅仅发生在一个有依赖的意志那里，这个意志并不是自动地在任何时候都合乎理性；在属神的意志中，人们不能设想任何兴趣。但是，就

〔414〕 因此，一个完全善的意志同样要服从（善的）客观法则，但并不因此就能够被表现为**被强制**去做合乎法则的行为，因为就其主观性状而言，它自身只能被善的表象来规定。因此，对于**属神的**意志来说，一般而言对于一个**神圣的**意志来说，并不适用命令式；这里不是**应当**的合适位置，因为**意欲**自己就已经与法则必然一致。所以，命令式只是表达一般意欲的客观法则与这个或者那个理性存在者的意志，例如与一个属人的意志的主观不完善性之关系的公式。

现在，一切**命令式**都要么是**假言地**、要么是**定言地**发布命令的。前一些命令式把一个可能的行为的实践必然性表现为达成人们意欲的（或者人们可能意欲的）某种别的东西的手段。定言命令式则是把一个行为表现为自身就是客观必然的，无须与另一个目的相关。

由于任何实践的法则都把一个行为表现为善的，从而对一个可以被理性实践地规定的主体来说把它表现为必然的，所以一切命令式都是规定一个行为的公式，按照一个以任何方式都是善的意志的原则，这个行为是必然的。现在，如果行为仅仅**为了别的目的**作为手段是善的，那么，命令式就是**假言的**。如果行为被表现为**就自身而言**善的，从而被表现为在一个就自身

连属人意志也可以对某种东西**有兴趣**，却并不因此就**出自兴趣而行动**。前者意味着对行为的**实践**兴趣，后者则意味着对行为的对象的**病理学**兴趣。前者仅仅表示意志依赖理性就自身而言的原则，后者则表示意志依赖理性为了偏好的原则，也就是说，理性在此仅仅指示如何满足偏好的需要的实践规则。在前一种场合，我感兴趣的是行为，在第二种场合，我感兴趣的是行为的对象（就它合我的意而言）。我们在上一章里就已经看到：在一个出自义务的行为中，必须关注的不是对对象的兴趣，而仅仅是对行为本身及其在理性中（在法则中）的原则的兴趣。

而言合乎理性的意志之中是必然的，被表现为该意志的原则，那么，命令式就是**定言的**。

因此命令式说的是，哪一种通过我而可能的行为是善的，而且它与一个意志相关来表现实践的规则，这个意志并不因为一个行为是善的就立刻去做，这一方面是因为主体并不总是知道它是善的，另一方面是因为即便主体知道它是善的，主体的准则毕竟有可能违背一种实践理性的客观原则。

因此，假言的命令式只是说，行为对于某一个**可能的**或者**现实的**意图来说是善的。在第一种情况下，它是一个**或然的**实 〔415〕
践原则，在第二种情况下，它是一个**实然的**实践原则。定言命令式不与任何一个意图相关，亦即无须任何别的目的，自身就宣称行为是客观必然的，所以被视为一个**必然的**实践原则。

人们可以把仅仅通过某个理性存在者的力量就可能的东西也设想为对某个意志来说可能的意图，因此，就行为对达成一个由它造成的可能意图被表现为必然的而言，它的原则事实上多至无限。一切科学都有某个实践的部分，它由说明某个目的对我们来说有可能的一些课题和说明该目的如何能够被达成的一些命令式组成。因此，一般而言这些命令式可以叫做**技巧**的命令式。这里根本不问目的是否是理性的和善的，而是只问为达成目的必须作什么。医生为使自己的病人痊愈所用的处方和一个投毒者为有把握地杀死此人所用的处方，就每一个都可用来完满地达成其意图而言，具有同等的价值。由于人们在少年时不知道我们在生活中会碰上哪些目的，所以父母力图特别是让自己的孩子学习**各种各样的东西**，而且为其使用手段达成各种各样**随便什么**目的的**技巧**操心；对于这些目的的任何一个来说，他们都无法确定是否真的将来可能成为其孩子的一个意图；然而，其孩子有朝一日会以此目的为意图，这却毕竟是**可**

能的；这种操心如此周到，以至于他们通常都忽略了教孩子们对自己可能当做目的的事物的价值作出判断，并纠正孩子们的判断。

尽管如此，有一个目的，人们在一切理性存在者（就命令式适用于它们，亦即有依赖的存在者而言）那里都可以把它预设为现实的，因而有一个意图，理性存在者绝不是仅仅**可能**怀有它，而是人们能够有把握地预设，理性存在者全都按照一种自然必然性**怀有**它，这就是对**幸福**的意图。作为促进幸福的手段的行为，表现其实践必然性的假言命令式就是**实然的**。人们可以把它说成是不仅对于一个不确定的、纯然可能的意图必然的，而且是对于人们能够有把握地、先天地在每一个人那里预设的一个意图必然的，因为这个意图属于每一个人

〔416〕的本质。现在，人们可以把为自己的最大福祉选择手段时的技巧称为最狭义的**机智**①。因此，与为自己的幸福选择手段相关的命令式，亦即机智的规范，还一直是**假言的**；行为并不是绝对被要求的，而只是作为另一个意图的手段被要求的。

最后，有一种命令式，它无须以通过某个行为要达成的任何别的意图为基础，就直接要求这个行为。这种命令式就是**定言的**。它不涉及行为的质料及其应有的结果，而是涉及行为由

① 机智这个词是在双重意义上使用的，在第一层意义上它可以叫做世事的机智，在第二层意义上它可以叫做私事的机智。第一种机智是一个人影响他人、为自己的意图利用他人的技巧。第二种机智是为自己的持久利益把所有这些意图统一起来的洞识。后者真正说来是前者的价值也要回溯到的那种机智；而且对于在第一种意义上、而并非在第二种意义上机智的人，人们倒不如说：他灵巧而且狡猾，但在整体上却并不机智。

以产生的形式和原则，行为的根本善在于意念，而不管其结果如何。这种命令式可以叫做**道德**的命令式。

依照这三种原则的意欲，也因对意志的强制的**不同**而清晰地区分开来。为了明确这种不同，我认为，如果说它们要么是技巧的**规则**，要么是机智的**建议**，要么是道德的**诫命**（**法则**），就依照其次序给了它们最适当的名称。因为惟有**法则**才带有一种**无条件的**、而且是客观的、从而是普遍有效的**必然性**的概念，而诫命就是必须服从、也就是说即便违背偏好也必须遵从的法则。**建议**虽然包含着必然性，但这种必然性惟有在主观偶然的条件下，即这个人还是那个人把这件事还是那件事算做自己的幸福时，才能够有效；与此相反，定言命令式不受任何条件的限制，并且作为绝对必然的、尽管实践上必然的，完全能够真正地叫做诫命。人们可以把第一类命令式也称为**技术的**（属于技艺），把第二类命令式称为**实用的**①（属于福祉），把 〔417〕
第三类命令式称为**道德的**（属于一般而言的自由行为，也就是说，属于道德）。

如今就产生了问题：所有这些命令式是如何可能的？这个问题并不要求知道如何能够设想命令式所要求的行为的实施，而是仅仅要求知道如何能够设想命令式在任务中所表达的对意志的强制。一个技巧的命令式是如何可能的，这并不需要特别的讨论。谁意欲目的，就（只要理性对他的行为有决定性的影

① 在我看来，这样可以最精确地规定“**实用的**”一词的真正含义。因为**制裁**如果不是作为必要的法律出自各国的权利，而是出自对普遍的福祉的**关怀**，那它就被称为实用的。如果一部**历史**使人机智，亦即教导世人如何能够比前代更好地，至少同样好地照顾自己的利益，那它就是以实用的方式编写的。

响）也意欲为此目的不可或缺的、他能够掌握的手段。就意欲而言，这个命题是分析的；因为在对一个作为我的结果的客体的意欲中，已经把我的因果性设想为行动着的原因，亦即对手段的使用了，而命令式已经从对这个目的的意欲的概念中得出了为这个目的而必要的行为的概念（要为一个预定的意图规定手段本身，这当然需要综合命题，但综合命题并不涉及使意志的活动实现的根据，而是涉及使客体实现的根据）。为了按照一个可靠的原则把一条线分为两个相等的部分，我就必须从线的两端引出两条相交弧，这当然是数学仅仅通过综合命题教导的；但是，如果我知道，惟有通过这样的行为才能发生上述结果，那么当我完全意欲这个结果时就也意欲为此所需要的行为，这却是一个分析命题；因为把某种东西设想为一个以某种方式因我而可能的结果，和就该结果而言设想我以同样的方式行动，这完全是一回事。

只要关于幸福给出一个确定的概念是件轻而易举的事情，那么，机智的命令式就与技巧的命令式完全一致，并且同样是分析的。因为这两处说的都是：谁意欲目的，就也（按照理性
〔418〕必然地）意欲他为此所掌握的惟一手段。然而不幸的是，幸福的概念是一个如此不确定的概念，以至于每一个人尽管都期望得到幸福，却绝不能确定地一以贯之地说出，他所期望和意欲的究竟是什么。原因在于：属于幸福概念的一切要素都是经验性的，也就是说都必须借自经验，尽管如此幸福的理念仍然需要一个绝对的整体，即在我当前的状况和任一未来的状况中福祉的最大值。如今，最有见识且最有能力、但毕竟有限的存在者，不可能对他在这里真正说来所意欲的东西形成一个确定的概念。如果他意欲财富，他岂不是会由此给自己招来多少忧虑、嫉妒和窥伺！如果他意欲众多的知识和洞识，这也许会成为一种更加锐利的眼光，而使得现在对他来说尚属隐秘的但又

不能避免的灾祸对他显得更加可怕，或者把更多的需要加给他那已经够他忙乱的欲望。如果他意欲长寿，谁向他担保这不会是一种长期的苦难呢？如果他至少意欲健康，身体的不适还是多么经常地阻止完全的健康会使人陷入的放纵，如此等等。简而言之，他无法根据任何一条原理完全确定地规定，什么东西将使他真的幸福。因为要做到这一点，就要求无所不知。因此，人们不能按照确定的原则行动来成为幸福的，而只能按照经验性的建议行动，例如特定食谱、节俭、彬彬有礼、克制等等；据经验的教导，它们通常是最有助于福祉的。由此得出，严格地说，机智的命令式根本不能作出要求，亦即客观地把行为表现为实践上**必然的**；它们与其被视为理性的诫命（praecepta），倒不如被视为建议（consilia）；可靠地和普遍地规定哪种行为将促进一个理性存在者的幸福，这个问题是完全无法解决的，因而在幸福方面不可能有命令式在严格的意义上来要求做使人幸福之事，因为幸福不是理性的理想，而是想象力的理想，这个理想仅仅依据经验性的根据，人们期待这些根据会规定一个行为，由此会达到一个事实上无限的结果序列的全 〔419〕
体，那是白费力气。然而，如果人们假定能够可靠地给出达到幸福的手段，那么，机智的这种命令式就会是一个分析的实践命题；因为它与技巧的命令式的区别仅仅在于：在后者这里目的仅仅是可能的，而在前者那里目的是已被给予的；但既然二者仅仅要求达到人们能够预设要以之为目的的东西的手段，所以要求意欲目的者也意欲手段的命令式，在这两种场合就都是分析的。因此，就这样一种命令式的可能性而言，也不存在任何困难。

与此相反，**道德**的命令式如何可能，却毫无疑问是惟一需要解决的问题，因为这种命令式根本不是假言的，从而客观地表现出的必然性不能像在假言的命令式中那样，以任何前提条件为依据。只不过在这里千万不要忽视，不能**凭借任何实例**亦即经验性地澄清究竟是否有一种诸如此类的命令式，而是要当心，一切显得是定言的命令式都可能以隐秘的方式是假言的。例如说：你不应当做虚假的承诺；而且人们假定，这种不做的必然性绝不仅仅是为避免任何一种别的灾祸而做的建议，使得这是说：你不应当做不诚实的承诺，以免真相大白时你的信用受损失；而是必须把这一类的行为本身视为恶的，因而禁止的命令式就是定言的。如果是这样，那么，人们就不能在任何一个实例中确定地阐明，意志在这里无须其他的动机，仅仅为法则所决定，尽管看起来是可以这样阐明的；因为暗中对羞辱的恐惧、也许还有对其他危险的模糊担忧会对意志产生影响，这始终是可能的。既然经验只能说明我们未知觉到一个原因，谁能够凭借经验来证明这个原因不存在呢？但在这样的情况下，所谓道德的命令式，作为这样一种命令式看起来是定言的和无条件的，事实上却只是一个实用的规范，使我们注意我们自己的利益，并且仅仅教我们小心对待它。

因此，我们将必须完全先天地研究一种**定言**命令式的可能性，因为我们在这里并不享有如下的便利，即定言命令式的现
〔420〕实性在经验中已被给予，从而其可能性无须确立，而只须说明。然而，目前可以看出的是：惟有定言命令式才是一种实践的**法则**，其余的命令式全都虽然能够叫做意志的**原则**，但却不能叫做法则；因为只是为了达到一个任意的意图而必须做的事情，就自身而言可以被视为偶然的，而我们如果放弃这一意图，就在任何时候都可以摆脱这种规范。与此相反，无条件的诫命不容许意志在相反的方面任意行事，因而惟有它具有我们为法则所要求的那种必然性。

其次，就这种定言命令式或者道德法则而言，（看出其可能性的）困难的理由也是非常大的。它是一个先天的综合实践

命题①，而且既然要看出这一类的命题的可能性，在理论知识中有诸多困难，所以很容易就可以得出，在实践知识中困难也不会更少。

就这一课题而言，我们想首先尝试，看仅仅一个定言命令式的概念是否也许就能够提供该定言命令式的公式，这个公式包含着一个命题，惟有它才能够是定言命令式；因为即使我们也知道这样一种绝对诫命的内容是什么，但它如何可能，却仍然需要特别的和困难的努力，但我们把这种努力留待下一章。

当我设想一个一般而言的**假言**命令式的时候，在条件被给予我之前，我事先并不知道它将包含什么。但是，当我设想一个**定言**命令式的时候，我立刻就知道它包含着什么。因为既然命令式除了法则之外，所包含的只是准则②符合这法则的必然性，而法则却不包含任何限制自己的条件，所以，所剩下的就 〔421〕
只是一个一般而言的法则的普遍性，行为的准则应当符合这法则，而且惟有这种符合才真正把命令式表现为必然的。

因此，定言命令式只有一个，那就是：**要只按照你同时能够愿意它成为一个普遍法则的那个准则去行动。**

①我无须预设出自任何一种偏好的条件，而先天地、从而必然地（虽然只是客观地，亦即在一种完全支配一切主观动因的理性的理念之下）把意志与行为联结起来。因此，这是一个实践命题，它不是把一个行为的意欲从另一个已经预设的意欲分析地推导出来（因为我们并没有如此完善的意志），而是把它当做不包含在一个理性存在者的意志的概念之中的东西，直接与该概念联结起来。

② **准则**是行动的主观原则，必须与**客观原则**亦即实践法则区别开来。准则包含着理性按照主体的条件（经常是主体的无知或者偏好）所规定的实践规则，因此是主体**行动**所遵循的原理；而法则是对每一个理性存在者有效的客观原则，是主体**应当行动**所遵循的原理，也就是说，是一个命令式。

现在，如果能够把这惟一的命令式作为义务的一切命令式的原则，从它推导出所有这些命令式，那么，我们尽管尚未确定人们称为义务的东西是否在根本上是一个空概念，却至少能够说明我们由此所思维的是什么，以及这个概念想说明的是什么。

由于结果的发生所遵循的法则的普遍性构成了真正说来在最普遍的意义上叫做**自然**的东西，就事物的存在按照普遍的法则被规定而言，这自然也就是事物的存在，所以，义务的普遍命令式也可以这样说：**要这样行动，就好像你的行为的准则应当通过你的意志成为普遍的自然法则似的**。

现在，我们想根据通常的划分来列举一些义务，即划分为对我们自己的义务和对他人的义务，划分为完全的义务和不完全的义务①。

1. 有一个人，经历了一系列足以使人心灰意懒的灾祸而
〔422〕对生活感到厌倦，但还拥有自己的理性，使他能够自问：了结自己的生命是否也绝不违背对自己的义务？现在他要探究：他的行为的准则是否能够成为一个普遍的自然法则？而他的准则是：如果生命因期限的延长将面临的灾祸多于它将带来的安逸，那么，我就出自自爱把缩短它当做我的原则。只不过问题是：自爱的原则是否能够成为一个普遍的自然法则？但人们在这里马上就看出，如果一个自然的法则是凭借以敦促人增益生

①人们在这里必须注意，我把义务的划分完全留待一部未来的《道德形而上学》，因此此处的这种划分只是随便作的（为了安排我的实例）。此外，我在这里把一种完全的义务理解为不容许为了偏好的利益而有例外的义务，而在这里，我不仅有外在的、而且也有内在的**完全义务**，这与学校里所采用的措辞是相悖的。但我在这里无意作出辩白，因为对于我的意图来说，人们是否赞同我都是一回事。

命为使命的同一种情感来毁灭生命本身，则这个自然就与自身矛盾，从而就不会作为自然存在；所以，那个准则就不可能成为普遍的自然法则，因而就与一切义务的最高原则相抵触。

2. 另一个人，发现自己急需借款。他清楚地知道，他将无法还款；但他也看出，如果他不肯定地许诺在一个确定的时间还款，他就什么也借不到。他很乐意作这样的承诺；但他仍然良知未泯，扪心自问：以这样的方式助自己摆脱困境，是不允许的且违反义务的吗？假定他毕竟决定这样做了，那么，他的行为准则就是：如果我认为自己迫切需要钱，我就要借款并且承诺还款，尽管我知道我永远还不了款。这个自爱或者自利的原则与我整个未来的福祉也许很能协调一致，但现在问题是：这样做对吗？因此，我把自爱的要求转化为一个普遍的法则，并且这样提出问题：如果我的准则成为一个普遍的法则，事情会怎样呢？由此我现在就看出，它绝不可能作为普遍的法则生效并与自身一致，而是必然与自己矛盾。因为一个法则，即每一个人在认为自己处于困境时都可以承诺所想到的东西，却蓄意不信守之，其普遍性就会使承诺和人们在承诺时可能怀有的目的本身成为不可能，因为没有人会相信对自己承诺的东西，而是会把所有这样的表示当做空洞的借口而加以嘲笑。

3. 第三个人，在自身中发现一种才能，这种才能经过若干培养，就能够使他成为一个在各种方面都有用的人。但是，〔423〕
他发现自己处在舒适的情状中，而且宁可沉溺于享乐，也不愿努力去扩展和改进自己幸运的自然禀赋。但他仍然自问：他的荒废自己自然禀赋的准则除了与他对欢娱本身的癖好一致之外，是否还与人们称为义务的东西一致？现在他看出：虽然，即使人（就像太平洋上的居民那样）任其才能荒废，并且只想把自己的生命用于闲荡、欢娱、繁殖，一言以蔽之，用于享受，一个自然也总还能按照这样一个普遍法则存在；然而，他不可能**愿意**这成为一个普遍的自然法则，或者作为这样一个法则被通过自然本能置于我们里面。作为一个理性存在者，他必然愿意自己里面的所有能力都得到发展，因为它们毕竟是为了各种各样的意图而对他有用，并被赋予他的。

还有**第四个**人，他处境优裕，但他在看到别人必须极其辛苦地奋斗时（他也很能帮助别人），却想到：这与我有什么相干？且让每一个人都如上天之所欲、或者如他自己之所为一般地幸福，我对他毫无所求，就连嫉妒他也不会；只是我没有兴趣对他的福祉或者对在困境中赞助他有所贡献！现在，如果这样一种思维方式成为一个普遍的自然法则，人类当然能够好好地存在，而且毫无疑问胜似每一个人都空谈同情和善意，也尽力偶尔履行之，但却只要有可能，就欺哄人、出卖人的权利，或者在其他方面损害人的权利。但是，尽管按照那个准则，一种普遍的自然法则还有可能很好地存在，但**愿意**这样一个原则作为自然法则到处生效，这却是不可能的。一个决定这样做的意志就会与自己抵触，因为毕竟有可能发生不少这样的情况：他需要别人的爱和同情，而由于这样一个出自他自己的意志的自然法则，他会剥夺自己得到他所期望的协助的一切希望。

这就是诸多实际的、或者至少被我们视为实际的义务的一
〔424〕 些实例，显而易见，它们是从上述统一的原则导出的。人们必须**能够愿意**我们的行为的一个准则成为一个普遍的法则：这就是一般而言对行为作出道德判断的法规。一些行为具有这样的性状：它们的准则绝不能被没有矛盾地**设想**为普遍的自然法则；更不用说人们还能够**愿意**它应当成为这样一个法则了。在其他行为那里，虽然不能发现那种内在的不可能性，但**愿意**它们的准则被提升到一个自然法则的普遍性，这毕竟是不可能的，因为这样一个意志就会与自己矛盾。人们很容易看出：前一种行为与严格的或者较狭隘的（不宽纵的）义务相抵触，第

二种仅仅与较宽泛的（值得赞扬的）义务相抵触。这样，就责任的种类（不是行为的客体）而言，通过这些实例，在它们对统一的原则的依赖中完备地提出了所有的义务。

现在，如果我们在每一次逾越一个义务时都注意我们自己，我们就将发现，我们实际上并不愿意我们的准则应当成为一个普遍的法则，因为这对我们来说是不可能的，而毋宁说这准则的对立面倒应当普遍地保持为法则；只不过我们允许我们自己为了我们或者（哪怕仅仅这一次）为了我们的偏好的利益而**破例**。所以，如果我们从同一个观点亦即理性的观点出发去衡量一切，那么，我们就会在我们自己的意志中发现一种矛盾，亦即某一个原则客观上作为普遍的法则是必然的，但主观上却并不普遍地有效，而是应当允许例外。但是，既然我们先从一个完全合乎理性的意志的观点出发来看我们的行为，然后又从一个受偏好影响的意志的观点出发来看这同一个行为，所以这里实际上并没有矛盾，但有偏好对理性规范的一种对抗（antagonismus），由此原则的普遍性（univesalitas）转变成一种纯然的一般适用性（generalitas），从而实践的理性原则就要与准则在半途相逢了。如今，尽管这一点在我们不偏不倚地作出的判断中不能得到辩解，但它毕竟证明，我们实际上承认定言命令式的有效性，并且（怀着对这定言命令式的一切敬重）只允许我们自己有一些在我们看来无关宏旨的、迫不得已的例外。

因此，我们至少已经说明：如果义务是一个应当包含着意 〔425〕
义和为我们的行为的实际立法的概念，那么，义务就只能以定言命令式、决不能以假言命令式来表达；此外，我们也清晰地、为任何应用而明确地阐述了定言命令式的必须包含一切义务的原则（如果在根本上有诸如此类的原则的话）的内容，这就已经够了。但是，我们还未能先天地证明：诸如此类的命令式确实存在着；有一种绝对地、无须任何动机而独自地颁布命令的实践法则；而遵循这种法则就是义务。

要想达到这一步，最为重要的就是把下面这件事引以为戒，即千万不要妄生念头，要从**人类本性的特殊属性**中导出这个原则的实在性。因为义务应当是行为在实践上无条件的必然性；因此，它必须对一切理性存在者（在任何地方，命令都只能用于它们）有效，而且**仅仅因此缘故**，它也是一切人类意志的一种法则。与此相反，从人类的特殊自然禀赋，从某些情感和癖好，甚至可能的话从人类理性特有的、并不必然适用于每一个理性存在者的意志的特殊倾向导出的东西，虽然能够为我们提供一种准则，但却不能提供任何法则；能够提供我们有癖好和偏好来依之行动的主观原则，但却不能提供即便我们的一切癖好、偏好和自然素质都反对，我们也**奉命**依之行动的客观原则；甚至，主观原因对此越不赞成，越多反对，便越是证明一个义务中诫命的崇高和内在尊严，但由此似乎也不削弱法则的强制，不损及它的有效性。

在这里，我们看到哲学事实上被置在一个尴尬的立场上；尽管这个立场无论在天上还是在地上都无所依傍或依托，它却应当是坚固的。在这里，哲学应当证明自己的纯正性，它是它自己的法则的自我支撑者，而不是一种与生俱来的感觉或者谁也不知道哪一种监护的本性悄悄授予它的那些法则的宣谕官。
〔426〕这后一些原则虽然也聊胜于无，但却全都绝不能提供理性所颁布的那些原理，而这些原理必须完全先天地有其源泉，且由此同时具有其颁布命令的威望：对人的偏好没有任何期待，而是把一切都寄望于法则的最高权威，或者在相反的情况下判决人自我轻视和内心厌恶。

因此，凡是经验性的东西，都不仅完全不适宜于在这方面作为道德原则的补充，而且甚至对道德的纯正性极为有害。在道德中，一个绝对善的意志的真正的、崇高无价的价值正是在于：行为的原则摆脱了惟有经验才能提供的偶然根据的一切影响。针对在经验性的动因和法则中寻求原则的这种粗心或者甚至卑下的思维方式，人们也不能发出过多、过于频繁的警告，因为人类理性在感到疲倦时，乐意于在这个软垫上休息，并且在甜美假象（它们让理性不是拥抱朱诺，而是拥抱一片云）的梦幻中把一个由来源完全不同的肢体拼凑而成的杂种混充为道德。人们想从这个杂种身上看出什么，它就像什么，只是对于曾经看到过道德的真实面目的人来说，它却不像道德。①

因此问题是：**对于一切理性存在者来说**，在任何时候都按照它们自己能够愿意其充当普遍法则的这些一些准则来判断行为，这是一个必然的法则吗？如果它是这样一个法则的话，它就必须（完全先天地）已经与一个一般而言理性存在者的概念结合在一起。但是，为了揭示这种联结，人们无论多么不情愿，也必须由此走出，也就是说，迈向形而上学，尽管是迈入形而上学的一个与思辨哲学的领域不同的领域，亦即迈入道德形而上学。在一种实践哲学中，我们关心的并不是去得知**发生** 〔427〕
的某事的根据，而是得知即使从未发生也**应当发生**的某事的法则，亦即客观的实践法则。在这里，我们没有必要去探讨下述问题的根据：为什么某物讨人喜欢或者不讨人喜欢？纯然感觉的愉悦如何与情趣有别？而情趣与理性的一种普遍满足是否有别？愉快和不快的情感依据的是什么？从这些情感如何产生出

① 看到德性的真实面目，无非是剥除感性之物的一切混杂和报酬或者自爱的一切不真实的装饰，来表现道德。在这种情况下，德性使其余一切对偏好显得有魅力的东西黯然失色到什么程度，每一个人只要稍稍尝试运用其未完全丧失抽象能力的理性，就可以轻易察觉到。

欲望和偏好？从欲望和偏好又如何凭借理性的协助作用产生出准则？因为这一切都属于一种经验性的灵魂学说。如果人们把自然学说视为**自然哲学**，乃是就它基于**经验性法则**而言的，那么，上述灵魂学说也就会构成自然学说的第二个部分。但这里所说的是客观的实践法则，从而是就一个意志仅仅被理性所规定而言它与自身的关系，在这里与经验性的东西相关的一切都自动被排除。因为当**理性独自地**规定举止时（我们现在正是要探讨它的可能性），理性必须先天地作这件事。

意志被设想为**依据某些法则的表象**来规定自己去行动的能力。而这样一种能力只能在理性存在者里面发现。如今，用来作为意志自己规定自己的客观基础的东西，就是**目的**，而目的如果是由纯然的理性给予的，那就必然对一切理性存在者同样有效。与此相反，仅仅包含着其结果为目的的那种行为之可能性的根据的东西，则叫做**手段**。欲求的主观根据是**动机**，意欲的客观根据则是**动因**；因此，就有依据动机的主观目的和取决于对每一个理性存在者都有效的动因的客观目的之间的区别。实践的原则如果不考虑任何主观的目的，那它们就是**形式的**；但如果它们以主观目的、从而以某些动机为基础，则它们就是**质料的**。一个理性存在者随意预设为自己的行为的**结果**的那些目的（质料的目的），全都只是相对的；因为只有它们与主体的一种特殊欲求能力的关系才给予它们以价值，因而这价值不能提供普遍的、对一切理性存在者都有效和必然的原则，也不
〔428〕能提供对任何意欲都有效和必然的原则，亦即实践的法则。因此，所有这些相对的目的都只是假言命令式的根据。

但是，假定有某种东西，**其存在自身**就具有一种绝对的价值，它能够作为**目的自身**而是一定的法则的根据，那么，在它里面，并且惟有在它里面，就会有一种可能的定言命令式亦即实践法则的根据。

现在我说：人以及一般而言每一个理性存在者，都作为目的自身而**实存**，**不仅仅作为**这个或者那个意志随意使用的**手段**而**实存**，而是在他的一切无论是针对自己还是针对别人的行为中，必须始终**同时**被视为**目的**。偏好的一切对象都只有一种有条件的价值；因为如果偏好以及基于偏好的需要不存在，那么，其对象就毫无价值。但是，偏好本身作为需要的源泉，并没有一种绝对的价值，使自己被期望，以至于完全摆脱它们，反倒必须是每一个理性存在者的普遍愿望。因此，一切能够通过我们的行为**获得**的对象的价值，在任何时候都是有条件的。其存在固然不是依据我们的意志、而是依据自然的意志的存在者，如果它们是无理性的存在者，就仍然只有一种相对的价值，乃是作为手段，因而叫做**事物**。与此相反，理性存在者被称为**人格**，因为它们的本性就已经使它们凸显为目的自身，亦即凸显为不可以仅仅当做手段来使用的东西，所以就此而言限制着一切任性（并且是敬重的一个对象）。因此，这就不仅仅是其实存作为我们的行为的结果而**对于我们来说**具有一种价值的那些主观目的，而是**客观目的**，亦即其存在自身就是目的的东西，而且是一种无法用任何其他目的来取代的目的，别的东西都应当**仅仅**作为手段来为它服务，因为若不然，就根本不能发现任何具有**绝对价值**的东西；但是，如果一切价值都是有条件的，从而是偶然的，那么，对于理性来说，就也根本不能发现任何最高的实践原则了。

因此，如果应当有一种最高的实践原则，就人类意志而言应当有一种定言的命令式，那么，它必然是这样一种原则，它用因为是**目的自身**而必然对于每一个人来说都是目的的东西的表象，构成意志的一种**客观的**原则，从而能够充当普遍的实践 〔429〕
法则。这种原则的根据是：**有理性的本性作为目的自身而实存**。所以，就此而言，它是人类行为的一个**主观的**原则。但是，其他任何理性存在者也都根据也对我有效的同一个理性根据来如此设想自己的存在①；因此，它同时也是一个**客观的**原则，意志的一切法则都必须能够把它作为一个最高的实践根据而从它导出。因此，实践的命令式将是这样的：**你要如此行动，即无论是你的人格中的人性，还是其他任何一个人的人格中的人性，你在任何时候都同时当做目的，绝不仅仅当做手段来使用**。我们要看一看，这一点是否办得到。

这里还使用前面的例子。

第一，按照对于自己的必然义务的概念，打算自杀的人自问：他的行为是否能够与**作为目的自身**的人性的理念共存呢？如果他为了逃避一种艰辛的状态而毁灭自己，那么，他就是把一个人格仅仅当做将一种可以忍受的状态一直维持到生命终结的**一个手段**来利用。但是，人并不是事物，因而不是某种能够**仅仅**当做手段来使用的东西，而必须在他的所有行为中始终被视为目的自身。因此，我对我的人格中的人不能支配任何东西，不能摧残他、损害他或者杀死他（为避免一切误解，例如对为了自保而截肢、对为了保存我的生命而使它蒙受的危险的误解，而对这一原理作出进一步的规定，我在这里必须略过不谈；这种规定属于真正的道德学）。

第二，就对于别人的必然的或者应有的义务来说，有意于对别人作出一种虚假承诺的人将立刻看出，他想把另一个人**仅仅当做手段**来利用，而后者并不同时在自身包含目的。因为我想通过这样一种承诺来为了我的意图而利用的人，不可能会赞
〔430〕同我对待他的方式，因而甚至包含着这个行为的目的。如果人们考虑到侵犯他人自由和财产的实例，则与其他人的原则的这

① 这里我把这一命题作为公设提出。在最后一章，人们将发现这样做的理由。

种冲突就更为醒目了。因为在这里显而易见，人的权利的践踏者有意把他人的人格仅仅当做手段来利用，而没有考虑他人作为理性存在者，在任何时候都应当同时作为目的，亦即仅仅作为也在自身必然包含着这同一个行为的目的的存在者而受到尊重。①

第三，就对于自己的偶然的（可嘉的）义务而言，单是行为不与我们人格中作为目的自身的人性相冲突是不够的，行为还必须与它**相一致**。如今，在人性中有达到更大的完善性的禀赋，这些禀赋就我们主体中的人性而言属于自然的目的；忽视这些禀赋，也许会与作为目的自身的人性的保存相容，但却不能与这一目的的**促进**相容。

第四，就对于他人的可嘉义务而言，一切人所怀有的自然目的就是它们自己的幸福。现在，如果没有人对他人的幸福有所贡献，但也不故意对他人的幸福有所剥夺，人性固然能够存在；但如果每一个人也并不尽自己所能去力图促进他人的目的，则这毕竟只是与**作为目的自身的人性**的一种消极的、而非积极的一致。因为如果那个表象要在我这里产生**全部**影响，则作为目的自身的主体，其目的就必须也尽可能地是**我的**目的。

人性以及每一种一般而言有理性的本性，**作为目的自身**（这是每一个人的行为之自由的最高限制条件），它的这一原则 〔431〕

① 人们不要以为，“己所不欲，勿施于人”这句老话在这里能够充当准绳或者原则。因为它尽管有不同的限制，但却是从原则导出的；它不可能是一个普遍的法则，因为它既不包含对自己的义务的根据，也不包含对他人的爱的义务的根据（因为有些人会乐于同意，只要他可以免除施惠于他人，他人也无须施惠于他），最后也不包含相互之间的应有义务的根据；因为罪犯会从这一根据出发对要惩罚他的法官提出抗辩，等等。

并不是从经验取得的；首先，这是因为这一原则的普遍性，因为它关涉所有一般而言的理性存在者，没有任何经验足以在这方面有所规定；其次，是因为在这一原则中，人性不是被（在主观上）表现为人们的目的，亦即不是被表现为人们自行实际上当做目的的对象，而是被表现为客观目的，无论我们要有什么样的目的，这个客观目的都应当作为法则构成一切主观目的的最高限制条件；因此，这一原则必须源自纯粹的理性。也就是说，一切实践立法的根据**客观上在于规则**和（按照第一条原则）使规则能够成为法则（必要时成为自然法则）的普遍性的形式，但**主观上**则在于**目的**；然而，一切目的的主体就是每一个作为目的自身的理性存在者（按照第二条原则）。如今，由此得出意志的第三条实践原则，来作为意志与普遍的实践理性相一致的最高条件，即**每一个理性存在者的意志都是一个普遍立法的意志**的理念。

按照这一原则，一切与意志自己的普遍立法不能相容的准则都被摈弃。因此，意志不是仅仅服从法则，而是这样来服从法则，即它也必须被视为**自己立法的**，并且正是因此缘故才服从法则（它可以把自己看做其创作者）。

依照上述表现方式、亦即行为普遍地与一种**自然秩序**相似的合法则性、或者理性存在者自身普遍的**目的优先**的命令式，虽然正因为它们被表现为定言的，而把任何一种作为动机的兴趣的一切混杂都排除在自己颁布命令的威望之外；但是，它们只是被**假定**为定言的，因为人们要想解释义务的概念，就必须假定诸如此类的东西。但是，存在着一些定言地颁布命令的实践命题，这一点本身却是无法证明的，就像它在本章中也根本不能证明一样；然而，有一件事却是可以做到的，那就是：在
〔432〕命令式本身中，通过它所包含的某一种规定，也同时暗示着在出自义务的意欲中对一切兴趣的排除，它是定言命令式有别于

假言命令式的特殊标记；在原则的目前这第三个公式中，亦即在每一个理性存在者的意志都是**普遍立法的意志**的理念中，这件事就做到了。

因为如果我们设想这样一个意志，那么，尽管一个**服从法则**的意志还可能由于一种兴趣而受这法则约束，但一个本身是最高立法者的意志，却就此而言绝对不可能依赖任何一种兴趣；因为这样一个依赖的意志就会本身还需要另一个法则，来把它的自爱的兴趣限制在普遍法则的有效性的条件上。

因此，只要每一个人类意志都是**一个通过自己的准则普遍地立法的意志**这一原则①在其他情况下具有其正确性，它就会在下面这一点上**极为适合**成为定言命令式：正是由于普遍立法的理念，它**不以任何兴趣为根据**，并因此而在一切可能的命令式中，惟有它能够是**无条件的**；或者我们把这一命题倒过来就更好了：如果有一个命令式（也就是说，有一个适用于一个理性存在者的任何意志的法则），那么，它只能要求从自己的意志的准则出发去做一切事情，这样一个意志同时能够把自己视为普遍立法的；原因在于，只有在这种情况下，实践原则和意志所服从的命令式才是无条件的，因为它根本不能以任何兴趣为根据。

现在，当我们回顾迄今为止为了找出道德原则而作过的一切努力的时候，就不会奇怪，为什么它们全都必然失败了。人们看到人由于自己的义务而受到法则的约束，但却不曾想到，人**仅仅**服从**他自己的**、但尽管如此却是**普遍的立法**，而且人仅仅有责任按照他自己的、但就自然目的而言普遍地立法的意志

① 我在这里可以免于举例来说明这一原则，因为最初说明定言命令式及其公式的所有例子，在这里都可以用于这一目的。

而行动。因为如果人们设想人只是服从一个法则（不管是什么
〔433〕法则），那么，这个法则就必然带有某种兴趣，来作为诱惑或者强制，因为它不是作为法则产生自**他的**意志，而是这个意志依照法则被**某种别的东西**所强制而以某种方式去行动。但是，由于这种完全必然的推论，找到义务的一个最高根据的一切工作就都不可挽回地归于失败。因为人们得到的绝不是义务，而是出自某种兴趣的行为的必然性。这种兴趣可能是自己的兴趣，或者是别人的兴趣。但在这种情况下，命令式就必然在任何时候都是有条件的，就根本不可能适宜于成为道德诫命。因此，我想把这一原理称为意志**自律**的原则，与任何别的我归为**他律**的原理相对立。

每一个理性存在者都必须通过自己的意志的一切准则而把自己视为普遍立法者，以便从这一观点出发来评价自己以及自己的行为；这样的理性存在者的概念就导向了一个依存于他的非常多产的概念，亦即**一个目的王国**的概念。

但是，我所说的一个**王国**，是指不同的理性存在者通过共同的法则形成的系统结合。现在，由于法则根据其普遍有效性规定着目的，所以如果抽掉理性存在者的个人差异，此外抽掉它们的私人目的的一切内容，那么，就能够设想一切目的系统地联结成为一个整体（不仅包括作为目的自身的理性存在者，而且还包括每一个理性存在者可能为自己设定的个人目的），亦即一个目的王国；按照上述几条原则，这是有可能的。

因为理性存在者全都服从这条法则：每一个理性存在者都应当**决不**把自己和其他一切理性存在者**仅仅当做手段**，而是在任何时候都**同时当做目的自身**来对待。但这样一来，就产生出理性存在者通过共同的客观法则形成的一种系统结合，亦即一个王国，由于这些法则正是着意于这些存在者互为目的和手段的关系，这个王国可以叫做一个目的王国（当然只是一个

理想）。

但是，如果一个理性存在者在目的王国中固然是普遍立法者，但自己也服从这些法则，那么，它就是作为**成员**而属于目的王国。如果它作为立法者不服从另一个理性存在者的意志，他就是**作为元首**属于目的王国。

理性存在者必须在任何时候都把自己视为一个通过意志的 〔434〕
自由而可能的目的王国中的立法者，不管是作为成员，还是作为元首。但是，它不能仅凭其意志的准则，而是惟有在它是一个完全独立的存在者，没有需求，其与意志相称的能力不受限制时，它才能维持元首的地位。

因此，道德性存在于一切行为与立法的关系中，惟有通过这种关系，一个目的王国才是可能的。但是，这种立法必须能够在每一个理性存在者自身发现，并从其意志产生。因此，其意志的原则是：不按照任何别的准则采取任何行动，除非该准则是一条普遍法则这一点能够与该准则相容，因而只这样采取行动，**即意志能够通过其准则同时把自己视为普遍立法者**。现在，如果准则不因为作为普遍立法者的有理性存在者的本性，就已经必然地与它们的这个客观原则一致，那么，按照这个原则的行为的必然性就叫做实践的强制，亦即**义务**。义务并不适用于目的王国中的元首，但却适用于每一个成员，而且在同等程度上适用于所有成员。

按照这个原则去行动的实践必然性，亦即义务，根本不是依据情感、冲动和偏好，而是仅仅依据理性存在者彼此之间的关系；一个理性存在者的意志在这种关系中必须任何时候都同时被视为**立法者**，因为若不然，该原则就不能把它们设想为目的**自身**。因此，理性把作为普遍立法者的意志的每一准则都与每一别的意志联系起来，而且也与对自己的每一个行为联系起来，而且这并不是为了任何其他的实践动因或者未来的利益，而是出自一个理性存在者的**尊严**的理念，这个理性存在者除了它同时为自己立的法之外，不服从任何法则。

在目的王国中，一切东西要么有一种**价格**，要么有一种**尊严**。有一种价格的东西，某种别的东西可以作为**等价物**取而代之；与此相反，超越一切价格、从而不容有等价物的东西，则具有一种尊严。

与普遍的人类偏好和需要相关的东西，都具有一种**市场价格**；即使不以一种需要为前提条件、但却合乎某种趣味、亦即
〔435〕合乎对我们的心灵力量的纯然无目的的嬉戏的一种满足的东西，则具有一种情感价格。但是，构成某物惟有在其下才能是目的自身的那个条件的东西，则不仅具有一种相对的价值，亦即一种价格，而且具有一种内在的价值，亦即尊严。

现在，道德性就是一个理性存在者惟有在其下才能是目的自身的那个条件，因为只有通过它，才有可能在目的王国中是一个立法的成员。因此，道德和能够具有道德的人性是惟一具有尊严的。工作中的技巧和勤奋具有一种市场价格；机智、活跃的想象力和情绪具有一种情感价格；与此相反，出自原理（不是出自本能）的信守承诺、仁爱具有一种内在的价值。无论是自然还是艺术，都不包含任何在欠缺这些东西时能够取而代之的东西；因为它们的价值并不在于由此产生的结果，并不在于它们所造成的好处和用途，而是在于意念，也就是说，在于意志的准则，即使成果不利于这些准则，它们也仍然要以这种方式在行为中显露自己。这些行为也不需要任何一种主观的气质或者趣味的推荐，让人以直接的认可和满意去看待它们；它们也不需要对它们的直接癖好或者情感。它们把实施它们的意志呈现为一种直接敬重的对象；对此，所需要的只是理性，以便**责成**意志、而不是**哄骗**意志去实施这些行为。对于义务来说，后者根本就是一种矛盾。因此，这种评价使人认识到这样

一种思维方式的价值是尊严，并使它无限地超越一切价格；根本不能用价格对这种思维方式进行估量和比较，而不仿佛是损害它的圣洁性。

如今，究竟是什么使道德上善的意念或者德性有资格提出如此之高的要求呢？无非是这种意念为理性存在者争得的**对普遍立法**的参与权，这种意念还通过这种参与权使理性存在者适合于成为一个可能的目的王国的成员。理性存在者由于它自己的本性，已经注定具有这种参与权；它就是目的自身，并恰恰因此而是目的王国中的立法者，就一切自然法则而言是自由的，只服从它给自己所立的、使他的准则能够属于一种普遍立法（它同时也使自己服从这种普遍立法）的那些法则。因为除 〔436〕
了法则为之规定的价值之外，没有任何东西具有一种价值。但正是因为这一点，规定一切价值的立法本身必须具有一种尊严，亦即无条件的、无与伦比的价值；对于这种价值来说，惟有"**敬重**"这个词才能够恰如其分地表达一个理性存在者对这种立法的评价。因此，**自律**就是人的本性和任何有理性的本性的尊严的根据。

但是，上述三种表现道德原则的方式在根本上只不过是同一个法则的三个公式，它们中的每一个都在自身中自行把另外两个结合起来。不过，它们中间毕竟是有差异的，这种差异与其说是客观实践的，倒不如说是主观的，也就是说，是为了（根据某种类比）使理性的一个理念更接近直观，并由此更接近情感。也就是说，所有的准则都具有：

1. 一种**形式**。这个形式就在于普遍性，而在这里，道德命令式的公式是这样来表达的：必须这样来选择准则，就好像它们应当像普遍的自然法则而有效似的。

2. 一种**质料**。也就是说，一个目的。这里的公式说的是：理性存在者就其本性而言作为目的，从而作为目的自身，对于每一个准则来说充当一切纯然相对的和任意的目的的限制条件。

3. 对一切准则的**一种完备的规定**。其规定乃是通过那个公式，亦即：所有的准则都应当从自己的立法出发而与一个作为自然王国的目的王国①协调一致。这里的进程就像是通过意志形式的**单一性**（意志的普遍性）、质料（客体，亦即目的）的**复多性**和意志体系的**全体性**或者总体性这些范畴进行的。但是，更好是在道德评价中始终按照严格的方法行事，并且以定言命令式的总公式为基础：**要依照能使自己同时成为普遍法则**

〔437〕**的那种准则而行动**。但是，如果人们想同时**倡导**道德法则，那么，通过上述三个概念来引导同一个行为，并由此尽可能地使它接近直观，当是非常有用的。

从现在开始，我们可以在我们最初由以出发的地方，亦即在一个无条件地善的意志的概念这里结束了。一个意志不是恶的，因而它的准则在被当做一个普遍法则时绝不可能自相矛盾，那么，**这个意志就是绝对善的**。因此，如下原则也就是这个意志的最高法则：在任何时候都要按照你同时能够意欲其作为法则的普遍性的准则去行动。这是惟一能够使一个意志不与自己本身相抵触的条件，而这样一个命令式就是定言的。由于意志作为可能的行为的一个普遍的法则，其有效性类似于事物的存在按照普遍法则的普遍联结，这种联结是一般而言的自然的形式因素，所以，定言命令式也可以这样来表述：**要按照能**

① 目的论把自然视为一个目的王国，道德学则把一个可能的目的王国视为一个自然王国。在前者，目的王国是用来说明存在着的东西的一个理论理念。在后者，目的王国是一个实践理念，用来实现，而且恰恰是依据这个理念来实现并不存在、但通过我们的所作所为就能够成为现实的东西。

够同时把自己视为普遍的自然法则的那些准则去行动。因此，一个绝对善的意志的公式就是这样的。

有理性的本性之所以有别于其余的本性，就在于它为自己设定一个目的。这个目的就是每一个善的意志的质料。但既然在一个没有（这个或者那个目的的达成的）限制条件而绝对善的意志的理念中，必须抽掉一切要**促成**的目的（这样的目的只会使任何意志相对地善），所以目的在这里就必须不是被设想成为一个要促成的目的，**而是**必须被设想成为**独立的**目的，因而只是被消极地设想，亦即被设想成为绝不与之相悖地行动的目的；因此，它在任何意欲中都必须绝不仅仅被当做手段，而是在任何时候都同时被当做目的。现在，这个目的只能是一切可能的目的的主体自身，因为这个主体同时是一个可能的绝对善的意志的主体；因为这个意志不可能被置于任何别的对象之后而没有矛盾。据此，“要对每一个理性存在者（对你自己和他人）都如此行动，使它在你的准则中同时被视为目的自身”这个原则，在根本上与“要按照一个同时在自身包含着自己对每一个理性存在者而言的普遍有效性的准则去行动”这个原理是一回事。因为我在为任何目的而利用手段时，应当把我的准 〔438〕
则限制在它作为每一主体的一个法则的普遍有效性的条件之上，这不多不少等于是说，目的的主体，亦即理性存在者本身，必须绝不仅仅作为手段，而是作为使用一切手段时的最高限制条件，也就是说，在任何时候都同时作为目的，而被当做行为的一切准则的根据。

如今由此无可争议地得出：任何一个理性存在者作为目的自身，无论它所服从的是什么样的法则，都必须能够同时把自己视为普遍立法者，因为正是它的准则对普遍的立法的这种适宜性，把它凸显为目的自身；此外，这个存在者自己的超乎一切纯然自然物的尊严（特权），使它必须在任何时候都从他自己的观点，但同时也从其他任何有理性的、作为立法者的存在者（他们因此也叫做人格）的观点出发来采用自己的准则。现在，一个理性存在者的世界（mundus intelligibilis [理知世界]），作为一个目的王国，就以这种方式成为可能，而且是通过作为成员的所有人格的自己立法。据此，每一个理性存在者都必须如此行动，就好像它通过它自己的准则在任何时候都是普遍的目的王国中的一个立法的成员似的。这些准则的形式原则是：要这样行动，就好像你的准则应当同时充当（一切理性存在者的）普遍的法则似的。因此，一个目的王国惟有按照与一个自然王国的类比才是可能的，但目的王国惟有按照准则，亦即责成自己的规则才是可能的，而自然王国则惟有按照外部强加的作用因的法则才是可能的。尽管如此，虽然自然的整体被视为机器，但就它与作为其目的的理性存在者相关而言，人们出自这一理由仍称它为一个自然王国。如今，通过定言命令式为所有理性存在者规定了其规则的一些准则，**如果这些准则得到普遍遵守的话**，这样一个目的王国就会得以实现。然而，虽然理性存在者无法指望，即使它本身严格地遵守这一准则，其他每一个理性存在者也都将因此而对同一个准则恪守不渝，此外，自然王国及其合目的的安排将与作为一个适当成员的他为一个通过它自己而可能的目的王国而协调一致，也就是说，
〔439〕 将有助于它对幸福的期待，但是，“要按照一个纯然可能的目的王国的一个普遍立法的成员的准则去行动”这一法则仍有其充分的效力，因为它是定言地颁布命令。而且在这里，恰恰存在着悖论：惟有作为有理性的本性的人类的尊严，无须其他任何要由此达成的目的或者好处，从而惟有对一个纯然理念的敬重，就应该充当意志的不可减弱的规范，而准则的崇高性、每一个理性主体在目的王国中是一个立法成员的资格，恰恰就在于准则对所有这样的动机的这种独立性中；因为若不然，它就

会必须被设想成为仅仅服从其需要的自然法则。尽管无论是自然王国，还是目的王国，都被设想为统一在一个元首之下，而且后者由此不再是纯然的理念，而是获得了真正的实在性，但这样一来，固然一个强有力的动机的添加有助于那种实在性，但那个理念的内在价值的增加却绝不有助于那种实在性；因为尽管如此，这位惟一不受限制的立法者毕竟还是必须被设想为，他仅仅按照理性存在者无私的、纯然从那个理念出发为它们自己规定的行为来评价它们的价值。事物的本质并不因为它们的外在关系而有所变化，而不考虑这种关系，独自构成人的绝对价值的东西，也是任何人，甚至最高存在者对人作出判断的依据。因此，**道德性**是行为与意志自律的关系，亦即通过意志的准则与可能的普遍立法的关系。能够与意志的自律相容的行为是**允许的**；不能与之一致的行为则是**不允许的**。其准则必然与自律的法则相一致的意志就是一个**神圣的**、绝对善的意志。一个并非绝对善的意志对自律原则的依赖性（道德的强制）就是**责任**。因此，责任不能与一个神圣的存在者相关。一个出自责任的行为的客观必然性就叫做**义务**。

从刚刚说过的东西中，人们就可以轻易地解释如下情况是怎么发生的：尽管我们在义务的概念下来设想对法则的一种服从，但我们却由此同时设想履行自己一切义务的人格有某种崇 〔440〕
高和**尊严**。因为它之所以有崇高，虽然并不是就它**服从**道德法则而言的，但却是就它对这法则来说同时是**立法者**，并只是因此才服从它而言的。我们在上面也已经指出，既不是恐惧，也不是偏好，而仅仅是对法则的敬重，才是能够给予行为一种道德价值的那种动机。就我们自己的意志仅仅在一种因其准则而可能的普遍立法的条件下才去行动而言，这个在理念中对我们来说可能的意志是敬重的真正对象，而人性的尊严正在于这种普遍地立法的能力，尽管是以它同时服从这种立法为条件。

作为道德的最高原则的意志自律

意志的自律是意志的一种性状，由于这种性状，意志对于自身来说（与意欲的对象的一切性状无关）是一种法则。因此，自律的原则是：不要以其他方式作选择，除非其选择的准则同时作为普遍的法则被一起包含在同一个意欲中。至于这个实践的规则是一个命令式，也就是说，每一个理性存在者的意志都必然以它为条件而受它制约，这一点并不能通过仅仅分析在它里面出现的概念而得到证明，因为这是一个综合命题；人们必须超越对客体的知识，达到对主体的批判，亦即对纯粹实践理性的批判，因为这个无可置疑地颁布命令的综合命题必须能够被完全先天地认识；但这个工作不属于当前这一章。不过，上述自律原则是惟一的道德原则，这一点却可以仅凭分析道德概念就得到极好的阐明。因为由此就可以看出，道德原则必须是一个定言命令式，但这个命令式所要求的，却不多不少，恰恰是这种自律。

〔441〕

作为道德的一切非真正原则的源泉的意志他律

如果意志在它的准则与他自己的普遍立法的适宜性**之外的某个地方**，从而超越自己，在它的某个客体的性状中，寻找应当规定它的法则，那么，在任何时候都将出现**他律**。在这种情况下，就不是意志为它自己立法，而是客体通过其与意志的关系为意志立法。这种关系无论是基于偏好，还是基于理性的表象，都只能使假言命令式成为可能：我之所以应当做某事，乃是**因为我想要某种别的东西**。与此相反，道德的、因而定言的命令式说的是：即使我不想要任何别的东西，我也应当如此这般行动。例如，前者说的是：如果我想保持声誉，我就不应当说谎；而后者说的是：即使说谎不会给我带来丝毫耻辱，我也不应当说谎。因此，后者必须抽掉一切对象，使对象对意志根本没有任何**影响**，以便实践理性（意志）不是仅仅管理外来的兴趣，而是仅仅证明它自己颁布命令的威望就是最高的立法。例如，我应当设法促进他人的幸福，这并不是好像我很重视他人幸福的实存（不管是由于直接的偏好，还是由于间接通过理性获得的某种愉悦），而仅仅是因为排除他人幸福的那种准则，在同一种意欲中就不能被理解为普遍的立法。

从假定的他律基本概念产生的一切可能的道德原则的划分

在这里和在任何地方一样，人类理性在其纯粹的应用中只要缺乏批判，则在它成功地走上惟一正确的道路之前，都曾尝试过一切可能的错误道路。

人们从这一观点出发可能采用的原则，要么是**经验性的**，要么是**理性的**。**前者**出自**幸福**的原则，建立在自然情感或者道德情感之上，**后者**出自**完善**原则，要么建立在完善的理性概念之上，〔442〕
这种完善是我们的意志的可能结果，要么建立在一种独立的完善的概念（上帝的意志）之上，这个概念是我们的意志的规定原因。

经验性的原则在任何地方都不适合作为道德法则的根据。因为如果道德法则的根据取自**人性的特殊结构**或者人性所处的偶然情境，那么，道德法则应当适用于一切理性存在者所凭借的那种普遍性，即由此责成理性存在者的那种无条件的实践必然性，也就丧失了。不过，**自身幸福**的原则是最该抛弃的，原因不仅在于它是错误的，而经验也与“福祉在任何时候都依良好品行而定”这种托辞相矛盾，原因也不仅在于它根本无助于道德的确立，因为使一个人幸福和使他成为一个好人完全不是一回事，使他聪明并精于自己的利益和使他有德也完全不是一回事；原因乃是在于它加诸道德的动机，宁可说侵蚀道德，且毁坏其全部崇高，因为这些动机把德性的动因与罪恶的动因归在一个类中，只教人精于算计，完全抹杀了二者的特殊差异；与此相反，道德情感，这种误以为的特殊感觉①（无论当那些不能**思维**的人们甚至在问题仅仅在于普遍的法则的事情上也认为可以通过**感觉**得到帮助时，诉诸道德情感是多么肤浅；无论在程度上天然地千差万别的情感如何罕能提供一个善恶的同等尺度；无论一个人根本不可能凭借自己的情感为他人作出有效的判断），却仍然更为接近道德及其尊严，因为它向德性表示敬意，把对德性的满意和重视**直接**归于德性，而不是仿佛当面
〔443〕对它说，使我们依赖于它的，并不是它的美，而只是利益。

在德性的那些**理性**根据中，毕竟**完善性**的本体论概念（无论它多么空洞，多么不确定，因而无法用来在可能的实在性广袤无边的领域中发现适合于我们的最大总和；无论它为了把这里所说的实在性在类上与任何一种别的实在性区别开来，而如何有一种无法避免的循环论证的癖好，不能避免暗中预设它应当予以说明的道德）要优于从一个属神的、最完善的意志导出道德的神学概念，这并不仅仅是因为我们毕竟不能直观这个意志的完善，而只能从我们的概念——其中最重要的就是道德概念——导出它，而是因为如果我们不这样做（如果我们这样做，在解释上就会出现一种恶性循环），则我们对于他的意志

① 我把道德情感的原则归入幸福的原则，乃是因为任何一种经验性的兴趣都通过仅由某物所提供的惬意而可望有助于福祉，不管这惬意的发生是直接而不考虑利益的，还是顾及利益的。此外，人们也必须与**哈奇森**一样，把对他人幸福的同感原则归入他所假定的同一种道德感。

还能有的概念，从荣誉欲和支配欲的属性出发，与权力和报复的可怕表象相结合，就必然构成一个与道德性截然相反的道德体系的基础。

但是，如果我必须在道德感的概念和一般而言的完善的概念（这二者至少不损害道德，尽管它们根本不适宜于作为基础来支持道德）作出选择，那么，我将选取后者，因为既然后者至少使问题的裁决摆脱感性，而诉诸理性的法庭，则尽管它在这里也没有决定任何东西，却将（一个就自身而言善的意志的）不确定的理念真实无误地保存下来，以待进一步的规定。

此外我相信，无须对这一切学说进行详细的反驳。这种反驳非常容易，而且那些因为职务需要而表态支持这些理论中的一种（因为听众不大愿意容忍判断的延迟）的人自己也许很明白，这样做只不过是多此一举罢了。但是，在这里更让我们感兴趣的是知道：这些原则在任何地方都仅仅提出意志的他律来做道德的第一根据，而正因为此则必然错过其目的。

在任何地方，只要意志的一个客体必须被当做根据，以便 〔444〕
为意志规定那决定它的规则，那里的规则就无非是他律；命令式是有条件的，也就是说：**如果**或者**由于**人们想要这个客体，人们就应当这样或者那样行动；因此，它绝不可能是在道德上颁布命令，亦即不能定言地颁布命令。现在，无论客体是想在自身幸福的原则中那样凭借偏好来规定意志，还是在完善性的原则中凭借指向我们的可能意欲一般而言的对象的理性来规定意志，意志都绝**不直接地**通过行为的表象来规定自己，而是仅仅通过拥有行为对意志的预期影响的动机来规定自己。**我之所以应当做某事，乃是因为我想要某种别的东西**。而在这里，还必须有另一个法则在我的主体中被当做根据，按照这个法则，我必然想要这别的东西，而这个法则又需要一个命令式来限制这个准则。这是因为，由于一个因我们的力量而可能的客体的表象应当根据主体的自然性状施加给它的意志的推动，属于这个主体的本性，不管是属于感性（偏好和趣味）的本性，还是属于知性和理性的本性，它们按照自己的本性的特殊结构，都是伴着满意而施加于一个客体的，所以，真正说来是本性在立法，而所立的法作为这样的法则，不仅必须通过经验去认识和证明，因而就自身而言是偶然的，且由此不适宜于成为不容置疑的实践规则，而道德规则必须是诸如此类的规则；相反，它**始终只是**意志的**他律**，不是意志为自己立法，而是一个外来的推动凭借主体的一种易于接受这种推动的本性来为意志立法。

绝对善的意志，其原则必须是一个定言命令式，因而就一切客体而言是不确定的，将仅仅包含着一般而言的**意欲的形式**，而这就是自律；也就是说，每一个善的意志的准则使自己成为普遍法则的那种适宜性，本身就是每一个理性存在者的意志责成给自己的惟一法则，它不以任何一种动机和兴趣作这一准则的根据。

这样一个实践的先天综合命题是如何可能的，以及这个命题为什么是必然的？这是一个其解答不再在道德形而上学界限
〔445〕之内的课题，我们在这里也没有断言这个命题的真实性，更没有伪称有能力证明它的真实性。我们仅仅通过阐明已经普遍流行的道德概念来指出：意志的自律不可避免地与这个概念相联系，或者毋宁说是它的基础。因此，谁认为道德是某种东西，而不是没有真实性的虚妄理念，谁就必须同时承认上述道德原则。因此，这一章与第一章一样，纯然是分析的。现在，如果定言命令式连同意志的自律是真实的，作为一个先天原则是绝对必然的，那么就可以得出，道德不是幻象；这需要**纯粹实践理性的一种可能的综合应用**；但是，不预先对这种理性能力本身进行一种**批判**，我们就不可贸然去作这种应用。在最后一章中，我们要根据我们的意图的需要，来展示这种批判的各个要点。

第三章 [446]

由道德形而上学到
纯粹实践理性批判的过渡

自由的概念是说明意志自律的关键

意志是有生命的存在者就其有理性而言的一种因果性，而自由则是这种因果性在能够不依赖于外来的**规定**它的原因而起作用时的那种属性，就像**自然必然性**是一切无理性的存在者的因果性被外来原因的影响所规定而去活动的那种属性一样。

以上对自由的说明是**消极的**，因而无助于看出它的本质；然而，由它却产生出自由的一个**积极的**概念，这个概念更为丰富、更能产生结果。既然一种因果性的概念带有**法则**的概念，按照法则，由于我们称为原因的某种东西，另一种东西亦即结果必然被设定，所以，自由尽管不是意志依照自然法则的一种属性，但却并不因此而是根本无法则的，反而必须是一种依照不变法则的因果性，但这是些不同种类的法则；因为若不然，一种自由意志就是胡说八道。自然必然性是作用因的一种他律；因为任何结果都惟有按照以下法则才是可能的，即某种别的东西规定作用因而导致因果性；然而，除了自律之外，亦即 [447]
除了意志对于自己来说是一个法则的那种属性之外，意志的自由还能够是什么东西呢？但是，“意志在一切行为中都对自己是一个法则”这一命题，仅仅表示如下的原则：除了能够也把自己视为一个普遍法则的准则之外，不要按照任何别的准则去行动。而这正是定言命令式的公式和道德的原则。因此，一个自由意志和一个服从道德法则的意志是一回事。

因此，如果预设意志的自由，那么，仅仅通过分析其概念，就可以从中得出道德及其原则。然而，道德的原则毕竟始终是一个综合命题：一个绝对善的意志是其准则在任何时候都包含着被视为普遍法则的自身的意志，因为通过分析一个绝对善的意志的概念，并不能发现准则的那种属性。但是，这样的综合命题之所以可能，仅仅是因为这两种认识都通过与一个第三者的联结而相互结合起来，它们都可以在这个第三者中被发现。自由的**积极**概念就造就了这个第三者，这个第三者不能像在自然原因中那样是感性世界的本性（在感性世界的概念中，作为原因的某物与作为结果的**某种别的东西**相关联，其概念是同时出现的）。至于自由给我们指示的、我们先天地对它有一个理念的这个第三者是什么，在这里还不能立刻指明；也不能使人了解自由概念从纯粹实践理性出发的演绎，以及一种定言命令式的可能性，这还需要作一些准备。

自由必须被预设为一切理性存在者的意志的属性

我们不管出自什么理由，把自由归于我们的意志，这还是不够的，除非我们有充分的理由也把自由归于一切理性存在者。因为既然道德充当我们的法则，仅仅是充当**理性存在者**的法则，所以它就必须适用于一切理性存在者；而既然它必须仅仅从自由的属性导出，所以自由也必须被证明为一切理性存在者的意志的属性；从关于人性的某些误以为的经验出发阐明自
〔448〕 由（尽管这也是绝对不可能的，阐明只能先天地进行），这还是不够的，人们必须证明它属于一般而言理性的、具有意志的存在者的活动。现在我说：每一个只能按照**自由的理念**去行动的存在者，正因为此而在实践方面确实是自由的，也就是说，

一切与自由不可分割地结合在一起的法则都适用于它，正好像它的意志就自身而言也被宣布为自由的，而且这在理论哲学中也是有效的。①现在我断言：我们必须也把自由的理念赋予每一个具有意志的理性存在者，它仅仅按照这个理念去行动。因为在这样一个存在者里面，我们设想一种理性，而这种理性是实践的，也就是说，它就自己的客体而言具有因果性。如今，人们不可能设想一种理性，它就其判断而言凭借它自己的意识从别的什么地方接受指导；因为那样的话，主体就不会把对判断力的规定归于它的理性，而是归于一种冲动。这种理性必须把自己视为自己的原则的创作者，不依赖于外来的影响；因此，它作为实践理性，或者作为一个理性存在者的意志，必须被它自己视为自由的。也就是说，一个理性存在者的意志惟有在自由的理念下才是一个自身的意志，因而必须在实践方面被归于一切理性的存在者。

论与道德诸理念相联系的兴趣

我们最终把道德的确定概念回溯到自由的理念；但我们却无法证明自由在我们自己里面和在人性里面是某种现实的东西；我们只是看到：如果要把一个存在者设想成为理性的、而 〔449〕
且就其行动而言赋有其因果性的意识的、亦即赋有一个意志

① 仅仅假定自由被理性存在者纯然**在理念中**当做其行为的根据，这对于我们的意图来说已是足够；我之所以选取这一道路，乃是为了使我自己无须也在理论方面证明自由。因为即使让这后一点悬而未决，会对一个真正自由的存在者有约束力的那些法则，毕竟也适用于只能按照其自己的自由的理念去行动的存在者。因此，我们在这里就能够摆脱理论所压下来的负担。

的，我们就必须预设自由；而且这样一来我们就发现：出自同一理由，我们必须把“按照行动自由的理念规定自己”这种属性归于每一个赋有理性和意志的存在者。

但是，从这些理念的预设也产生出一种行动法则的意识：在任何时候都必须如此采纳行为的主观原理，亦即准则，使它们也能够客观地有效，亦即普遍地作为原理而有效，从而能够充当我们自己的普遍立法。但是，我究竟为什么应当服从这个原则，而且是作为一般而言的理性存在者服从它，从而也由此使其他一切赋有理性的存在者服从它呢？我愿意承认：并没有任何兴趣**驱使**我这样做，因为这不会给出任何定言命令式；但是，我对此必然**感**兴趣，并且清楚这是怎么发生的；因为这个应当真正说来就是一种意欲，而这种意欲适用于任何理性存在者，条件是理性在它那里无障碍地是实践的；对于和我们一样还受到作为另类动机的感性刺激的存在者，惟有理性才会去做的事情并不总是发生，行为的那种必然性就只叫做应当，而主观的必然性则被与客观的必然性区别开来。

因此，看起来好像我们在自由的理念中真正说来只是预设道德法则，亦即意志本身的自律原则，却不能证明它的实在性和自身的客观必然性；而且在这里，我们虽然还总是有某种十分可观的收获，因为我们至少比通常发生的还更为精确地规定了真正的原则，但就这原则的有效性和服从它的实践必然性而言，我们并没有丝毫的进展。因为如果有人问我们：究竟为什么我们的准则作为一个法则的普遍有效性必须是我们的行为的限制条件呢？我们归于这种行动方式的价值应当如此之大，在任何地方都不可能有更高的兴趣存在，但我们要把这价值建立在什么上面呢？人惟有因此才相信自己感觉到其人格的价值，
〔450〕相对于这种价值，一个适意或者不适意的状态的价值就不值一提了，这是怎么发生的呢？对此，我们无法给他令人满意的

回答。

虽然我们清楚地看到，一种根本不带有对状态的任何兴趣的人格性状，在理性应当促成这种状态的分配的情况下，只要那种性状使我们能够分享这种状态，我们就可能对那种性状感兴趣；也就是说，即便没有分享幸福的动因，单是配享幸福自身就能够使人感兴趣了；但是，这个判断事实上只不过是道德法则那已经预设的重要性的结果罢了（如果我们通过自由的理念而脱离一切经验性的兴趣）。然而，我们应当脱离经验性的兴趣，亦即把我们自己看做在行动中自由的，尽管如此仍把自己视为服从某些法则的，以便仅仅在我们的人格中发现一种价值，它能够补偿给我们的状态带来一种价值的东西的一切损失；而且这是如何可能的，从而**道德法则因何而有约束力**，我们以这样的方式还看不出来。

人们必须坦率地承认，这里表现出一种看起来无法摆脱的循环。我们假定自己在作用因的秩序中是自由的，以便设想自己在目的的秩序中服从道德法则；然后我们设想自己是服从这些法则的，因为我们已经把自由归于我们自己。原因在于，意志的自由和意志的自己立法二者都是自律，因而是可以互换的概念，但正因为这一点，其中的一个不能用来说明另一个，为另一个提供根据，而是充其量可以用来在逻辑方面把同一对象的显得不同的表象归为惟一的概念（就像把同值的不同分数归为最简式一样）。

但是，我们还剩有一条出路，那就是去探讨：当我们通过自由把我们自己设想成为先天的作用因的时候，与我们按照我们的行为——作为我们眼前所见的结果——设想我们自己的时候相比，我们所采取的是否是另一种立场？

有一种说明，作出这种说明并不需要任何精细的反思，而是可以假定，最普通的知性也能够作出这种说明，尽管是以它

〔451〕自己的方式，凭借它称为情感的判断力的一种模糊的区分。这种说明就是：一切我们无须自己的任性就获得的表象（例如感官的表象）把对象给予我们供认识，都无非是以对象刺激我们的方式，此时我们依然不知道它们就自身而言可能是什么，因而就这种表象来说，即便知性再加上最大的注意力和明晰性，我们由此也只能达到对**显象**的知识，而绝不能达到对**物自身**的知识。这种区分（或许是由于注意到了从其他地方被给予我们的表象——此时我们是承受的——与我们仅仅从我们自身产生的表象——此时我们证明了我们的活动——之间的差异）一经作出，就自行得出：人们必须承认并假定在显象背后毕竟还有某种别的不是显象的东西，亦即物自身，尽管我们自己就知道，既然我们绝不可能认识物自身，而是永远只能以它们刺激我们的方式认识它们，所以无法更为接近它们，绝不可能知道它们就自身而言之所是。这就必然提供一个**感性世界**与**知性世界**的区分，尽管这区分是粗糙的；其中前一个世界按照各种世界观察者里面感性的差异也可以极为不同，但作为其根据的后一个世界却始终保持为同一个世界。甚至对于自己本身，即便根据人通过内部感受而对自己拥有的知识，他也不可以妄称认识他就自身而言是什么样子。因为既然他毕竟并没有仿佛是创造自己，不是先天地、而是经验性地获得他的概念，所以很自然，他也只能通过内感官，从而仅仅通过他的本性的显象以及他的意识被刺激的方式来获取关于他自己的信息，但他除了他自己的主体的这种纯由显象组成的性状之外，毕竟还必须以必然的方式假定某种别的作为基础的东西，亦即他的自我，如其就自身而言可能是的性状，因而就纯然的知觉和感觉的感受性而言把自己归入**感官世界**，但就在它里面可能是纯粹活动的东西（根本不是通过刺激感官、而是直接达到意识的东西）而言把自己归入**理智世界**，但他对这一世界却没有进一步的认识。

能反思的人必然从可能呈现给他的一切事物得出诸如此类的结论；也许，在最普通的知性中也可以发现这种结论。众所 〔452〕
周知，最普通的知性极倾向于在感官的对象背后还总是期待某种不可见的、自行活动的东西，但由于它马上又把这个不可见之物感性化，亦即想使它成为直观的对象，而又败坏了它，因而并未由此而变得更聪明一点。

现在，人在自己里面确实发现一种能力，他凭借这种能力而把自己与其他一切事物区别开来，甚至就他被对象所刺激而言与它自己区别开来，而这就是**理性**。理性作为纯粹的自动性，甚至在如下这一点上还居于知性之上：尽管知性也是自动性，并且不像感官那样仅仅包含惟有当人们被事物刺激（因而是承受的）时才产生的表象，但他从自己的活动出发所能够产生的概念，却无非是仅仅用于**把感性表象置于规则之下**并由此把它们在一个意识中统一起来的概念；没有这种对感性的应用，知性就根本不会思维任何东西；而与此相反，理性在理念的名义下表现出一种如此纯粹的自发性，以至于它由此远远地超越了感性能够提供给它的一切，并在下面这一点上证明了自己最重要的工作，即把感官世界与知性世界彼此区别开来，并由此为知性本身划定对它的限制。

因此之故，一个理性存在者必须把自己视为**理智**（因此不是从它的低级力量方面来看），不是视为属于感官世界的，而是视为属于知性世界的；因此，它具有两个立场，它可以从这两个立场出发来观察自己，认识应用其力量的法则，从而认识它的一切行为的法则。**首先**，就它属于感官世界而言，它服从自然法则（他律）；**其次**，就它属于理知世界而言，它服从不依赖于自然的、并非经验性的、而是仅仅基于理性的法则。

作为一个理性的、从而属于理知世界的存在者，除了按照自由的理念之外，人绝不能以别的方式设想他自己的意志的因果性；因为对感官世界的规定原因的独立性（理性必须在任何时候都把诸如此类的独立性归于自己）就是自由。如今，**自律**的概念与自由的理念不可分割地结合在一起，而道德的普遍原则又与自律的概念不可分割地结合在一起；道德的普遍原则在
〔453〕理念中是**理性**存在者的一切行为的根据，正如自然法则是一切显象的根据一样。

我们在上面曾引起一种怀疑，就好像在我们从自由到自律、从自律到道德法则的推论中包含着一个暗藏的循环似的；也就是说，我们也许只是为了道德法则而以自由的理念作为根据，以便然后再从自由推论出道德法则，因而根本不能说明道德法则的任何根据，而是只能把它作为对一个原则的祈求，心地善良的人们很乐于承认我们有这一原则，但我们却决不能把它当做一个可证明的命题提出来。如今，这个怀疑已经被消除了。因为我们现在看到，如果我们设想我们自己是自由的，我们就把自己作为成员置入知性世界，并认识到意志的自律连同其结果，亦即道德性；但如果我们设想自己负有义务，我们就把自己视为属于感官世界，但同时也属于知性世界。

一种定言命令式如何可能？

理性存在者把自己作为理智归入知性世界，并且仅仅作为一个属于知性世界的作用因，它把自己的因果性称为一个**意志**。但从另一方面，它也意识到自己是感官世界的一个部分，在感官世界中，它的行为被发现仅仅是那种因果性的显象；但它的行为的可能性却不能从我们并不认识的这种因果性中看出，而是这些行为必须被视为由其他显象亦即欲望和偏好来规定的，被视为属于感官世界的。因此，仅仅作为知性世界的成员，我的一切行为都会完全符合纯粹意志的自律原则；仅仅作

为感官世界的部分，我的一切行为都会必然被认为完全符合欲望和偏好的自然法则，从而符合自然的他律（前者会基于道德的最高原则，后者会基于幸福的最高原则）。但是，由于**知性世界包含着感官世界的根据，从而也包含着感官世界的法则的根据**，因而就我的意志（它完全属于知性世界）而言是直接立法的，从而也必须被设想为这样的知性世界，所以，我将把自己认做理智，虽然在另一方面如同一个属于感官世界的存在者，但仍然服从知性世界的法则，也就是说服从在自由的理念 〔454〕
中包含着知性世界的法则的理性，因而服从意志的自律，所以就必须把知性世界的法则对我来说视为命令式，把合乎这一原则的行为视为义务。

这样，定言命令式就是可能的，之所以如此，乃是因为自由的理念使我成为一个理知世界的成员；因此，如果我只是这样一个成员，我的一切行为就**会**在任何时候都符合意志的自律；但既然我同时直观到自己是感官世界的成员，所以这些行为**应当**符合意志的自律；这个**定言的**应当表现出一个先天综合命题，之所以如此，乃是因为在我被感性欲望所刺激的意志之外，还加上了同一个意志的理念，但这同一个意志却是属于知性世界的、纯粹的、对于自身来说实践的。在理性看来，它包含着前一个意志的最高条件；这大约就像是给感性的直观加上本身只不过意味着一般而言的法则形式的知性概念，并且因此使对自然的一切知识所依据的先天综合命题成为可能。

普通的人类理性的实践应用证实了这一演绎的正确性。任何人，哪怕是最坏的恶棍，只要他在通常情况下习惯于运用理性，当我们向他举出心意正直、坚定地遵守善的准则、同情和普遍仁爱（为此还与利益和适意的巨大牺牲相结合）的榜样时，他都不会不期望自己也会这样思想。但是，他可能只是由于自己的偏好和冲动而在自身做不到这一点，尽管如此他还是期望摆脱这样令他自己厌烦的偏好。因此，他由此证明：他凭借一个摆脱了感性冲动的意志，在思想上把自己置入事物的一个完全不同的秩序之中，与他的欲望在感性领域中的秩序完全不同，因为他不能从那个愿望期待欲望的任何满足，从而不能期待任何一种使它的某一个实际的或者可设想的偏好得到满足的状态（因为那样的话，就连使他产生愿望的理念也会失去其优越性），而是只能期待他的人格的一种更大的内在价值。但
〔455〕是，当他把自己置于知性世界的一个成员的立场上时，他相信自己就是这个更善的人格。自由、亦即对感官世界的**规定**原因的独立性的理念迫使他不得不这样做，而且在这个立场上，他意识到一个善的意志。据他自己所承认，这个善的意志构成其作为感官世界的成员的恶的意志的法则；当他逾越这一法则时，他就知道了这一法则的威望。因此，这个道德的应当是他自己作为理知世界的成员的必然意欲，而且只是就他同时把自己视为感官世界的一个成员而言，才被他设想为应当。

论实践哲学的最后界限

一切人都设想自己在意志上是自由的。由此形成关于一些行为是尽管**不曾发生过**、但却**应当发生**的行为的一切判断。尽管如此，这种自由仍不是经验概念，也不可能是经验概念，因为即使经验显示出在自由的前提条件下被表现为必然的那些要求的对立面，这一概念仍然始终不变。另一方面，凡是发生的事情都不可避免地按照自然法则被规定，这同样是必然的，而且这种自然必然性也不是经验概念，之所以如此，乃是因为它带有必然性的概念，从而带有一种先天知识的概念。但是，关于一个自然的这一概念被经验所证实，而且如果经验亦即感官对象依照普遍法则联系起来的知识应当是可能的，这一概念就

甚至不可避免地必须被预设。因此，自由只是理性的一个**理念**，其客观实在性就自身而言是可疑的，但自然却是一个**知性概念**，它借经验的实例证明、且必须必然地证明自己的实在性。

如今，尽管由此产生理性的一种辩证法，其中就意志而言，被归于它的自由看起来与自然必然性相矛盾，而且在这个岔路口，理性**在思辨方面**发现自然必然性的道路比自由的道路要更为平坦和适用得多，但是，**在实践方面**，自由的小径却是惟一使得有可能在我们的所作所为方面运用其理性的道路；因此，最精妙的哲学与最普通的人类理性一样，都不可能用玄想 〔456〕
除去自由。所以，人类理性必须假定：在同一些人类行为的自由和自然必然性之间，并没有真正的矛盾，因为人类理性既不能放弃自然的概念，也同样不能放弃自由的概念。

然而，即使人们绝不能理解自由如何可能，也必须至少以令人信服的方式消除这种表面的矛盾。因为如果甚至自由的思想也与自己或者与同样必然的自然相矛盾，那么，自由就必须相对于自然必然性而完全被放弃。

但是，如果自认为自由的主体，在自称为自由的时候，与就同一个行为而言认为自己服从自然法则的时候相比，是**在同样的意义上**或者**在同一种关系中**来设想自己，那么，要避开这种矛盾就是不可能的。因此，思辨哲学的一项不容推卸的任务就是：至少指明，它关于矛盾的幻觉乃是基于，当我们说人有自由的时候，与我们认为人作为自然的部分而服从自然的这些法则的时候相比，我们是在另一种意义上和另一种关系中设想人的；二者不仅**能够**很好地共存，而且必须被设想为在同一主体中**必然地结合在一起**，因为若不然，就不能说明我们何以要用一个理念来烦扰理性的理由；这个理念尽管与另一个得到充分证明的理念可以**毫无矛盾地**相结合，但却把我们卷入一件使理性在其理论应用中陷入极度窘困的工作。但是，这一义务仅仅属于思辨哲学，以便它为实践哲学扫清道路。因此，哲学家是要清除这个表面上的冲突，还是要使它原封不动，这是由不得他的；因为在后一种情况下，有关的理论就是 bonum vacans［无主的财产］，宿命论者就能够理所当然地占有这笔财产，把一切道德逐出它们不合法地占有的自以为的财产。

然而，在这里还不能说，实践哲学的界限到了。因为对争执的那种调解根本不是实践哲学的事情，而是实践哲学仅仅要
〔457〕求思辨理性结束它在理论问题上自己卷入的纷争，以便实践理性享有宁静和安全，免受可能对它想在上面定居的土地向它提出争议的外来攻击。

但是，甚至普通的人类理性对意志自由的合法要求，也基于对理性独立于纯然主观的规定原因的意识和得到承认的预设，这些主观的规定原因全都构成了仅仅属于感觉、从而属于感性这个普遍名称之下的东西。以这样的方式把自己视为理智的人，在把自己设想为赋有一个意志、因而赋有因果性的理智的时候，与他知觉到自己如同感官世界中的一个现象（他也确实是这样一个现象）、并在外在规定方面使其因果性服从自然法则的时候相比，把自己由此置入一个不同的事物秩序，置入与完全不同种类的规定根据的关系中。现在，他马上意识到，这二者能够同时成立，甚至必须同时成立。因为说一个**显象中的事物**（它属于感官世界）服从某些法则，而同一个事物作为**物自身**或者存在者自身独立于这些法则，这并不包含丝毫矛盾；但是，说他必须以这种双重的方式表现和设想自己，就前者而言，这基于对他自己作为通过感官受刺激的对象的意识；就后者而言，这基于对他自己作为理智的意识，亦即意识到自己在理性应用中独立于感性的印象（从而属于知性世界）。

由此就得出：人认为自己有一个意志，这个意志不为任何

仅仅属于他的欲望和偏好的东西负责；与此相反，他把只能不顾一切欲望和感性引诱而发生的行为设想为因自己而可能的，甚至设想为必然的。这些行为的因果性存在于作为理智的他里面，存在于遵照一个理知世界的原则的作用和行为的法则之中。他对于这个理知世界仅仅知道：在它里面，惟有理性，而且是纯粹的、独立于感性的理性在立法；此外，既然他在那里只是作为理智才是真正的自我（与此相反，作为人只是他自己的显象），所以那些法则是直接地和定言地关涉他，以至于偏好和冲动（从而感官世界的整个自然）的引诱不可能对作为理智的他的意欲的法则有任何损害，甚至他也不为这些偏好和冲 〔458〕
动负责，不把它们归于自己的自我，亦即不把它们归于他的意志，但当他容许它们影响他的准则而损及意志的理性法则时，却把他对它们可能怀有的宽容归于意志。

实践理性根本没有因为**设想**自己进入一个知性世界而逾越自己的界限，但当它想**直观**、**感觉**自己**进入**其中的时候，它就逾越了自己的界限。就不在规定意志方面给理性立法的感官世界而言，前者只是一个消极的思想，而且惟有在下面这一点上才是积极的，即作为消极规定的那种自由同时与一种（积极的）能力，甚至与理性的一种我们称为意志的因果性结合在一起，也就是如此行动，使行为的原则符合一个理性原因的本质性状，亦即符合准则作为一个法则的普遍有效性的条件。但如果实践理性还从知性世界索取一个**意志的客体**，亦即一个动因，那么，它就逾越了自己的界限，妄想认识某种它一无所知的东西。因此，一个知性世界的概念只是一个**立场**，理性发现自己被迫在显象之外采取这一立场，以便**把自己设想成为实践的**；而如果感官世界的影响对人是决定性的，这件事就会是不可能的；但是，如果不否认人会意识到自己是理智，从而是理性的、通过理性活动的、亦即自由地起作用的原因，这件事就是必然的。当然，这一思想造成了另一种秩序和立法的理念，不同于涉及感官世界的自然机械作用的秩序和立法，并且使一个理知世界的概念（也就是说，理性存在者的整体，作为物自身）成为必要，但除了仅仅依照它的**形式**条件，亦即依照意志的准则作为法则的普遍性，从而依照惟有凭借意志自由才能存在的意志自律去设想它之外，没有丝毫妄想走得更远；与此相反，一切被规定在一个客体之上的法则都产生他律，而他律只能在自然法则那里发现，也只涉及感官世界。

但在这种情况下，如果理性胆敢去**说明**纯粹理性如何能够
〔459〕是实践的，它就逾越了自己的所有界限，这与说明**自由如何可能**的任务完全是一回事。

因为我们所能够说明的，无非是我们能够回溯到这样一些法则的东西，这些法则的对象能够在某一个可能的经验中被给予。但是，自由是这样一个理念，它的客观实在性不能以任何方式按照自然法则来阐明，从而也不能在任何可能的经验中被阐明。因此，由于它本身绝不能按照任何一种类比来配上一个实例，所以它绝不能被理解，哪怕是仅仅被了解。它只是被视为理性在一个存在者里面的必要预设，这个存在者相信自己意识到一个意志，亦即一个与纯然的欲求能力还有区别的能力（也就是说，作为理智、从而按照理性的法则、独立于自然本能而规定自己去行动的能力）。但是，在依照自然法则的规定终止的地方，一切**说明**也就终止了；剩下的就只有**捍卫**，亦即排除那些自称更深入地看到事物的本质、且因此大胆地宣布自由不可能的人们的反驳。人们只能向他们指出，所谓由他们在其中揭示的矛盾不在别的任何地方，而仅仅在于：在他们为了使自然法则在人的行为方面有效而必须把人视为显象的时候，并且在人们要求他们应当把作为理智的人也设想为物自身的时候，他们却一直在把人的因果性（亦即人的意志）与感官世界

的一切自然法则分离开来将在同一个主体身上出现矛盾的地方，依然把人视为显象；但如果他们愿意想一想，并且依照情理承认，在显象背后毕竟必然有事物自身（尽管是隐秘地）作为基础，关于事物自身的作用法则，人们不能要求它们与其显象的作用法则是一回事，那么，这种矛盾就消除了。

在主观上不可能**说明**意志自由，与不可能发现和解释人对道德法则能够有的**兴趣**①，这二者是一回事；尽管如此，人对 〔460〕
道德法则实际上还是有一种兴趣。我们把这种兴趣在我们里面的基础称为道德情感，它曾被一些人错误地说成是我们的道德判断的标准，其实，它必须被视为法则对意志施加的**主观**作用，惟有理性才为它提供客观根据。

要想实现惟有理性才去规定受感性刺激的理性存在者应当做的事情，当然还需要理性的一种能力，来**引起**对履行义务的一种**愉快**或者满意的**情感**，因而需要理性的一种因果性，来依照理性的原则规定感性。但是，要看出一个本身不包含任何感性成分的纯然思想如何产生一种愉快或者不快的感觉，亦即先

① 兴趣就是理性由之而成为实践的、亦即成为一个规定意志的原因的那种东西。因此，人们只能说一个理性存在者对某种东西有一种兴趣，而无理性的造物则仅仅感觉到感性的冲动。惟有在行为的准则的普遍有效性是意志的一个充分的规定根据的情况下，理性才对行为有一种直接的兴趣。惟有这样一种兴趣才是纯粹的。但是，如果理性惟有凭借另一个欲求客体、或者在主体的一种特殊情感的前提条件下才能规定意志，那么，理性对行为就只有一种间接的兴趣；而既然理性离开了经验，单凭自己既不能发现意志的客体，也不能发现一种作为意志的根据的特殊情感，所以这种间接的兴趣就只是经验性的，不能是纯粹的理性兴趣。理性的逻辑兴趣（为促进其见识）绝不是直接的，而是以其应用的意图为前提条件的。

天地使之可以理解，这是完全不可能的；因为这是一种特殊的因果性，对于它，和对于所有的因果性一样，我们根本不能先天地规定任何东西，而是为此必须仅仅请教经验。但是，既然经验只能提供两个经验对象之间的因果关系，而在这里纯粹理性应当仅凭理念（理念根本不为经验提供任何对象）而是一个当然存在于经验之中的结果的原因，所以，**作为法则的准则的普遍性**、从而道德如何以及为什么使我们感兴趣，其说明对于我们人来说是完全不可能的。只有一点是肯定的：法则之所以对我们具有效力，并不是**因为它引起兴趣**（因为这是他律，是
〔461〕实践理性对感性的依赖，也就是说，是实践理性对一种作为根据的情感的依赖，此时实践理性绝不能在道德上是立法的），而是它之所以引起兴趣，乃是因为它对我们人有效，因为它产生自作为理智的我们的意志，从而产生自我们真正的自我；**但是，凡是属于纯然显象的东西，都必然被理性置于事物自身的性状之下**。

因此，一个定言命令式如何可能，这个问题虽然可以回答到如此程度，即人们能够指出它惟有在其下才有可能的惟一前提条件，亦即自由的理念，此外人们也能看出这个前提条件的必然性；这对于理性的**实践应用**，亦即对于确信**这个命令式的有效性**，从而也确信道德法则的有效性来说，是足够的。而这个前提条件本身如何可能，却是人类理性无法看出的。但是，在一个理智的意志自由的前提条件下，其意志的**自律**，作为意志惟有在其下才能被规定的形式条件，是一个必然的结论。预设意志的这种自由，也不仅仅（不会与感官世界的显象之联结中的自然必然性原则陷入矛盾）是完全可能的（如思辨哲学所能够显示），而且也在实践上，亦即在理念中，把这种自由作为条件加给意志的所有任性的行为，对于一个意识到自己凭借理性的因果性、从而意识到一个意志（意志与欲求有别）的理

性存在者来说，无须进一步的条件就是**必然的**。但是，纯粹理性如何能够无须其他无论取自别的什么地方的动机，单凭自己就是实践的？也就是说，单是**其一切准则作为法则的普遍有效性的原则**（这当然会是一种纯粹实践理性的形式），如何能够无须意志的一切让人们可以事先有某种兴趣的质料（对象），单凭自身就提供一种动机，并且造成一种会被称为纯粹**道德上的**兴趣？或者换句话说，**纯粹理性如何能够是实践的**？一切人类理性都没有能力对此作出说明，试图对此作出说明的一切辛苦和劳作都是白费力气。

如果我试图探究自由本身作为一个意志的因果性如何可能，情况也恰恰如此。因为在这里，我舍弃了哲学的说明根据，并且没有别的说明根据。如今，我虽然能够在还给我保留 〔462〕
的理知世界中、在诸理智的世界中游荡，但是，尽管我对它有一个理由充足的理念，我却对它毕竟没有丝毫**知识**，而且无论我的自然理性能力如何努力，我也绝不能达到这种知识。它仅仅意味着一个某物，当我只是为了限制出自感性领域的动因的原则，而把属于感官世界的一切都从我的意志的规定根据中排除掉之后，就剩下了这个某物；我这样做，乃是通过限定感性领域，并且指出：它并没有把一切都包括在自身之内，而是在它之外还有其余的东西；但我对这个其余的东西却没有进一步的认识。设想这个理想的纯粹理性，在去除一切质料亦即客体的知识之后，剩给我的无非是形式，亦即准则的普遍有效性的实践法则，以及依照这一法则，与一个纯粹的知性世界相关，把理性设想成为可能的作用因，亦即设想成为规定意志的原因。在这里，必须完全不存在动机；一个理知世界的这一理念本身就必须是动机，或者是理性原初感兴趣的东西。但是，使这一点可以理解，恰恰是我们不能解决的课题。

如今，这里就是一切道德研究的最高界限；但是，仅仅为了如下的目的，规定这一界限就已经是极为重要的事情了：一方面，它使理性不致以一种有损道德的方式在感官世界里到处寻找最高的动因和一种虽可理解、但却是经验性的兴趣；而另一方面，它使理性也不致在对它来说空洞的、名为理知世界的超验概念之空间中无力地鼓动翅膀，而在原地不动，并迷失在幻象之中。此外，我们本身作为理性存在者（尽管在另一方面同时是感官世界的成员）属于一个纯粹的知性世界，这个纯粹的知性世界，作为一切理智的一个整体，其理念为了一种理性的信仰起见，即便一切知识都终止在这个理念的界限上，也始终是一个有用的并且容许的理念，这为的是凭借**目的自身**（理性存在者）的一个普遍王国的庄严理想，在我们里面造成一种对道德法则的强烈兴趣。我们惟有认真地按照自由的准则行
〔463〕事，就好像这些准则就是自然的法则似的，才能作为成员属于这个王国。

结束语

理性**在自然方面**的思辨应用导向**世界**的某个最高原因的绝对必然性；理性**在自由方面**的实践应用也导向绝对必然性，但却仅仅是一个理性存在者本身的**行为法则**的绝对必然性。如今，我们的理性的一切应用的一个根本原则，就是把它的知识一直推进到对其**必然性**的意识（因为没有这种必然性，它就不成其为理性的知识）。但是，这同一理性也有一种同样根本的**限制**，即它既不能看出存在着的或者发生着的东西的**必然性**，也不能看出应当发生的东西的**必然性**，除非以一个**条件**作为根据，那东西在这个条件下存在或者发生或者应当发生。但以这样的方式，由于不断地追问条件，理性的满足就只会一直推迟下去。因此，理性不遗余力地寻求无条件必然的东西，发现自

己被迫假定它，却没有任何办法使自己可以理解它。只要理性能够发现与这个预设相容的概念，它就够幸运了。因此，我们对道德性的最高原则的演绎是无可指摘的，倒是有一种人们必然对一般人类理性提出的指责，即它不能使一个无条件的实践法则（诸如此类的法则必须是定言命令式）在其绝对必然性上可以理解；因为理性不想通过一个条件、亦即凭借某种被当做根据的兴趣来这样做，这倒不能责怪它，因为在这种情况下，这法则就会不是道德法则了，亦即不是自由的最高法则了。所以，我们虽然不理解道德命令式的实践的无条件必然性，但我们毕竟理解其**不可理解性**。这就是能够合理地对一门力求在原则中达到人类理性的界限的哲学所要求的一切。

伊曼努尔·康德

1786年

自然科学的形而上学初始根据

1786 年

自然科学的形而上学初始根据

伊曼努尔·康德硕士

李秋零 译

前言 〔467〕

如果仅仅在**形式的**意义上来看自然这个词，由于它意味着属于一个事物的存在的一切东西的内在第一原则①，所以有多少种类上不同的事物，其中每一种事物都必然包含着自己属于其存在的种种规定的独特内在原则，那也就有多少门自然科学。但此外，自然还被在**质料的**意义上来看，不是作为一种性状，而是作为一切事物的总和，这是就它们能够是**感官的对象**、从而也是经验的对象而言的。所以自然被理解为一切显象的整体，亦即除一切非感性的客体之外的感官世界。于是，在该词的这种意义上看的自然，按照我们的感官的主要差异就有两大部分，一部分包括**外**感官的对象，另一部分包括**内**感官的对象，从而关于自然就可能有一种双重的自然学说，即**物体学说**和**灵魂学说**，其中前者考察的是**有广延的**自然，后者考察的是**能思维的**自然。

任何一种学说，如果它是一个**体系**，亦即是一个按照原则来整理的知识整体的话，那就叫做科学。而既然那些原则要么可以是知识在一个整体中的**经验性**联结的原理，要么是其**理性**
联结的原理，所以，如果不是理性从自然的联系中得来的一种 〔468〕
知识要配得上自然科学这一称号，**自然**这个词（因为该词表示从事物的内在**原则**导出属于事物存在的杂多）就要使它成为必然的，则自然科学，无论是物体学说还是灵魂学说，本来会必

① 本质是属于一个事物的可能性的一切东西的内在第一原则。因此，人们可以把一种本质归于几何图形，但却不可把一种自然归于它们（因为在它们的概念中没有任何表达一个存在的东西被思维）。

须划分成为**历史的**自然科学和**理性的**自然科学。因此，自然学说可以更好地划分为**历史的自然学说**和自然科学，前者所包括的无非是自然事物经系统整理的事实（而它又可以由**自然的描述**和**自然史**组成，前者是自然事物按照类似性的一个分类体系，后者是自然事物在不同的时间和地点的一种系统展示）。于是，自然科学又会要么是**本真地**如此称谓的自然科学，要么是**非本真地**如此称谓的自然科学，其中前者完全按照先天原则来对待自己的对象，后者则按照经验规律来对待自己的对象。

惟有其确定性无可置疑的科学才能被称为**本真的**自然科学；只能包含经验性的确定性的知识，是一种仅仅非本真地如此称谓的**学识**。知识成系统的整体因为是成系统的，就已经可以叫做**科学**了，而如果知识在一个体系中的联结是根据与后果的联系，它就甚至可以叫做**理性的**科学。但如果在科学中，例如在化学中，这些根据或者原则归根结底只不过是经验性的，而理性说明被给予的事实由以出发的规律只不过是经验规律，那么，它们就不带有对自己的**必然性**的意识（就不是无可置疑地确定的），而在这种情况下，这个整体在严格的意义上就不配一门科学的称号，因而化学与其叫做科学，倒不如叫做系统的技艺。

因此，一种理性的自然学说，惟有当在它里面作为根据的自然规律被先天地认识，而不仅仅是经验规律的时候，才配得上一门自然科学的称号。人们把前一种自然知识称为**纯粹的**；而后一种自然知识则被称为**应用的**自然知识。既然自然一词自身已经带有规律的概念，而这个概念又带有一个事物的所有属于其存在的一切规定之**必然性**的概念，所以人们轻而易举地就
〔469〕看出，为什么自然科学必须仅仅从它的一个纯粹部分，亦即包含着其他一切自然解释的先天原则的部分中导出这种称谓的合法性，并且惟有凭借这个纯粹的部分才是本真的科学。同样，按照理性的要求，任何自然学说归根结底都必须通向自然科学并在其

中完成自身，因为规律的那种必然性与自然的概念是不可分割地相联系的，因而是绝对要了解的；所以，从化学原则出发对某些显象所作的完备解释总还是留下一种缺憾，因为人们从这些是仅仅由经验所教导的偶然规律的原则中不能先天地引证任何根据。

因此，一切**本真的**自然科学都需要一个**纯粹的**部分，在它上面可以建立起理性在它里面所寻找的那种无可置疑的确定性。而由于这个部分就其原则而言与仅仅是经验性的那些部分相比是完全不同类的，所以就方法而言，把那个部分分离出来，完全不与别的部分混杂，尽可能在其全部完备性中加以阐明，以便能够精确地规定理性可以为自己提供什么，以及它的能力在什么地方开始需要经验原则的帮助，是极为有益的，而且就事实的本性而言甚至是不可推卸的义务。仅仅出自**概念**的纯粹理性知识叫做纯粹哲学或者形而上学；与此相反，凭借在一种先天直观中展现对象而把自己的知识仅仅建立在概念的**构想**之上的理性知识，则被称为数学。

可以**本真地**如此称谓的自然科学首先以自然的形而上学为前提条件；因为属于一个事物的存在的东西，其必然性的规律亦即原则所关涉的是一个不能被构想的概念，原因在于存在不能在任何先天直观中展示出来。因此，本真的自然科学以自然的形而上学为前提条件。于是，自然的形而上学虽然在任何时候都必须包含非经验性的纯粹原则（因为它正因为此才拥有一种形而上学的称号），但毕竟**要么**它可以干脆不与任何确定的经验客体相关，从而对感官世界的这一事物或者那一事物来说不确定地探讨一般地使得一个自然的概念成为可能的那些规律，而在这种情况下就有了自然的形而上学的**先验**部分；**要么**它研究这一类或者那一类已经有了一个经验性概念的事物的一 〔470〕
种特殊本性，但除了包含在这个概念中的东西之外，并不把任何别的经验性原则用于对这种本性的知识（例如，它把一种物质或者一种能思维的存在者的经验性概念当做基础，并寻求理性关于这些对象先天地能够拥有的知识的范围)；而在这时，这样一门科学还总是必须叫做自然的、亦即形体的自然或者能思维的自然的形而上学，但这样一来就不是一般的、而是特殊的形而上学的自然科学（物理学和心理学)，其中那些先验原则被运用于我们感官的这两类对象上。

但我主张，在任何特殊的自然学说中，所能发现的**本真的**科学和在其中能发现的**数学**一样多。因为按照前面所说的，本真的科学，尤其是本真的自然科学，要求一个纯粹的部分，来作为经验性的部分的基础，并且先天地以对自然事物的知识为依据。如今，先天地认识某种东西，也就是从它的纯然可能性出发认识它。但一定的自然事物的可能性不能从它们的纯然概念出发来认识；因为从这些概念出发虽然可以认识思想的可能性（思想不自相矛盾)，但却不能认识作为能够在思想之外被给予的（实存着的）自然事物的客体的可能性。因此，为了认识一定的自然事物的可能性，从而为了先天地认识这些自然事物，就还要求被给予与概念相应的先天**直观**，亦即要求概念被构想。现在，由概念的构想而来的理性知识就是数学的。因此，虽然一种一般而言的纯粹自然哲学，亦即仅仅研究总的来说构成一个自然概念的东西的自然哲学，没有数学也是可能的，但关于一定自然事物的一种纯粹的自然学说（物体学说和灵魂学说）却惟有凭借数学才是可能的。而且既然在任何自然学说中所发现的本真的科学与存在于其中的先天知识一样多，所以自然学说所包含的本真的科学就与其中能运用的数学一样多。

因此，对于物质相互之间的化学作用来说，只要还没有找
〔471〕出可以构想的概念，亦即只要还不能给出各部分相互接近和分离的规律，按照这规律，可以在其密度以及诸如此类的东西的关系中，在空间中先天地使其运动及其结果直观化并予以展示

(这是一个很难每次都被满足的要求)，那么，化学就只能成为系统的技艺或者实验学说，但绝不能成为本真的科学，因为化学的原则仅仅是经验性的，不允许在直观中的先天展示，因而一点也不能使人就其可能性而言来理解化学现象的原理，因为它们不能作数学的应用。

但是，与化学相比，经验性的灵魂学说在任何时候都必须与一种可以本真地如此称谓的自然科学的地位保持更远的距离。这首先是因为数学不能运用于内感官的现象及其规律，人们必然在这些现象的内部变化之流中只想考虑**常驻性的规律**，但这会是知识的一种扩展，这种扩展与数学为物体学说所造成的扩展的关系，大约相当于关于直线的属性的学说与整个几何学的关系。因为要在其中构想灵魂显象的纯粹内直观是时间，而时间只有**一个**维度。但是，它就连作为系统的分析技艺或者实验学说而接近化学也不能，因为在它里面，内部观察的杂多惟有通过思想的划分才能彼此分离，但不能保持分离，也不能任意地重新联结起来，更不能让另一个能思维的主体屈从于适合我们的意图的试验，而且观察自身就已经改变和歪曲了被观察对象的状态。因此，灵魂学说绝不能超出内感官的一种历史的自然学说，并且作为这样的学说而成为尽可能系统化的自然学说，亦即成为对灵魂的一种自然描述，但绝不是灵魂的科学，甚至连成为心理学的实验学说也不能；这也正是我们按照通常的用法把自然科学这一普遍的称号，用为真正说来所包含的是物体学说之原理的这部著作的标题的原因，因为在本真的意义上惟有这种称谓才适宜于它，所以不会引起歧义。

但是，为了使数学有可能运用于惟有通过这种运用才能够 〔472〕
成为自然科学的物体学说，就必须预先准备好属于一般而言物质的那些概念的**构想**的原则，因此，必须把对一般而言的物质概念的完备分析作为基础，这是纯粹哲学的一项工作。纯粹哲学为此目的不是利用特殊的经验，而仅仅（按照在本质上已经与一般而言的自然概念相联系的规律）与空间和时间中的纯直观相关而利用它在分离出来的（虽然就自身而言是经验性的）概念本身中所发现的东西，因而它是一种真正的**形体自然的形而上学**。

因此，一切在其研究中以数学方式行事的自然哲学家，在任何时候（尽管没有自觉到）都利用了并且必须利用形而上学的原则，尽管他们通常郑重地反对形而上学对其科学性的一切要求。毫无疑问，他们认为这种科学性是妄想，是随意地臆想出种种可能性，是玩弄一些也许根本不能在直观中展示出来的概念，这些概念除了它们只是不自相矛盾之外，不拥有其客观实在性的任何别的信任状。一切真正的形而上学都是出自思维能力自身的本质，决不因为它们不是取自经验就是虚构的，而是包含着思维的纯粹活动，因而包含着先天的概念和原理，这些先天的概念和原理首先将**经验性表象**的杂多置入合规律的联结之中，由此这种杂多才可能成为**经验性的知识**，亦即经验。因此，那些数学的物理学家根本不能缺少形而上学原则，而且在这些原则中也不能缺少使他们的本真对象，亦即物质先天地适宜于运用到外部经验之上的那些原则，亦即运动、空间的充实、惯性等概念。但他们只承认经验性的原理在这方面有效，因而有理由认为其不符合他们要给予自己的自然规律的那种无可置疑的确定性，所以他们宁可设定这些规律，而不去研究它们的先天源泉。

但是，对于科学的利益来说极为重要的，是把不同类的原
〔473〕则彼此分离开来，把每一类原则置入一个特殊的体系，使它们构成一门自成其类的科学，以便由此防止可能由混杂而产生的不确定性，因为人们并不能清楚地分辨，有时是限制，有时还是在应用这些原则时可能产生的混乱，要归咎于这两类原则中的哪一类。为此缘故，我认为有必要从形而上学构想和数学构想经常在其中犬牙交错的自然科学的纯粹部分（physica gene-

ralis [一般物理学]) 中，把前一种构想连同这些概念的构想原则，从而把一种数学的自然学说本身的可能性的原则展示在一个体系中。这种分离除了上面已经提到的它所带来的好处之外，还有知识的统一性本身带有的一种特殊的魅力，如果人们要防止科学的界限相互僭越，而要它们各守自己的本分的话。

还可以充当这种行事方式的第二个赞扬理由的是：在一切叫做形而上学的东西中，都可以希望有科学的**绝对完备性**，人们不可以在其他任何种类的知识中期待诸如此类的完备性，因而正像在一般而言的自然形而上学中那样，也能够在这里有把握地期待形体自然的形而上学的完备性；其原因在于，在形而上学中，对象是如其必须仅仅按照思维的普遍规律来表现的那样被考察的，而在其他科学中，对象则是如其必须按照直观（既有纯直观，也有经验性的直观）的材料来表现的那样被考察的，这是因为，由于对象在形而上学中任何时候都必须与思维的**所有**必然规律相比较，所以形而上学就必须给出种种知识的一个可以穷尽的确切数目，而由于其他科学呈现出直观（纯直观或者经验性的直观）的一种无限的杂多性，因而也呈现出思维的客体的一种无限的杂多性，所以绝不能达到绝对的完备性，而是能够被无限地扩展；例如纯数学和经验性的自然学说。我也相信，这种形而上学的物体学说只要总是在扩展，就将被完备地穷尽，但由此毕竟未曾产生出伟大的成果。

但是，一个形而上学体系，无论是一般而言的自然的形而上学体系，还是特殊而言的形体自然的形而上学体系，其完备性的图型就是范畴表。① 因为没有更多的纯粹知性概念能够涉 〔474〕

① 在《文汇报》第 295 期上关于乌尔利希教授先生的《逻辑学和形而上学准则》的评论中，我发现了一些怀疑，它们不是针对这个纯粹知性概念表，而是针对从中得出的关于

全部纯粹理性能力、因而也是一切形而上学的界限规定的那些推论的。在这些怀疑中，研究深入的评论家声称与他的并不更少审慎的作者是一致的，而且由于这些怀疑应当是直接涉及我在《纯粹理性批判》中提出的体系的主要基础，所以它们似乎就成了这个体系就其主要目标而言还远远不具备无可置疑的信服的原因，而要迫使人不受限制地接受，就需要这样的信服；据说，这个主要基础就是我部分地**在《批判》中**，部分地**在《导论》中**陈述的纯粹知性概念的演绎，而这个演绎在《批判》的那个恰恰必须最清晰的部分里却是最模糊的，或者干脆就是在兜圈子，等等。我对这些指责的回答只针对其要点，也就是说，**没有对范畴的一种完全清晰和令人满意的演绎**，《纯粹理性批判》的体系在其基础上就会是不稳固的。与此相反，我断言，对于赞同我的命题（即我们的一切直观都是感性的；作为从一般而言的判断的逻辑功能中借取来的对我们的意识的规定，范畴表是充分的）的人（正如评论家也会做的那样）来说，《批判》的体系必然带有无可置疑的确定性，因为它建立在这样一个命题之上：**我们的理性的全部思辨应用绝不能达到比可能经验的对象更远的地方**。因为如果能够证明，理性在其一切知识中都必须使用的那些范畴，除了仅仅与经验的对象相关之外，不可能有任何别的应用（因为它们在经验中仅仅使思维的形式成为可能），那么，对范畴**如何**使思维的形式成为可能这个问题的回答，虽然对于尽可能**完成**这个演绎来说是足够重要的，但与体系的主要目的亦即纯粹理性的界限规定相关却绝对不是**必要的**，而仅仅是**值得赞扬的**。因为在这种意图中，只要演绎表明，上述范畴就其被运用于直观（直观在我们这里永远只是感性的）而言，无非是纯然的判断形式，但由此就首次获得了客体并成为知识，那么，演绎就已经进行得**足够远了**；因为这就已经足以完全可靠地把本真的批判的整个体系建立在这上面了。牛顿的万有引力体系就是这样确立的，尽管它自身带有困难，即人们不能说明超距吸引如何可能；但**困难并不是怀疑**。因此，我将从已得到承认的东西出发来证明，我的体系的那个主要基础即便没有对范畴的完备演绎也是成立的：

1. **已得到承认的是：**范畴表完备地包含着一切纯粹知性概念，同样包含着判断中一切形式的知性活动，它们是从这些判断导出的，而且除了通过知性概念就判断的一种功能或者另一种功能而言把一个客体思考为**确定的**之外，也没有任何区别（例如，在**"石头是硬的"**这一定言判断中，就是这样把**石头**用做主词，把**硬**用做谓词，但对于知性来说，把这些概念的逻辑功能加以替换而说：一些硬的东西是石头，这是随便的；与此相反，如果我**在客体中**把这设想成为**确定的**，即**石头**必须在一个对象、而不是纯然概念的任何可能规定中被仅仅设想为主词，而硬则必须被仅仅设想成为谓词，那么，同一些逻辑功能就成为关于客体的**纯粹知性概念**，亦即**实体**和**偶性**)。

2. **已得到承认的是：**知性由于其本性而带有先天综合原理，它凭借这些原理而把可能给予它的一切对象都置于那些范畴之下，从而也必然有包含着为运用那些纯粹知性概念所需要的条件的先天直观，**因为没有直观就没有**使作为范畴的逻辑功能能够得到规定的**客体**，从而也就没有对任何一个对象的知识，因此，没有纯直观也就没有先天地在这一意图中规定知识的原理。

3. **已得到承认的是：**这些纯直观绝不能是某种别的东西，只能是外部感官或者内部感官的**显象**的纯然形式（空间和时间)，因而仅仅是**可能经验的对象**。

由此得出：纯粹理性的一切应用绝不能关涉别的东西，只能关涉经验的对象；而且由于在先天原理中没有任何经验性的东西能够是条件，所以这些先天原理只能是一般而言的**经验的可能性**的原则。惟有这一点，**才**是纯粹理性的界限规定的真实而充足的基础，但它并不是如下问题的解决：经验是**如何**凭借那些范畴并且仅仅通过它们而可能的呢？虽然即便是没有这一问题的解决，大厦也是稳固的，但这一问题却极为重要，而且如我现在所看出，它也是极为简单的，因为通过从某个一般而言的**判断**（一个活动，通过它，被给予的表象才成为对一个客体的知识）的精确规定的定义得出一个惟一的结论，差不多就可以使它得到解决。我并不否认在演绎的这个部分中与我以前的讨论相联系的那种模糊，它应当归咎于知性在进行探究时的通常命运，对于知性来说，它所发现的第一条道路往往不是最短的道路。因此，我将抓住最切近的机会来弥补这个缺陷(即使它仅仅与阐述方式相关，而与那里已正确地给出的说明根据无关)，不让这位思想敏锐的评论家被置入肯定使他自己感到不快的必然性，即由于显象与知性规律尽管有完全不同的源泉，却具有惊人的一致，而去乞灵于一种前定的和谐；这是一种比它应当补救的那种弊病更为糟糕得多的补救办法，而且它实际上也不能补救任何东西。因为在这种前定和谐上产生的毕竟不是表现出纯粹知性概念（以及它们运用于显象之上的原理）的特征的那种**客观必然性**，例如在与结果相联结的原因概念中，而是一切都保持为仅仅**主观上必然的**、而客观上仅仅偶然的拼凑，恰如**休谟**在把它称为纯然来自习惯的欺骗时想说的那样。世上也没有一个体系能够从别的地方引出这种必然性，除非是从**思维本身**的可能性的那些先天地作为根据的原则中，惟有通过这些原则，其显象被给予我们的那些客体的知识，亦即经验，才成为可能；而且即使经验**如何**由此才成为可能的那种方式永远不能得到充分的说明，但经验惟有通过那些概念才是可能的，而且反过来，那些概念也不能在任何别的关系中，而惟有在与经验的对象的关系中才能有一种意义和任何一种应用，这却毕竟依然是无可置疑地确定的。

〔475〕及事物的本性。在四组纯粹知性概念，亦即量、质、关系、最后还有模态的纯粹知性概念之下，必然也可以置入一般而言物〔476〕质的普遍概念的一切规定，因而也可以置入关于物质能够先天地思维的、在数学的构想中展现的、或者在经验中作为经验的确定对象给予的一切。在这里不能做更多的事情，不能发现或者增添更多的东西，而是充其量可以在清晰性或者缜密性方面可能有欠缺的地方有所改进。

因此，物质概念必须通过知性概念的所有上述四种功能（在四章中）来阐明，四章中的每一章都增添物质概念的一个新规定。一个应当是外部感官对象的某物，其基本规定必须是运动；因为惟有通过运动，这些感官才能够受到刺激。就连知性也把物质的其余一切属于其本性的谓词追溯到运动；这样，〔477〕自然科学就完全是一种要么纯粹的、要么应用的**运动学说**。因此，自然科学的**形而上学**初始根据就可以置于四章之下，其**第一章**撇开运动物的一切质，把**运动**当做一个纯粹的**量**而根据量的组合来考察它，可以被称为**运动学**；**第二章**把运动当做属于物质的**质**的，在一种源始的动力的名目下来考虑它，因而叫做**动力学**；**第三章**把具有这种质的物质通过它自己的相对运动在**关系**中来考察它，并出现在**力学**的名目下；**第四章**仅仅与表象方式或者**模态**相关来规定物质的运动和静止，从而把它们规定为外部感官的显象，并被称为**现象学**。

但是，除了把物体学说的形而上学初始根据不仅与需要经验性原则的物理学，而且甚至与物理学的那些在其中涉及数学应用的理性前提分离开来的那种内在必然性之外，还有一种虽然只是偶然的、但尽管如此却重要的外在根据，要将对这些初始根据的详细探讨与形而上学的一般体系分离开来，并把它系统地展现为一个特殊的整体。因为如果允许不仅按照客体的性状和对客体的特殊知识种类，而且还按照人们对一门科学甚至作其他应用所抱有的目的来标出这门科学的界限，而且人们发现，有如此众多的人士迄今为止研究过形而上学并将继续研究它，并不是为了由此扩展自然知识（做到这一点，通过观察、实验和把数学运用于外部显象要容易和可靠得多），而是为了达到对完全超出经验的一切界限的东西的知识，亦即关于上帝、自由和不死的知识，那么，当人们使这一意图摆脱一个虽然从它的根部萌发、但毕竟只是阻碍着它的正常生长的枝条，特别地栽培这枝条，尽管如此却不错认它源自这一意图的出身而把它的全部植株从一般形而上学的体系中除去时，人们就在促进这一意图方面有所收获了。这对一般形而上学的完备性并没有丝毫损害，而且如果人们在需要一般的物体学说的一切场 〔478〕
合中都只可以依据分离出来的这种学说的体系，不使那个更大的体系因这个体系而膨胀起来，这毕竟还使这门科学走向自己的目的的齐一进程变得轻松起来。事实上很值得注意（但在这里却不能详细地展示）的还有：一般形而上学在它需要例证（直观）、以便赋予它的纯粹知性概念以意义的所有场合中，在任何时候都必须从一般的物体学说中，因而从外部直观的形式和原则中取得这些例证，而在这些例证还没有完全展现时，它就在纯属没有意义的概念中间摇摆不定地四处摸索。因此，就有了关于实在性的冲突的可能性、关于强度的量的可能性等等问题的著名争执、至少是模糊。在这些问题上，知性惟有从取自形体自然的例证中才能获得教益，这就是那些概念惟有在其下才能具有客观实在性、亦即具有意义和真实性的条件。这样，一种分离出来的形体自然形而上学就通过提供例证（具体的情况）而为**一般的**形而上学作出了卓越的和不可缺少的贡献，它使后者（真正说来就是先验哲学）的概念和学理成为实在的，也就是说，把意义和内涵赋予了一个纯然的思想形式。

我在这部论著中即使不是极为严格地遵循数学方法（为此

需要比我可能运用于此的更多的时间），却也模仿了数学方法，这不是为了通过炫耀缜密性来使它更好地为人们接受，而是因为我相信，这样一个体系能够很好地运用数学方法，而且也能够随着时间的推移由更为灵巧的手来达到这种完善性，只要由于这一规划的推动，数学的自然研究者不会认为没有必要在他们的一般物理学中，把本来不会给他们余留下来的形而上学部分当做一个特殊的基础部分来予以探讨，并把它与数学的运动学说结合起来。

牛顿在他的《自然科学的数学原理》的前言中（在他指出几何学关于它所要求的机械操作只需要两种，亦即画出一条直线和画出一个圆之后）说道：**几何学感到骄傲的是，它能够用它取自别处的如此之少的东西而提供出如此之多的东西**。① 与
〔479〕此相反，关于形而上学人们可以说：**它感到震惊的是，它用纯粹数学提供给它的如此之多的东西却只能产生如此之少的东西**。然而，这很少的东西毕竟是甚至数学在其运用于自然科学时也不可避免地需要的某种东西；因此，既然数学在这里不可避免地必须从形而上学有所借贷，它也就可以毫无愧色地让自己被视为与形而上学结成同盟了。

① Gloriatur Geometria, quod tam paucis principiis aliunde petitis tam multa praestet. 牛顿：《自然哲学的数学原理》，前言。

第一章 〔480〕

运动学的形而上学初始根据

解说 1

物质是空间中的**运动物**。自身可运动的空间叫做物质的空间，或者也叫做**相对的空间**；一切**运动**最终都必须在其中被设想的空间（因而自身绝对不动的空间）叫做纯粹的空间，或者也叫做**绝对的**空间。

附释 1

既然在运动学中所应当谈的无非是运动，所以运动的主体，亦即物质，在这里除了**运动性**之外，就不被赋予任何别的属性。因此，它本身在这时也可以被视为一个点，而且人们在运动学中舍掉了一切内在的性状，因而也舍掉了运动物的量，仅仅讨论运动和能够在运动中作为量来考察的东西（速度和方向）。——虽然在这里有时也应当使用一个物体的表述，但之所以如此，乃是为了在某种程度上预先推定运动学诸原则在随后更加确定的概念上的运用，以便陈述更少一些抽象、更可理解。

附释 2 〔481〕

如果我不是通过属于作为客体的物质本身的一个谓词，而是仅仅通过与认识能力的关系（在这种关系中，表象才首次能够被给予我）来说明物质的概念，那么，物质就是每一个**外感**

官对象，而且这就会是对物质的纯然形而上学的解说。而空间就会仅仅是一切外部感性直观的形式（无论这同一种形式是也属于我们称为物质的外在客体**自身**，还是仅仅停留在我们的感官的性状中，在这里都根本不是问题）。**物质**就会与这**形式**相对立，是在外部直观中作为感觉的一个对象的东西，因而是感性的和外部的直观的本真经验性的东西，因为它是根本不能先天地被给予的。在所有的经验中，都必须有某种东西被感觉到，而这就是感性直观的实在的东西，因而我们应当在其中对运动作出经验的空间也必须被描述为可感觉的，也就是说，用能够被感觉的东西来描述；而这个空间，作为经验的一切对象的总和，并且自身是经验的一个客体，就叫做**经验性的空间**。但这个空间，作为物质性的，本身是可运动的。但一个可运动的空间，如果它的运动应当能够被知觉到，就又以它在其中运动的另一个扩大了的物质性空间为前提条件，后者同样以另一个为前提条件，依此类推，以至无穷。

因此，一切是经验之对象的运动，都仅仅是相对的；运动在其中被知觉到的空间，是一个相对的空间，它本身又在一个扩大了的空间中或许以相反的方向运动，因而与第一个空间相关而运动的物质在与第二个空间的关系中可以被称为静止的，而运动的概念的这种变化则可以与相对空间的变化一起延续到无限。一个绝对的空间，亦即这样一个空间，由于它不是物质性的，也不能是经验的对象，所以被假定为**特别被给予的**，这空间就叫做某种既不能就自身而言、也不能在其结果中（即在绝对空间中的运动）被知觉到的东西，它是为了经验的可能性而被假定的，但经验在任何时候都必须撇开它来得出。因此，绝对空间**就自身而言**什么也不是，根本不是一个客体，而是仅仅意味着我除了已被给予的相对空间之外在任何时候都能够设想的任何一个别的相对空间。我只是让它超越任何已被给予的空间向无限推移，使它作为一个包含着任何已被给予的空间的空间，在它里面，我可以把任何已被给予的空间假定为运动着的。由于我只是在思想中拥有这个虽然一直还是物质性的、但却扩大了的空间，而且对标识着它的物质一无所知，所以我就抽掉了物质，因此它就被表现得像是一个纯粹的、而非经验性的、绝对的空间。我可以把任何经验性的空间与它作比较，把 〔482〕
经验性的空间设想成在它里面运动的，因此它在任何时候都被视为不动的。使它成为现实的东西，就意味着把我能够用每一个包括于其中的经验性空间与之相比的某个空间的**逻辑普遍性**，混同于现实范围的**物理普遍性**，并就其理念而言误解了理性。

最后我还要指出：既然空间中一个对象的**运动性**不能先天地、离开经验的教导来认识，正因为此，我在《纯粹理性批判》中也不能把它列入纯粹知性概念，而且这个概念作为经验性的，只能在一门作为应用形而上学的自然科学中找到自己的位置。应用形而上学所研究的是一个通过经验被给予的概念，尽管是按照先天原则研究它的。

解说 2

一个事物的运动就是该事物与一个已知空间的**外部关系的改变。**

附释 1

前面我已经把运动概念作为物质概念的基础。因为既然我要甚至不依赖于广延概念来规定物质概念，因而也可以在一个点中来考察物质，所以我可以同意人们在这里使用对**运动**的通常解说，即**地点的改变**。现在，既然要对物质概念作出一般的、因而符合运动着的物体的解说，所以那个定义就不够了。因为每一个物体的地点都是一个点。如果想确定月球与地球的距离，人们就要知道二者的地点的距离。而为了这个目的，人们并不是从地球表面或者内部任意一点到月球任意一点进行测量，而是取一方中点到另一方中点的最短直线，因而这两个天体的每一个都只有一个点构成其地点。现在，一个物体能够运动而不改变自己的地点，如地球在绕自己的轴旋转时那样。但它与外部空间的关系毕竟在这时改变了；因为它在例如 24 小时中把自己不同的面转向月球，由此也就在地球上产生各种各样千变万化的结果。惟有对一个运动的、亦即物理学的**点**人们才能说：运动在任何时候都是地点的改变。人们可能反对这种
〔483〕解说，提醒说：内部的运动，例如发酵，就不包含在它里面；但是，人们称为运动的东西必须就此而言作为统一体来考察。物质，例如**一桶啤酒**，是运动的，因而这与说“**桶**内的**啤酒**处在运动中”是意义不同的。一个事物的运动与这个事物里面的运动不是一回事，而这里所说的只是前者。但此后这个概念却很容易运用于第二种场合。

附释 2

运动可以是**旋转的**（无须地点的改变）或者前进的，但前进的运动要么是扩展空间的，要么是被限制在一个已知空间中的运动。**第一种**是直线运动，或者还有**不返回**自身的曲线运动。**第二种**是**返回**自身的运动。后者又要么是**循环的**运动，要么是**摇摆的**运动，亦即圆周运动或者摇摆运动。圆周运动总是在同样的方向上经过同样的空间，摇摆运动则总是交替在相反的方向上经过同样的空间，如摆动的钟摆。属于二者的还有**振动**（motus tremulus），它不是一个物体的前进运动，尽管如此却是物质的一种交互性的运动，但这物质此时却并不改变它

在整体中的位置。例如，一个被敲击的钟的震动或者被声音激动起来的空气的振动。我在运动学中考虑这些不同类型的运动，仅仅是因为如同下面的附释指明的那样，人们在一切非前进的运动那里使用的**速度**一词，通常与在前进的运动那里所使用的是有不同的意义的。

附释 3

在每一种运动中，如果人们抽掉运动的所有其他属性，那么，方向和速度就是考虑运动的两个要素。在这里，我以这二者的通常定义为前提条件；惟有方向的定义还需要一些不同的限制。一个做圆周运动的物体不断地改变着它的方向，以至于当它回到它由以出发的那个点时，它已经选取过在一个平面上可能有的一切方向；但人们毕竟还说：它一直在同一个方向上运动，例如，行星从晚上到早上都一直在同一个方向上运动。

然而在这里，什么是运动所遵循的那个**方面**呢？与此有亲缘性的一个问题是：那些在其他方面都相似甚至相同的蜗牛，其中有的是右旋品种，另一些则是左旋品种，其内在区别是基于什么呢？或者，剑豆和啤酒花的枝蔓，前者如同瓶塞起子，〔484〕
或者如水手们所说，**逆向太阳**缠绕在支架上，而后者则是**顺着太阳**缠绕在支架上，其内在区别是基于什么呢？这样一个概念虽然是可以构想的，但作为概念本身却根本不能通过普遍的标志在推理的知识类型中阐明自己；而且它不能在事物本身中（例如，在罕见的人身上，尸体解剖发现他们的一切部分按照生理学规则与其他人一样，只是所有内脏或左或右与通常的秩序相反）给出内部结果中的任何可设想的区别，因而它是一种真实的、数学的和内在的区别，对于这种区别，那关于两个在其他所有方面都相同、但在方向上并不相同的圆周运动之区别的概念虽然与它不完全是一回事，但却是有联系的。我在别的地方指出过：既然这种区别尽管可以在直观中给出，但却根本不能获得清晰的概念，因而也不能可理解地予以解释（dari, non intelligi［被给予，但不被理解］），所以它就可以为下述命题提供一个强有力的证明根据：一般而言的空间并不属于**物自身**的那些必然可以获得客观概念的属性和关系，而仅仅属于我们关于事物或者关系的感性直观的主观形式，这些事物或者关系就其自身而言会是什么样子，我们依然是完全不知道。然而，这毕竟偏离了我们现在的工作，即我们必须完全必然地把空间当做我们所考察的事物，亦即形体存在物的**属性**来对待，因为这些存在物本身只是外感官的显象，并且惟有作为显象才需要在这里予以解释。就速度的概念而言，这一表述在应用中有时也获得一种偏离的意义。我们说：地球绕自己的轴旋转比太阳更快，因为它自转的时间更短；尽管太阳的运动要快得多。一只小鸟的血液循环比一个人的血液循环快得多，尽管小鸟身上血液流动的速度无疑更小；弹性物质的振动亦复如是。回转时间的短促无论在循环运动还是在摇摆运动中都构成了这种应用的根据，只要在其他方面避免了误解，人们这样应用也没有什么过错。因为不加大空间中的速度而仅仅这样加大回转的急促，这在自然中也有它特有的和非常可观的作用，在动物体液的循环方面，也许对此尚未有足够的重视。在运动学中，我们仅仅在空间的意义上使用速度一词：C=S/T 。

〔485〕 **解说 3**

静止就是在同一地点的持久在场（praesentia perdurabilis）；而实存一段时间、亦即持续一段时间的东西，就是持久的。

附释

一个处在运动中的物体在它通过的线的任何一个点上都存在一个瞬间。现在问题是：它在这个瞬间是静止的还是运动的？毫无疑问，人们将说后者；因为只是就它在运动而言它才在这个点上在场。但是，人们可以这样设想它的运动：

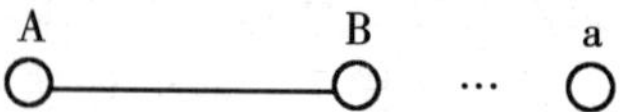

即物体以匀速前进通过直线 AB 并且从 B 退回到 A，这样，由于它在 B 处的那个瞬间是两次运动所共有的，所以从 A 到 B 的运动是 1/2 秒，而从 B 到 A 的运动也是 1/2 秒，两次运动一共经历了整整 1 秒，以至于没有时间的哪怕是最小部分用在物体在 B 处的在场上。于是，无须对这两个运动作任何添加，后一个运动，亦即发生在 BA 方向上的运动就转换成与 AB 处在一条直线上的 Ba 方向上的运动。在这里，当物体在 B 处时，它必须不是被视为在那里静止的，而是被视为运动着的。因此，在前一种运动中，即在自身回转的运动中，物体在 B 点也必须被视为运动着的；但这是不可能的，因为按照所假定的东西，这只是一个属于运动 AB 同时也属于同样的运动 BA 的瞬间，后一个运动与前一个运动相反，并与它在同一个瞬间相联结，这个瞬间必须表示运动的完全缺乏，因而如果这种缺乏就构成静止的概念的话，还表示在匀速运动 Aa 中物体在任何一点上，例如在 B 点上，都是静止的，这与上面的主张是矛盾的。与此相反，人们可以把直线 AB 设想为竖立在 A 点之上，使得一个物体从 A 升高到 B，当它在 B 点由于重力而失去了自己的运动之后，同样再由 B 点落回到 A；则我要问：这物体在 B 点可以被视为运动的，还是被视为静止的呢？毫无疑问，人们将说是静止的，因为在它到达这个点之后，它此前的一切运动都失去了，之后应当首先有一个同样的返回运动继起，所以它还尚未存在。而人们会补充说，运动的缺乏就是静止。但在前一种假定匀速运动的场合里，运动 BA 也是只有在
〔486〕之前运动 AB 已经停止、从 B 到 A 的运动尚未存在、因而在 B 处必须假定一切运动的缺乏，并且按照通常的解说假定静止的情况下才能开始。但是，人们毕竟不能假定静止，因为对于任何被给予的速度来说，没有任何一个物体可以在其匀速运动的一个点上被设想为静止的。而在第二种情况中，既然这种上升和下落同样只不过是由一个瞬间而彼此分割开来的，硬要静止的概念又有什么依据呢？这样说的根据在于，后一种运动并未被设想为带有已知速度的匀速运动，而是被首先设想为均匀减速运动，然后被设想为均匀加速运动，然而，速度在 B 点并没有被完全减掉，而是仅仅被减至比任何可能给出的速度更小的程度，凭借这个速度，如果不落回，而是其降落线 BA 被置于 Ba 方向上，因而物体一直还被看做是在上升，那么，它就会以一个纯然的速度要素（在这种情况下就撇开了重力的阻抗），在任何如此大小尚可告知的时间中，匀速地仅仅经过一个比任何可告知的空间都更小的空间，因而就会是永远根本不改变它的地点了（对任何一种可能的经验来说）。这样一来，物体就在同一地点被置于一种**持续的**在场的状态中，即被置于静止的状态中，尽管这静止马上就由于重力的连续作用，即由于这种状态的改变而被取消。存在于一个**持久的状态**之中和**持存于这个状态之中**（当没有别的东西推移它时），这是两个不同的概念，其中一个概念并不妨害另一个概念。因此，静止不能用运动的缺乏来解释，这种缺乏作为等于 0 的东西是完全不能构想的，而是必须用在同一地点的持久在场来解释，因为这个概念也可以用以无限小速度经过一个有限时间的运动的表象来构想，从而能够被用于事后数学在自然科学上的运用。

解说 4

构想一个复合运动的概念，就是当一个运动由两个或更多已知运动结合于一个运动物身上而产生时，在直观中先天地展示它。

附释

对概念的构想有如下要求：其展示的条件不是从经验借来的，因而也不以某些只能从经验推导出其实存的力为前提条件，或者一般地说，构想的条件甚至必须不是一个根本不能先天地在直观中被给予的概念，例如原因和结果的概念、活动和阻抗的概念，等等。在这里首先要注意的是：运动学完全必须首先规定作为量的一般运动的构想，并且由于它以仅仅作为某种**运动物**的物质为对象，因而在这方面完全不考虑物质的量，所以又先天地既按照其速度也按照其方向，亦即按照其组合来规定仅仅作为量的运动。因为所有这些必须为了应用数学而完全先天地和直观地予以澄清。运动通过物理原因即力而相联结的规则，在其一般的组合原理预先被纯粹在数学上当做基础之前，绝不能作出彻底的阐明。 〔487〕

原理

任何一个运动作为一个可能经验的对象，都可以任意地被看做物体在一个静止的空间中运动，或是被看做物体静止，而空间则与其相反，以同样的速度在相反的方向上运动。

附释

要对一个物体的运动形成一个经验，就要求：不仅物体，而且就连物体在其中运动的空间，都是外部经验的对象，因而都是物质的。所以一个绝对的运动，即一个与非物质性空间相关的运动，是根本不能经验的，因而对于我们也就什么也不是（即使人们愿意承认绝对空间自身是某种东西）。但在一切相对的运动中，空间本身由于被假定为物质性的，也可以再被设想为静止的或者运动的。前一种情况之发生，乃是在我与一个空间相关把一个物体看做运动的，而在该空间之外又没有一个更广大的、包含这个空间在内的空间被给予我的时候（如我在船舱中看到一个球在桌子上运动）；第二种情况之发生，乃是在除了这个空间之外，还有另一个包含该空间的空间被给予我的时候（在上述例子中就是河岸），因为我在这种情况下鉴于河岸就可以把最近的空间（船舱）看做运动的，并有可能把那个
〔488〕物体本身看做静止的。既然一个经验性地被给予的空间无论怎样被扩大，要从它来发现，它相对于一个以某种更大的规模把它包含在内的空间来说，本身又在运动，这是绝不可能的，所以，无论我要把一个物体看做运动的，还是要把它看做静止的、却又把那个空间看做以同样速度在相反的方向上运动，这对于一切经验以及从经验中得出的任何结果来说都必定完全是一回事。进一步说，既然绝对空间对一切可能的经验来说都什么也不是，所以，无论我说一个物体相对于这个被给予的空间以这种速度在这个方向上运动，还是要把物体设想为对于我是静止的，并将这一切都赋予空间，但却是在相反的方向上，这些概念也都是一回事。因为任何一个概念与另一个完全不可能有例证与之相区别的概念都完全是一回事，惟有与我们要在知性中给予它的那种联结相关才有所不同。

我们甚至完全不能在任何经验中标出一个固定的点，与它相关就可以规定，什么应当绝对地叫做运动或者静止。因为以这种方式被给予我们的一切，都是物质性的，因而也都是运动

的，并且（由于我们在空间中不了解可能经验的极限）或许也确实是在运动，而我们却不能在它身上察觉这一运动。——如今，从一个物体在经验性空间里面的这一运动中，我就可以把给定速度的一部分给予物体，把另一部分给予空间，但却是在相反的方向上。就这两个结合起来的运动的效果而言，这整个可能的经验与当我设想惟有物体以全部速度运动、或者把物体设想为静止的而把空间设想为在相反方向上以全部速度运动时的经验，是完全相等的。**但在这里我把所有的运动都假定为直线运动**。因为谈到曲线运动，由于我是有权把物体（例如每日自转的地球）看做运动的，而把周围的空间（星空）看做静止的，还是有权把空间看做运动的而把物体看做静止的，这并非在一切方面都相等，这就要在效果上予以特殊的讨论。因此，在运动学中，我仅仅将一个物体的运动放在与空间（其静止或运动完全不受物体运动的影响）的关系中来考察，但我要把速度赋予具有已知运动的这一方还是那一方，以及赋予多少，这自身是完全不确定的和任意的；后面在力学中，由于一个运动的物体要放在与它的运动空间中另一些物体的效应关系中来考察，这种情况就不再会像它在自己的立场上所应当表明的那样完全相等了。

解说 5 〔489〕

运动的复合就是把一个点的运动表现为与该点的两个或多个运动结合在一起是一回事。

附释

在运动学中，由于我不通过别的属性而只通过其运动性来了解物质，因而甚至可以把物质仅仅视为一个点，运动就只可以仅仅被视为**对一个空间的描画**，但这毕竟使我不仅像在几何学中那样注意描画出来的空间，而且也注意其中的时间，因而注意一个点描画该空间所用的速度。所以运动学是运动的纯粹量论（Mathesis [算学]）。关于一个量的确定概念是一个对象的表象通过同类东西的组合而产生的概念。如今，既然运动惟有与另一个运动才是同类的，所以，运动学就是把同一点上的各个运动按照其方向和速度组合起来的学说，亦即把一个惟一的运动表现为将两个或者更多的运动同时包含于自身之中的运动，或同时表现同一点上的两个运动，只要它们**共同**构成一个运动，即与这个运动相等，而绝不是像原因产生其结果一样产生出这一运动。为了找出由任意多的运动的组合而产生的运动，人们只可以像在一切量的产生时那样，首先寻找在已知条件下**由两个运动**组合而成的运动；然后再将它与第三个运动相结合，如此等等。因此，一切运动的组合的学说就可以归结为关于两个运动的学说。但是，同一个点上的两个同时在该点上被发现的运动可以用双重的方式区别开来，并且本身又以三重的方式在该点上结合起来。首先，它们要么是在**同一条直线**上产生的，要么是在**不同的直线**上同时产生的；后者是围成一个角的运动。那些在同一条直线上产生的运动则按照其**方向**要么是**背道而驰的**，要么遵循着**同一个方向**。由于所有这些运动都被看做同时发生的，所以从直线的关系中，也就是从运动在同一时间中所描画出的空间的关系中，立刻也产生出速度的关系。因此就有如下三种情况：(1) **当两个运动**（不论它们的速度相同还是不同）在一个物体中在同一方向上结合起来时，就
〔490〕应当构成一个由此组合而成的运动；(2) 当同一个点的**两个运动**（具有相同的或是不同的速度）在相反的方向上结合起来时，通过它们的组合应当在同一直线上构成第三个运动；(3) **当**一个点具有相同或者不同速度的两个运动在围成一个角的不

同直线上结合起来时，就被视为复合的运动。

定理

同一个点的两个运动的组合只能这样来思考，即其中一个运动被表现为在绝对空间中，代替另一个运动的，是相对空间的一个以同样的速度在相反方向上进行的运动被表现为与它相等。

证明

第一种情况，两个运动在同一直线和方向上同时属于同一个点。

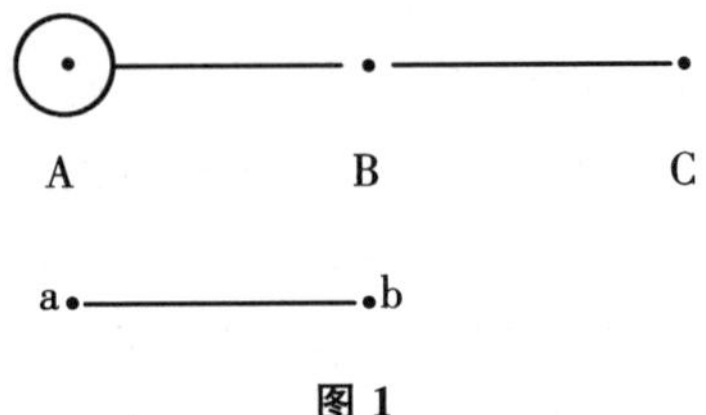

图 1

应当把两个速度 AB 和 ab 设想为包含在运动的一个速度之中。这里假定这两个运动速度是一样的，于是有 AB＝ab，那么我就说：它们不能同时在同一（绝对的或相对的）空间中和同一点上来表现。这是因为，由于标志速度的直线 AB 和 ab 本来就是两个速度在同一时间内所通过的空间，这样，这两个空间 AB 和 ab＝BC 的组合，即直线 AC，将不得不作为两个空间的和而表示两个速度的和。但是，AB 和 BC 这两个部分，就每一个部分单独来看，都不表现速度＝ab；因为它们并不是在和 ab 相同的时间中被经过的。因此，即便是在与直线 ab 同样的时间中经过的两倍长的直线 AC，也不表现为后者的两倍的速度，而这却是本来所要求的。所以，在一个方向上两个速度**在同一空间中**的组合不能呈现在直观中。

〔491〕 相反，如果物体 A 被表现为以速度 AB 在绝对空间中运动，此外我又给予相对空间以在相反方向 ba=CB 上的速度 ab=AB，那么，这与我把后一速度分配在 AB 方向上的那个物体是一回事（据原理）。但这样一来，这个物体就是在同一时间内通过直线 AB 和 BC=2ab 而运动，在其中它却只会经过直线 ab=AB，但它的速度毕竟被表现为两个同样的速度 AB 与 ab 的和，而这就是所要求的。

第二种情况，两个运动应当**在截然相反的方向上**在同一个点上结合起来。

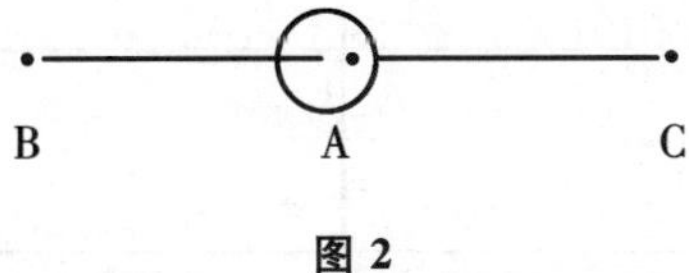

图 2

AB 是这两个运动之一，AC 是另一个在相反方向上的运动，在此我们要假设后者的速度与前者是相等的，要把这样的两个运动在同一空间中同一点上表现为同时的，这种想法本身就是不可能的，从而两个运动的这样一种组合情况本身就是不可能的，而这就与前提相悖了。

反之，如果你们设想运动 AB 在绝对空间中，但代替在同一绝对空间中的运动 AC 的，是以同一速度在相反方向上进行的相对空间的运动 CA，它被视为与运动 AC 完全相等（据原理），因而完全可以代替它，这样，就可以把同一个点的两个截然相反而又相等的运动在同一时间里很好地展现出来。现在，由于相对空间是和 A 点一起在同一方向上以同样的速度 CA=AB 运动的，所以，这个点或处在这个点上的物体就相对空间而言并未改变其地点，也就是说，一个以同样的速度朝截然相反的两个方向运动的物体是静止的，或者一般地表述为：

它的运动等于两个速度在较大速度方向上的差（这很容易从已证明的东西中推出）。

第三种情况，同一个点的两个运动被表现为**按照围成一个角的两个方向**结合起来。〔492〕

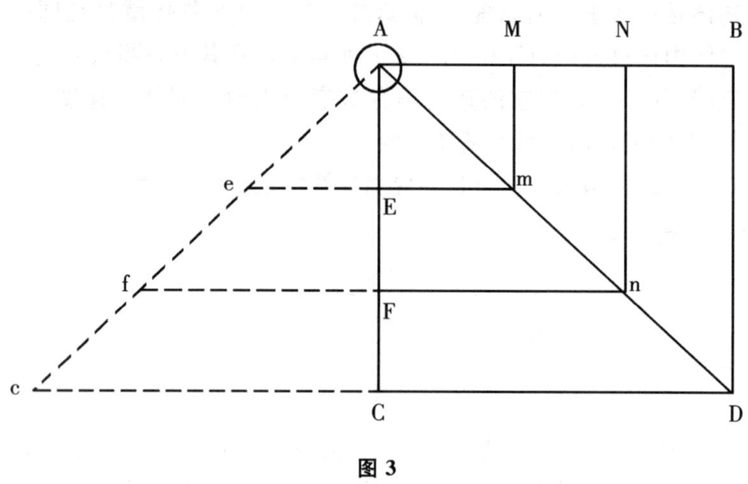

图 3

两个已知运动是 AB 和 AC，它们的速度和方向由这两条直线表示，但其方向围成的角则由 BAC 表示（它在这里是一个直角，但也可以是任何一个任意的斜角）。现在，如果这两个运动要同时在 AB 和 AC 方向上且在同一个空间中进行，那么，它们将不可能在这两条**直线** AB 和 AC 上同时进行，而是只能在与这两条直线平行的那些直线上进行。因此必须假定：即使双方的方向依旧是同样的方向，这些运动中的一个也在另一个运动中造成了一种变化（也就是说，偏离既定的轨道）。但这与定理的前提条件是相悖的，这个前提条件用组合一词暗示：两个已知运动**包含**在第三个运动中因而与之相等，并不是通过一个运动**改变**另一个运动而产生第三个运动。

反之，假设运动 AC 在绝对空间中进行，而代替运动 AB

的，是相对空间在相反方向上的运动。直线AC则分为三个相等的部分AE、EF、FC。现在，当物体A在绝对空间中经过直线AE时，相对空间以及随之点E则通过空间Ee=MA；当物体经过一共两个部分=AF时，相对空间以及随之点F则描
〔493〕画出直线Ff=NA；当物体最后经过整个直线AC时，相对空间以及随之点C则描画出直线Cc=BA；这一切就正好像物体A在这三个时间段中经过了直线Em、Fn和CD=AM、AN和AB，并且在物体通过AC的整个时间中经过了直线CD=AB一样。因此，物体在最后一瞬间处在点D，而在这整个时间中逐步地处在对角线AD的一切点上，所以，AD就既表示复合运动的方向，又表示其速度。

附释1

这个几何学的**构想**要求，一个量与另一个量，或者两个量在组合中与第三个量是**相等的**，而不要求它们作为原因产生出第三个量，那样的话就会是力学的构想。完全的相似和相等，就其惟有在直观中才能被认识而言，就是**全等**。全然同一性的一切几何学构想都基于全等。两个结合在一起的运动如果被表现在同一个空间中，例如被表现在相对空间中，它们与第三个运动（作为motu composito［复合运动］本身）的这种全等就绝不可能发生。因此，过去在其三种情况中证明上述定理的一切尝试，都始终只是力学的解决，也就是说，人们让一个已知运动与另一个运动相结合所凭借的动力因产生第三个运动，但却不是对那前两个运动与第三个运动相等，而且作为这样的运动可以在纯直观中先天地展示出来的证明。

附释2

例如，如果一个速度AC被称为双倍的，那么，这只能被

理解为，它由两个单纯而又相等的速度 AB 和 BC 构成（参见图 1）。但是，如果人们这样来解释双倍的速度，即人们说它是一个运动，通过该运动，在同一时间里一个双倍如此大小的空间被经过，那么，这里就假定了某种并非不言而喻的东西，也就是说：两个相等的速度可以完全像两个相等的空间那样结合起来；一个已知的速度由多个较小的速度构成，一个快由多个慢构成，就像一个空间由多个较小的空间构成一样，这并不是自身就清楚明白的；因为速度的各部分并不像空间的各部分那样是彼此外在的，而如果速度应当被当做量来考察，那么，其量的概念则因为是**强度的**，所以构想它的方式，必须不同于构想空间**广度的**量的概念。但是，这种构想以任何方式都是不〔494〕可能的，除非通过两个相同的运动的**间接**组合，其中一个运动是物体的运动，另一个运动是相对空间在相反方向上的运动，但正因为此与物体在前一方向上和它相同的运动完全相等。因为在**同一个方向**上，两个相同的速度根本不能被组合在一个物体中，除非通过外部的动力因，例如一艘以这两种速度之一种载着物体的船，此时另一个、与船固定地结合在一起的运动力把第二个、与前一个速度相同的速度加给了物体；在这里，毕竟总是必须预设的是：物体在**自由的**运动中，当有第二个速度附加于其上时，仍保持着前一个速度；这是运动力的一个自然规律，如果问题仅仅是作为一个量的速度的概念是如何**构想**出来的，那就根本谈不上这一点。关于速度的相互添加就谈到这里。但如果说到从一个速度中减去另一个速度，那么，虽然只要承认一个速度作为相加而成的量的可能性，这种减去就容易**设想**；但那个概念却并不如此容易构想。因为两个相反的运动最终必须在一个物体上结合起来，但这应当是如何进行的呢？直接地、亦即仅就同一个静止的空间而言，设想同一物体上两个方向相反的相同运动是不可能的；但是，这两个运动集于一个物体之不可能性的表象，并不是关于这个物体的**静止**的概念，而是关于两个相反运动的这种组合的**构想之不可能性**的概念，而这种构想在定理中毕竟是被假定为可能的。但就像已经证明的那样，这个构想惟有通过把物体的运动与**空间的运动**结合起来才是可能的。最后，谈到其方向围成一个角的两个运动的组合，如果人们根本不用**外来的**、连续加入的**力**（例如一个运走物体的运输工具）来对其中一个运动起作用，而把另一个运动假定为本身在这里保持不变，就同样不能在这个物体上与同一个空间相关来设想那种组合，或者一般地说，人们必须把运动力和第三个运动从两个联合的**力**中的产生当做基础，这虽然是对一个概念所包含的东西作**力学的**论述，但却不是对这种论述作**数学的构想**，这种数学构想只应当使可能是客体（作为量）的东西变得直观可见，而不是使这客体如何通过自然、或通过凭借某些工具和力的艺术可以被**产生**出来变得直观可见。——为了确定运动与其他作为量的运动的关系，运动的组
〔495〕合必须按照全等的规则来进行，这在所有三种情况中都惟有借助于空间的运动才是可能的，空间的这种运动与两个已知运动中的一个全等，并由此这两个运动与那个复合运动全等。

附释 3

运动学不是纯粹的运动论，而仅仅是运动的纯粹量论，在其中不根据别的属性、只根据运动性来思考物质，所以它仅仅包含着由上述三种情况所导出的这个惟一的定理，即关于运动的组合以及关于单是**直线运动**的可能性、而不是曲线运动的可能性的定理。这是因为，由于在曲线运动中，运动（按其方向）连续不断地被改变，所以必须举出这种变化的原因，而这个原因如今不可能仅仅是空间。但是，人们只习惯于在运动的方向围成一个角这种惟一的情况下来理解**复合运动**这一称谓，

这虽然也许并不曾对物理学造成损害，但的确给一般纯哲学科学的划分原则造成了某些损害。因为就物理学而言，上述定理中所讨论的所有三种情况**单是在第三种情况中**就可以得到足够的展示了。因为当两个已知运动围成的角被设想为无限小的时候，它就包括了第一种情况；但如果它被表现为与一条惟一的直线只有无限小的区别时，它就包括了第二种情况。这样，在上述复合运动的定理中，我们所列举的所有三种情况当然就可以在一个普遍的公式中提供出来了。但以这种方式，人们也许就不会很好地学会根据运动的各个部分来先天地审视运动的量论了，而这在许多方面还是有它的用处的。

如果某人有兴趣依据一切纯粹知性概念划分的图型，在此尤其是依据**量**的概念划分的图型，去把握普遍的运动学定理的上述三个部分，他就将发现：由于量的概念在任何时候都包含着同类东西的组合的概念，运动的组合的学说同时也就是运动的纯粹量论，并且根据的是空间所提供的所有三种要素，即直线和方向的**单一性**、在同一直线上诸方向的**复多性**，最后是诸方向和诸直线的全体性，运动就是按照它们才可能发生的；这就包括了作为某个量的一切可能运动的规定，尽管运动（在某一动点上）的量只存在于速度中。这个说明惟有在先验哲学中才有它的用处。

〔496〕

第二章

动力学的形而上学初始根据

解说1

物质就是**运动物**，这是就它**充实**一个**空间**而言的。**充实**一个空间，就是阻抗一切努力通过其运动侵入某一空间的运动物。一个未被充实的空间是一个**空的**空间。

附释

这就是对物质概念的动力学解说。它以运动学的解说为前提条件，但增加了一个属性，这个属性作为原因与一个结果相关，这就是在某个空间中阻抗一个运动的能力。这是在前面那门科学中，甚至在人们必须涉及同一个点在相反方向上的诸运动时，也完全不必谈到的。空间的这种充实当任何一个别的运动物的运动对准某个空间中的任何一点时，就使该空间防止了这个运动物的入侵。现在，物质朝向一切方向的这种阻抗所依据的是什么，以及这种阻抗是什么，还必须加以研究。但人们从上述解说中已经看到这样的东西：物质在这里被考察，不是如其**在被从自己的地点驱赶出来**、因而甚至要被推动起来时它如何阻抗（这种情况后面还将作为力学的阻抗来考虑），而只是如其当它自己广延的空间要被**缩小**时它如何阻抗。人们使用这样的语词：**占据一个空间**，也就是说，在这个空间的一切点上直接在场，以便用来表示某物在空间中的**广延**。但是，由于在这个概念中不确定的是，从这种在场中产生出什么样的结

果，甚至是否到处都有某种结果，即是否阻抗别的努力入侵者，或者这是否只是指一个没有物质的空间，只要它是诸多空 〔497〕
间的一个总和，就像人们对任何几何图形都能说它占据一个空间（它是有广延的）一样，或者，在空间中究竟是否有某个迫使另一个运动物更深地侵入这个空间（吸引他物）的东西；由于依我说，凭借占据某个空间这个概念，这一切都是不确定的，所以，**充实一个空间**，是**占据**一个空间这一概念的更为切近的规定。

定理 1

物质充实一个空间，并非通过其纯然的实存，而是通过一种**特殊的运动力**。

证明

侵入一个空间（在最初一瞬间这叫做侵入的努力），这是一个运动。对运动的阻抗是使运动减弱甚至改变为静止的原因。现在，减弱或者取消运动的某物不可能与别的运动相结合，只能与同一个运动物在相反方向上的另一个运动相结合（据运动学，定理）。因此，一个物质在它所充实的空间中对别的物质的一切入侵所作出的阻抗，就是别的物质在相反方向上的运动的原因。但一个运动的原因就叫做运动力。因此，物质充实自己的空间是通过运动力而不是通过其纯然的实存。

附释

兰贝特和其他人由于物质充实一个空间而把物质的这个属性称为**坚固性**（一个相当含混的表达），并且希望人们必须在每一个**实存的**事物（实体）身上都假定这种属性，至少在外部感官世界中是这样。按照他们的概念，某种**实在的**东西在空间

〔498〕中的在场由于其概念，因而根据矛盾律，必定本身就已具有这种阻抗，并且必定使这样一个事物所在场的空间中没有任何别的东西能够同时存在。然而，矛盾律并不拒斥为侵入一个在其中可以发现另一物质的空间而移近的物质。只有当我把某种力赋予那占据一个空间的东西，以拒斥一切逼近的外部运动物时，我才懂得，一个事物所占据的空间还会被另一个同类事物所侵入，这将包含一个矛盾。在这里，数学家假定某种东西是一个物质概念的构想的首要数据，而这种东西本身是不能再进一步构想的。现在，数学家虽然可以从任何随意的数据开始来构想一个概念，而不去再解释这个数据，但他毕竟并不因此就有权利将那个数据说成是某种完全不能作出任何数学构想的东西，以便由此阻碍向自然科学中的诸首要原则的追溯。

解说 2

引力是这样一种运动力，由于它，一个物质能够是别的物质接近自己的原因（或者这样说也一样：由于它，一个物质不让别的物质离开自己）。

斥力是这样一种运动力，由于它，一个物质能够是让别的物质远离自己的原因（或者这样说也一样：由于它，一个物质不让别的物质接近自己）。后者我们有时也称为**排斥力**，而前者有时则称为**吸引力**。

附注

只能设想物质的这两种运动力。因为一个物质能够加于另一物质的一切运动，由于在这一方面两个物质的每一个都只被当做一个点来看待，在任何时候都必须被视为在两点间的直线中被给予的。但是，在这条直线中只有两种运动是可能的：一种是使两个点相互**远离**，第二种是使它们相互**接近**。是前一种运动的原因的力就叫做**斥力**，是后一种运动的原因的力则叫做〔499〕**引力**。因此，只能设想这两种力，是物质性自然中一切运动力都必须归结于其上的力。

定理 2

物质充实自己的空间，是通过其一切部分的推斥力，亦即通过它固有的一种扩张力，这个力具有一定的程度，在这个程度之外可以无限地设想更小的程度或者更大的程度。

证明

物质充实一个空间，惟有通过运动力（据定理 1），确切地说是不让别的物质入侵亦即接近的力。如今，这种力就是一种斥力（解说 2）。因此，物质充实自己的空间，惟有通过斥力，确切地说是其一切部分的斥力，因为若不然，其空间的一个部分就会（与预设相悖地）不被充实，而只是被围起来。**但是，一个凭借其一切部分的排斥而得以扩张的东西，它的力就是一种扩张力**（扩展的力）。因此，物质充实自己的空间，惟有通过它固有的一种扩张力，**这是第一点**。在任何已知的力之上，都必然能够设想一个更大的力，因为如果在一个力之上不可能有一个更大的力，那么它就会成为这样一个力，由于它，在一个有限的时间内一个无限的空间被经过（这是不可能的）。此外，在任何已知的运动力之下，也必然能够设想一个更小的运动力（因为一个最小的运动力将会是这样一种力，尽管它在自身之上无限附加，经过任何一个给定时间，都不能产生一个有限的速度，但这就意味着一切运动力的缺乏）。因此，在一个运动力的任何一个已知程度之下，总是还必然能够给出一个更小的程度，**这是第**

二点。所以，任何物质充实自己的空间所用的扩张力都具有自己的程度，这个程度永远不是最大的或最小的，而是在它之外总是既能够找到更大的程度也能够找到更小的程度，以至于无限。

〔500〕 附注 1

人们也把一个物质的张力称为**弹性**。现在，由于张力是对空间的充实作为一切物质的本质属性所赖以成立的根据，所以这种弹性必须叫做**源始的**，因为它不能从物质的其他任何属性推导出来。据此，一切物质都源始地具有弹性。

附注 2

由于在任何扩张力之上都能够找到一个更大的运动力，但这个更大的运动力也能够反作用于那个扩张力，由此，它才会使这扩张力所努力要扩展的空间变窄，在这种情况下，这个运动力就会叫做压缩力，所以，也必定能够为任何物质找到一种压缩力，它能够把物质从它所充实的任何一个空间驱赶进一个更狭小的空间中去。

解说 3

当一个物质由于压缩而完全取消它的广延的空间时，另一个物质就在自己的运动中透入它。

附释

在一个充满空气的气泵筒中，当活塞被越来越推近底部时，气体物质就受到了压缩。现在，如果这种压缩能够一直推进到活塞完全接触底部（而不让任何一丁点空气逃逸），那么气体物质就会被透入；因为它处身于其间的那些物质没有为它留下空间，因此，它就会在活塞和底部之间被找到，但却不占据一个空间。物质由外部压缩力而来的这种可入性，如果有人要这样假定、哪怕是这样设想的话，就可以叫做**力学的**可入性。我有理由通过这样一种限制而把物质的这种可入性与另一种可入性区别开来，后者的概念或许正如前者一样不可能，但我还是希望将来有机会对它作出某些说明。

定理 3 〔501〕

物质**能够**无限地被**压缩**，但不管其压力有多么大，**永远也不能**被一个物质所透入。

证明

一个物质致力于超出它所占据的已知空间四处扩张所用的源始的力，当它被包围在一个较小的空间中时，就必定更大些，当它被挤压在无限小的空间中时，就必定是无限大。现在，可以为物质已知的扩张力找到一个更大的压缩力，来将物质压迫到一个更狭小的空间中去，如此直至无穷；这是第一点。但对物质的透入却要求将它挤入一个无穷小的空间中，因而要求一个无限施压的力，但这种力是不可能的。因此，一个物质不能通过压缩被任何别的物质所透入；这是第二点。

附释

我在上述证明中一开始就假定，一个扩张力越是被施加于狭窄的地方，其反作用必定越强。如今，这虽然并不那么适用于只是派生出来的弹性力的任何类型，但对于物质来说，如果它作为充实一个空间的一般物质而固有根本的弹性，那就可以作出这种假定。因为从一切点向四面八方所施加的张力甚至构成了弹性的概念。但正是被施于一个更狭小的空间的张力的同一个量，在这空间中任何一点上必定更强烈地作出拒斥，其程度正如力的某个量在其中扩散其效用的那个空间反过来变得更为狭小一样。

解说 4

物质以与压缩的程度成正比例增长的阻抗为依据的**不可入**
〔502〕 **性**，我称做**相对的**不可入性。但以物质本身完全不能被压缩这一预设为依据的不可入性，则叫做**绝对的**不可入性。以绝对的不可入性**充实空间**，可以叫做对空间的**数学**充实，仅以相对的不可入性充满空间，则可以叫做对空间的**动力学**充实。

附释 1

按照不可入性的纯然数学概念（它不预设任何运动力是物质源始固有的），物质不能被压缩，除非它在自身中包含着空的空间；因此，物质作为物质，无条件地以绝对必然性阻抗一切侵入。但按照我们对这一属性的讨论，不可入性是基于某种物理学的根据；因为扩张力使物质本身惟有作为一个充实其空间的扩张者才是可能的。但既然这种力具有一个程度，这个程度可以被克服，因而广延的空间可以被缩小，也就是能被某种已知的压缩力侵入这个空间，直到一定的规模，不过，毕竟不可能有一种完全的透入，因为这需要一个无限的压缩力：**所以，空间的充实就必须仅仅被视为相对的不可入性**。

附释 2

事实上，绝对的不可入性不多不少，正好就是 qualitas occulta［隐秘的质］。因为人们会问，什么是使物质在其运动中不能相互透入的原因，而得到的回答是：因为它们是不可入的。诉诸拒斥力，就摆脱了这种非难。因为尽管拒斥力就其可能性而言也不能作出进一步的解释，因而必须被视为基本的力，然而，它毕竟提供了一个作用因及其规律的概念，按照这些规律，结果亦即在被充实的空间中的阻抗，可以根据其程度来估算。

解说 5

物质性实体是空间中的这样一种东西，它独自、亦即脱离在它之外实存于空间之中的其他一切东西而运动。物质某一部分的运动使这物质不再是一个部分，这种运动就是**分离**。一个 〔503〕
物质各部分的分离就是**物理学的分割**。

附释

实体的概念意味着实存的最后主体，亦即本身不再仅仅作为谓词而属于另一主体的实存的东西。现在，物质就是空间中被归于事物的实存的一切东西的主体；因为若不然，除物质之外就只有空间本身能被设想为主体了；但空间是这样一个概念，它还根本不包含任何实存的东西，而是只包含外感官的可能对象之外部关系的必要条件。因此，作为空间中的运动物的物质，就是这个空间中的实体。但同样，就连物质的一切部分，只要人们可以说它们本身是主体而不仅是其他物质的谓词，就都必须叫做实体，从而本身又必须再叫做物质。但是，物质在其独自运动，因而哪怕在与相邻部分的结合之外也是实存于空间中的某种东西时，本身就是主体。因此，物质或者物质的任何一个部分的自己运动性同时就证明了：这个运动物及其任一运动着的部分都是实体。

定理 4

物质是**无限可分的**，而且是分成这样的部分，其中每一部分都仍然是物质。

证明

物质是不可入的，而且是通过其源始的扩张力（据定理3），但这种扩张力只是在被物质充实的空间中每一个点的推斥力的结果。现在，物质所充实的空间在数学上是无限可分的，也就是说，它的各个部分是能够无限区分的，即使它们不被推动，因而也不被分离（据几何学的证明）。但是，在一个充满物质的空间里，其每一部分都包含着推斥力，向四面八方反作用于其余一切部分，从而拒斥着它们同时又受到它们的拒斥，亦即被
〔504〕推动着离开它们。因此，被物质充实的空间的每一部分都是独自运动的，因而是可以通过物理学的分割作为物质实体与其他部分相分离的。因此，物质所充实的空间的数学可分性延伸到哪里，充实这空间的实体物理上可能的分割也就延伸到哪里。但数学上的可分性延伸至无限，因而物理上的物质即一切物质也是无限可分的，而且是分成这样的部分，其中每一部分都仍是物质实体。

附释1

如果不事先阐明，在空间的任何一个部分中都有物质实体，亦即都可以发现独自运动的部分，那么，通过对空间的无限可分性的证明，还远远未使物质的无限可分性得到证明。因为如果一位**单子论者**要假定，物质是由物理学的点构成的，其每一个点虽然（正因此而）不具有运动的部分，却仍然通过纯然的推斥力而充实一个空间，那么，他就会承认，虽然这个空间被分割，但在其中起作用的实体并未被分割，因而，虽然实体的作用范围被分割，起作用的运动主体本身却没有通过空间的分割而被分割。因此，他会用物理上不可分的部分来组合物质，不过让它们以**动力学的方式**占据着一个空间。

但通过上述证明，完全剥夺了单子论者的这一借口。因为很清楚：在一个被充实的空间中，不可能有一个点不是如同它被排斥那样本身也向四面八方施加排斥，因而作为一个存在于任何其他排斥性的点之外起反作用的主体，本身就是运动的；并且，一个仅凭排斥力而不借助于另外一些同样的斥力来充实一个空间的点，其假说是完全不可能的。为了使这一点、并由此也使上述定理的证明直观化，且假定：

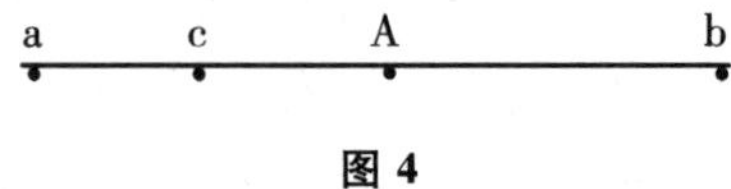

图 4

A 是空间中的一个单子的地点，ab 是它的推斥力范围的直径，因而 aA 是其半径。于是，在一个外来单子侵入那个范围所占据的空间而受到阻抗的 a 点和这一范围的中点 A 之间，可以指定一个点 C（根据空间的无限可分性）。现在，如果 A 阻抗极力侵入 a 点之物，那么，就连 c 也必须阻抗 A 和 a 两点。因为若不然，它们就会不受阻碍地互相靠近，结果是 A 和 a 在 c 点相遇，也就是说，这一空间就会被透入。因此，在 c 点必定 〔505〕
有某种东西阻抗着 A 和 a 的侵入，因而拒斥单子 A，如同它受单子 A 拒斥一样。现在，既然**拒斥**是一种运动，所以 c 是某种在空间中运动的东西，因而是物质，并且 A 和 a 之间的空间不能用一个惟一单子的作用范围来充满，c 和 A 之间的空间也是这样，如此类推，直至无穷。

如果数学家们在弹性物质被压缩得更紧或更松时，把它各部分的推斥力表现为按其相互距离的某种比例缩小或增大，例如空气的最小部分按其相互距离的反比例相互拒斥，因为其弹性与它在其中被压缩的那些空间是成反比例的，那么，人们在把必然属于一个概念的构想程序的东西在客体本身中赋予那个概念时，就完全歪曲了数学家们的意思并误解了他们的语言。

因为在他们看来，任何一个接触都可以被表现为一个无限小的距离；这在下述情况下，即要把一个或大或小的空间用物质的同一种量、亦即推斥力的同一个量表现为完全充实的时候，也必定会必然地发生。因此，在一种无限可分的东西那里，仍然不可以假定在整体的空间的一切扩展中总是构成一个连续体的各部分有任何现实的距离，尽管这种扩展的可能性惟有在某个无限小距离的理念之下才能被直观化。

附释 2

数学虽然在其内在运用中可以对某种错误的形而上学的刁难毫不在意，并且坚持其有关**空间的无限可分性**这些自明主张的可靠拥有权，不管什么样的异议都可能引起对此纯然咬文嚼字的玄思；然而，当把这些适用于空间的命题应用到充实空间的实体上去时，它毕竟不得不按照纯然的概念进行检验，从而不得不涉足形而上学。上述定理就已经是这方面的一个证明。因为只要不能证明在一个**被充实的**空间的一切可能部分的每一部分中也都有一个**实体**，因而这个实体也与其余一切实体相分离，作为自身运动物实存着，那么，即使物质在数学的意义上是无限可分的，即使空间的每一部分又是一个空间，因而在自身中总是包括着相互外在的各个部分，也不能必然得出物质在物理学上无限可分的结论。因此直到现在，数学的证明毕竟还缺乏某种东西，没有它，数学证明就不能在自然科学上有可靠
〔506〕 的应用，而这个缺陷在上述定理中得到了补救。但是，就形而上学对**目前物理学的**物质无限可分性**定理**的其他抨击而言，数学家不得不完全听任哲学家作出这些抨击，哲学家反正要由于这些异议而走入迷宫，从中他很难在哪怕是直接关涉他的那些问题中找到出路，从而对自己感到满意，不让数学家插手这件事务。因为如果物质是无限可分的，那么（独断的形而上学家

就推论说）**它就是由各部分的一个无限集合构成的**；因为一个整体毕竟必须预先已经将它能够分割成为的所有部分全部包含在自身之中。最后这个命题即便对于任何一个**作为物自身**的整体来说也是无可置疑地确定的，因此，既然人们毕竟不能承认物质是**由无限多的部分构成的**，甚至连对空间也不能给予这种承认（因为一个无限的集合，其概念中就已经包含着它永远也不能完全被表现，要把它设想为完成了的整体，这就是一个自相矛盾），所以人们就会不得不在这一点上作出决定：要么违背几何学家而说：**空间不是无限可分的**；要么触怒形而上学家而说：**空间不是一个物自身的属性**，因而物质不是物自身，而只是我们外感官的一般显象，正如空间是显象的根本形式一样。

在这里，哲学家如今陷入了受一个危险的两难选择夹击的窘境。否定第一个命题，即空间是无限可分的，这是一种毫无价值的冒险，因为数学不允许用玄思去掉任何东西；但把物质看做物自身，因而把空间看做物自身的属性，却又否定那个命题，这也是一回事。因此，他发现自己不得不放弃后一种主张，哪怕它是如此普通并且合乎普通知性，但当然惟有在这样的条件下，即只有当他把物质和空间只当做显象（因而把空间只当做我们外部感性直观的形式，所以把两者都不当做事物自身，而只是当做其本身不为我们所知的对象的主观表象方式）的情况下，人们才也助他摆脱物质**无限可分**、但却**不由无限多的部分**构成这一困境。后面这个命题虽然不可能被直观化和构想，但却可以通过理性很好地被思维。因为惟有通过在表象中被给予才成为现实的东西，关于它被给予的，也不**多于**在表象中所发现的、亦即表象的进展所达到的。因此，对于其分割无限进行的那些显象，人们只能说，显象的部分正如我们所提供的那么多，也就是总是只有我们能够分割出来的那么多。因为这些部分作为属于一个显象的实存的，只实存于思想中，即实 〔507〕

存于分割本身中。现在，分割虽然是无限进行的，但它毕竟从未作为无限的东西被给予。因此，从中不能推论出，可分的东西之所以包含着**就自身而言**并且外在于我们表象的各部分的一个无限集合，其原因就在于它的分割是无限进行的。因为可分的东西并不是事物，而只是事物的这种表象，其分割尽管能够延续至无限，并且在客体中（它就自身而言是不可知的）也有这方面的根据，但永远也不能完成，因而也不能完整地被给予，所以也并没有证明在客体中有任何现实的无限集合（作为这样的集合它将是一个明显的矛盾）。一位也许对在德国保持数学的威望比其他任何人都贡献更多的伟人，曾多次用这样一种有根据的提醒，来反驳形而上学要推翻几何学关于空间的无限可分性定理的无理要求：**空间只属于外在事物的显象**。但他没有被理解。人们是这样来理解这个命题的，好像是他要说：空间显现给我们自己，它本来却是一个事物或者事物自身的关系，但数学家只是如其显现的那样来考察它；他们没有像本来应该的那样来理解这个命题：空间根本不是依附于我们感官之外的一个物自身的属性，而只是我们感性的主观形式，外感官的对象在这形式之下向我们显现，我们不知道这个对象就其本身而言是什么样性状，这种显现我们称之为物质。在那种误解中，人们一直还是把空间设想为一种甚至依附于我们想象力之外的事物的性状，可是，数学家却只按照通常的概念，也就是含混不清地来设想这种性状（因为人们通常就是这样解释显象的），人们因此就把数学关于物质无限可分性的定理，即一个以空间概念中的最高清晰性为前提条件的命题，归于几何学家当做基础的某种含混的空间表象，这时，形而上学家就可以随意地用点组合出空间，用单纯的部分组合出物质，并这样（在他看来）把清晰性带给了这个概念。这一混乱的原因就在于一种被错误理解了的**单子论**，它完全不是为解说自然显象所需要的，只不过是一个由**莱布尼茨**所阐明的**柏拉图主义**关于世界的概念罢了，只要这个世界根本不被作为感官的对象，而是作为物自身来看待，仅仅是一个知性的对象，那么这个世界概念本身就是正确的。但知性毕竟是感官显象的基础。现在，**物自身的复合物**当然必须由单纯的东西来构成，因为在这里，各部分必须先于一切复合被给予。但**显象中的复合物**并不由单纯的东西来构成，因为在永远只能以复合的（广延的）方式被给予的显象中， 〔508〕
各部分只能通过分割才能被给予，这样就不能在复合物之先，而只能在它之中被给予。因此，就我所了解，莱布尼茨的意思并不是要用单纯的存在者相互并存的秩序来解释空间，而毋宁说是要把这种秩序作为协调一致的、但仅属于一个（不为我们所知的）理知世界的东西，用它来支持空间。他无非是主张，如在别的地方指出过的，空间连同以它作为形式的物质并不包含物自身的世界，而是只包含它的显象，甚至只是我们外部感性直观的形式。

定理 5

物质的可能性要求一种**引力**作为其第二种本质性的基本力。

证明

不可入性作为物质的基本属性（通过它，物质才作为空间中的某种实在物首先显示给我们的外感官），无非是物质的扩张能力（据定理 2）。现在，一种使物质的各个部分相互逸散的基本运动力，**首先**，不能受它自身的限制，因为物质由此毋宁说致力于不断地去扩展它所充实的空间；**其次**，也不能被空间仅仅置于广延的某个界限上，因为空间虽然可能包含这样一种根据，使扩张力在一个自身扩张的物质扩展其体积时成反比例地减弱，但由于任何一个运动力都可能无限地有一个更小的程度，所以空间永远也不包含使一个运动力在某个地方消失的根据。因此，物质就会是仅凭其推斥力（它包含着不可入性的根据）保持下来。而且如果没有另一个运动力反作用于它，它就不会保持在广延的任何界限之内，也就是说要无限地逸散，在任何可以告知的空间里都找不到一个可以告知的量即物质。因此，如果只有物质的推斥力，一切空间都会是空的，因而根本就不会有物质存在。所以，一切物质为了其实存都要求有与
〔509〕扩张力相对立的力，即压缩力。但这些压缩力从本源上说不能再到另一个物质的相反努力中去寻求，因为这另一个物质本身为了成为物质也需要一个压缩力。因此，必须在某个地方设定物质的一种源始的力，它在推斥力的一个相反方向上起作用，从而造成接近，这就是一种引力。现在，既然这个引力是物质作为一般物质的可能性所要求的，因而先行于物质的一切差别，所以，它不能仅仅被赋予物质的一个特殊的种类，而是必须一般地、乃至源始地赋予任何物质。因此，源始的引力作为物质的本质所要求的基本力，应归于一切物质。

附释

在从物质的一种属性向另一种与之有类的区别的、**尽管不包含在同一个物质概念之中**但却是物质概念所同样要求的属性的过渡中，必须更切近地考虑我们知性的态度。如果引力本身是为物质的可能性而源始地要求的，为什么我们不把它与不可入性一样作为物质的第一个标志来使用呢？为什么后者是直接与物质概念一起被给予的，而前者则不放在这个概念中来考察，只是通过推论附加给这个概念呢？说我们的感官不让我们如同排斥和不可入性的阻抗那样直接地知觉到这种吸引，还不能充分地回答这个难题。因为即使我们具有这样一种能力，那也很容易看出我们的知性仍然为自己选择空间的充实，以便用

来描述空间中的实体亦即物质，看看物质的特性作为一个与空间不同的东西，究竟是怎样被设定在空间的**充实**之中，或如人们平常所说被设定在**坚固性**之中的。即使我们同样清楚地感受到吸引，它对我们来说也绝不会显示为一个具有一定**体积**和**形状**的物质，而只是显示为我们的感官去接近我们之外的一个点（能吸引的物体的中心点）的努力。因为地球一切部分的引力不能更多，也不能以其他方式作用于我们，除非它完全在地球的中心点上结合起来，而且这个中心点影响到我们的感官。一座山峰或者任何一块石头等等的吸引力也是这样。现在，我们由此并没有得到空间中任何一个客体的确定概念，因为既没有形状、也没有大小、甚至也没有客体存身的地点可以落入我们的感官之中（惟有吸引的方向能够被知觉到，例如在重力那 〔510〕
里：吸引的点将是未知的，我甚至看不出，就物质充实空间而言，没有对物质的知觉，吸引点本身应如何通过推理来查明）。因此很清楚：最初将我们关于**量**的概念运用于物质上，由此首先使我们有可能让我们的外部知觉在一个作为一般对象的物质的经验概念中发生转变，这仅仅基于物质用来使自己充实一个空间的那种属性，它凭借感觉的感官而使我们获得一个有广延者的大小和形状，因而对空间中一个确定的对象获得一个概念，这个概念是人们关于这个事物能够说得出的其余一切的基础。毫无疑问，恰恰这一点是人们在面对其他方面最清楚的证据，即证明吸引与排斥一样必然属于物质的基本力时，仍然拒绝引力，并且不想承认任何别的运动力，只承认由碰撞和挤压（两者都借助于不可入性）而来的运动力的原因。由于空间因此而被充实，人们说，这就是实体，这也自有它的道理。但是，既然实体惟有通过使我们知觉到其不可入性的感官，也就是通过感觉，因而惟有与接触相关时，才将它的存在显示给我们，这接触的开始（在一个物质向另一个物质的接近中）叫做碰撞，其继续则叫做挤压，所以，这看起来就像是，一个物质对另一个物质的一切直接作用除了挤压和碰撞之外，永远不可能是别样的，这是我们惟一可以直接感觉到的两种影响，相反，吸引就自身而言要么根本不能给我们提供感觉，要么不能给我们提供感觉的任何确定的对象，使我们很难要把它当做基本力。

定理 6

没有排斥，仅凭吸引力，就没有物质是可能的。

证明

吸引力是物质用来驱使另一个物质靠近自己的运动力，因此，既然在物质的一切部分之间都发现了它，物质就凭借它来努力缩小其各部分的相互距离，因而也努力缩小它们共同占据的空间。现在，除了另一个与之相对的运动力之外，没有任何
〔511〕东西能够阻止一个运动力的作用；但这个与吸引相对的运动力就是推斥力。因此，若没有推斥力，仅仅通过接近，物质的一切部分就会毫无障碍地相互靠近，并缩小该物质所占的空间。既然在这里所假定的情况中，各部分并没有那种凭借某个排斥力使吸引所造成的更大接近成为不可能的距离，所以，各部分就会一直朝对方运动，直到在它们之间完全找不到任何距离，也就是说，它们被汇集在一个数学的点上，空间就会成为空的，从而没有任何物质。据此，没有排斥力而仅凭吸引力，物质就是不可能的。

附注

一个事物的内在可能性当做条件本身所基于的那种属性，就是这种可能性的本质成分。因此，排斥力与吸引力一样都属于物质的本质，而且在物质的概念中哪一方都不能与另一方分离开来。

附释

由于在任何地方都只能设想空间中的两种运动力，即排斥和吸引，所以，为了先天地证明二者在一般物质的概念中的结合，事先就有必要对每一方都单独加以考虑，以便看一看它独自来说能够为展现一个物质提供些什么。现在很清楚，无论是人们不以二者中的任何一个作为基础，还是人们仅仅假定了二者中的一个，空间都将依然是空的，在其中找不到物质。

解说 6

物理学意义上的接触是**不可入性**的直接的作用和反作用。一个物质对另一个物质在接触之外的作用就是**超距作用**（actio in distans）。在处于其中的物质之间甚至无须中介也可能的这种超距作用就叫做直接的超距作用，或者也叫做物质**通过空的空间**而相互**作用**。〔512〕

附释

数学意义上的接触是两个空间的共同界限，因此，这一界限既不在一个空间之内，也不在另一个空间之内。所以，直线不能相互接触，而是当它们共有一个点时，如果它们继续延伸，这个点就既属于其中一条直线，又属于另一条直线，也就是说，它们相交。但是，圆和直线、圆和圆在一个点上相接触，两个平面在一条线上相接触，两个物体在一个面上相接触。数学的接触在物理的接触那里被作为基础，但只是数学的接触还不构成物理的接触，为了从中产生后者，还必须在前者之上再将一个动力学的关系考虑进去，而且这不是指吸引力，而是指排斥力，即不可入性。物理接触是推斥力在两个物质的共同边界上的相互作用。

定理 7

对一切物质来说本质性的吸引是物质通过空的空间对别的物质的一种直接作用。

证明

源始的吸引力自身包含着物质作为在一定程度上充实一个空间的东西之可能性的基础，从而甚至也包含着物质的物理接触之可能性的基础。因此，它必定先行于这个物理接触，所以，它的作用必定不依赖于接触的条件。现在，一个不依赖于任何接触的运动力，其作用也不依赖于运动物和被运动物之间空间的充实，也就是说，即便二者之间的空间未被充实，它也必定存在，因而是作为通过空的空间的作用而存在。因此，源始的、对一切物质来说本质性的吸引是一个物质通过空的空间对别的物质的一种直接作用。

〔513〕 附释 1

说人们应当使基本力的可能性可以理解，这是一个完全不可能的要求；因为它们之所以叫做基本力，正是因为它们不能从别的力派生出来，亦即根本不能被理解。但是，源始的引力一点也不比源始的排斥**更不可理解**。它只是不像不可入性那样直接呈现给感官，为我们提供空间中确定的客体的概念罢了。因此，由于它是不可感觉、只能推断的，就它仿佛只不过是运动力通过排斥的某种隐蔽活动而言，它具有一种派生的力的假象。在更为仔细的考察中，我们看到：它根本不能再由别的任何地方派生出来，至少不能从物质通过不可入性的运动力中派生出来，因为它的作用恰恰是后者的对立面。对直接的超距作用最通常的反驳是：一个物质毕竟不能在**它不在的地方**直接起作用。当地球直接驱使月球向它靠近时，它是作用于一个离它有千万里的东西，但尽管如此却是直接地作用；即便它与月球之间的空间也可以被看做完全空的。因为即使在这两个物体之间存在物质，该物质毕竟没有参与吸引。因此，地球是在它不存在的那个地方直接发生作用的：这从表面看来是某种自相矛盾的东西。然而，如果人们能够反过来说，空间中任何一物只有在作用者不在的地方才作用于另一物，就不那么自相矛盾了。因为如果它要在作用者本身所在的同一个地方起作用，那么它所作用的那个事物就根本不是**外在于它**；因为这种**外在**意味着在一个他物不在的地方在场。即使地球和月球也相互接触，接触点毕竟是一个无论地球还是月球都不在的地点；因为二者以其半径的和相互分离。在这个接触点上，甚至找不到任何部分，既找不到地球的部分，也找不到月球的部分。因为这个点位于两个被充实的空间的界限上，这界限既不构成一方的部分，也不构成另一方的部分。因此，说物质不能在远距离中直接相互作用，这就等于是说：不借助于不可入性的力，物质就不能直接相互作用。现在，这就等于好像我说：推斥力是物质能够用来发生作用的惟一的力，或者说它们至少是必要的条件，惟有在这个条件下，物质才能够相互作用，这就会要么把吸引力说成是完全不可能的，要么把它们说成是永远依赖于推斥力的作用的；但这二者都是没有任何根据的主张。空间的数学接触和由拒斥力而来的物理接触的混淆在这里构成了误解的 〔514〕
原因。在接触之外而直接相互吸引，意味着按照一个恒定的规律相互接近，用不着让排斥力为此包含着条件。这与直接地相互排斥，亦即按照一个恒定的规律相互逸散，用不着吸引力对此有任何参与，是一样可以很好地设想的。因为这两种运动力属于完全不同的类型，而且，使一方依赖于另一方，否认一方不借助于另一方而有可能性，这都缺乏丝毫的根据。

附释 2

从接触中的吸引根本不能产生出运动；因为接触是不可入性的相互作用，所以它阻挡一切运动。因此，必须在接触之外还发现直接的吸引，从而是远距离的吸引；因为若不然，甚至那些应当产生接近的努力的挤压力和碰撞力，由于它们是在相反方向上借助物质的推斥力起作用的，也不可能有任何原因，至少没有在物质本性中源始地存在着的原因。人们可以把那种不借助于推斥力而发生的吸引称为**真实的**吸引，把仅仅以那种方式发生的吸引称为**虚假的**吸引；因为真正说来，另一物体仅仅由于从别的地方受到碰撞而被驱使努力去接近的那个物体，根本没有对另一物体施加吸引力。但是，即便是这些虚假的吸引力，终归也必须有一个真实的吸引力作为基础，因为其挤压或者碰撞要取代吸引的那种物质，离开了吸引力就甚至连物质也不是（据定理 5），因而用**纯然虚假的吸引**来解释一切接近现象的方式就是在兜圈子。人们通常认为，**牛顿**发现对于自己的体系来说完全没有必要去假定物质的一种直接吸引，而是在这里以纯粹数学最严格的克制精神，听任物理学家们完全自由地解释这种吸引的可能性，只要他们认为这样做好，而不把他自己的命题与他们的假设游戏混在一起。不过，如果他不曾假定，一切物质仅仅作为物质且通过其本质属性而施加着这种运动力，那么，他怎么能够建立这个命题，即物体在等距离上向周围施加的普遍吸引与其物质的量成正比？因为尽管当一个物体吸引另一个物体时，不论它们的物质是否同类，在二者之间当然必定发生始终与物质的量成反比的相互接近（根据相互作
〔515〕用相等的规律），但这个规律却毕竟只造成了一条力学原则，而不是动力学原则，也就是说，这是从吸引力得出的**运动**的规

律，不是**引力**本身的比例的规律，并不适用于所有一般的运动力。因此，如果一块磁石某一次受到另一块相同的磁石的吸引，另一次受到同一块磁石的吸引，但后者却是锁在一个重两倍的木盒子中的，那么，第二块磁石在后一种情况下给予第一块磁石的相对运动就会比在前一种情况下更多，尽管给第二块磁石的物质增加了量的木头对这块磁石的吸引力没有一点添加，也不证明盒子有磁性吸引。**牛顿**说（《自然哲学原理》，第 3 卷，命题 6，附录 2）："如果以太或者任何其他物体没有重量的话，那么，由于它和其他任何物质毕竟仅仅在形式上才有区别，它将会一步步地通过逐渐改变这一形式而被转变为与地上具有最大重量的那种物质同类的物质，因此，后者反过来将会通过逐渐改变其形式而失去一切重量，而这是与经验相悖的……"因此，他甚至不把以太（更不用说其他物质了）排除到吸引的规律之外。那么在他看来，为了通过物质的碰撞而把物体的互相接近看做纯然虚假的吸引，对于物质来说究竟还能剩下些什么呢？因此，如果人们冒昧地用一种虚假的吸引偷换牛顿所主张的真实的吸引，并假定由**碰撞**而来的推动的**必要性**，以便解释接近的现象，那么，人们就不能引证吸引理论的这位伟大奠基人作为自己的先行者。他有理由撇开一切假设来解答物质万有引力之原因的问题；因为这个问题是物理学的或形而上学的，但不是数学的，而且虽然他在自己的《光学》的第二版序言中说：ne quis **gravitatem** inter **essentiales** corporum proprietates me babere existimet，quaestionem unam de eius causa investiganda subieci［为了不让人以为我把重力算做物质的本质属性，我补充了关于研究其原因的一个问题］，人们还是觉察到，他的同代人、也许还有他本人对于一种源始的吸引的概念所抱的反感使他自己与自己不一致了。因为如果他不假定，两个星球，例如木星和土星，仅仅作为物质，因而根据物质的一个普遍属性而吸引别的物质的话，他就绝对不能说，这两个星球在与它们的卫星（其质量人们不知道）相等的距离上所证实的吸引力，与它们的物质的量成正比。

〔516〕

解说 7

物质只能在接触的共同表面上直接相互作用所用的运动力，我称之为**表面力**；但一个物质也能够超出接触表面之外直接作用于另一物质的诸部分的运动力，我称之为**透入力**。

附注

物质借以充实一个空间的排斥力是一种纯然的表面力。因为相互接触的各部分为一个力限定了另一个力的作用空间，推斥力不借助存在于其间的各部分便不能推动那更远的部分，而一个物质通过扩张力越过这些中间部分对另一个物质的直接作用是不可能的。相反，对于一个吸引力来说，一个物质凭借它占据一个空间，却**并不充实这个空间**，因此，它是**通过空的空间**作用于另一个远处的物质的，存在于其间的物质并不为它的作用设定界限。这样，就必须设想使物质本身成为可能的那种源始的吸引，因此，它就是一种透入力，并惟有因此而任何时候都与物质的量成比例。

定理 8

甚至物质本身的可能性也作为基础的这个源始的吸引力，在宇宙空间中从物质的每一部分直接延伸到任一其他部分，以至无穷。

证明

由于源始的吸引力属于物质的本质，所以，它也应归于物质的每一部分，亦即也直接地超距发生作用。现在，假设有一个距离，源始的吸引力并未延伸到它外面，这样，对它的作用范围的这种限定要么就会基于在这一范围之内存在的**物质**，要 〔517〕
么就会仅仅基于它将这个影响扩散到的那个**空间**的大小。第一种情况是不成立的，因为这个吸引是一个透入力，它不顾存在于其间的一切物质，把一切空间作为一个空的空间来穿透，**直接地**超距发生作用。第二种情况同样不成立，这是因为，由于每一种吸引都是具有一个程度的运动力，在这个程度之下，总是无限地还可以设想一个更小的程度，所以，在一个更大的距离中虽然有一个使吸引的程度与力的扩散范围成反比减小的根据，但却永远不能完全取消吸引。因此，既然没有任何东西在某个地方给物质每个部分的源始吸引的作用范围规定界限，所以吸引就超越一切可以告知的界限而延伸到任一别的物质，从而在宇宙空间中延伸至无限。

附注 1

这种源始的吸引力是一种透入力，它由一切物质所施加，因而是按照它们的量的比例所施加，向一切物质、在一切可能的广度上延伸自己的作用。从这种源始的吸引力中，在与反作用于它的、亦即拒斥的力相联系时，必然能够派生出这个拒斥力的限制，从而派生出一个在一定程度上被充实的空间的可能性。而这样，就会构想出物质作为（在一定程度上）充实其空间的运动物的动力学概念。但为此，我们就需要一个关系规律，它既是源始的吸引的关系规律，又是物质及其各部分在不同距离上相互排斥的关系规律；既然这个规律仅仅基于这两种力在方向上的区别（因为一个点被驱动，要么是接近其他点，要么就是远离其他点)，并基于这两种力的每一种都在不同广度上扩散到的空间的大小，所以，它是一个纯粹的数学课题，不再属于形而上学；甚至就未完成以这种方式去构想物质的概念的责任而言，它也不属于形而上学。因为形而上学仅仅对被给予我们的理性知识的构想要素的正当性负责，而不对我们的
〔518〕理性在执行中的不充分性和局限性负责。

附注 2

既然一切被给予的物质都必须以某个一定程度的推斥力来充实自己的空间，以便构成一定的物质性事物，所以，惟有一个与源始的排斥相冲突的源始的吸引才能使空间一定程度的充实，从而使物质成为可能；而不管这种程度是来自被压缩的物质各部分相互之间固有的吸引，还是来自这种吸引与一切宇宙物质的吸引的结合。

源始的吸引与物质的量成正比，并延伸至无限。因此，物质按一定的尺度来规定的对一个空间的充实最终只能由物质无限延伸的吸引来造成，并按照物质的排斥力的尺度被给予每一个物质。

由一切物质对一切物质在一切距离上直接施加的普遍吸引的作用，叫做**万有引力**。在万有引力较大的那个方向上运动的努力就是**重力**。每个被给予的物质各部分的普遍推斥力的作用叫做这些物质的源始的弹性。因此，弹性和重力构成了物质惟一可以先天认识到的两种普遍性质，前者是内在地构成，后者是在外部关系中构成；因为物质本身的可能性就基于这二者的根据：当**联系**被解释为物质仅仅局限于接触条件之上的相互吸引时，它就不属于一般物质的可能性，因而也不能被先天地认识为与此相结合的。因此，这个属性就会不是形而上学的，而是物理学的，因而不属于我们目前的考察。

附释 1

为了尝试这样一个或许可能的构想，我不能不附加上一个小小的预先提醒。

（1）对于任何一个在不同广度上直接起作用的力，而且就它对每一个在某种广度上被给予的点施加运动力所用的程度而 〔519〕
言，它仅仅受自己为了作用于那个点而必须在其中扩散的那个空间的大小限制，我们可以说：在它扩散到的一切空间中，不论这些空间是大还是小，它总是构成一个等量，但它作用于这个空间中那个点的程度，却在任何时候都与它为了能够作用于那个点就必须扩散到的那个空间成反比。这样，例如光就从一个发光点以球面四处扩散，这个球面总是与距离的平方成正比增长，照明度的量在所有这些无限扩大的球面上就总体而言永远不变。由此得出：当同一个光量扩散的那个球面越大时，一个在该球面上假定的同样大的部分所受到的光照按其程度就必定越少。这也适用于一切其他力和规律，根据这些规律，那些力为了按其本性作用于远处的对象，就必须要么以平面，要么以立体的空间扩散。如此表现一个运动力由一个点向所有广度扩散，比用通常的方式，例如在光学中所发生的那样，用从一个中心点发散开来的辐射线的方式来表现，要更好些。因为既然以后面这样的方式引出的直线永远也不能填满它们所经过的空间，因而也不能填满它们所遇到的表面，无论它们被引出和被安置多少；这是这些直线的扩散不可避免的结果，所以这些直线只是给一些麻烦的推论提供了诱因，这些推论则给在仅仅考察整个球面的大小时根本不可避免的假设提供了诱因，这个球面应当被同等量的光**均匀地**照亮，并在任何位置上都自然而然地具有与其大小同整体的比例成反比的光照程度。对于一个力通过不同大小的空间的所有其他扩散来说，情况也是这样。

（2）如果这个力是超距的直接吸引，那么，吸引的方向线就更不能被表现得好像是从吸引点如同光线那样散射开去，而是必须被表现为好像是从周围球面（其半径是那个被给定的广度）的一切点向吸引点聚拢来。因为一个朝向作为其原因和目的的点的运动，其方向线本身就已经给定了 terminus a quo［起点］，这些线必须从此开始，也就是从表面所有的点开始，从这里它们才有了自己指向吸引的中心点的方向，而不是相反。因为只有这个面的大小规定了那些线的集合，中心点则让它们暧昧不定。①

〔520〕 （3）如果这个力是一个点（在纯然数学的展示中）**以动力**

① 按照以辐射的方式从一个点扩散开来的那些直线，来把给定距离上的那些面设想为被这些线的作用（无论是光照还是吸引）所完全充实，这是不可能的。那样的话，在这样散射的光线那里，一个远处的面受到较小的光照就会仅仅是基于，在这些被照亮的地方之间还剩有未被照亮的地方，面的距离越远，它们也就越大。**欧拉**的假设避免了这种不当，不过，它为使人理解光的直线运动造成了更多的困难。但这种困难起因于一个完全可以避免的数学设想，即把光物质设想为一些圆粒的聚集，这些圆粒按照其相对于碰撞方向的不同的倾斜位置会造成光的侧运动，因为除此之外没有任何东西妨碍把这种物质设想为一种源始的流体，而且完全不是分裂为一些固体的小颗粒。如果数学家要使光随着距离的增加而减弱直观化，他使用的是散射的辐射线，为的是在其扩散的球面上展示光的同一个量在这些辐射线之间均匀扩散的那个空间的大小，从而展示光照程度的减少；但他并不是要人们把这些射线看做惟一能照亮的射线，好像在它们之间永远可以找到那些随着广度的增大而增大的无光区域似的。如果人们要把这样的面的每一个都表现为完全被光照亮的，那就必须把覆盖更小的面的同一个光照量在更大的面上设想为均匀的。因此，为了指出这个直线的方向，就必须从这个面及其所有的点向发光点引出直线。必须预先设想作用及其大小，而后才指出原因。这同样适用于引力线（如果我们愿意这样称呼它的话），甚至适用于要由一个点出发充实一个哪怕是立体的空间的力的所有方向。

学的方式充实一个空间所用的一种直接的排斥，而且问题在于，一个源始的推斥力（因而它的限制仅仅基于它在其中扩散的那个空间）是根据怎样一条无穷小距离（这种距离在此被视为与接触等同）的规律而在不同距离上起作用的，那么，人们就更不能用从一个假定的推斥点出发的斥力线来表现这个力了，尽管运动的方向以这个点为 terminus a quo [起点]。因为这个力为了超距发生作用而必须扩散于其中的空间，是一个应当被设想为充实的立体空间（对此来说，一个点通过其运动力，即以动力学的方式，立体地充实一个空间的方式，当然无法作出进一步的数学展示），而从一个点出发散出来的射线是不可能表现一个立体的充实空间的推斥力的，相反，对于这些相互推斥的点的各种无限小的距离上的排斥力，人们会完全只与这些 〔521〕
点中的每一个以动力学的方式充实的立体空间成反比地、从而与这些点的相互距离的立方成反比地来推测，却不能去构想它。

(4) 因此，在一切广度上，物质源始的吸引都会与距离的平方成反比地起作用，源始的排斥则与无限小距离的立方成反比地起作用，而通过两个基本力的这样一种作用和反作用，对其空间具有一定程度充实的物质就会是可能的。这是因为，既然在各部分的接近中，排斥比吸引以更大的规模增长，而通过给定的吸引并不可能有超越这接近之上的更大的接近，所以这个接近的边界，从而那个构成空间的内部充实之规模的压缩程度也都是确定的。

附释 2

我清楚地看到了对一般物质的可能性的这种解说方式的困难，这种困难就在于，如果一个点不同时通过它的力来充实整个立体空间直到给定的距离，它就不能通过推斥力直接地驱动别的点的话，那就似乎可以得出，这个空间在这种情况下就必须包含更多能驱动的点，这是与预设相悖的，且在上面(定理 4)

已经被以空间中单纯物的排斥范围的名义予以反驳了。但是，一个能够被给予的现实空间的概念，与一个仅仅为了规定各给定空间的关系而设想出来的、事实上并不是空间的空间的纯然理念，这两者之间是可以作出某种区别的。在上述自以为的物理单子论的事例中，应当有一些现实的空间，它们被以动力学的方式，即通过排斥而被充实，因为作为点，它们的实存先于物质由此可能的一切产生，且通过它们所特有的作用范围规定着应被充实的空间能够属于它们的部分。因此，在设想出的假设中，物质也不能被视为无限可分的，被视为连续的量；因为直接相互排斥的各部分毕竟相互间有一个确定的距离（即它们的排斥范围半径的总和）；反之，如果我们如事实上发生的那样把物质设想为固定的大小，那么，相互直接排斥的各部分就根本没有什么距离，这些部分的直接作用的范围也就不会变大或者变小。但现在，物质是能够扩张或者被压缩的（如空气），而且在这里，人们设想其最接近的部分有一个能够增减的距离。但是，由于一个**固体**物质的最接近的各部分不论是继续扩
〔522〕张还是继续被压缩，它们都是互相接触的，所以人们就把它们相互之间的那个距离设想为**无穷小**，把这个无穷小的空间设想为在更大或者更小的程度上被它们的排斥力所充实。但这个无穷小的间隙与接触根本没有区别，所以只是一个空间的理念，被用来使一个作为固定大小的物质的扩展直观化，尽管这样一来它就完全不可能被现实地理解了。因此如果说，物质相互直接驱动的各部分的排斥力与其距离的立方成反比，那么这仅仅意味着：它们与立体的空间成反比。人们在这些部分之间来设想立体的空间，但这些部分相互之间却仍然是直接接触的，它们的距离正因为此而必须被称为**无穷小**，以便与一切现实的距离区别开来。因此，人们不能从构想一个概念的困难出发，或者毋宁说从对这种构想的误解出发，就对概念本身提出异议；

因为若不然，他就会在数学上去展示吸引在不同距离上得以产生的比例，其中包括使一个扩张的或者被压缩的物质整体中每一个点直接排斥另一个点的距离。动力学的普遍规律在这两种情况中就会是：一个点对外在于它的每一个别的点所施加的推动作用，与这个运动力的同一个量为了在一定距离上直接作用于后一个点而必须在其中扩散的那个空间成反比。

因此，从物质源始地相互排斥的各个部分与其无穷小的距离的立方成反比这条规律中，必然会得出物质的扩张与压缩的一个规律，它完全不同于**马里奥特**的气体规律；因为后者如牛顿所阐明的那样（《自然哲学的数学原理》，第 2 卷，命题 23 注释），证明了物质最接近的各部分与自身相互距离成反比的逸散力。不过，人们也不能把这些部分的张力看做**源始的**排斥力的作用，相反，这种张力是基于**热**的，热不只是作为一种侵入各部分之中的物质，从一切迹象看来倒是通过各部分的动荡而迫使真正的气体部分（除此之外，人们可以承认它们相互间有现实的距离）相互逸散。但是，这种振动必然给予相邻的各部分一种与其距离成反比的逸散力，这一点的确可以根据弹性物质振动的运动传递规律来使人理解。

我还要声明的是：我不希望这里对源始排斥规律的说明被看做必然属于我对物质的形而上学探究的意图，也不希望这种 〔523〕
探究（对它来说，把空间的充实描述为物质的动力学属性就足够了）被与那种说明可能遇到的争论与怀疑混淆起来。

动力学的总附注

如果我们回顾一下对动力学的所有探讨，我们就会发现：**首先**是在**斥力**对空间的充实中考察了空间中的**实在的东西**（通常被叫做坚固的东西）；**其次**是考察了就作为我们外部知觉的真正客体的前者而言**否定性的东西**，亦即引力，通过它，就其本身而言一切空间都被透入，从而完全取消了坚固的东西；**第三**是考察了通过第二种力而对第一种力的**限制**，以及由此产生的对空间的充实程度的规定。这样，物质的**质**就其应被归于某种形而上学的动力学而言，就在**实在性**、**否定性**和**限定性**的名目下得到了充分的探讨。

动力学的总附释

物质性自然的动力学的普遍原则是：外部感官对象的一切不是仅仅作为空间规定（地点、广延和形状）的实在东西，都必须被看做运动力；这样一来，所谓坚固的东西或者绝对的不可入性，作为一个空洞的概念，就被从自然科学中被排除了，取而代之的是斥力；但与此相反，真实的直接吸引却在一种自己误解自己的形而上学的一切玄想面前得到了捍卫，并且作为基本力，本身被解说为对于物质概念的可能性来说必不可少的。由此，就产生出这样的结论：如果人们认为空间有必要即使**没有空的间隙**也散布于物质内部的话，那么，空间至多可以被假定普遍的，尽管如此仍然在不同程度上**被充实的**。因为按照物质的前一种属性，即充实一个空间的属性所基于的推斥力源始地不同的程度，这种推斥力与源始的吸引（无论是每个物
〔524〕 质自身固有的吸引，还是宇宙一切物质联合起来的吸引）的比例可以被设想为无限不同的：因为吸引是基于物质在一给定空间中的集合的，反之，物质的扩张力则基于空间被充满的程度，这一程度在种类上可能极其有差异（例如等量的空气在同一体积中根据其加热的多少表现出或多或少的弹性）；因此这两种力的一般根据是：通过真实的吸引，物质的**一切部分**直接作用于另一物质的**一切部分**，但通过扩张力，却只有**在接触面**

上的那些部分起作用，不管在它背后发现的这种物质是多还是少，这种作用都是一样的。现在，单是从这一点就已经对自然科学产生出一个很大的好处，因为这样一来，自然科学就卸下了要单凭想象力用充实和虚空制造出一个世界来的重负，毋宁说一切空间都可以被设想为充满的，但却是在不同规模上被充实的，这至少使空的空间失去了它的**必然性**，并回归到一种假设的价值上。因为若不然，它就会借口为解释空间不同程度的充实而必需的条件来自以为能够得到一个原理的头衔。

尽管这一切，一种此处在方法上运用的形而上学在把同样也是形而上学的、但没有经过批判检验的原则束之高阁时，所带来的好处显然只是**否定性的**。尽管如此，由此还是为自然研究者间接地扩大了其领域，因为从前他用来自己限制这一领域并使一切源始的运动力都被用哲学思维去除的那些条件，现在已失去其有效性了。但是，人们不要超出使一般物质的普遍概念成为可能的东西，去先天地解释物质特殊的、甚至种类上的规定性和差异性。物质概念被归结为纯粹的运动力，人们对此也不可能别有他求，因为在空间中除了运动之外，就不能设想任何活动和任何变化。然而，是谁要看出基本力的可能性呢？这些基本力惟有在不可避免地属于一个基本概念，关于这个概念可以证明它是一个不能再从别的概念（如空间的充实概念）中派生出来的情况下，才能够被假定，而这就是一般的斥力和对它们起反作用的引力。关于这些力的联结和结果，我们顶多还能够先天地作出判断，看人们能够不自相矛盾地设想它们相互之间具有怎样的一些关系，但毕竟不能因此而自以为能够把这些力中的某一种假定为现实的，因为要有权利建立一个假说就不容忽视地要求：我们所假定的那种东西的**可能性**是完全**确凿的**，但在基本力那里，却永远不能看出它们的可能性。而且在这里，数学和力学的解说方式比起形而上学和动力学的解说

〔525〕 方式来有一个不能被夺走的好处，即用一种完全同质的材料，通过各部分各种各样的形状，并借助散布于其间的空的间隙，建立起物质的一种无论就其密度来看还是就其作用方式来看（当加进外来的力时）都是庞大的种类上的杂多性。因为无论是形状还是空的间隙，其可能性都可以用数学的自明性来阐明；反之，如果材料本身被转化为基本力（我们不能先天地规定这些力的规律，更不能可靠地说明它们足以解释物质的种类差别的杂多性），我们就失去了**构想**这个物质概念、并把我们所普遍地思考的东西作为可能的而呈现在直观中的一切手段。但与此相反，一种纯然数学的物理学在另一方面又双倍地为那种好处付出了代价，因为它首先不得不把一个空洞的概念（绝对不可入性概念）当做基础，其次不得不放弃物质**固有的**一切力。此外，与它对基本材料作源始的构形并插入空的空间同时，由于这要求解释需要，所以又不得不允许想象力在哲学的领域里有更多的自由，甚至有合法的要求，以致不能与哲学的审慎很好地协调。

我不想对物质的可能性及其由那两种基本力而来的种类差别加以充分的解释，这也许是我无法做到的，我只想把物质的种类差别在总体上必然可以先天地达到（虽然并不同样可以根据其可能性来理解）的那些要素，如我所希望的那样完备地展示出来。插入这些定义之间的那些附释将指出这些定义的运用。

(1) 一个物理学意义上的**物体**是在**一定界限之间的一个物质**（因而它有一个形状）。**在这些界限之间的空间按照其大小来看**就是**体积**（volumen）。一个有一定体积的空间的充实程度就叫做**密度**（通常，“密的”这一表述也被绝对地用于**并非空虚的**［泡状的、多孔的］东西之上）。在这种意义上，在绝对不可入性的体系中，就存在着一种绝对的密度，而且是在一个物质根本不包含空的间隙的时候。按照空间的充实这个概念，人们提出了种种比较，并把一个自身包含更少空隙的物质称做比另一个物质更密，最后直到那种物质里面没有任何空间的部分是空的，则叫做完全密的物质。后面这种表述我们只能按照物质纯然数学的概念来使用，不过在一种纯然相对的不可入性的动力学体系中并不存在密度的极大或者极小，而尽管如此每一个哪怕很稀薄的物质，如果它完全充实其空间，不包含空的间隙，因而是一个连续体而非间断体，那么它仍然可以叫 〔526〕
做完全密的；然而，它毕竟在与另一个物质相比较时，在动力学的意义上，如果它虽然完全充实自己的空间，但并不是在同样的程度上充实，就是较少地密。不过，即使是在动力学的体系中，如果我们不将物质设想为种类上相同的，以至于仅凭压缩就可以从一个物质产生出另一个物质来的话，那么，根据密度来思维物质的比例关系也不合适。既然此时这种比例关系对于一切物质自身的本性来说并不显得是必然地需要的，所以，在不同类的物质之间，就其密度而言，就不可能进行适当的比较，例如在水和水银之间，尽管这已成了习惯。

(2) **吸引，就它仅仅被设想为在接触中起作用的而言**，叫做**联系**（虽然人们通过极好的试验阐明，这个在接触中叫做联系的力，即使在很小的距离上也被发现在起作用；然而，**只要**我仅仅在接触中来思维吸引，吸引就按照通常的经验叫做联系。而在日常经验中，吸引在很小的距离上几乎是知觉不到的。联系通常被假定为物质的一个极普遍的属性，这并不是好像人们通过物质概念就已经被引导到它，而是因为经验到处都阐明了它。不过，这种普遍性必须不被理解为**集体的**，就好像每一个物质都通过吸引的这种方式**同时**对宇宙空间中的每一别的物质起作用似的——诸如此类的方式就是万有引力的方式——，而只被理解为**分别的**，也就是说，对这个或者那个物质起作用，不管与它接触的物质是哪一类的。因此，并且就像各种证据所能够阐明的那样，由于这个吸引不是透入的，而仅仅是表面力，由于它本身作为表面力也不是到处都取决于密度，由于要达到联系的充分强度就要求有物质的一个在先的流体状态和它此后的凝固状态，而被打碎的固体物质，如有一条裂缝的玻璃镜，在它们原先联系得如此紧密的那些面上，最严密的接触也远远不再能有它在溶解后凝固起来所具有的那种程度，所以，我不把接触中的这种万有引力视为物质的基本力，而是视为一种纯然派生的力。对此，下文还要谈更得更多)。**一个物质，其各个部分相互之间虽然有相当强的联系，却仍然能够因任何哪怕很小的运动力而彼此位移，这个物质就是液态的。但是，如果一个物质的各个部分并不减少接触的量，而只是被迫相互交换这种接触，那么，它们就彼此位移。如果接触**
〔527〕**不仅被彼此交换，而且被取消或者其量被减少，那么，各个部分、从而还有物质就被分离**。一个**固态的**——更准确地说是**凝固的——物体**（corpus rigidum）**是一个各部分不会由于任何力而彼此位移的物体**——因此，各部分是以一定程度的力在阻抗着位移。**物质彼此位移的障碍就是摩擦**。**针对**相互接触的物质的**分离**作出阻抗，这就是联系。因此，液态物质在被分割时并不承受任何摩擦，而是在发现这种摩擦的时候，物质被假定为凝固的——在或大或小的程度上，其最后的程度就叫做**黏性**(viscositas)——至少根据其较小的部分来这样假定。**如果凝固的物体的各个部分不断裂就不能彼此位移**，从而各个部分的联系不同时被取消就不能被改变，那么，**这个凝固的物体就是脆的**（人们把液态物质和固态物质的区别归于其各部分联系的不同程度，是很没有道理的)。因为要把一个物质称为液态的，这并不取决于它阻抗支解的程度，而是仅仅取决于它阻抗其各部分的彼此位移的程度。前一种阻抗可以是任意大，而后一种阻抗在液态物质中却任何时候都等于零。且看一滴水。当其内部的一个小部分被接触它的相邻部分哪怕是很大的引力向一侧

吸引时，这同一个小部分却正好也被同样多地向相反的一侧吸引，并且由于两方面的吸引抵消了它们的作用，这个微粒就很容易移动，就好像它处在空的空间中似的。也就是说，应当推动它的那个力不用克服任何联系，而是只需要克服所谓的惯性。惯性是它在一切物质那里都必须克服的，即使这些物质根本不是用惯性联系起来的。因此，用显微镜才能看见的微生物如此轻松地在它里面运动，就好像根本不用分割任何联系似的。因为它确实不用排除水的联系，也不用减少自己下面的水的接触，而只需要改变它就行。但是，如果你们设想这个微生物，就好像它要穿过水滴的外表似的，那就首先可以看出，这个水滴各部分的相互吸引使得这些部分一直在运动，直到它们达到相互之间的最大接触，从而达到与空的空间的最小接触，也就是构成一个球形。现在，当上述小虫努力要钻出水滴表面时，它就必须改变这个球形，因而导致水和空的空间更多的接触，也导致水滴的各部分相互之间更少的接触，亦即减少它们的联系；而这时，水才通过其联系来阻抗它，但不是在各部分 〔528〕
相互之间的接触没有任何减少的水滴内部，而是仅仅在它们的接触被改变为与别的部分的接触的地方，因而，这些部分丝毫没有被分离，而只是被移动了。人们也可以把牛顿关于光线所说的话，即光线不是通过密的物质，而只是通过空的空间被反射回来，运用于用显微镜才能看见的微生物上，而且是出自类似的根据这样运用的。因此很清楚，一个物质各部分联系的扩大丝毫不损害其液态。水在其各部分中的联系远比人们通常在信赖把金属片从水的表面拉开的试验时所相信的更强，这个试验没有裁定任何东西，因为在这里，水并不是在最初接触的整个面上，而是在一个小得多的面上被拉开的。这个小得多的接触面终归是由其各部分的位移造成的，正如一根软蜡棒被一个挂上的重物首先拉得细长，然后必定是在一个远比人们最初所假定的更小的面上被拉断一样。但就我们的液体概念而言完全肯定的是如下这一点：**液态物质也可以被解说为这样一种物质，它的每一个点都以它被压迫向一个方向所用的同样的力朝所有的方向努力运动**；这是流体动力学的第一规律所基于的一种属性，但这一属性永远也不能像光滑的固体小颗粒的堆积的压力按照复合运动的规律很容易被消解所能够表明的那样，被赋予这种堆积，并由此证明液体的属性的独特性。现在，如果液态物质只承受位移的极小阻力，因而也只承受极小的摩擦，那么，这个摩擦就会随着把这个物质各部分相互压在一起的那个压力的强度而增长，最后就会产生一个压力，由于这个压力，这个物质的各部分不能因任何小小的力就彼此位移。例如一只双股弯管，其中一股可以任意粗，另一股可以任意细，只是不要成为毛细管。当人们把这两个股设想为几百英尺高时，根据流体静力学规律，液态物质在细管中和粗管中将会是同样的高度。但由于加在两管底部、因而也加在把两个相通的管子结合起来的那个部分的压力可以被设想为与高度成正比地无限增大，所以如果在液体的各部分之间有极小的摩擦，就必定能够发现在管子的某一个高度上，注入细管中的一个小的水量并不会把粗管中的水从其位置上推开，从而细管中的水柱就会高过粗管中的水柱，因为下面的各部分虽然有它们相互之间如此
〔529〕巨大的压力，也不再能由于像添加的水重量这样小的动力而位移，而这是与经验、甚至与液体的概念相悖的。同样的道理也适用于人们不用压力而用重量来设定各部分的联系的时候，不管这个联系有多么大。上文所引的第二个液体定义是流体静力学的基本规律的基础，即液态是一种物质的属性，在这里，物质的每一部分努力以它在某个给定方向上受到压迫所用的同一个力向一切方面运动。这个定义是当人们把一般动力学的基本规律与第一个定义相结合时从第一个定义中推出来的。这个基

本规律就是：一切物质原本都具有弹性，因为它必定努力以压力在任何一个任意的方向上发生所用的同一个力，向它被压缩于其中的空间的每一个方面扩展，亦即（当一个物质的各部分像在液态物质那里现实地发生的那样，可以因任何一个力而无阻碍地彼此位移的时候）运动。因此，真正说来，惟有凝固的物质（其可能性除了各部分的联系之外还需要某种别的解说理由）才可以被赋予摩擦，而摩擦已经以坚硬性为前提条件。但是，为什么某些物质尽管所具有的联系力比另一些液态物质固然根本不更小，但也许并不更大，尽管如此却强有力地阻抗各部分的位移，因而惟有通过在一个给定的断面上取消一切部分的联系才能同时被分离开，究竟是什么造成了这种出色的联系的外观，进而凝固物体是如何可能的，这一直还是一个尚未解决的问题，哪怕通常的自然学说相信可以轻而易举地解决这个问题。

(3) **弹性**（弹力）是一个物质**在另一个运动力减退时恢复其被该力所改变的大小或者形状的能力**。它要么是张力性的弹性，要么是引力性的弹性。前者是为了在压缩之后取得一个原来的较大体积，后者是为了在扩张之后取得一个原来的较小体积（引力性的弹性顾名思义显然是派生的。一根铁丝被挂上的重量所拉长，当人们把带子剪断时，它就弹回到自己的体积。或者，借助于作为其联系的原因的同一个吸引力，在液态物质那里，当突然撤掉给水银的热时，水银物质就会马上恢复原来的较小体积。那种仅仅存在于对原来形状的恢复之中的弹性永远是引力性的，例如一把被弄弯的刀剑，在凸出面上被拉伸开来的那些部分努力要恢复到其原先的接近；同样，一小滴水银也可以被称为有弹性的。但是，张力性的弹性可能是源始的，但也可能是派生的。空气就可以借助热的物质而具有一种派生的弹性，这种物质与空气最内在地结合在一起，并且它的弹性 〔530〕
或许是源始的。反之，我们称之为空气的那种流体的基本材料，尽管如此作为一般物质却本身必定已经具有了弹性，这种弹性就叫做源始的。一种被知觉到的弹性属于哪一种类型，这在遇到的事例中不可能确凿地作出裁定）。

（4）**被推动的物体通过传递其运动而相互作用，这种作用就是力学的；但如果物质即便在静止中也通过自己的力来相互改变其各部分的结合，这些物质的作用就叫做化学的**。如果这种化学的影响**以一个物质的各部分相分离为结果**，它就叫做**溶解**（力学的分割，例如把一个楔子打入一个物质的各部分之间，由于楔子不是通过自己的力而起作用，所以与化学的溶解是完全不同的），但那种以把两个相互分解的物质分离开来为结果的化学影响则是**离析**。使那些种类不同的物质相互分解，在其中找不到一个物质的任何部分不是和另一种与之种类不同的物质的一个部分处在如同两个整体结合起来时那样的比例之中，就是**绝对的溶解**，也可以被称为**化学的透入**。在自然中可以现实地发现的溶解力是否能够造成一种完全的溶解，这一点尚不能肯定。在这里，问题仅仅在于是否能够哪怕仅仅设想这种溶解。显而易见，只要一个被溶解的物质的各部分还是些小颗粒（moleculae），这些部分的溶解的可能性就不会少于较大的部分的溶解，甚至只要溶解力还存在，这种溶解就必定会现实地一直进行下去，直到那不是由溶剂和可溶物质按两者在一个整体中的相互比例组合而成的部分不再存在。因此，由于在这种情况中溶液体积的每一部分都不能不包含溶剂的一个部分，所以这个溶剂就必定作为一个连续体而完全充满整个体积。同样，由于溶液的同一个体积的每一部分都不能不包含被溶物质的一个成比例的部分，所以这个被溶物质也必定作为一个连续体充满这个混合物的体积所构成的整个空间。但是，当两种物质，而且其中每一种物质都完全充满这同一个空间时，它们就相互**透入**。所以，一种完全的化学溶解就是物质的一种渗透，尽管如此，它与力学的透入却完全不同，因为在后一种情况中所设想的是：当运动的各物质更接近时，一方的推斥力能够完全克服另一方的推斥力，一方或双方都能够使其广延成为无；相反，在这里，广延仍然存在，只不过物质并非相互外在地，而是相互内在地，〔531〕也就是通过**内在接受**（如人们习惯于说的），来共同占据一个与其密度的总和相称的空间。对于这种完全溶解的可能性，因而对于化学的透入，很难提出什么反驳，尽管它包含着一个**完成了的**无限分割，这种分割在这一场合中毕竟不包含任何矛盾，因为溶解是在一段时间内连续地、从而同样是通过一个无限的瞬间序列而以加速度进行的。此外，通过这种分割，还可以分割的物质的表面积总和在增长，而且由于溶解力是连续起作用的，所以完全的溶解就能够在一个**可以告知的**时间内完成。两个物质的这样一种化学透入的不可理解性应当归咎于任何一个一般连续体的无限可分性的不可理解性。如果人们放弃这种完全的溶解，那就必须假设溶解只进行到可溶物质的某些小颗粒为止，这些小颗粒在溶剂中以相互之间被规定的距离游动，至于这些小颗粒为什么既然还总是些可分物质却没有同样地被溶解，人们就提不出任何根据了。因为溶剂不再起作用，这尽可以在经验所及的自然中有其充分的道理，但这里所谈的不仅仅是连这种小颗粒以及其他任何还留存着的东西都能溶解、直到溶解完成的一种溶解力的可能性。溶液所占的体积可以与相互溶解的物质在混合前所曾占有的空间的总和相同，或比它更小，也可以更大，根据吸引力与排斥力的比例而定。这两种力在溶液中每一种自身、并且两种又联合起来，构成**一个弹性媒介**。甚至**仅仅**这一点就可以提供一个充足的理由，说明被溶解的物质为什么不因为自身的重量而重新从溶剂中离析出来。因为溶剂的吸引既然朝一切方面都同样强地进行，就抵消了被溶解的物质的阻抗，而且要假设液体中有某种黏性，这也和诸如此类被溶解的物质，例如用水稀释的酸，施加于金属物体上的巨大力量根本不符。酸并不仅仅附着于金属物体，如同它们仅仅在自己的媒质中游动时必将发生的那样，而是以巨大的引力将金属物体相互分离，并在这个载体的整个空间中扩散开来。假定技艺没有掌握这种造成完全溶解的化学溶解力，自然也许会在其植物的和动物的活动中证明它，并由此也许产生出一些尽管是混合的、但却没有任何技艺能够可以将之重新离析开来的物
〔532〕质。甚至还可以在两种物质中的一种同样不被另一种所拆散、不在严格意义上被溶解的地方，也会遇到这样一种化学的透入，就像热的材料透入物体那样。在这里，如果热的材料仅仅分布到物体空的空隙之中，那么，固态的实体本身就会依然是冷的，因为它们不能吸收到任何热。同样，人们甚至可以用这种方式来设想某些物质好像是自由地透入另一些物质，例如磁性物质，而不必为此给它在一切物质中，甚至是最密的物质中准备开放的通道和空的间隙。但是，这里毕竟不是为特殊的显象找出假说的地方，而是仅仅要找出可用来判断这一切显象的原则。凡是使我们免除乞灵于空的空间的需要的东西，对于自然科学来说都有现实的好处。因为空的空间给想象力提供了太多的自由，来用虚构弥补内在自然知识的不足。绝对的空和绝对的密在自然学说中大约相当于形而上学的宇宙科学中盲目的偶然和盲目的命运，亦即是占统治地位的理性的拦路石，以使虚构要么取代理性的地位，要么让理性在模糊性质的软床上歇息。

但现在，至于自然科学中就其一切课题中最重要的课题，即解说**物质**的某种无限可能的**种类差异**而言的处理方式，我们在这方面只能采取两条途径：**力学的**途径，通过把绝对充实与绝对空虚相结合来解释物质的一切差异；或者与它相对立的**动力学的**途径，仅仅通过在结合排斥和吸引两种源始的力时的差异来解释物质的一切差异。前者以**原子**和**虚空**为其推演的材

料。一个原子就是物质的一个在物理学上不可分的小部分。一个物质，其各部分是以一种不可能被存在于自然中的任何运动力所制服的力联系起来的，在物理学上就是**不可分的**。一个原子，如果它凭自己的形状而与别的原子在种类上不同，就叫做**最初的微粒**。一个物体（或者微粒），其运动力取决于自己的形状，就叫做**机械**。把物质作为机械，通过其最小部分的性状与组合来解释其种类差异，这种解释方式就是**力学的自然哲学**；但是，不是把物质作为机械，亦即仅仅作为外部运动力的工具而从物质出发，而是从物质源始固有的吸引与排斥两种运动力出发推导出物质的种类差异，这种解释方式可以被称为**动力学的自然哲学**。力学的解释方式由于对数学是最顺从的，所 〔533〕
以从古代的**德谟克里特**起，直到**笛卡尔**以至我们的时代，它一直在**原子论**或者**微粒子哲学**的称号下保持着它的威严和对自然科学原则的影响，很少有所改变。它的实质性内容在于对源始物质的**绝对不可入性**的预设，在于这种材料的**绝对同类性**和惟一剩下来的形状的区别，以及在于这些基本微粒自身中物质的联系的**绝对不可克服性**。这就是产生出种类不同的物质的**材料**，它不仅是为了给种和属的不变性保有一种不变的、尽管如此却以不同的方式塑形的基本材料，而且还要从这些作为机械（它们什么也不缺，只缺少一个从外部施压的力）的最初部分的形状出发**以力学的方式**解释种种自然结果。但是，这个体系首要的和最高的证明，却是基于据说为了物质**密度种类上的区分**而利用**空的空间**的不可避免的**必要性**，人们把这些空的空间分布到物质内部和那些微粒之间，其比例正如人们认为为了一些显象而有必要假设的那样大小，即哪怕是最密的物质的体积，其充实的部分对于空的部分来说也几乎可以视为无。——现在，为了引入一种动力学的解释方式（它对于实验哲学更为适合和有益得多，因为它直接引导人们找出物质固有的运动力及其规律，反之对假设空的间隙和具有一定形状的基本微粒的自由加以限制，这两者都不能通过实验来规定和找出来），根本没有必要去策划新的假设，只要对纯然力学的解释方式的公设，**即不可能脱离空的空间的混入来设想物质密度的种类差异**，仅仅通过引证能无矛盾地思考空间的方式而加以驳斥就可以了。因为只要纯然力学的解释方式立足于其上的上述公设作为原理被宣布为无效，那么不言而喻，只要还留存有即便不用任何空的间隙也可以设想密度的种类区别的可能性，人们就不必把这个公设作为自然科学中的假说来接受。不过，这种必要性却是基于，物质并非（如纯然力学的自然研究者所假定的）通过绝对的不可入性，而是通过具有自己的程度的推斥力来充实其空间，这种程度在不同物质中是各不相同的，而且既然这个空间与符合物质的量的引力毫无共同之处，不可入性在不同物质的同一种
〔534〕引力那里按其程度又是**源始地不同的**，因而甚至这些物质的扩张程度在物质的同一个量上，或反过来物质的量在同一个体积上，都是源始地允许有极大的种类差异的，也就是说，物质的密度允许有这样的差异。以这种方式，人们将会发现，设想这样一种物质不是不可能的（例如人们想象出以太）：它不用任何虚空而完全充实自己的空间，但却是用物质无比小的量，以与我们能够对之进行试验的一切物体相同的体积充实这一空间。推斥力在以太那里必须按照与以太固有的引力的比例，被设想为比在其他一切已为我们所知的物质那里都无比地大。而这也正是我们仅仅由于**它可以被设想**就来假定的惟一东西，这只是为了反对一个假说（即空的空间），这个假说仅仅靠一个借口来支持：即这样的物质离开空的空间就**不能设想**。因为除此之外，就既不可以对吸引力的任何规律，也不可以对排斥力的任何规律作先天的大胆猜想，而是必须从经验的数据中推论出一切，甚至推论出作为重力的原因的万有引力及其规律。诸如此类的

东西在化学的亲和性那里则更是只能通过实验的途径来尝试。因为先天地根据其可能性来认识源始的力，这完全在我们理性的视野之外，毋宁说，一切自然哲学都在于把给定的、表面上各不相同的已知的力追溯到更少数的力和功能，它们足以用来解释前面那些力的结果，但这种归结却只能进行到我们的理性不能超出的那些基本力为止。这样，在作为物质的经验性概念之基础的东西背后进行的形而上学研究，就只有在下述意图上才是有用的：只要自然哲学还是可能的，就把它引导到动力学的解释根据的研究上，因为惟有这些根据才使人可以指望这些解释的确定的规律，因而可以指望它们真正的理性联系。

这就是为了构想物质概念，因而为了在物质以一定程度充实一个空间所凭借的那些属性方面把数学运用于自然科学，形而上学所能够提供出来的一切。也就是说，把这些属性视为动力学的，而不是像纯然数学的研究将会设定它们那样视为无条件的源始状态。

世界上空的空间的偶然性的著名问题可以作为结束语。这些空间的**可能性**是无可争辩的。因为物质的一切力都要求有空间，而且既然空间也包含着这些力的扩散规律的条件，所以空间也必然在一切物质之前被当做前提条件。这样，吸引力被 〔535〕
赋予了物质，乃是就物质通过吸引而**占据**自己周围的空间、尽管如此却没有充实它而言的；因而，空间即使在物质起作用的地方也可以被设想为空的，因为物质在这里不是通过排斥力起作用的，所以并不充实空间。然而，把空的空间假设为**现实的**，对此，没有任何经验，或者出自经验的推论，或者解释经验的必要假说给我们以权利。因为一切经验只是使我们认识相对空的空间，这些相对空的空间不需要空的空间，便可以在一切任意的程度上从物质以更大或者一直小到无限的扩张力来充满空间的属性出发得到完满的解释。

〔536〕 第三章

力学的形而上学初始根据

解说 1

物质就是运动物，这是就运动物本身具有运动力而言的。

附释

如今，这是物质的第三个定义。纯然动力学的概念也不能把物质看做静止的；那里所考虑的运动力只涉及对某个空间的充实，而充实这个空间的物质本身却不可以被看做运动的。因此，排斥曾经是一种**给予**运动的源始的运动力；反之，在力学中被考察的是一个被置于运动之中的物质的力，它为的是把这一运动**传递**给另一个物质。但很清楚，运动物如果不是拥有一个源始的运动力，它通过这一运动力而先于自己的一切运动在它所存在的每个地点上都起作用，那么，它就不会**通过自己的运动**而具有任何运动力；并且，如果两个物质不是都具有源始的排斥规律，那么，一个物质就不会对**在它前面**阻碍它的直线运动的物质施加匀速的运动；此外，如果不是二者都具有吸引力，一个物质就不能凭自己的运动迫使另一个物质在直线上**跟随它**（即能够拖着另一个物质走）。因此，一切力学规律都以动力学规律为前提条件，而一个物质，作为运动着的，亦惟有凭借自己
〔537〕 的排斥或者吸引才能拥有一个运动力，物质在其运动中作用于排斥和吸引，并借助于它们起作用，由此而把它自己的运动传递给另一个物质。请原谅我在这里不再提到由吸引所造成的运动传递

(例如，当一颗具有比地球更强的吸引能力的彗星在经过地球时把地球拉向自身的时候)，而是仅仅提及推斥力的传递，因而是通过压力（如借助被拉紧的弹簧）或者碰撞的传递，此时把这一种传递的规律运用于另一种传递的规律之上，原本只是就方向线而言才是不同的，而除此之外在这两种情况中都是一回事。

解说 2

物质的量是运动物在一定空间中的集合。如果物质的所有部分在其运动中都被视为同时起作用的（运动的），这物质就叫做**质量**，而且如果一个物质的所有部分都在同一个方向运动，**同时**向自身之外施加其运动力，人们就说这个物质以**质量**起作用。一个具有一定形状的质量叫做一个**物体**（在力学意义上的）。**运动的量**（在力学上来量度）是同时通过运动物质的量及其速度来量度的量；**在运动学**上，这量仅在于速度的程度。

定理 1

物质的量只能在与**任何**别的量的比较中通过有给定速度的运动的量来量度。

证明

物质是无限可分的，因此，没有一个物质的量可以通过其各部分的一个集合来直接规定。因为即使在给定物质与一个同类物质的比较中作出这种规定，在这种情况中物质的量与体积 〔538〕
的大小成正比，这也毕竟与定理的要求，即物质的量应当在与任何别的（包括种类不同的）量的比较中来量度，是相悖的。因此，只要人们抽掉物质自己的运动，就既不能直接地、也不能间接地在与任何**别的**物质的比较中来有效地量度物质。所以除了物质的运动的量之外，物质就不剩下任何别的普遍适用的尺度了。但在这运动中，又惟有假定被比较的物质中速度是相同的，才能给出运动基于物质不同的量的区别，如此等等。

附注

物体运动的量处在由其物质的量和其速度的量的关系组合而成的关系中，这就是说，不管我是把一个物体的物质的量加倍并保持其速度，还是把速度加倍而保持其质量，这都是一回事。因为一个大小的确定概念只有通过量的构想才是可能的。但是，就量的概念而言，这个构想无非就是等价物的组合；所以，一个运动的量的构想就是许多相互等价的运动的组合。现在，根据运动学的诸定理，不管我是将某个程度的速度赋予一个运动物，还是将给定速度除以运动物的数量所得出的所有更小程度的速度赋予许多相同的运动物，这都是一回事。从这里首先产生出表面上是运动学关于一个运动的量的概念，即由相互外在、但毕竟结合在一个整体中的运动点的许多运动组合而成。现在，如果这些点被设想为某种**通过自己的运动**而具有运动力的东西，那么，从中就产生出力学关于运动的量的概念。但在运动学中，把一个运动想象为由许多彼此外在的运动组合而成的，这是不可行的，因为运动物既然在这里被想象为没有
〔539〕任何运动力，无论如何与同类的运动物组合都不提供运动大小的差异，除非是仅仅存在于速度中的那种大小。一个物体的运动的量与另一个物体的运动的量的比例，如果正确地理解的话，如同它们的结果的大小与**整个**结果的比例。那些仅仅把一个被阻抗所充实的空间的大小（例如，一个物体以某个速度抵抗重力而能够上升到的高度，或者它在柔软物质中所能够挤入到的深度）假定为整个结果的尺度的人，在**现实的**运动方面造

成了运动力的另外一个规律，亦即由物质的量和其速度的平方的关系组合而成的关系的规律；只是他们忽略了在物体以较小的速度经过其空间的这段给定的时间中结果的大小，而毕竟惟有这个大小才能够是一个被给定的均匀阻抗所消耗掉的运动的尺度。所以，如果在力学上考察运动力，也就是把它看做物体自身运动起来时所拥有的那种力，而不管其运动的速度是有限小还是无限小（仅仅是运动的努力），那么，在活力和静力之间也不可能有任何区别；毋宁说，如果静力和活力这两种称呼真的还值得保留的话，那么，人们就可以更为适当得多地把完全抽掉物质自己的运动，甚至也完全抽掉运动的努力时物质用来作用于另一物质的力，亦即动力学的源始的运动力称为静力，反之把力学上、亦即通过自己的运动的运动力称为活力，而不考虑速度的区别，哪怕其程度无限地小。

附释

为了避免冗长，我们想把上述三个命题的讨论放在一个附释中来加以总括。

正如定义所说明的那样，物质的量只能被设想为（相互外在的）运动物的集合，这是一个值得注意的命题，是一般力学的基本命题。因为由此就表明：物质除了存在于**相互外在**的杂多的**集合**之中的量以外，没有别的量，因此，物质也没有一个带有给定速度的运动力的**程度**是不依赖这个集合而可以仅仅看做内在的量的。当然，如果物质由单子构成，则这种情况也会 〔540〕
出现，单子的实在性在所有的关系中必须有一个可以更大或者更小的程度，不依赖于相互外在的各部分的集合。至于在这同一个解说中的质量概念，人们不能像通常那样把它视为与量的概念相等。液态物质可以通过其自己的运动以一个质量发生作用，但也能在流动中发生作用。在所谓的水锤中，冲击的水是以一个质量，亦即以其一切部分同时起作用的；被装在一个容器里的水也有这种情况，它用自己的重量压着它放置于其上的那个称盘。相反，一条推动磨坊的小溪的水对下面水轮叶片起作用，就不是以一个质量，即不是以流向叶片的水的一切部分同时起作用，而只是一部分接一部分地起作用。因此，如果要在这里确定以某个速度运动而具有运动力的物质的量，人们首先就必须寻找**水物体**，亦即寻找那个能够以质量用某个速度（用它的重量）产生这种作用的物质的量。因此，人们通常也把**质量**一词理解为一个**固体**（装有液体的容器也代表着这液体的固态）的物质的量。最后，把这一定理与附加的附注一起来看，其中就存在着某种令人诧异的东西：根据那个定理，物质的量必须用具有给定速度的运动的量来量度，但根据这个附注，运动的量（即一个物体的量，因为一个点的量仅仅由速度的程度构成）在速度相同时又必须用被推动的物质的量来量度，这就显得是在兜圈子，无论是对这一方还是对那一方都没有希望得到一个确定的概念。不过，这种看上去的循环论证在它是对两个彼此等同的概念作相互的推导时，就会成为现实的。但现在，它一方面只包含对一个概念的解说，另一方面包含着对该概念在经验上的运用的解说。空间中的运动物的量是物质的量；但物质的这个量（运动物的集合）只有通过在同一速度上的运动的量（例如通过平衡），才能在经验中**显示**出来。

还可以看出，物质的量就是运动物中**实体的量**，因而不是实体的某种质（如动力学中所提到的排斥或吸引）的大小，而实体的量在这里无非是指构成物质的运动物的纯然集合。因为只有被运动物的这个集合才能够在同一个速度上给出运动的量中的一个区别。但是，一个物质在**它自己的**运动中所具有的运
〔541〕 动力仅仅显示出**实体**的量，这是基于实体的概念的，而实体是空间中不再作为另一主体的谓词的最终**主体**，正因为此，这个

最终主体除了相互外在的同类物的集合的大小之外，不能有任何别的大小。现在，既然物质**自己的运动**是一个规定其主体（运动物）、并在一个作为运动物之集合的物质身上（在同一速度上以同一方式）显示被推动主体的复多性的谓词——这对动力学的属性来说却不是这么回事，动力学属性的大小也可以是一个惟一主体的结果的大小（例如当一个空气分子可以有更大或更小的弹性时），——所以由此可知，何以在一个物质身上实体的量只能以力学的方式来量度，即通过物质自己的运动的量来量度，而不能以动力学的方式通过源始运动力的大小来量度。尽管如此，作为万有引力之原因的**源始的吸引**，毕竟还能够提供物质及其实体的量的一个尺度（如现实中通过称量来比较物质时所做的那样），尽管在这里看来作为基础的并不是具有吸引力的物质自己的运动，而是一个动力学的尺度，亦即引力。但由于在这个引力中，一个物质连同其一切部分的作用是直接施于另一物质的一切部分之上的，因而（在同样距离上）显然是与这些部分的集合成比例的，并且吸引的物体由此甚至也赋予了自己的运动的速度（通过被吸引物的阻抗），这种运动在同样的外部环境中与该物体各部分的集合恰好成比例，所以，量度在这里虽然只是间接地进行，但毕竟事实上是以力学的方式进行的。

定理 2

力学的第一规律。在形体自然的一切变化中，物质的量在总体上不变，既不增加也不减少。

证明

（从一般形而上学出发，如下命题被当做基础：在自然的一切变化中，既没有实体会产生，也没有实体会消失；而在这里，则只阐明在物质中什么是实体。）在每一个物质中，空间中的运动物都是物质所固有的一切偶性的最终主体，而相互外〔542〕在的运动物的集合则是实体的量。所以根据实体来看，物质的大小只不过是组成物质的那些实体的集合。因此，除了通过新的物质实体的产生或者消灭之外，物质的量不能增加或者减少。现在，在物质的一切变化中，实体永远不会产生和消失；因此，物质的量由此既不被增加，也不被减少，永远是同一个量，准确地说是在整体上。也就是说，它在世界上的某个地方以同一个量续存下去，虽然这个或者那个物质可以通过各部分的添加或者分离而增加或者减少。

附释

实体仅仅在空间中并根据空间的条件，因而惟有作为**外**感官的对象才是可能的，在这个证明中说明其特征的根本性东西是：实体的大小不能被增加或者减小，而不使有实体产生或者消灭。这是因为，一个仅仅在空间中才有可能的客体，其一切大小都必须**由彼此外在的各部分**来组成，因此，如果这些部分是实在的（是某种运动物），它们就必定是实体。反之，被视为内感官的对象的东西，作为实体却可以有一个**不由相互外在的各部分所组成**的大小，因而它的各部分也不是实体，这些部分的产生或消失也不可以是一个实体的产生和消失，所以它们的增加或者减小也可以不损害实体的持存性这一基本原理。如此看来，**意识**，从而我的灵魂的诸表象的清晰性，并且根据这种清晰性还有意识的能力亦即统觉，但凭借这种能力甚至灵魂的实体，都具有一个**程度**，这个程度能够更大或者更小，却并不为此就可以有任何一个实体产生或者消失。但是，由于随着这个统觉能力逐渐的减小，最终必定会出现它的完全消灭，所以，甚至灵魂实体也毕竟会经受某种逐渐的消失，尽管它的本性是单纯的，因为其基本力的这种消失不能通过分割（把实体从一个复合物中分离出来），而仿佛是通过熄灭才能达到，而且这种熄灭也不是一瞬间，而是通过这些力的程度的逐渐减弱才能达到，不论这种减弱是出自何种原因。**自我**，即统觉的普遍相关者，甚至仅仅一个思想，作为一个前置词，表示一个含义不确定的事物，亦即一切谓词的主体，不具有把主体的表象与一个一般某物的主体区别开来的条件，因而是这样一个实体，不论它是什么，人们都不可能用这种表述对它拥有一个概念。反之，一个作为实体的物质，其概念则是**在空间中**的运动 〔543〕
物的概念。因此毫不奇怪，关于后一种实体可以证明实体的持存性，而关于前一种实体则不行，因为在物质那里，从它的**概念**，即它是只有在空间中才有可能的运动物，就已经可以得出，在物质中具有大小的东西包含着**相互外在**的实在物的某种复多性，因而包含着实体的复多性，所以这些实体的量也惟有通过不是消灭的分割才能减少，而且按照持续律，实体中的消灭也是不可能的。相反，自我这种思想完全不是**概念**，而只是内部知觉，因而从它根本得不出任何东西（除了一个内感官的对象与一个仅仅被设想为外感官对象的东西的全然区别之外），所以也得不出作为实体的灵魂的持存性。

定理 3

力学的第二规律。物质的一切变化都有一个外部原因（每一个物体如果不被一个外部原因所迫使而离开原状，就保持自己的静止状态或者在同一方向以同一速度运动的状态）。

证明

（如下命题被从一般形而上学中引为基础，即一切变化都有一个**原因**；这里对于物质，只应证明它的变化在任何时候都必须有一个**外部原因**。）物质纯然作为外感官的对象，没有别的规定，只有空间中的外部关系的规定性，因而不承受任何变化，除非是通过运动。就变化是一个运动与另一个运动的交替，或运动与静止以及反过来静止与运动的交替而言，必须找出它的原因（根据形而上学的原则）。但是，这种原因不能是内部的，因为物质没有绝对内部的规定和规定根据。所以，物质的一切变化都基于外部的原因（也就是说，一个物体持存，等等）。

〔544〕 附释

惟有这条力学规律必须被称为**惯性**规律（lex inertiae），与每个作用相对立的、相等的反作用的规律却不能使用这个名称。因为后一个规律说的是物质做什么，前一个规律却只是说物质不做什么，这更适合惯性的表述。物质的惯性无非是说它作为物质自身的**无生命性**。**生命**是一个**实体**从一个**内在原则**出发规定自己去行动的能力，是一个**有限实体**规定自己去变化的能力，是一个**物质实体**把运动或者静止当做自己状态而规定自己去运动或者静止的能力。现在，我们不知道一个实体有别的内在原则去改变自己的状态，只知道有**欲求**，也根本不知道有别的内在活动，只知道有**思维**连同依赖于思维的东西，即愉快或者不愉快的**情感**、**欲望**或者意志。但是，这些规定根据和行为根本不属于外感官的表象，因此也不属于物质作为物质的规定。所以，一切物质作为物质都是**无生命的**。这就是惯性命题所说的，别无其他。如果我们在生命中寻找物质的任何一种改变的原因，那么，我们就也要马上在另一种虽然与物质相结合、但又与之不同的实体中去寻找生命。因为在自然知识中，有必要在将物质与作用因联结起来之前，首先认识物质作为物质的规律，将物质从一切别的作用因的混杂中纯化出来，以便清楚地辨别，每一种物质独自地起什么作用以及是如何起作用的。一门本真的自然科学的可能性完全是基于惯性规律（除实体的持存性规律之外）的。这一规律的对立面，因此也是一切自然哲学的终结的，就是**物活论**。从惯性作为纯然**无生命性**这同一个概念本身即可得出，它并不意味着维持自己状态的一种积极努力。惟有有生命的存在物才在后面这种意义上被称为惰性的，因为它们对自己所憎恶并尽自己的力量努力去对抗的另一种状态具有一个表象。

定理 4

力学的第三规律。在运动的所有传递中，作用和反作用在任何时候都彼此相等。

证明

（如下命题必须借自一般形而上学，即世界上一切外部作用都是**交互作用**。在这里，为了留在力学的限界之内，应当仅 〔545〕
仅指出，这种交互作用［actio mutua］同时又是**反作用**［reactio］；不过，我终究不能在这里将那个形而上学的共联性规律完全删去，而不损害理解的完备性。）**空间中**物质的一切**主动的**关系和这些关系的一切变化，就它们能够是某些作用的**原因**而言，必须在任何时候都被表现为交互的，也就是说，由于这些关系的一切变化都是运动，所以一个物体的运动不能与一个也应当由此被置于运动之中的**绝对静止的**物体相关来设想，毋宁说，后一物体必须就我们使它与之相关的空间而言被仅仅表现为**相对静止的**，但却和这个空间一起以相反的方向在绝对空间中运动，其运动的量正与被推动物体在绝对空间中相对于它所具有的运动的量相同。因为关系的变化（也就是运动）在两者之间完全是交互的；一个物体向另一个物体的每一部分接近多少，另一物体也就向这一物体的每一部分接近多少，并且由于在这里事情并不在于围绕两个物体的经验性空间，而只在于两者之间的直线（因为这两个物体是按照一个物体的运动撇开与经验性空间的一切关系对另一物体的状态的改变所能够具有的影响，仅仅在相互的关系中予以考察的），所以，它们的运动被视为仅仅在绝对空间中才可确定的，在绝对空间中，这两个物体中的每一个都必定在赋予相对空间中的那个物体的运动中占有同样的份额，因为没有理由赋予其中一个物体比另一个物体更多份额。在这个基础上，一个物体 A 朝另一个静止物体 B 运动。就 B 而言，它是由于被归结到绝对空间之上，亦即仅仅作为作用因的关系彼此相关，才能够是运动的。该运动被这样来考察，即两个物体对于在显象中只被给予物体 A 的那个运动具有同样的份额，而这种情况只能如此发生：在相对空间中仅仅被赋予物体 A 的速度，被按照质量的反比关系在 A 与 B 之间分配，只分配给 A 它在绝对空间中的速度，反之分配给 **B 连同**它静止于其中的**相对空间**的是反方向上的速度。由此就完整地保持了
〔546〕运动的同一种显象，而作用则在两个物体的共联性中以如下方式来构想。

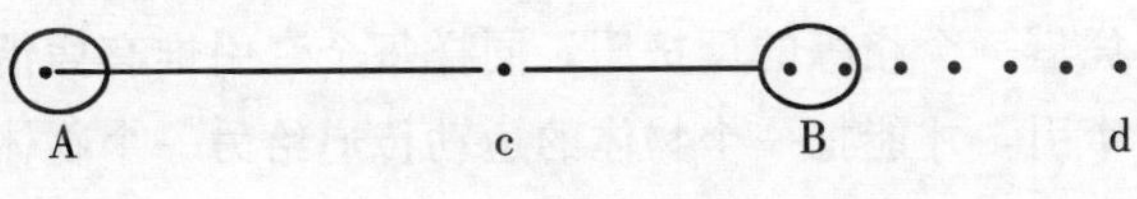

图 5

有一物体 A，以对相对空间而言的速度＝AB 向物体 B 运动，B 就同一个空间而言是静止的。且把速度 AB 分为两部分 Ac 和 Bc，它们与 A 和 B 的质量相互成反比；设想 A 以速度 Ac 在绝对空间中运动，B 则以速度 **Bc 连同相对空间一起**在相反方向上运动，那么，两个运动就彼此相反且相等，而且既然它

们相互抵消，所以两个物体分别使对方处于静止中，亦即在绝对空间中处于静止中。但现在，B 是以速度 BC 在与物体 A 的方向，亦即 AB 正好相反的方向 BA 上，**连同相对空间一起**运动。所以，当物体 B 的运动被碰撞所取消时，相对空间的运动毕竟并未因此被取消。因此在碰撞之后，**相对空间**对两个物体 A 和 B（它们从现在起静止于绝对空间中）而言在方向 BA 上以速度 Bc 运动，或者这样说也一样，这两个物体在碰撞之后以同一速度 Bd＝Bc 在撞击物体的方向 AB 上运动。但现在，根据以上所述，物体 B 在 Bc 方向上以速度 Bc 运动的量，从而还有在 Bd 方向上以速度 Bd 运动的量，都与物体 A 以速度 Ac 在方向 Ac 上运动的量相同。因此，物体 B 通过碰撞在相对空间中获得的这个作用亦即运动 Bd，从而还有物体 A 以速度 Ac 所做的运动，在任何时候都与反作用力 Bc 相等。既然如果不假设对静止物体的碰撞，而假设同一物体对一个同样被推动的物体的碰撞，此外运动通过碰撞的传递与通过牵引的传递的区别仅仅在于两个物质在其运动中相互阻抗的方向，同样的规律（正如数学的力学所教导的）并没有承受任何改变，那就可以得出，在**运动的一切传递**中作用和反作用任何时候都 〔547〕
是相等的（每一个碰撞惟有凭借一个相等的反碰撞，每一个挤压惟有凭借一个相等的反挤压，同样每个牵引惟有凭借一个相等的反牵引，才能把一个物体的运动传递给另一个物体）。①

① 在运动学中，既然一个物体的运动只是就空间而言才被看做**空间中**的关系的变化，所以无论我是承认空间中的物体有一个运动，还是不说它而是承认相对空间有一个相等的、但却相反的运动，都是完全等值的；二者提供的是完全相同的显象。空间的运动的量仅仅是速度，因而物体运动的量同样无非是它的速度（因此，物体可以被视为一个纯然的运动点）。

〔548〕 附注1

由此得出对于一般力学来说并非不重要的自然规律：任何一个物体，不论它的质量有多大，都必定因任何一个别的物体的碰撞而运动，不论后一个物体的质量或者速度有多小。因为A在AB方向上的运动必然与B在BA方向上的一个相反且相等的运动相符。这两个运动通过碰撞而在绝对空间中相互抵消。但因此两个物体在碰击者的方向上得到了一个速度Bd=

但在力学中，既然一个物体是在向另一个物体的运动中被考察的，它通过自己的运动而对另一物体具有一种**因果关系**，亦即它要么在接近时通过不可入性的力，要么在远离时通过吸引力而与该物体处于共联性之中，从而使该物体本身发生运动的因果关系，这时，我是要把运动赋予这两个物体中的某一个，还是要把一个相反的运动赋予空间，就不再是等值的了。因为从这时起，运动的量的另一个概念加入进来了，也就是说，这并不是仅仅就空间而言来设想的、并且仅仅存在于速度中的那个概念，而是在其中必须同时考虑实体（作为运动的原因）的量的那个概念，而且在这里，假定两个物体中的每一个都是运动的，准确地说是以同一运动量在相反方向上运动的，这已不再是随意的，而是**必然的**了；但如果物体具有一个就静止的空间而言的相对运动，那就把必需的运动**连同空间一起**赋予该物体。因为一个物体不能通过它自己的运动作用于另一物体，除非要么在接近时凭借斥力，要么在远离时凭借吸引。现在，既然这两种力在任何时候都是彼此在相反方向上并且相等地起作用的，所以，如果不是恰好另一个物体以相等的运动量起反作用的话，一个物体就不能凭借这两种力通过自己的运动作用于另一个物体。因此，没有一个物体能够通过自己的运动而把运动赋予一个**绝对静止的**物体，而是该物体必须在相反方向上恰好以同一个运动量，即它通过前一物体的运动在同一方向上所应当获得的那个运动量（连同空间一起）被推动。——读者将不难发现，尽管对于运动的传递的这种表象方式本身有些反常，但如果人们不惧怕阐释的详尽性的话，它仍然是可以真相大白的。

Bc，所以，物体 B 为任何碰撞力而运动，不管这个力是多小。

附注 2

因此，这就是作用和反作用相等的**力学规律**，它乃是基于：除非以这两个运动的共联性为前提条件，否则运动的任何**传递**都不成立；因此，没有一个物体会碰撞另一个就它而言是静止的物体，相反，后一个物体就空间而言，惟有当它**连同这个空间一起**在同样的程度但却相反的方向上运动时，才会与在这种情况下成为前一个物体的一个相对份额的运动一起，提供出一个我们会在绝对空间中赋予前一个物体的运动量。因为没有一个就另一物体而言应当**在推动**的运动能够是**绝对的**，但如果它就后者而言是相对的，那么，在空间中就不存在一种并非交互而又相等的关系。——但是，还有另一个规律，即物质的作用与反作用相等的**动力学**规律，这不是就一个物质向另一个物质**传递**自己的运动而言的，而是就它源始地把自己的运动**给予**另一个物质，并通过该物质的抗拒同时在自身中产生出运动而言的。这种运动可以轻而易举地用类似的方式来阐明。因为，如果物质 A 吸引物质 B，它就迫使后者**接近**自己，或者这样说也一样，前者**阻抗**着后者力图**远离**自己所用的力。但由于无论是 B 远离 A 还是 A 远离 B，这都是一样的，所以，这个阻抗同时就是物体 B 在力图远离 A 时施加于 A 的阻抗，因而吸引和反吸引是彼此相等的。同样，如果 A 排斥物质 B，那么 〔549〕
A 就阻抗着 B 的接近。但既然不管是 B 接近 A 还是 A 接近 B 都是一样的，所以 B 也同样多地阻抗着 A 的接近；因此，压力和反压力也在任何时候都是彼此相等的。

附释 1

因此，这就是对运动的传递的构想，它同时带有作为运动之必要条件的作用与反作用相等的规律，**牛顿**根本不相信能先天地证明这一规律，而是因此而诉诸**经验**，别的一些人讨好他，把物质的一种特殊的力以**开普勒**首先提出的**惯性力**（vis inertiae）这个名称引入到自然科学中，因而从根本上说也是从经验推导出这一规律的，最后还把另外一些力设定在一种纯然的运动传递的概念中，他们要把这种传递视为一个物体的运动逐渐地过渡到另一个物体中，此际运动的物体给予被运动的物体多少运动，它也必定正好丧失多少运动，直到它不再给后者强加任何运动（也就是说，当它与后者已经达到在同一方向速度相等时）①，这样一来，他们就从根本上取消了反作用，也就是取消了被碰撞物体对碰撞物体（它也许有能力绷紧一个
〔550〕弹簧时）的一切现实的反作用力。此外，他们也没有证明上述

① 如果人们在运动从一个物体**输入**另一个物体的假说中让运动的物体A将自己的全部运动在一瞬间内传递给另一个静止的物体，以至于它自己在碰撞之后静止下来，则同样可以得出作用与在这一场合错称的反作用的相等，只要人们把这两个物体设想为**绝对坚硬的**（必须把这一属性与弹性区别开来），上述情况就不可避免。但是，既然这个运动规律既不会与经验相一致，也不会在运用中与自身相一致，所以人们也就不得不否认绝对坚硬的物体的实存，而这也就意味着承认这一规律的偶然性，因为它本来应当是基于相互推动的物质的特殊性质的。反之，在我们对这个规律的描述中，无论人们是否要将相互碰撞的物体设想为绝对坚硬的，情况都完全一样。但运动的**输入论者们**要如何按照自己的方式来解释由碰撞而来的**弹性**物体的运动，我却完全不理解。因为这里很清楚，静止的物体并不是作为纯然静止的东西来获得撞击物体所失去的运动，而是它在碰撞中以相反方向对撞击物体施加了现实的力，仿佛是在两者之间压缩了一根弹簧，这就要求它这一方具有一个与运动物体在自己这方面为此所必须具有的运动同样现实（但在相反的方向上）的运动。

规律所指的究竟是什么，对于运动的**传递**也根本没有根据其可能性作出解释。因为运动从一个物体向另一物体过渡这个名称什么也没有说明，而且如果人们不想按字面来接受这个名称（背离如下原理：accidentia non migrant e substantiis in substantias［偶性不从一些实体转移到另一些实体］），除非运动从一个物体到另一个物体，就像水从一个杯子注入另一个杯子中去一样，那么，在这里正好就有一个课题，即这种可能性的解释既然正好基于作用力和反作用力相等的规律从中推导出来的同一个根据，则如何才能使人理解这种可能性。人们根本不能设想，一个物体 A 的运动与另一个物体 B 的运动如何必定有必然联系，除非人们在这两个物体身上设想应先于一切运动（在动力学上）归于它们的力，例如排斥，这时就可以证明，物体 A 的运动通过向 B 的接近而与物体 B 向 A 的接近、而且在 B 被视为静止的时候与物体 **B 连同其空间一起**向 A 的运动有必然联系，只要这两个物体及其（源始的）运动力仅仅被看做在运动中彼此相对的。后面这种情况完全可以这样来先天地看出，即不管物体 B 就经验性上可认识的空间而言是静止的还是运动的，它就物体 A 而言毕竟是必定要被视为运动的，并且是在相反方向上被视为运动的，因为若不然，就会不存在物体 A 对两者的推斥力的影响了，而没有这种影响，也就根本不可能有物质相互的力学作用，即不可能有运动通过碰撞的传递。

附释 2

因此，惯性力（vis inertiae）的称谓必须不顾其首创者的显赫名声而完全从自然科学中排除掉，这不仅是因为它在表述本身中就带有一个矛盾，或者也不是因为惯性（无生命性）规律因此会很容易与任何被传递的运动中的反作用规律相混淆，而主要是因为它维护了那些并未真正精通力学规律的人的一个错误观念，并加强了它。根据这个观念，在惯性力的名目下所谈论的物体的反作用在于，它使运动到处都被消耗、减少或消灭，但惟独不造成运动的传递，因为运动物体只须为此用去其运动的一部分来克服静止物体的惯性（这就会是一种纯粹的损失），单凭剩下的部分它就能使那个静止物体运动起来；但如
〔551〕 果运动物体没有剩下任何东西，它就会由于静止物体巨大的质量而根本没有通过自己的碰撞使它运动起来。惟有另一个物体的相反运动，而绝不是它的静止，才能够阻抗一个运动。因此在这里，一个阻抗的原因并不是物质的惯性，亦即纯然无能自己运动。一个特殊的、完全独特的力，仅仅是为了阻抗而不能推动一个物体，在一个惯性力的名称下是一个没有任何意义的词。因此，人们可以把一般力学的这三条规律更恰当地命名为：**物质在其一切变化中的独立性**规律、**惯性**规律和**反作用**规律（lex subsistentiae，inertiae et antagonismi）。这些规律，从而目前这门科学的全部定理，在把**实体性**、**因果性**和**共联性**这些概念运用于物质时对它们的范畴作出了详细的解答，对此已不需要进一步讨论了。

对力学的总附释

运动的传递惟有凭借一个物质即便在静止时也固有的这样一些运动力（不可入性和吸引）才发生。一个运动力在一瞬间对一个物体的作用就是对它的**发动**，该物体通过发动而产生的速度，就其能够与时间同比例增长而言，就是加速度的**要素**（因此，加速度的要素必须只包含一个无限小的速度，因为若不然，物体就会由此在一个给定时间内达到一个无限大的速度，而这是不可能的。此外，一般说来，通过加速度的一个持

续的要素来**加速**的可能性基于惯性规律)。物质由扩张力而来的发动(例如承载着一个重量而被压缩的空气的发动)在任何时候都是以一个有限的速度发生的,但由此被输入另一个物体(或从另一个物体夺取)的速度只能是无限小的;由于前者只是一个表面力,或者这样说也一样,只是物质的一个无限小的量的运动,所以它必须以有限的速度发生,以便与一个具有有限质量和无限小速度的物体的运动(一个重量)相等。反之,吸引则是一种透入力,而且以这样一种力,物质的一个有限的量把运动力施加于另一物质的同样有限的量。因此,吸引的发动必须是无限小,因为它与加速度的要素(加速度的要素在任 〔552〕
何时候都必须是无限小的)相等,对于排斥来说则不是这样,在这里,物质的一个无限小的部分要把一个要素输给一个有限的部分。如果物质不是必然通过它自己的吸引力来透入的话,那就不能设想任何具有一个有限速度的吸引。因为一个有限量的物质以一个有限速度施加于一个有限物质的吸引,必然在压缩的一切点上胜过物质通过自己的不可入性,但仅仅以其物质量的一个无限小的部分来起反作用时所使用的任何一个有限速度。如果吸引只是一个表面力,如人们设想联系那样,那么,就会得出与此相反的结论。然而,如果联系应当是真实的吸引(而不只是外部的压缩),这样来设想联系是不可能的。

一个绝对坚硬的物体将会是这样一种物体:它的各个部分如此强地相互吸引,以至于没有什么重力能够分离它们,也不能**在它们**相互间的**位置**方面改变它们。现在,由于这样一个物体的物质的各个部分必须以加速度的一个要素来发动,这个要素对于重力的要素来说是无限小,但对于由此被驱动的质量而言却会是有限的,所以,既然来自作为扩张力的不可入性的阻抗在任何时候都是以物质的一个无限小的量发生的,这种阻抗就必定以比发动的有限速度更大的速度发生,也就是说,物质将会力图以无限的速度扩张自己，而这是不可能的。因此，一个绝对坚硬的物体，即一个碰撞时**在一瞬间**以一个与碰撞的全部力相等的阻抗与一个以有限速度运动的物体相抗衡的物体，是不可能的。因此，物质通过其不可入性或者联系，在一瞬间内只对一个有限运动中的物体的力作出无限小的阻抗。由此得出力学的连续律（lex continui mechanica），即：在任何一个物体身上，静止或者运动的状态以及在运动中速度和方向的状态都不能在一瞬间被碰撞所改变，而是惟有在一个确定的时间内，通过一个无穷序列的中间状态才能被改变，这些中间状态彼此之间的区别比前后状态的区别更小。所以，碰击一个物质的运动物体并不是一下子，而是惟有经过连续的延缓才由于物质的阻抗达到静止的，或者本来静止的物体惟有通过连续的加速才被置于运动中，或者也只是根据同一个规则才由一种程度的速度被置于另一种速度中；同样，其运动的方向被改变为一个与之构成一个角的方向，也惟有借助于可能存在于这一角之间的一切方向，即借助于一个曲线运动（这条规律出于某种类
〔553〕似的理由也可以被扩展到一个物体的状态由于吸引而发生的变化上）。这个 lex continui［连续律］建立在物质的惯性规律之上，相反，**形而上学的**连续律却必然会扩展到一切一般变化（内在的或外在的）上去，因而将会仅仅建立在作为量的一般**变化**及其产生（该产生正如时间本身一样，必然是在一定时间内连续进行的）的**概念**之上，因而在这里不必讨论。

第四章 〔554〕

现象学的形而上学初始根据

解说

物质就是运动物，这是就它作为运动物能够是经验的对象而言的。

附释

正如一切通过感官被表象的东西一样，运动只是作为显象而被给予的。要使运动的表象成为经验，还需要通过知性来思考某物，也就是说，对于表象寓于**主体**之中的方式，还需要通过该表象来规定一个**客体**。因此，当某个客体（因而在这里就是一个物质性的事物）就运动这个**谓词**而言被设想为规定了的时，运动物作为运动物就成为经验的一个对象。但现在，运动就是空间中关系的变化。所以在这里永远有两个相关物，**首先**，在显象中这两个相关物的一个可以和另一个一样被赋予变化，要么**这一个**要么**那一个**可以被称为运动的，因为这两种说法是等值的；或者**其次**，在经验中它们中的一个借助排除另一个而必须被设想为运动的；或者**第三**，它们二者必须被理性必然地表现为同时运动的。在仅仅包含运动的关系（根据其变化）的显象中，并没有包含这些规定性的任何东西；但如果运 〔555〕
动物作为**一个运动物**，即根据其运动，应当被设想为确定的，也就是说，为了一个可能的经验，那么，就必须指明对象（物质）必须在其下以这种或者那种方式由运动这一谓词来规定的条件。这里并不讨论幻相向真相的转化，而是讨论显象向经验的转化；因为在幻相那里，知性以其规定一个对象的判断在任何时候都插手其间，尽管它处在把主观的东西看做客观的东西的危险之中；但在显象中，却根本找不到知性的判断；这一点不仅在此处，而且在整个哲学中都是必须说明的，因为若不然，在谈到显象时，人们就会把这一表述与幻相这一表述在意义上看做相等的，在任何时候都作出错误的理解。

定理 1

一个物质就一个经验性的空间而言的直线运动与这个空间的相反运动不同，只是一个**可能的**谓词。这个谓词根本不与这一运动之外的物质相关，亦即被设想为**绝对的运动**，是**不可能的**。

证明

究竟是一个物体在相对空间中运动而这个空间被称为静止的，还是反过来这个空间在相反的方向上以相同的速度运动而那个物体则应叫做静止的，这并不是关于应归于对象的东西的争论，而只是关于应归于对象与主体的关系，因而应归于显象而非经验的东西的争论。因为如果观察者静止地立身于上述空间里，那么对他来说物体就叫做运动的；如果他（至少在思想上）立身于另一个包含前一空间的空间里，就该空间而言物体同样是静止的，那么前一个相对空间就叫做运动的。因此，在经验（一种将客体规定为适用于一切显象的知识）中，根本不存在是物体在相对空间中运动，还是物体在绝对空间中静止而
〔556〕相对空间在作相反的相同运动之间的区别。现在，通过两个就客体而言等值的、仅就主体及其表象方式而言彼此有别的谓词中的一个来表现一个对象，这并不是根据一个**选言判断**作出的

规定，而只是根据一个**两可的判断**所作出的选择（这两种情况中的前者是从两个客观上相对立的谓词中借助排除对立面而采用了一个谓词，后者则是从两个客观上虽然等值但主观上却相互对立的判断中，不从客体排除对立面——因而只通过选择——而采取一个来当做对客观的规定）①；此外，这就是说：通过作为经验对象的运动的概念，是把一个物体表现为在相对空间中运动的，还是把这个空间就该物体而言表现为运动的，这本身是不确定的，因而是等值的。现在，就两个相互对立的谓词而言本身不确定的东西就是**仅仅可能的**。因此，一个物体在经验性空间中的直线运动与空间的相反而又相等的运动不同，在经验中只是一个可能的谓词；这是第一点。

此外，既然一个关系，从而还有该关系的变化亦即运动，都只是就其能够是经验的一个对象而言，才作为两个相关物而是经验的对象；而人们也与相对的（经验性的）空间相对立而称为绝对空间的那个纯粹空间，却不是经验的对象，在任何地方都什么也不是。这样，与任何经验性东西都没有关系的直线运动，亦即绝对运动，是完全不可能的；这是第二点。

附释

本定理规定了运动就**运动学**而言的模态。

定理 2

一个物体的圆周运动与空间的相反运动不同，是物体的一个现实的谓词；反之，一个相对空间的相反运动，代替物体的

① 关于选言的对立和两可的对立这两者的区别，将在本章的总附释中作更多的阐明。

〔557〕运动来看，就不是该物体的现实的运动，如果它被认为是该物体的现实的运动，它就只是一个幻相。

证明

圆周运动（正如任何曲线运动一样）是直线运动的一个连续的变化，并且既然直线运动本身是就外部空间而言的关系的一个连续的变化，所以圆周运动就是空间中的这种外部关系的变化的变化，因此是新运动的一种连续的产生。现在，由于根据惯性规律，一个运动一旦产生就必定有一个外部原因，但尽管如此物体在这个圆周的每一点上（根据同一规律）却自身力图沿与圆周相切的直线离去，这个运动反作用于那个外部原因，所以，每一个物体在圆周运动中都通过自己的运动表现出一个运动力。现在，空间的运动与物体的运动不同，仅仅是**运动学上的**，并且不具有运动力。因此，这里要么是物体在运动，要么是空间在相反方向上运动，这种判断就是一个**选言**判断，由于它，一方亦即物体的运动被设定时，另一方亦即空间的运动就被排除。因此，一个物体的圆周运动与空间的运动不同，是**现实的**运动。可见，空间的运动即便在显象上与物体的运动一致，也在一切显象的联系中，亦即在可能的经验中，与物体的运动相冲突，因而无非是幻相。

附释

这个定理规定了运动就动力学而言的模态；因为一个没有连续作用的外部运动力的影响就不可能存在的运动，直接或间接地证明了物质本源的运动力，不管是吸引力还是排斥力。——此外，**牛顿**对他置于《自然哲学的数学原理》前面的那些定义的附注，临近结束的地方也可以翻看一下。由这附注
〔558〕可见，两个物体围绕一个共同中点的圆周运动（因而还有地球

的绕轴自转），甚至在空的空间中，因而不与**外部空间**作任何凭经验可能的比较，也仍然可以借助经验来认识；因而说尽管空间本身不是经验性地被给予的，也不是经验的对象，但一个是空间中的外部关系的变化的运动却可以经验性地被给予，这种佯谬是理应得到解决的。

定理 3

在一个物体使自己就另一物体而言运动的每一个运动中，后者的一种相反而相等的运动都是**必然的**。

证明

根据力学的第三条规律（定理 4），两个物体的运动传递只有通过它们源始的运动力的共联性才有可能，而这个共联性又只有通过双方相反而又相等的运动才有可能。因此，二者的运动都是现实的。但是，既然这个运动的现实性不是（像在第二条定理中那样）基于外力的影响，而是从空间中的**运动者**与任何别的由此而**运动者**的关系中直接且不可避免地得出来的，所以后者的运动就是**必然的**。

附释

这个定理规定了运动就力学而言的模态。——此外，这三条定理还就物质运动的**可能性**、**现实性**和**必然性**而言，因而就模态的所有三个范畴而言，规定了物质的运动，这是一目了然的。

现象学的总附释

因此，这里出现了三个概念，它们在一般自然科学中的应用是不可避免的，为此，对它们作出仔细的规定也是必要的，〔559〕尽管并不是那么容易和能被理解。这就是：**相对的**（即运动着的）**空间中的运动**的概念，其次是**绝对的**（即不动的）**空间中的运动**的概念，其三是与绝对的运动有别的一般**相对运动**的概念。这一切都以绝对空间的概念为基础。但我们是如何达到这个特别的概念，其应用的必要性的根据又何在呢？

它不能是经验的对象；因为没有物质的空间并不是知觉的客体；尽管如此，它却是一个必然的理性概念，因而不是别的，只是一个纯然的理念。因为即使仅仅为了运动作为显象被给予，就需要运动物与之相关改变自己的关系的那个空间的一个经验性表象，但这个应当被知觉到的空间必须是物质性的，因而按照一般物质的概念必须自身是运动的。现在，为了把它设想为运动的，人们只可以把它设想为包含在一个具有更大范围的空间之内，并把这一空间假定为静止的。但这样一来，就要对一个更广阔的空间作出同样的设想，如此以至无穷，永远不能通过经验达到一个不动的（非物质的）空间，相对于它完全可以赋予任何一个物质以运动或者静止。相反，这些关系规定的概念必将持续地修改下去，因为人们是把运动物与这些空间中的这一个或者那一个联系起来看的。现在，既然把某物看做静止的或者运动的那个条件在相对空间中总又是有条件的，以至于无穷，则由此可见：**第一**，一切运动或者静止都只能是相对的，没有一个是绝对的，也就是说，物质惟有在与物质的关系中，才能被设想为运动的或者静止的，但绝不能就无物质的纯然空间而言被设想为运动的或者静止的，因而，绝对的运动，亦即离开一个物质对另一个物质的任何关系而设想出来的运动，是绝对不可能的；**第二**，也正因为如此，关于相对空间中的运动或者静止，也不可能有对一切显象都有效的概念，相反，我们必须设想一个空间，在其中相对空间本身可以被设想为运动的，但这个空间按其规定不再依赖于任何别的经验性空间，因而本身不再是有条件的。也就是说，必须设想一个绝对的空间，一切相对的运动都能够与之发生关系，在其中一切经验性的东西都是运动的，正因为如此，物质性东西的一切运动在它里面都只能被看做彼此相对的，看做两可交互的①，但没有一个可以被视为绝对的运动或静止（因为当一方叫做运动的时，与其相关在运动的另一方却仍然被表现为完全静止的）。〔560〕因此，绝对空间并非作为一个现实客体的概念，而是作为一个应当用作规则的理念。以便把在它里面的一切运动都只看做相对的，才是必要的，而一切运动和静止，如果它们的显象应当被转化为一个确定的经验概念（它把一切显象统一起来）的话，就必须被归结到绝对空间上来。

这样，如果我把一个物体设想为就自身而言静止的，把相

① 在逻辑上，**“要么……要么……”**这一表述在任何时候都表示一个**选言判断**，因为当一方为真时，另一方就必定为假。例如一个物体**要么**是运动的，**要么**就不是运动的，亦即静止的。因为人们在这里只谈论知识与客体的关系。在显象学说中，关键在于与主体的关系，以便据此规定客体的关系，情况就不同了。因为在这里，“要么是物体运动而空间静止，要么反过来是空间运动而物体静止”这个命题不是客观关系中的一个选言原理，而只是主观关系中的命题，其中包含的两个判断被视为**两可的**。反之，在这同一种不是仅仅在运动学上，而毋宁说是在动力学上来考察运动的现象学中，选言的命题必须在客观的意义上来对待；也就是说，我不能假设一个物体的静止和空间对它的相反运动来取代一个物体的旋转。但在运动甚至被**在力学上**来考察时（如当一个物体撞上一个表面静止的物体时），就连形式上是选言的判断也必须对客体而言**有分配地**使用，使得运动不是必须**要么**给予这一方**要么**给予那一方，而是给每一方相同的运动份额。就相互对立的谓词而言，对一个概念作出**两可的**、**选言的**和**分配的**规定这种区分是有其重要性的，但在此不能作更进一步的讨论了。

对空间设想为在（感官觉察不到的）绝对空间中以相反的方向运动的，并把这个表象设想为恰好是由这样一个显象提供的，通过这一显象，一个物体也许可以同时具有的那些直线运动的一切可能显象都归溯到将这些显象统统结合在一起的经验概念上，即归结到纯然相对的运动和静止的概念上，那么，该物体在相对空间中的直线运动就被归结到绝对空间上来了。

圆周运动由于按照第二条定理，即使不与外部的、经验性地被给予的空间相关，也能够作为经验中的现实运动被给予，所以毕竟显得事实上是绝对的运动。因为就外在空间而言的相对运动（例如地球的绕轴自转相对于天空的星体）就是一个可以用这一空间（天空）在同一时间内的相反运动作为与其完全等值的来取代之的**显象**，但后者的运动根据这一定理在经验中却绝不
〔561〕可以取代前一运动，因而也不应当把那个旋转表现为外在相对的，那样的话听起来就好像是这种运动方式可以被假定为绝对的似的。

但务必注意，这里谈的是真实的（现实的）**运动**，它毕竟不是**显现**为真实的运动，因此，如果人们要仅仅按照与空间的经验性关系来判断它，它就可能会被看做**静止的**。也就是说，这里谈的是与**幻相**有别的**真实的运动**，但不是作为绝对运动与相对运动对立的运动。因此，圆周运动虽然在显象中并不表现出位置的变化，亦即并不表现出被推动者**与**（经验性的）**空间**的关系的运动学变化，尽管如此却表现出物质**在其空间中**的关系的一种可以通过经验来证明的、连续的、动力学上的变化，例如通过逸散的努力而不断地减小吸引力，来作为圆周运动的结果，并由此可靠地表示圆周运动与幻相的区别。例如，人们可以在无限空的空间中把地球表现为绕轴旋转，甚至用经验来说明这一运动，尽管无论是地球各部分相互之间的关系还是它与外在于它的空间的关系，在运动学上，亦即在显象中都没有改变。因为就作为经验性空间的前者而言，在地球上和地球内

其位置都没有任何改变，而就后一种完全虚空的空间来说，任何地方都不存在改变了的外部关系，因而也不存在一个运动的显象。不过，如果我想象一个通向地球中心的深洞，并让一块石头掉进去，但却发现，虽然在离中心点的任何距离上重力总是指向中心点，而下落的石头却仍会从它下落的垂直方向上不断地偏离，而且是自西向东偏离，那么我就会推出，地球是在自西向东绕轴旋转。或者，即使我使石头向外远远离开地球表面，而且它并不停留在地面上空的同一点上，而是自西向东离开这个点，我也将推出同样的上述地球绕轴旋转，而且这两种知觉将足以证明这种运动的现实性，与外部空间（星空）的关系的改变却不足以证明这一点，因为这个变化纯然是可以出自两个事实上相互对立的根据的显象，它并不是从这一变化的一切显象的解释根据中推导出来的知识，也就是说，不是经验。但这个运动尽管不是与经验性空间的关系的变化，却仍然不是绝对运动，而是物质间相互关系的连续变化，哪怕它被表现在绝对空间中，因而实际上它只是相对的，甚至仅仅因此才是真实的运动。这基于地球的（外在于地轴的）每一个部分与每一个另外以与地心同等的距离在直径上与它相对的部分相互不断 〔562〕
地离开的观念。原因在于，这个运动在绝对空间中是现实的，因为通过它，单是重力本身就给物体造成的上述离散的损耗就可以得到连续不断的补充，而且不用任何动力学的拒斥原因（正如人们在从牛顿的《自然哲学的数学原理》1714 年版第 10 页上①

① 他在那里说：Motus quidem veros corporum singulorum cognoscere et ab apparentibus actu dlscriminare difficillimum est：propterea，quod partes spatii illus immobilis，in quo corpora vere moventur，non incurrunt in sensus. Causa tamen non est prorsus desperata [认识个别物体的真实运动并在实际上把它们与虚假的

选出来的例子中可以看到那样)，因而是通过现实的、但只与被推动物质内部所包含的空间（亦即物质的中心点）相关的运动，而不是通过与外在空间相关的运动，得到连续不断的补充。

至于**第三条定理**的情况，为了甚至不考虑经验性空间也指出两个物体彼此相反的相等运动的真实性，甚至连在第二种情况中必需的、通过经验被给予的积极的动力学影响（重力，或者一个绷紧的弹簧）都不需要，相反，单是这样一种影响作为物质的属性在动力学上的可能性（排斥或吸引)，就在一个物质的运动那里同时带来了另一物质相反的相等运动，而且是在把一个相对运动放在绝对空间中，亦即根据真实性来考察时从它的纯然概念中带来的。因此，这个可能性与一切单凭概念就可以充分证明的东西一样，是一个绝对必然的相反运动的规律。

因此，也没有绝对的运动，尽管一个物体在空的空间中就另一个物体而言被设想为运动的；所以，二者的运动在这里并不是相对于围绕它们的空间，而只是相对于它们之间仅仅规定其相互的外在关系的空间作为绝对的空间来考察的，因此又只是相对的。故而，绝对运动只会是应当归于一个与任何其他物质都没有关系的物体的运动。这样一种运动只会是**世界整体**亦即一切物质的体系的直线运动。因为假如除了一个物体之外还

运动区分开来，这是困难的，因为那个不动的、物体在其中真实地运动的空间的各个部分，我们的感官感觉不到。但事情也不是绝对没有希望]。为此，他让两个系于一根绳子上的球绕着它们共同的重心在空的空间中旋转，并指出，它们的运动连同其方向的现实性仍然是可以通过经验来发现的。我也曾试图在有所改变的情况下就绕轴自转的地球而言来指出这一点。

有某种别的物体，甚至是由空的空间分离开来的物质，那么，运动就已经会是相对的了。为此，对一个运动规律的任何一种证明，如果其结果是该规律的反面必然会导致整个世界大厦的一种直线运动，那就是对这规律的真实性的无可置辩的证明 〔563〕
了，之所以如此，仅仅是因为由此产生的将会是完全不可能的绝对运动。在物质由运动而来的一切共联性中的对抗性规律就是这样一种规律。因为对这一规律的任何偏离都会使一切物质的重力的共同中心，因而使整个世界大厦的共同中心移出自己的位置。反之，如果人们愿意把这一世界大厦表现为绕自己的轴旋转的话，上述情况就不会产生，因而这种运动总还是有可能来设想的，尽管假定这种运动就我们能够看到的而言不会带来任何可以理解的好处。

甚至关于**空的空间**的各种不同概念也与运动和运动力的各种不同概念有关系。**运动学**角度的空的空间也叫做绝对空间，正确地说它不应当被称为一个空的空间；因为它只是关于一个空间的理念，在这个空间中，我抽掉了一切使它成为经验对象的特殊物质，以便在它里面把物质的空间或者任何经验性的空间仍然设想为运动的，并由此把运动不是仅仅片面地设想为绝对的谓词，而是在任何时候都交互地设想为纯然相对的谓词。因此，空的空间根本不是属于事物的实存的东西，而是只属于概念的规定，且就此而言没有任何空的空间实存。**动力学**角度的空的空间是未被充实的空间，也就是说，在其中没有任何别的运动物来阻抗运动物的侵入，因而没有推斥力在起作用，而且它可以是世界之中的空的空间（vacuum mundanum），或者当世界被表现为有界限的时，也可以是在世界**之外**的空的空间（vacuum extramundanum）；前一种空间也要么被表现为分散开来的空的空间（vacuum disseminatum，它只构成物质体积的一个部分），要么被表现为积聚起来的空的空间（vacuum

coacervatum，它把诸物体如天体彼此分隔开来），这种区分由于只是基于人们为空的空间在世界上所指定的位置的区别，所以不是本质性的，但毕竟可以应用于不同的方面：其一，是为了从中推导出密度在类上的区别。其二，是为了从中推导出宇宙空间中一个摆脱了一切外部阻抗的运动的可能性。**在第一个方面**没有**必要**假定空的空间，这在动力学的总附释中已经指出过了；但说它是**不可能的**，这却决不能只根据矛盾律从其概念中得到证明。尽管如此，即使在这里找不到拒斥它的纯然逻辑上的根据，也毕竟可能有一个从自然学说来拒斥它的一般物理学根据，即一般物质组合的可能性的根据，只要人们更好地去认识这种组合。因为如果人们为解释物质的联系而假定的**吸引**
〔564〕只应当是虚假的、而不是真实的吸引，毋宁说只是通过外部的、在宇宙空间中到处扩散的物质（以太）而产生的一种**压缩**的作用，而物质本身则惟有通过普遍的和源始的吸引即万有引力才达到这种压力，这样的意见自身是有一些道理的，那么，物质内部的空的空间即使不在逻辑上，也毕竟会在动力学上、因而在物理学上是不可能的，因为任何物质都会将自己扩散到人们在它内部所假设的空的空间中（因为它的扩张力在这里没有受到任何阻抗），并且在任何时候保持充实它们。世界**之外**的一个空的空间，如果人们把这世界理解为所有那些主要是吸引性的物质（巨大的天体）的总和的话，就出于同一些理由是不可能的，因为根据这些物质的距离增加的规模，就连对以太的吸引力（以太包围着所有那些天体，并在那个吸引力的驱动下，通过压缩维持它们的密度）也成反比地减小，因而以太本身只是无限地在密度上减小，却不会在任何地方让空间成为完全空的。在这里，对空的空间的这种取消完全是以假说的方式进行的，对此不必感到奇怪；毕竟没有更好的办法来坚持空的空间。那些敢于对这个有争议的问题独断地作出裁定的人，无

论他们这样做是肯定还是否定，最终依靠的都是纯粹形而上学的前提，正如从动力学中可以看出的那样；至少有必要在这里指出，动力学对于上述课题根本不能作出裁定。其三，至于**力学方面**的空的空间，它是世界整体内部的积聚起来的虚空，为的是给天体以自由的运动。很容易看出，它的可能性或不可能性不是基于形而上学的根据，而是基于很难解释的自然奥秘，即物质以何种方式为自己的扩张力设置限制。尽管如此，如果在动力学的总附释中关于种类不同的材料虽然物质的量（按其重量）相同却具有无限可能的更大的扩张所说的话得到承认，那么，似乎就没有必要为了天体的自由且持续的运动来假设一个空的空间，因为在这种情况下，阻抗本身在完全充实的空间那里毕竟能够被设想为任意小的。

※　　※　　※

这样，形而上学的物体学说就以虚空和正因如此而不可理解的东西来结束。在这里，它与理性在追溯到原则时竭力探索事物的原始根据的其他一切尝试具有同样的命运。由于它的本性导致它除了在被给予的条件下所注定的方式之外，永远不能以别的方式去把握某种东西，所以它既不能停留在有条件者那 〔565〕
里，也不能理解无条件者。在求知欲激励它去把握一切条件的绝对整体时，在它那里剩下来要做的就没有别的，只有从对象返回到自身，不是为了探究和规定事物的最后边界，而是为了探究和规定它自己的、听任它自己的能力的最后边界。

中德人名对照表

奥斯瓦尔德	Oswald	洛克	Locke
奥维德	Ovid	马里奥特	Mariotte
柏拉图	Plato	牛顿	Newton
鲍姆嘉登	Baumgarten	欧几里得	Euklides
贝克莱	Berkeley	欧拉	Euler
毕提	Beattie	普拉特纳	Platner
德谟克利特	Demokritus	普里斯特利	Priestley
笛卡尔	Cartes	苏尔策	Sulzer
斐洛	Philo	苏格拉底	Sokrates
哈奇森	Hutcheson	特拉松	Terrasson
赫卡柏	Hecuba	维吉尔	Virgil
开普勒	Kepler	乌尔利希	Ulrich
克雷安特	Kleanth	沃尔夫	Wolff
克鲁修斯	Crusius	谢格奈	Segner
兰贝特	Lambert	休谟	Hume
莱布尼茨	Leibniz	亚里士多德	Aristoteles
里德	Reid		

后　记

2004 年，是康德逝世 200 周年，全世界都在采取各种形式纪念这位伟大的哲学家。应中国人民大学哲学系领导的要求，我在完成第三卷的翻译之后，集中精力先完成了《纯粹理性批判》的单行本，同时又应何光沪先生之邀编译了一本《康德论宗教与上帝》。虽然多数文字都已是现成的，但还是费了不少的周章。于是，本卷的翻译就用了一年多的时间，但毕竟还是在 2004 年完成了。

在此期间，《康德著作全集》的第一、二卷，《纯粹理性批判》单行本，《康德论上帝与宗教》已先后面市。正如预料中的那样，由于康德哲学本身在学术界的地位，康德著作的任何译本的出现，都会引起普遍的关注，少不了有见仁见智的议论。感谢学界的一些前辈和朋友，对我的翻译给予了肯定和鼓励，更感谢他们与我就一些译名进行的商榷。作为一个有限的理性存在者，我喜欢赞扬，因为那是我自信的源泉；我不喜欢批评，因为那可能意味着我的失误。但我更知道，既然我没有能力做到完美，则惟有批评才会给我提供改进的机会。因此，我期待着批评，甚至刺耳的批评。

本卷开工之际，恰逢小女李潇出生。于是，本卷的翻译就与这位千金的成长结下了不解之缘。有意思的是，这位千金一方面尽情享受着母亲无边的爱，另一方面却把静静地躺在父亲怀中当做最大的乐趣。人到中年的我，自然不愿放弃这份天伦之乐。于是，本卷中不少文字竟是抱着孩子用一个指头在键盘上捣出来的。却不知懵懂的她，可曾感染到一点思辨的气息？

窗外飘来悠悠的钟声，似乎在提醒人们今夜正是基督教的盛大节日圣诞节的前夕，即俗称的“平安夜”。在基督教传统中，这和中国的春节一样也是一个阖家团圆的日子。一间间的教堂里，此时人们也许正在为平安祈祷。客居异乡的我，此时也在心底向亲人们献上我默默的祝福：祝生我育我的老母亲平安！祝思我念我的妻女平安！

《康德著作全集》的翻译得到“十五”211工程建设项目（“哲学理论创新与当代中国社会发展”）的资助，特致谢意。

李秋零

二〇〇四年十二月二十四日夜

于香港道风山莲德台

图书在版编目（CIP）数据

康德著作全集．第4卷：纯粹理性批判（第1版）．
未来形而上学导论．道德形而上学的奠基．自然科学的形而上学初始根据/李秋零主编．
北京：中国人民大学出版社，2005
ISBN 978-7-300-06863-3

Ⅰ．康…
Ⅱ．李…
Ⅲ．①认识论②形而上学③康德，Ⅰ．（1724～1804）-全集
Ⅳ．B516.31

中国版本图书馆 CIP 数据核字（2005）第 110153 号

"十五"国家重点图书出版规划项目
北京市社会科学理论著作出版基金重点资助项目
康德著作全集　第4卷
纯粹理性批判（第1版）
未来形而上学导论
道德形而上学的奠基
自然科学的形而上学初始根据
李秋零　主编

出版发行	中国人民大学出版社		
社　　址	北京中关村大街31号	**邮政编码**	100080
电　　话	010－62511242（总编室）		010－62511398（质管部）
	010－82501766（邮购部）		010－62514148（门市部）
	010－62515195（发行公司）		010－62515275（盗版举报）
网　　址	http://www.crup.com.cn		
	http://www.ttrnet.com(人大教研网)		
经　　销	新华书店		
印　　刷	北京雅昌彩色印刷有限公司		
规　　格	148 mm×210 mm　32开本	**版　　次**	2005年9月第1版
印　　张	18.625 插页 4	**印　　次**	2013年1月第3次印刷
字　　数	444 000	**定　　价**	68.00元